新时代外国语言文学
新发展研究丛书

总主编 罗选民 庄智象

典籍英译新发展研究

王宏 沈洁 王翠 刘性峰／著

清华大学出版社
北京

内 容 简 介

本书对中国典籍英译学科背景及发展历史，尤其是典籍英译在新时代（2000—2019年）取得的新进展进行了全方位梳理和深入研究，主要内容包括新时代典籍英译新理论、新方法和新实践。本书信息量大，研究方法独特，全面、客观地总结了新时代典籍英译在各领域所取得的新成绩，深刻剖析了存在的问题，并从理论高度探讨了典籍英译学科的未来发展趋势。

本书的读者对象为关心和从事中国文化"走出去"的专家学者、高校师生等。

版权所有，侵权必究。举报：010-62782989，beiqinquan@tup.tsinghua.edu.cn。

图书在版编目（CIP）数据

典籍英译新发展研究 / 王宏等著. —北京：清华大学出版社，2021.6
（新时代外国语言文学新发展研究丛书）
ISBN 978-7-302-57314-2

Ⅰ. ①典… Ⅱ. ①王… Ⅲ. ①古籍—英语—翻译—研究 Ⅳ. ①H315.9

中国版本图书馆 CIP 数据核字（2021）第 005930 号

策划编辑：郝建华
责任编辑：郝建华　白周兵
封面设计：黄华斌
责任校对：王凤芝
责任印制：丛怀宇

出版发行：清华大学出版社
　　　网　　址：http://www.tup.com.cn, http://www.wqbook.com
　　　地　　址：北京清华大学学研大厦 A 座　邮　编：100084
　　　社 总 机：010-62770175　邮　购：010-62786544
　　　投稿与读者服务：010-62776969, c-service@tup.tsinghua.edu.cn
　　　质量反馈：010-62772015, zhiliang@tup.tsinghua.edu.cn

印 刷 者：大厂回族自治县彩虹印刷有限公司
装 订 者：三河市启晨纸制品加工有限公司
经　　销：全国新华书店
开　　本：155mm×230mm　印　张：27.25　字　数：484 千字
版　　次：2021 年 8 月第 1 版　印　次：2021 年 8 月第 1 次印刷
定　　价：148.00 元

产品编号：088084-01

中国英汉语比较研究会
"新时代外国语言文学新发展研究丛书"
编委会名单

总主编

罗选民　庄智象

编　委

（按姓氏拼音排序）

蔡基刚	陈　桦	陈　琳	邓联健	董洪川
董燕萍	顾曰国	韩子满	何　伟	胡开宝
黄国文	黄忠廉	李清平	李正栓	梁茂成
林克难	刘建达	刘正光	卢卫中	穆　雷
牛保义	彭宣维	冉永平	尚　新	沈　园
束定芳	司显柱	孙有中	屠国元	王东风
王俊菊	王克非	王　蔷	王文斌	王　寅
文秋芳	文卫平	文　旭	辛　斌	严辰松
杨连瑞	杨文地	杨晓荣	俞理明	袁传有
查明建	张春柏	张　旭	张跃军	周领顺

总　　序

外国语言文学是我国人文社会科学的一个重要组成部分。自1862年同文馆始建，我国的外国语言文学学科已历经一百五十余年。一百多年来，外国语言文学学科一直伴随着国家的发展、社会的变迁而发展壮大，推动了社会的进步，促进了政治、经济、文化、教育、科技、外交等各项事业的发展，增强了与国际社会的交流、沟通与合作，每个发展阶段无不体现出时代的要求和特征。

20世纪之前，中国语言研究的关注点主要在语文学和训诂学层面，由于"字"研究是核心，缺乏区分词类的语法标准，语法分析经常是拿孤立词的意义作为基本标准。1898年诞生了中国第一部语法著作《马氏文通》，尽管"字"研究仍然占据主导地位，但该书宣告了语法作为独立学科的存在，预示着语言学这块待开垦的土地即将迎来生机盎然的新纪元。1919年，反帝反封建的"五四运动"掀起了中国新文化运动的浪潮，语言文学研究（包括外国语言文学研究）得到蓬勃发展。中华人民共和国成立后，尤其是改革开放以来，外国语言文学学科的发展势头持续迅猛。至20世纪末，学术体系日臻完善，研究理念、方法、手段等日趋科学、先进，几乎达到与国际研究领先水平同频共振的程度，取得了令人瞩目的成绩，有力地推动和促进了人文社会科学的建设，并支持和服务于改革开放和各项事业的发展。

无独有偶，在处于转型时期的"五四运动"前后，翻译成为显学，成为了解外国文化、思想、教育、科技、政治和社会的重要途径和窗口，成为改造旧中国的利器。在那个时期，翻译家由边缘走向中国的学术中心，一批著名思想家、翻译家，通过对外国语言文学的文献和作品的译介塑造了中国现代性，其学术贡献彪炳史册，为中国学术培育做出了重大贡献。许多西方学术理论、学科都是经过翻译才得以为中国高校所熟悉和接受，如王国维翻译教育学和农学的基础读本、吴宓翻译哈佛大学白璧德的新人文主义美学作品等。这些翻译文本从一个侧面促成了中国高等教育学科体系的发展和完善，社会学、人类学、民俗学、美学、教育学等，几乎都是在这一时期得以创建和发展的。翻译服务对于文化交流交融和促进文明互鉴，功不可没，而翻译学也在经历了语文学、语言学、文化学等转向之后，日趋成熟，如今在让中国了解世界、让世界了解中国，尤其是"一带一路"建设、人类命运共同体构建，讲好中国故事、传递好中国声音等方面承担着重要使命与责任，任重而道远。

20世纪初，外国文学深刻地影响了中国现代文学的形成，犹如鲁迅所言，要学普罗米修斯，为中国的旧文学窃来"天国之火"，发出中国文学革命的呐喊，在直面人生、救治心灵、改造社会方面起到不可替代的作用。大量的外国先进文化也因此传入中国，为塑造中国现代性发挥了重大作用。从清末开始特别是"五四运动"以来，外国文学的引进和译介蔚然成风。经过几代翻译家和学者的持续努力，在翻译、评论、研究、教学等诸多方面成果累累。改革开放之后，外国文学研究更是进入繁荣时代，对外国作家及其作品的研究逐渐深化，在外国文学史的研究和著述方面越来越成熟，在文学理论与文学批评的译介和研究方面、在不断创新国外文学思想潮流中，基本上与欧美学术界同步进展。

外国文学翻译与研究的重大意义，在于展示了世界各国文学的优秀传统，在文学主题深化、表现形式多样化、题材类型丰富化、批评方法论的借鉴等方面显示出生机与活力，显著地启发了中国文学界不断形成新的文学观，使中国现当代文学创作获得了丰富的艺术资源，同时也有力地推动了高校相关领域学术研究的开展。

进入21世纪，中国的外国语言学研究得到了空前的发展，不仅及时引进了西方语言学研究的最新成果，还将这些理论运用到汉语研究的实践；不仅有介绍、评价，也有批评，更有审辨性的借鉴和吸收。英语、汉语比较研究得到空前重视，成绩卓著，"两张皮"现象得到很大改善。此外，在心理语言学、神经语言学和认知语言学等与当代科学技术联系紧密的学科领域，外国语言学学者充当了排头兵，与世界分享语言学研究的新成果和新发现。一些外语教学的先进理念和语言政策的研究成果为国家制定外语教育政策和发展战略也做出了积极的贡献。

习近平总书记指出："要着力推进国际传播能力的建设，创新对外宣传方式，加强话语体系建设，着力打造融通中外的新概念新范畴新表述，讲好中国故事，传递好中国声音，增强在国际上的话语权。"为贯彻这一要求，教育部近期提出要全面推进新工科、新医科、新农科、新文科等建设。新文科概念正式得到国家教育部门的认可，并被赋予新的内涵和定位，即以全球新技术革命、新经济发展、中国特色社会主义新时代为背景，突破传统的文科思维模式与文科建构体系，创建与新时代、新思想、新科技、新文化相呼应的新文科理论框架和研究范式。新文科具备传统文科和跨学科的特点，注重科学技术、战略创新和融合发展，立足中国，面向世界。

新文科建设理念对外国语言文学学科建设提出了新目标、新任务、新要求、新格局。具体而言，新文科旗帜下的外国语言文学学科的发展目标是：服务国家教育发展战略的知识体系框架，兼备迎接新科技革命的挑战能力，彰显人文学科与交叉学科的深度交融特点，夯实中外政治、文化、社会、历史等通识课程的建设，打通跨专业、跨领域的学习机制，确立多维立体互动教学模式。这些新文科要素将助推新文科精神、内涵、理念得以彻底贯彻落实到教育实践中，为国家培养出更多具有融合创新的专业能力，具有国际化视野，理解和通晓对象国人文、历史、地理、语言的人文社科领域外语人才。

进入新时代，我国外国语言文学的教育、教学和研究发生了巨大变化，无论是理论的探索和创新，方法的探讨和应用，还是具体的实验和实践，都成绩斐然。回顾、总结、梳理和提炼一个年代的学术发展，尤其是从理论、方法和实践等几个层面展开研究，更有其学科和学术价值及现实和深远意义。

鉴于上述理念和思考，我们策划、组织、编写了这套"新时代外国语言文学新发展研究丛书"，旨在分析和归纳近十年来我国外国语言文学学科重大理论的构建、研究领域的探索、核心议题的研讨、研究方法的探讨，以及各领域成果在我国的应用与实践，发现目前研究中存在的主要不足，为外国语言文学学科发展提出可资借鉴的建议。我们希望本丛书的出版，能够帮助该领域的研究者、学习者和爱好者了解和掌握学科前沿的最新发展成果，熟悉并了解现状，知晓存在的问题，探索发展趋势和路径，从而助力中国学者构建融通中外的话语体系，用学术成果来阐述中国故事，最终产生能屹立于世界学术之林的中国学派！

本丛书由中国英汉语比较研究会联合上海时代教育出版研究中心组织研发，由研究会下属 29 个二级分支机构协同创新、共同打造而成。罗选民和庄智象审阅了全部书稿提纲；研究会秘书处聘请了二十余位专家对书稿提纲逐一复审和批改；黄国文终审并批改了大部分书稿提纲。

本丛书的作者大都是知名学者或中青年骨干，接受过严格的学术训练，有很好的学术造诣，并在各自的研究领域有丰硕的科研成果，他们所承担的著作也分别都是迄今该领域动员资源最多的科研项目之一。本丛书主要包括"外国语言学""外国文学""翻译学""比较文学与跨文化研究"和"国别和区域研究"五个领域，集中反映和展示各自领域的最新理论、方法和实践的研究成果，每部著作内容涵盖理论界定、研究范畴、研究视角、研究方法、研究范式，同时也提出存在的问题，指明发展的前景。总之，本丛书基于外国语言文学学科的五个主要方向，借助基础研究与应用研究的有机契合、共时研究与历时研究的相辅相成、定量研究与定性研究的有效融合，科学系统地概括、总结、梳理、提炼近十年外国语言文学学科的发展历程、研究现状以及未来的发展趋势，为我国外国语言文学学科高质量建设与发展呈现可视性极强的研究成果，以期在提升国家软实力、构建人类命运共同体过程中承担起更重要的使命和责任。

感谢清华大学出版社和上海时代教育出版研究中心的大力支持。我们希望在研究会与出版社及研究中心的共同努力下，打造一套外国语言文学研究学术精品，向伟大的中国共产党建党一百周年献上一份诚挚的厚礼！

罗选民　庄智象

2021 年 6 月

前　言

本书书名为《典籍英译新发展研究》。开宗明义，我们需要首先明确何为"典籍"。根据《辞海》（夏征农，2000：831）给出的解释和定义："典籍"乃"国家重要文献"；"典籍"为"谓先祖常籍法度之文也"。由此推知，"典籍"一词有两层义项："一是古代重要文献、书籍；二是法典、制度"。目前，学界大多认可将1911年之前出现的中国社会科学、自然科学等各领域的重要文献和书籍视为"典籍"。据此，我们在从事典籍翻译时，不但要重视中国古典文学作品，还要关注中国古典法律、医药、经济、军事、天文、地理等诸多方面的作品；不仅要翻译汉语典籍，也要翻译其他少数民族典籍。唯有如此，才能称得上完整地翻译中国典籍。

回顾中西交流史，中国和欧洲的文化接触可以上溯到公元前数百年，但中国典籍的对外传播则开展较晚。13世纪，意大利人马可·波罗（Marco Polo）等曾经到过中国，并撰有游记传世。1590年，西班牙传教士高母羡（Juan Cob）翻译的《明心宝鉴》（*Precious Mirror of the Clear Heart*）是中国文学译成欧洲文字的第一本书。16世纪，西方天主教传教士陆续来华。他们出于传教目的学习和了解中国文化，广泛涉猎中国哲学、历史、文学和科技典籍，通过翻译、评论、书信等形式向西方读者描绘出一幅具有高度文明和特殊智慧的异域生活画卷，在欧洲大陆掀起了一股影响深远的"中国热"。据黎难秋（2006：584）考证，"利玛窦实为西人译中国经籍之祖。1593年，他最早将'四书'译为拉丁文并寄回国内"。这一译本虽已失传，但从同时代西人艾儒略（Giulio Aleni）的赞誉中可以推知，利玛窦（Matteo Ricci）对传播"孔孟之训"确实有很大贡献。此后，金尼阁（Nicholas Trigault）、郭纳爵（Ignatius da Costa）、罗明坚（Michele Ruggieri）、殷铎泽（Prosper Intor Cetta）、卫方泽（Franciscus Noel）、柏应理（Philippe Couplet）等西方传教士相继以拉丁文翻译了《大学》《中庸》《论语》《孟子》《孝经》《三字经》等。法国人傅圣泽（Jean Francois Foucquet）翻译了《道德经》。马若瑟（Joseph de Premare）翻译过《书经》《尚书》《诗经》《赵氏孤儿》等。来自波兰的传教士卜弥格（Michel Boym）先后翻译了《中国植物志》

《脉诀》等。

早期的典籍译著引起了欧洲各领域学者对中国的关注，激发了欧洲有关汉学研究的热情。中国哲学思想、农桑工艺和医学技术的引入推动了西方社会的发展和改良。这一由西方传教士发起的中西文化交流持续了近两百年，至1724年基督教在中国全面被禁时才戛然而止。但是，中国典籍在欧洲的传播并未停止。1761年，《好逑传》（Hau Kiou Choaan / The Pleasing History）英译本首次在英国出版，并很快在欧洲产生了广泛影响。根据早期从传教士译者获得的碎片化信息，西方人拼凑和想象出了一个"乌托邦"的中国。19世纪是西方人主导世界的世纪，但西方对中国古代文化经典的翻译和介绍从未停止，其精神魅力仍是思想文化精英们想象的"乌托邦"。此时，英美新教传教士与来华外交官、商人、医生等一同成为从事中国典籍英译的主要推手。

英国人马礼逊（Robert Morrison）是西方派到中国大陆的第一位基督新教传教士。他为后来的中国典籍英译做了许多基础性的工作，例如介绍"四书""五经"，在澳门创办"英华书院"，编纂第一部《华英字典》等。提到早期的典籍英译，理雅各（James Ledge）、翟理斯（Herbert Giles）和德庇时（John Davis）被誉为"19世纪英国汉学三大星座"。1843年，理雅各来华。在华期间，理雅各借助王韬等人的帮助，英译出版了《中国经典》等诸多中国典籍。虽然至今已逾百余年，理雅各的中国典籍译本在西方仍被视为标准译本。他的学术型"厚重翻译"依然受到新时代典籍英译研究者的青睐。外交官出身的翟理斯所翻译的中国典籍涉及经、史、地、语言等领域，包括《道德经》《庄子》《三字经》《千字文》《佛国记》《洗冤录》等。其最大贡献是编译《中国文学瑰宝》（Gems of Chinese Literature）和撰写《中国文学史》（A History of Chinese Literature）。德庇时则先后翻译了《老生儿》《好逑传》《汉宫秋》等中国古典文学作品。

亚瑟·韦利（Arthur Waley）是英国第二代汉学家的杰出代表。他虽然从未踏足中国，却精通汉、蒙、满、梵、日等多种语言，擅长诗歌翻译。韦利《诗经》英译本曾多次再版，并被收入"大中华文库"。国内学者对其《诗经》《论语》《道德经》《西游记》《蒙古秘史》等译本都有大量研究。大卫·霍克斯（David Hawkes）师承韦利，其最大成就是全文翻译《红楼梦》，同时也翻译了《楚辞》和杜甫诗作等，是"第三代汉学家中的佼佼者"（汪榕培、王宏，2009: 5）。韦利培养的另一位汉学家白之（Cyril Birch）则以英译中国戏曲典籍见长，译有《牡丹亭》《桃花扇》等经典明清传奇。此外，翟理斯之子翟林奈（Lionel Giles）也为中国典籍英译做出了重要贡献，译有《论语》《孟子》《道德经》《孙子兵法》等哲学、军事著作。

马礼逊对19世纪来华的美国传教士也产生了巨大影响。美国第一位来华传教士裨治文（Elijah C. Bridgman）曾从其学习汉语。1832年，在马礼逊的倡议下，裨治文创办《中国丛报》（Chinese Repository），该报在刊行的20年间成了当时中国典籍英译的重要平台。同时期另一位美国传教士卫三畏（Samuel W. Williams）同样深受马礼逊的影响。他曾帮助裨治文编辑《中国丛报》，并编译《中国总论》（The Middle Kingdom）。这是在美国出版发行的第一部关于中国的百科全书。

20世纪，美国逐渐取代英国，成为中国典籍英译的新重镇。此时期的中国典籍英译理论与实践呈相互联动、齐头并进的新态势。这在各个类别的中国典籍英译中均有体现。以诗歌典籍英译为例，20世纪上半叶，宾纳（Witter Bynner）、庞德（Ezra Pound）是唐诗和《诗经》英译的主要译者。其中，庞德的"创译"不仅形成了美国"意象派"诗歌种类，也帮助中国诗歌典籍确立了在美国，乃至在整个西方的经典化地位。20世纪下半叶，韩禄伯（Robert G. Henricks）译注《寒山诗（全译注释本）》在美国和西方掀起了有关诗人寒山的翻译和研究热潮。宇文所安（Stephen Owen）的作品有《初唐诗》《盛唐诗》《晚唐诗827—860》《中国"中世纪"的终结：中唐文学文化论集》《中国文论》《他山的石头记》等。安乐哲（Roger T. Ames）从比较哲学视阈重新审视中国哲学典籍英译，在《论语》译本中创设新词，以避免用西哲术语格义中国哲学。德效骞（Homer H. Dubs）英译出版了《〈汉书〉译注》。卜德（Derk Bodde）在其两部研究中国先秦史的著作中部分翻译了《史记》。

值得一提的是，虽然早期中国典籍英译以古代文学和哲学居多，但科技典籍英译也逐渐引起重视。早在19世纪，西方传教士译者已经翻译了少量农学、法律、地学等科技类典籍，并撰写了一些关于中国的百科性论著。例如，翟理斯曾英译法医学典籍《洗冤录》，麦都思（Walter H. Medhurst）曾选译《农政全书》，斯当东（George T. Staunton）翻译出版了《大清律例》和《异域录》，卫三畏著有《中国地志》（A Chinese

Topography）等。20世纪初，英国学者李约瑟（Joseph Needham）的巨著《中国科学技术史》（*Science and Civilisation in China*）各卷相继出版，其中大量介绍和摘译了中国古代各类科技典籍，向世人展示了中国古代科技的辉煌成就，以及中国科技典籍巨大的史学价值、文化价值和实用价值。进入20世纪，英国军人卡尔斯罗普（E. F. Calthrop）从日语译本转译了《孙子兵法》，首次将这一军事经典著作带入西方读者视阈；美国学者威斯（Ilza Veith）完成了《黄帝内经·素问》的首译，虽然并非全译，但从此开启了对中国古代医学典籍，尤其是四大经典中医学著作的英译和研究。中国少数民族典籍外译也由来已久。张西平（2018：69）指出，早在18世纪时，"来华的法国耶稣会士就十分重视满文及北方民族文献的学习和研究"；19世纪，俄罗斯出于扩张需求，其汉学也"在中国西北边疆史地的文献翻译和研究上取得了巨大的成绩"。但是，"19世纪新教传教士入华后，在上半个世纪几乎没有关于中国北方历史文献和少数民族历史文献的翻译和研究，19世纪下半叶后开始有些著作，但仍微乎其微"（同上）。虽然少数民族典籍的外译历史悠久，但其英译历史却并不长。

如果说19世纪还是一个"专业汉学和传教士汉学并行的时代"（同上：9），进入20世纪，中国典籍英译则以海外专业汉学家为主，中国学者逐渐介入其中。晚清民初，陈季同、辜鸿铭、苏曼殊、林语堂等开始从事典籍英译。他们学贯中西，既能深刻理解中国文化典籍的语言、语境和思想精髓，又能用优美流畅的西方语言将其内容传播至域外。他们的翻译意图和译者身份迥异于来华传教士和西方汉学家，是中国典籍"译出"现象的肇始。其中，民国奇人辜鸿铭曾推出《论语》和《中庸》等英译本；诗僧苏曼殊曾英译古诗110首；林语堂则翻译了《墨子》《镜花缘》《老残游记》，编译了《孔子的智慧》《老子的智慧》等。20世纪中后叶，越来越多的中国学人承担起英译中国典籍的重任，提供了越来越多质量上乘、影响广泛的译本。他们的参与为中国典籍英译注入新的活力。

1949年中华人民共和国成立后，典籍英译上升为国家翻译工程，受到高度重视。在从事典籍英译的众多中国本土译者中，首先应该提到的是杨宪益和戴乃迭。他们的典籍英译作品足有上千万字，代表译著有《红楼梦》《楚辞》《儒林外史》《长生殿》《老残游记》《魏晋南北朝小说选》《史记选》《唐代传奇选》《宋明平话选》《关汉卿杂剧选》等。1978

年,中国打开国门,实行改革开放。中国典籍英译从此进入了蓬勃发展的黄金时期,陆续有多种典籍英译丛书出版,如湖南人民出版社的"汉英对照中国古典名著丛书"、山东友谊出版社的"儒家经典译丛"、外语教学与研究出版社和中国文学出版社联合出版的"英汉对照中国文学宝库古代文学系列"等。改革开放后,国内对典籍英译做出重要贡献的译者当推北京大学的许渊冲。他的典籍英译作品主要在古典诗词方面,译著包括《诗经》《楚辞》《汉魏六朝诗一百五十首》《唐诗三百首》《宋词三百首》《李白诗选》《苏东坡诗词选》《元明清诗一百五十首》等。进入21世纪,科技典籍英译的种类不断增加。《墨子》《梦溪笔谈》《山海经》《孙子兵法》《茶经》《续茶经》《黄帝内经》《伤寒论》等英译本均被列入国家出版重大工程"大中华文库"并正式出版。与此同时,在国家政策鼓励和译界学人的呼吁下,民族典籍的英译数量也大幅增加,这极大丰富和完善了我国典籍英译的种类和结构。

中国典籍英译实践已经持续了近三百年,但是典籍英译研究的历史却较为短暂。早期的相关研究多出现在译者所写的前言、序、跋、后记中,表现为对于某些语言现象或文化现象翻译的感言,多是零星个人感悟和经验之谈,较少有系统论述。进入20世纪,西方汉学逐渐成熟。汉学家通常需要从前人的介绍或译文中获得与研究相关的信息,继而挖掘新史料、借助新理论形成个人理解,开始新的阐释,产生新的译文,以适应不同时代的读者需求。在这一过程中,译者常常发表相关论著或编撰术语词典,产生除译本之外的"副文本",催生典籍英译研究新理论和新方法。

进入新时代,由国内学者主导的中国典籍英译研究逐渐发展成为翻译研究整体框架下的一个重要分支领域。学者们大量借鉴国内外翻译研究和跨学科研究的新思想、新理论、新学说,将系统功能语言学、认知语言学、语料库语言学、接受美学、符号学、阐释学、互文理论、类型学、目的论、传播学、文化人类学、模因论、社会学等应用于典籍英译研究,极大拓展了研究的领域、视角和途径,形成了典籍英译的译史研究、译者研究、译本研究、英译策略研究、传播效果研究、文化研究、术语研究等多维一体的研究新格局。除此之外,我国学者开始尝试融合中西译论,探讨中国典籍英译的特殊性,建构适合中国典籍英译研究的理论框架。许渊冲、汪榕培分别提出"三美""三化""三之""传神达意"的翻译原则；王宏印重新诠释了从道安到傅雷的中国传统译论；张佩瑶用英文撰写 Chinese Discourse on Translation；黄忠廉、胡庚申等学者秉持中西结合、跨学科互通的思路，提出了"变译理论"和"生态翻译学"。

国内典籍英译研究在新时代的新发展是显而易见的。然而，在新时代头 20 年（2000—2019）的研究热点是什么？出现了哪些受到关注的议题？典籍英译研究的各个层面取得了哪些重要成果？国内典籍英译研究有什么样的特征？呈现出怎样的发展趋势？我们为此搜集、整理并分析了近 20 年来产生的大量文献资料，以期能为回答上述问题提供较为翔实可靠的依据。这就是我们撰写本书的初衷。

我们发现，在新时代的头十年，有关典籍英译研究的年发文数量由个位数增长至两位数，国内共召开了五届"全国典籍英译学术研讨会"。一些高校开始培养典籍英译方向的博士研究生，研究者集中关注和探讨有关典籍英译的核心问题，如中国典籍英译的属性和定义、影响中国典籍英译的内外部因素、评判标准、译者、译本在目的语国家的接受状况等。这一时期，从事典籍英译研究的学者主要有许渊冲、汪榕培、杨自俭、王宏印、潘文国、卓振英、黄国文、罗选民、文军、朱徽、王宝童、郭尚兴、蒋坚松、郭著章、傅惠生、李正栓、包通法、王宏、姜欣、姜怡等。研究主要集中于《诗经》《楚辞》《红楼梦》《水浒传》《论语》《道德经》《庄子》《墨子》《孙子兵法》《茶经》《续茶经》等英译作品，以中国古典文学和哲学类典籍为主，兼涉科技类典籍。

中国文学和哲学典籍十分丰富，英译实践也有较长的历史。经典名著在不同时代被不断复译，形成选译、摘译、编译、全译等各种类型的版本。在新时代头十年，研究者多采用语言学相关理论进行文本分析，对译文中对等、审美、意象、隐喻、文化负载词等翻译问题最为关注，但规定性研究居多，描述性研究较少。与此同时，得益于本土译论的发展，文学典籍英译的理论建构在这一阶段取得了进步。有关哲学典籍英译的研究虽然仍以探讨词汇、句子和篇章层面的翻译策略为主，但研究者关注的焦点已经显现出多元化趋势，出现了对译者主体性、文化身份、读者接受现状的描述性研究，以及对哲学典籍英译批评模式的构建等。此外，研究者对哲学典籍中的多个核心术语英译有较为深入的分析，但还未形成同源术语的关联网络研究。自 2000 年起，国内开始有学者陆续介绍和研究"翻译的文化转向"，此时文学和哲学典籍英译研究基本吻合了这一"翻译文化转向"的主流。

2000—2009年,被翻译成英文的中国科技典籍并不多,这成为制约相关研究的主要因素。中国古代科技在科技范式、表述方式、叙述样式等层面与近代西方科技有显著差异,有时甚至会造成两者之间的不可通约性。如何解决这种难题,应该成为中国科技典籍英译实践与理论研究的重要议题。民族典籍英译研究的情况与科技典籍类似,由于许多作品缺乏英译本,相关研究显得较为稀少。汪榕培、王宏印等学者认识到民族典籍翻译的重要性,多次撰文呼吁开展少数民族典籍翻译和研究工作。

进入2010—2019年,典籍英译研究的年发文量达到数以百计。经过前一阶段的积淀和孵化,这一时期新人辈出,逐渐形成以师承关系为主体的研究团队。总体来看,研究的理论视角更为多元,内容更加丰富,学科体系日趋完善,典籍分类研究的趋势愈发明显。此时期的典籍英译研究,文化因素备受关注,策略研究依旧是焦点,译史研究有了新的突破,"考镜源流"的传统治学方法得到重视,定量研究有了长足发展,传播效果研究成为新的生长点,民族典籍英译研究和科技典籍英译研究获得加速发展。

在新时代,研究者对中国典籍英译的认识也悄然发生着变化,"中国典籍的外译不是一个简单的文本转换问题,而是涉及中国文化是否真的能够起到为世界文明的发展带来新的途径和新的价值"(周新凯、许钧,2015:70)。随着研究成果的积累和跨学科研究方法的渗透,研究者对各类典籍的认识不断加深。观念的改变从根本上革新了繁荣期的研究热点和发展趋势。人们意识到,文学典籍是古代文人在各个历史时期以文字形式对各种文学样式的记录和保存,能够反映一个时代人们的精神面貌、审美情趣和社会状况,具有很高的历史价值。相关研究应当兼顾语言、文化、审美、历史等多个维度,全面展示各个时代的译者风格和译本特征。中国古代哲学全然不同于西方以逻辑思辨为特征的哲学表述,因此中国哲学典籍英译应当尊重元典自成一体的思想体系,不能简单以西哲术语格义中国哲学典籍中的核心术语。在新时代的后十年,古代科技典籍的历史价值、文化价值、信息价值,以及在现代社会中的实用价值受到重视;科技典籍英译及研究取得长足进步。与此同时,在国家支持、学界重视的良好氛围中,民族典籍英译和研究呈现出欣欣向荣之势。自2013年起,民族典籍英译研究的发文数量陡增,已经形成了覆盖东北、西北、西南地区共计十余个少数民族的英译研究队伍。

进入21世纪，国家先后启动了"中国图书对外推广计划""经典中国国际出版工程""中国文化著作翻译出版工程"等项目，向世界推介更多具有中国特色的优秀典籍英译作品，体现了国家对文化"走出去"战略的顶层设计和政策支持。国内出版机构也相继推出各种典籍英译系列丛书出版项目，如"古诗苑汉英译丛""外教社中国文化汉外对照丛书""中华经典英译丛书""中华传统文化精粹""东方智慧丛书"等。新时代的头十年，中国典籍英译的出版和发行渠道主要在中国，但在后十年里，中国译者逐渐开拓出海外出版的新渠道，联合发行、版权转让等"借船出海"模式初见成效。此外，随着互联网和移动端阅读的盛行，多模态融媒出版模式开拓出协同创新的新局面。

新时代的典籍英译专家学者为寻求更密切的学术交流，陆续举办了不少主题丰富、形式多样的学术研讨会。首届"全国典籍英译研讨会"（2011年更名为"全国典籍翻译研讨会"）于2002年举办。此后，全国典籍翻译研讨会连续举办了11届。在每一届研讨会上，参会专家的主题发言和与会代表的学术报告都能够产生丰硕的成果，推动典籍英译的实践发展和理论创新。每一次研讨会都有论文集正式出版，这对促进学术交流、传播前沿思想、集结科研成果、推动学术争鸣、激发创新思维、汇聚人才队伍发挥了重要作用。除此之外，"全国民族典籍英译研讨会"和"全国典籍英译高层论坛"等的多次举办也为典籍英译界同仁提供了学术交流平台。

2000—2019年的20年间，国家社科基金项目和教育部人文社科项目"典籍英译研究"立项也经历了从无到有、从有到多的发展过程。典籍英译研究领域和研究主题也从肇始之初的单一集中逐渐演变为多点开花、多方拓展、多层分布的多元化态势，此中变化映射出新时代典籍英译研究从萌发到逐渐走向繁荣的发展图景。古代文学和哲学典籍英译研究呈纵深走向，带动科技典籍和少数民族典籍英译研究不断开拓出新领域；大数据、云计算、文本探勘、数位制图等各种新兴技术手段的发展和广泛应用实现了典籍英译研究路径开拓和方法革新，丰富了典籍英译的研究层面和观察维度，驱动典籍英译研究释放出更大的发展潜力。

新时代需要更多专业化的典籍翻译人才投身于中国优秀典籍的翻译与传播，以推动中华文化参与世界文明交流互鉴，提升中国文化的软实

前言

力和国际影响力,助力中华民族的伟大复兴。为此,典籍英译人才培养显得尤为重要。南开大学、苏州大学、华东师范大学、河南大学、四川大学、北京航空航天大学、武汉大学、湖南师范大学、华中科技大学等多所高校在2000—2019年相继开设了典籍英译研究方向硕士、博士生课程,培养了一大批典籍英译研究的专业人才。

为了更好展示典籍英译在新时代的新发展,本书特分出上篇和下篇两个部分。

在上篇部分,我们以这一时期产生的学术专著、期刊发文和博士论文为依据,对新时代典籍英译研究的新发展进行了梳理。21世纪典籍英译研究新发展的特征之一是文献数量急剧增加。我们根据学术专著、期刊论文数量的增长情况和研究热点的变化趋势,将新时代典籍英译研究分为两个阶段:前10年为理论发展期(2000—2009年),后10年为理论繁荣期(2010—2019年),然后分阶段进行论述。我们分析了各个时期相关研究的学术资源数据,列举了具有代表性的学术观点,归纳了阶段性的研究特征和发展趋势,并分章节详细梳理和介绍了文学典籍、哲学典籍、科技典籍和少数民族典籍在不同阶段的英译研究概貌,研究热点议题、对象和方法,主要研究者,以及重要理论观点和研究成果。总之,我们尝试在大量的文献资料中寻找规律,形成线索,再依照线索对文献加以分类,对学术观点进行点评。书中所有支撑性的文献资料都标明了出处,希望能够为读者查找资料、拓展研究提供便利。

在下篇部分,我们着重介绍了新时代典籍英译实践的新进展,归纳整理并简要评述了近20年来各类典籍新出现的代表性译本,对新时代典籍英译的总体特征进行了总结与思考,梳理了与典籍英译主题相关的历届学术会议,搜集并分析了国家级的立项课题信息,描写了典籍英译的教学实践、课程设置和教学效果等情况。

本书在书末有三个附录,即附录Ⅰ新时代典籍英译研究代表性著作、附录Ⅱ新时代典籍英译代表性译作和附录Ⅲ新时代典籍英译研究课题。

王宏

2021年1月

目　　录

上　　篇

第一部分　典籍英译理论发展期（2000—2009 年） … 3

第 1 章　概述（一） … 5

1.1　学术资源数据分析 … 5
- 1.1.1　发文数量 … 6
- 1.1.2　热点议题 … 6
- 1.1.3　博士学位论文 … 7

1.2　阶段性特征和发展趋势 … 10

第 2 章　文学典籍英译（一） … 11

2.1　引言 … 11

2.2　古典诗词英译 … 11
- 2.2.1　主要概念与理论观点 … 11
- 2.2.2　重要成果 … 12

2.3　古典小说英译 … 16
- 2.3.1　主要概念与理论观点 … 16
- 2.3.2　重要成果 … 17

2.4　古典戏剧英译 … 24
- 2.4.1　主要概念与理论观点 … 24
- 2.4.2　重要成果 … 25

2.5　古典散文英译 … 26
- 2.5.1　主要概念与理论观点 … 26

2.5.2　重要成果 ·· 27
　2.6　小结 ·· 28

第3章　哲学典籍英译（一） ································ 29
　3.1　引言 ·· 29
　3.2　道家典籍英译 ·· 29
　　　3.2.1　主要概念与理论观点 ······························ 29
　　　3.2.2　重要成果 ·· 30
　3.3　儒家典籍英译 ·· 33
　　　3.3.1　主要概念与理论观点 ······························ 33
　　　3.3.2　重要成果 ·· 33
　3.4　墨家典籍英译 ·· 36
　3.5　古典哲学术语英译 ·· 36
　　　3.5.1　主要概念与理论观点 ······························ 36
　　　3.5.2　重要成果 ·· 37
　3.6　小结 ·· 39

第4章　科技典籍英译（一） ································ 41
　4.1　引言 ·· 41
　4.2　中医药典籍英译 ·· 41
　　　4.2.1　主要概念与理论观点 ······························ 41
　　　4.2.2　重要成果 ·· 42
　4.3　农学典籍英译 ·· 45
　　　4.3.1　主要概念与理论观点 ······························ 45
　　　4.3.2　重要成果 ·· 46
　4.4　小结 ·· 48

第 5 章 少数民族典籍英译（一） ·················· 51
5.1 引言 ·················· 51
5.2 主要概念与理论观点 ·················· 51
5.3 重要成果 ·················· 52
5.3.1 《蒙古秘史》英译研究 ·················· 52
5.3.2 《福乐智慧》英译研究 ·················· 53
5.3.3 《麽经布洛陀》英译研究 ·················· 54
5.4 小结 ·················· 54

第二部分　典籍英译理论繁荣期（2010—2019 年）······ 55

第 6 章　概述（二）·················· 57
6.1 学术资源数据分析 ·················· 57
6.2 热点议题 ·················· 59
6.3 阶段性特征和发展趋势 ·················· 61

第 7 章　文学典籍英译（二）·················· 67
7.1 引言 ·················· 67
7.2 古典诗词英译 ·················· 68
7.2.1 主要概念与理论观点 ·················· 68
7.2.2 重要成果 ·················· 71
7.3 古典小说英译 ·················· 79
7.3.1 主要概念与理论观点 ·················· 79
7.3.2 重要成果 ·················· 81
7.4 古典戏剧英译 ·················· 90
7.4.1 主要概念与理论观点 ·················· 90

7.4.2 重要成果 ·········· 91

7.5 古典散文英译 ·········· 96
 7.5.1 主要概念与理论观点 ·········· 96
 7.5.2 重要成果 ·········· 98

7.6 小结 ·········· 100

第8章 哲学典籍英译（二） ·········· 103

8.1 引言 ·········· 103

8.2 道家典籍英译 ·········· 104
 8.2.1 主要概念与理论观点 ·········· 104
 8.2.2 重要成果 ·········· 105

8.3 儒家典籍英译 ·········· 112
 8.3.1 主要概念与理论观点 ·········· 112
 8.3.2 重要成果 ·········· 114

8.4 墨家典籍英译 ·········· 127
 8.4.1 主要概念与理论观点 ·········· 127
 8.4.2 重要成果 ·········· 127

8.5 哲学典籍术语英译 ·········· 129
 8.5.1 主要概念与理论观点 ·········· 129
 8.5.2 重要成果 ·········· 130

8.6 小结 ·········· 134

第9章 科技典籍英译（二） ·········· 135

9.1 引言 ·········· 135

9.2 中医药典籍英译 ·········· 136
 9.2.1 主要概念与理论观点 ·········· 136
 9.2.2 重要成果 ·········· 140

9.3 农学典籍英译 ·· 146
    9.3.1 主要概念与理论观点 ··························· 146
    9.3.2 重要成果 ··· 149

9.4 军事典籍英译 ·· 153
    9.4.1 主要概念与理论观点 ··························· 153
    9.4.2 重要成果 ··· 154

9.5 综合类科技典籍英译 ···································· 160
    9.5.1 主要概念与理论观点 ··························· 160
    9.5.2 重要成果 ··· 161

9.6 小结 ·· 165

第10章 少数民族典籍英译（二） ·············· 167

10.1 引言 ·· 167

10.2 藏族典籍英译 ·· 171
    10.2.1 主要概念与理论观点 ························· 171
    10.2.2 重要成果 ······································· 172

10.3 北方少数民族典籍英译 ······························ 177
    10.3.1 主要概念与理论观点 ························· 177
    10.3.2 重要成果 ······································· 178

10.4 西南少数民族典籍英译 ······························ 182
    10.4.1 主要概念与理论观点 ························· 182
    10.4.2 重要成果 ······································· 183

10.5 小结 ·· 187

下 篇

第三部分　典籍英译实践（2000—2019 年） ………… 191

第 11 章　典籍英译实践概览……………………… 193

11.1　引言…………………………………… 193
11.2　文学典籍英译实践…………………………… 195
- 11.2.1　古典诗歌英译……………………… 195
- 11.2.2　古典小说英译……………………… 203
- 11.2.3　古典戏剧英译……………………… 210
- 11.2.4　古典散文英译……………………… 214

11.3　哲学典籍英译实践……………………… 217
- 11.3.1　儒家典籍英译……………………… 218
- 11.3.2　道家典籍英译……………………… 222
- 11.3.3　墨家典籍英译……………………… 224
- 11.3.4　其他哲学典籍英译………………… 225

11.4　科技典籍英译实践……………………… 225
- 11.4.1　中医药典籍英译…………………… 225
- 11.4.2　军事典籍英译……………………… 229
- 11.4.3　农学典籍英译……………………… 231
- 11.4.4　综合类科技典籍英译……………… 232

11.5　少数民族典籍英译实践………………… 233
- 11.5.1　藏族典籍英译……………………… 234
- 11.5.2　北方少数民族典籍英译…………… 238
- 11.5.3　西南少数民族典籍英译…………… 240

11.6　小结…………………………………… 242

第四部分　典籍英译学术会议（2000—2019年）…… 243

第12章　典籍英译学术会议概览…………………… 245

- 12.1　引言………………………………………… 245
- 12.2　全国典籍翻译研讨会……………………… 245
  - 12.2.1　会议简介……………………………… 245
  - 12.2.2　议题流变……………………………… 246
  - 12.2.3　成果述评……………………………… 247
- 12.3　全国民族典籍翻译研讨会………………… 249
  - 12.3.1　会议简介……………………………… 249
  - 12.3.2　议题流变……………………………… 250
  - 12.3.3　成果述评……………………………… 250
- 12.4　其他典籍翻译学术会议…………………… 251
- 12.5　小结………………………………………… 252

第五部分　典籍英译课题立项（2000—2019年）…… 253

第13章　典籍英译课题立项概览…………………… 255

- 13.1　引言………………………………………… 255
- 13.2　项目数据统计与分析……………………… 256
  - 13.2.1　项目类别统计………………………… 256
  - 13.2.2　项目学科分布………………………… 259
  - 13.2.3　研究热点分析………………………… 261
  - 13.2.4　未来展望……………………………… 267
- 13.3　小结………………………………………… 269

第六部分　典籍英译人才培养（2000—2019年）…… 271

第14章　典籍英译人才培养概览………… 273
- 14.1　引言……………………………… 273
- 14.2　教学实践………………………… 273
- 14.3　教材建设………………………… 276
- 14.4　教学研究………………………… 277
- 14.5　小结……………………………… 279

结语……………………………………… 281

参考文献………………………………… 287

附录Ⅰ　新时代典籍英译研究代表性著作………… 343

附录Ⅱ　新时代典籍英译代表性译作……………… 353

附录Ⅲ　新时代典籍英译研究课题………………… 385

上 篇

第一部分
典籍英译理论发展期
（2000—2009年）

第一部分
规范分析与汉语法制
（2000—2009 年）

第1章
概述（一）

进入 21 世纪，中国典籍英译事业愈发受到关注。政府、出版机构、译者等各方共同努力，助力更多优秀的中国文化典籍"出海"，参与世界文明共建，提升中国文化软实力。越来越多的本土译者加入中国典籍英译事业中来，越来越多的国内学者从理论角度思考和探索与典籍英译相关的核心问题，如中国文化典籍包含哪些类别？中国典籍英译该如何界定？如何翻译？翻译过程中有哪些影响因素？评价标准是什么？谁是更为合适的译者？译作在目的语国家的接受状况如何？

2000—2009 年，国内一共召开了五届"全国典籍英译学术研讨会"，参会人数逐届增多，会议议题逐届不同，学术成果逐渐增多。与此同时，国内一些高校开始培养典籍英译方向的博士研究生。汪榕培（苏州大学、大连理工大学）、王宏印和崔永禄（南开大学）、潘文国（华东师范大学）、张柏然（南京大学）、冯庆华（上海外国语大学）、谢天振（复旦大学）、朱徽（四川大学）等招收了 30 余名典籍翻译方向的博士研究生，为典籍英译学科的持续发展和进步奠定了坚实基础。

1.1 学术资源数据分析

2000—2009 年是典籍英译研究的理论发展期。在此期间，与典籍英译相关的元理论研究取得诸多进展，基于理论开展的典籍英译研究数量逐年递增，研究内容不断丰富，疆域也在不断拓宽。我们依据中国知网收录的相关文献，拟从"发文数量""热点议题""博士学位论文"三个方面介绍这一时期中国典籍英译研究的概况。

1.1.1 发文数量

我们以"典籍翻译"为主题词进行文献检索,共计获得124篇有效文献。从图1-1可以看出,2000—2005年,典籍翻译研究的年发文数量始终徘徊在较低水平,研究发展缓慢。自2005年起,相关研究的年发文量逐年大幅增长,至2009年达到53篇。值得一提的是,从相关发文的研究主题可以看出,"全国典籍英译学术研讨会"的召开对我国典籍英译研究的发展有显著的推动作用。

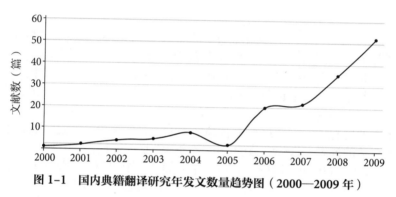

图1-1 国内典籍翻译研究年发文数量趋势图(2000—2009年)

1.1.2 热点议题

进一步分析文献主题(如图1-2所示),我们获知,这一时期,中国典籍英译研究主要以译本为导向,《论语》《孙子兵法》《墨子》《茶经》《水浒传》《楚辞》《道德经》《红楼梦》等作品最受关注。研究语料多选自诸如理雅各、韦利、辜鸿铭、林语堂、汪榕培、杨宪益等中外名家名译。研究以分析、比读方法为主,探索译作呈现的翻译策略。策略研究既包括语言策略研究,也有文化策略研究,还有与之相关的译者因素研究。从这一时期开始,典籍英译研究出现了文化传真(4篇)、文化传播(3篇)、翻译与文化(2篇)、中国文化典籍(2篇)、文化负载词(2篇)、文化全球化(2篇)、文化翻译(2篇)、文化意蕴(2篇)、文化典籍(2篇)等与文化密切相关的主题词,从某种程度上说是吻合了此阶段翻译研究整体上向"文化转向"的潮流。

第 1 章　概述（一）

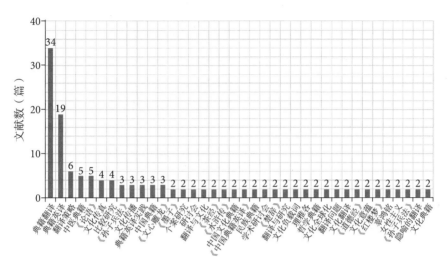

图 1-2　2000—2009 年"典籍翻译"发文主题分布图

1.1.3　博士学位论文

就学理性、系统性、规范性、深入性和前瞻性而言，博士学位论文更能反映这一时期国内典籍英译研究的水平。我们梳理了 2000—2009 年以典籍英译研究为主题的博士学位论文，相关信息呈现在表 1-1 中。

表 1-1　2000—2009 年国内典籍英译研究博士学位论文[1]

序　号	博士学位论文题目	博士姓名	博士毕业年份	博士毕业学校
1	汤显祖和莎士比亚的女性观与性别意识——女性主义文学批评/性别诗学视角下的汤莎人文思想比较	张　玲	2006	苏州大学
2	李渔与德莱顿戏剧理论比较研究	朱　源	2007	苏州大学
3	巴赫金诗学视野中的陶渊明诗歌英译——复调的翻译现实	蔡　华	2007	苏州大学
4	古法英译话互文——以《唐律》为个案分析的中国古代法律英译研究	刘迎春	2008	苏州大学

---

[1] 相关信息来自中国知网和万方数据库。

7

(续表)

序号	博士学位论文题目	博士姓名	博士毕业年份	博士毕业学校
5	琴声何处不悠扬——中国古典艺术散文英译的审美沟通研究	李洁	2008	苏州大学
6	典籍英译标准的整体论研究——以《庄子》英译为例	黄中习	2009	苏州大学
7	淡妆浓抹总相宜：明清传奇的英译	潘智丹	2009	苏州大学
8	古诗意象英译研究	张保红	2006	南开大学
9	整合与变异——《诗经》英译研究	李玉良	2006	南开大学
10	《蒙古秘史》的多维翻译研究——民族典籍的复原、转译与异域传播	邢力	2007	南开大学
11	跨越疆界 双向构建——《福乐智慧》英译研究	李宁	2007	南开大学
12	《水浒传》英译的语言与文化——一个中西文化交流的视角	孙建成	2007	南开大学
13	中西文化交流视域下的《论语》英译研究	杨平	2008	南开大学
14	整体论观照下的《文心雕龙》英译研究	钟明国	2009	南开大学
15	从文学翻译到翻译文学——许渊冲文学翻译思想研究	马红军	2004	南开大学
16	《红楼梦》诗词曲赋英译风格再现探讨	罗平	2003	上海外国语大学
17	帛书本《老子》四英译本的三维审视	冯晓黎	2007	上海外国语大学
18	文化翻译策略的多样性与多译本互补研究——以《红楼梦》与《聊斋志异》英译本为例	迟庆立	2007	上海外国语大学
19	符号意义再现：杜甫诗英译比读	贾卉	2009	上海外国语大学
20	解构主义视阈下的文化翻译研究——以《红楼梦》英译本为例	高玉兰	2009	上海外国语大学

(续表)

序　号	博士学位论文题目	博士姓名	博士毕业年份	博士毕业学校
21	论词之意境及其在翻译中的重构	吴珺如	2009	上海外国语大学
22	从衣饰到神采——《红楼梦》服饰文化翻译研究	沈炜艳	2009	上海外国语大学
23	《庄子》英译研究	徐　来	2005	复旦大学
24	他乡的石头记:《红楼梦》百年英译史研究	江　帆	2007	复旦大学
25	李清照词英译对比研究	郦　青	2005	华东师范大学
26	赛珍珠《水浒传》翻译研究——后殖民理论的视角	唐艳芳	2009	华东师范大学
27	《红楼梦》概念隐喻的英译研究	肖家燕	2007	浙江大学
28	《道德经》在英语世界：文本行旅与世界想像	辛红娟	2006	南京大学
29	典籍英译译者文体分析与文本的译者识别	霍跃红	2009	大连理工大学
30	《论语》英译比较研究——以理雅各译本与辜鸿铭译本为案例	王东波	2008	山东大学
31	偏见与宽容、翻译与吸纳——理雅各的汉学研究与《论语》英译	陈可培	2006	上海师范大学

可以看出，这些博士学位论文的研究主题涵盖各类题材的中国典籍，包括戏剧、散文、法律、哲学、诗词、军事、小说、文论等。其中，《红楼梦》英译研究（6篇）占据总数的1/5，而所有文学典籍英译研究（20篇）之和超过了总数的一半。这既与中国自近代以来文学典籍外译较多的现实情况相吻合，也与翻译研究长期以文学作品为主体的传统有很大关联。值得注意的是，在这一阶段的博士学位论文中，有8篇哲学典籍英译的相关研究，2篇涉及少数民族典籍英译研究，还有1篇与中国古代科技典籍英译相关。虽然数量不多，但可以显示出典籍英译研究正走向多元化的趋势。

1.2 阶段性特征和发展趋势

基于数据分析，我们认为这一时期中国典籍英译研究具有以下特征和发展趋势：

第一，研究队伍不断扩大。随着国家助推中国优秀传统文化对外译介，研究中国典籍英译的学者越来越多。相关学术会议及时召开，有效地汇聚了研究人才，引领着研究发展方向。经过一段时间的酝酿和积淀，本阶段后半期，围绕典籍英译研究主题发表的各类文献数量逐年大幅增加，研究队伍逐渐壮大。

第二，研究内容日益多元。这一时期，典籍英译研究的热点依然是文学作品。在国内外具有一定知名度的、拥有经典化地位的、英译版本较多的文学著作最受关注。与此同时，更多体裁的古典文学作品，如戏剧、散文典籍，以及诸如哲学、科技、民族等其他种类的典籍也正在引起学者的注意。随着典籍英译实践在21世纪蓬勃发展，英译研究的语料不断增加，研究疆域也在持续拓展，研究内容日益多元。

第三，理论工具逐渐丰富。在理论发展初期，中国典籍英译研究的方法显得较为单一。研究者主要从语言角度分析和比较不同译者的翻译策略。但是，得益于本土译论的发展，文学典籍英译的元理论建构在这一阶段取得了突破性进展，为典籍英译研究提供了更为适切的理论工具。除此之外，研究者对西方翻译理论的理解和把握更为成熟，已经有学者开始尝试应用更为多元的理论方法或视角，探究典籍英译的历史、主体、策略和效果。

第四，研究的系统性逐步增强。受限于研究的发展阶段，这一时期的研究大多显得较为零散，缺乏严谨的科学性和系统性。但从已有的博士学位论文、会议文集，以及其他代表性的研究成果来看，在诸方的共同努力下，典籍英译研究的核心问题已经在争鸣之中得以廓清，开展系统性研究的意识已经深入人心，且有学者已经在构建研究体系方面做出了有益的尝试，为下一阶段进一步发展和完善系统性理论研究打下了坚实的基础。

第 2 章
文学典籍英译（一）

2.1 引言

我国古典文学作品源远流长，品类繁多，语言风格极具特色，具有迥异于西方的题材样式和叙事方法。中国文学典籍英译实践有较长的历史。经典篇章、名著在不同时代由汉学家、华裔学者和本土译者向西方译介，形成了选译、摘译、全译、复译等各种类型版本，对繁荣世界文学做出了贡献，也为该领域研究提供了丰厚的语料。中国文学典籍英译一直备受关注，传统上以古典诗词和小说作为主要研究对象。文本比读和对比分析是此阶段文学典籍英译研究的重要手段之一。

2.2 古典诗词英译

2.2.1 主要概念与理论观点

这一时期，中国古典诗词英译研究主要聚焦于元理论发展，以及结合理论、针对具体文本开展的有关文化意象、语言隐喻、翻译等值和译者主体性等问题的探讨。

许渊冲提出"三美论"。许渊冲（1979：9）很早就指出，"译诗不但要传达原诗的意美，还要尽可能传达它的音美与形美"。此后，他渐次构建出具有本体论、方法论和效果论意义的"三美""三化""三之"诗歌翻译理论，并补充道："三美之间的关系是，意美是最重要的，音美是次要的，形美是更次要的"（同上：39）。

张智中（2006）这样理解"三美论"：意美要求译诗要像原诗一样能感动读者的心，音美是指译诗要像原诗一样有悦耳的韵律，形美则要求译诗还要尽可能保持原诗的形式。文章认为，音美除了要求押韵，还包括重复、节奏等问题。形美包括句子长短、诗词的行数、排列形状等。但如果译诗只有音美和形美，而无意美，就根本算不上是好的翻译。"三美"之中，意美是最重要的。

汪榕培提出"传神达意"的诗歌翻译标准。在《〈诗经〉的英译——写在"大中华文库"版〈诗经〉即将出版之际》一文中，汪榕培（2007）曾详细阐释"传神达意"概念。他认为"达意"是翻译的出发点，是准确地理解和阐释诗篇。"传神"既包括传递外在的形式，也包括传递内在的意蕴，即诗篇的背景、内涵、语气乃至关联和衔接。"传神"是翻译文学作品，尤其是翻译诗歌的精髓。译者需要"传神地"达意。

蔡华（2009）结合汪译陶渊明的《形影神》，探讨了她对"传神达意"的思考。文章认为，"传神达意"即在切近原诗意境的同时，兼顾神韵的再现。"传神达意"的翻译观是一个完整的翻译策略，包含三个层面的翻译要素，即"翻译关怀""翻译发现""翻译创造"。"翻译关怀"是指译者在促成文化交流过程中对翻译对象的必然追求和对目的读者的必要体认。"翻译发现"是说译者在语际转换过程中可以自由地转换。"翻译创造"则专指在汉英两种语言思维不能等而译之的状态下，绝处逢译的"非常译"翻译现象。

2.2.2 重要成果

古典诗词是中国文学典籍的重要组成部分，更是典籍英译研究者最为关注的重要内容之一。这一阶段的中国古典诗词英译研究主要涉及诗词的语篇翻译、隐喻翻译、文化翻译、意象翻译、译者主体、审美研究、翻译策略等。

1. 语篇翻译

中国古典诗词有其独特的行文方式。从语篇的角度来看，王密卿、王治江、赵亮（2009）认为，汉诗英译过程中应当从文内和文外两种途径建构起以译文读者为目的的语篇语境、情景语境和文化语境。文内构建指"在译文内部通过增加解释性成分或者直接使用释意翻译，使原诗中所隐含的信息得以彰显，或者采用替代的方法，将含有文化内容的意象替换为读者熟悉的意象或不含意象的内容，来消除读者理解中的文化障碍"（同上：118）。文外构建则是"在译文以外通过采取有效手段构建读者解读译诗所需的认知语境。常见的方法包括脚注、尾注和鉴赏"(王密卿等，2009：118-119)。

2. 隐喻翻译

诗歌是诗人抒发、宣泄情感的载体，隐喻性的语言有助于诗人直抒胸臆。因此，语气隐喻成为中国古典诗词的重要表现方式。谢辉（2005）以韩礼德的语法隐喻理论为基础，探究了中国古代诗歌英译中语气隐喻的处理方式。文章主张，译者应"尽可能在译诗中以最接近的方式将原诗中的神韵再现出来"（同上：56）。王方路（2007）则从概念功能隐喻、语篇隐喻和人际隐喻三个方面具体分析了《诗经》中的女性隐喻特征。文章认为，"女性隐喻特色突出的中国古诗，需要根据不同的主题、反映的不同情绪，选用与之相匹配的押韵方式，情绪高亢者用宽洪韵，情绪低落的则选用细柔韵"（同上：130）。此外，译者还应当根据读者对象，灵活调整策略，或增加解释性内容，或增加脚注、尾注，或将有关内容化在译文诗行之中。

3. 文化翻译

中国古典诗词中蕴含了大量中国古代文化元素，充满了丰富的文化负载词。李气纠、李世琴（2009）分析了中国古代诗歌中"玉"的意象，将其分为隐喻性"玉"意象和非隐喻性"玉"意象。前者指中国传统文化中具有丰富的文化意蕴，喻指高贵的王权、地位、高洁的品德和美好珍贵的事物，后者指"对象物品的材质或特质"（同上：58）。文章认为，类似于玉文化这样的文化信息在异域中很难找到完全对应的事物，很多时候译者需要采取各种变通手段。但需要注意的是，变通不同于归化，在文化全球化的今天，译者应该基于文化翻译的视角，准确解读"玉"意象，以异化翻译为主。与此同时，如果在翻译中能够找到最佳或最近的对等形式，仍不失为最可取的翻译策略。

4. 意象翻译

意象是许多中国古典诗词的主要构件之一。意象的塑造是否成功直接关涉诗词写作是否成功。张保红（2005）指出，中国古典诗词中的意象可以分为词语意象、意象组合和意象系统。其中，词语意象可以采取"直译加注"的方法。但是，古典诗词中许多意象是由单个意象组合而成的，有并置式、脱节式、叠加式、相交式等多种组合方式。

文章认为，译者应当尽力呈现原作的系统意象。在翻译中，转存意象的方式有助于更为有效地遣词造句、谋篇布局，从而达到传译诗作意境的目的。

魏全凤（2007）也认为中国古典诗词呈现的意象具有可译性。因为古诗词中的意象是诗人通过"赋、比、兴"等手法的诗意表达，而人的本性和事物异质同构的特点使诗歌意象的翻译成为可能。汉诗意象的翻译过程就是译者对原诗意象的重建过程。就意象的翻译而言，作者认为，根据原诗的意境构造和读者的审美体验，可以采用模仿、阐释、修正等策略。其中，模仿策略适用于能被译诗读者理解的意象翻译；阐释、修正策略则适用于读者不熟悉的意象。但无论如何，意象重构是一个很复杂的现象，不仅涉及语言学、文体学、美学、阐释学，还包括心理学和认知行为研究（覃芙蓉，2007）。

5. 译者主体

译者主体性在翻译过程中起着十分重要的作用。徐玉娟、束金星（2007）从译者主体性的视角，探究了英译李商隐诗的多元阐释现象。文章发现，"多义性作为李商隐诗作的内在本质"，是"促使译者发挥主体性、对源语文本意义进行多元阐释的主要原因"（同上：54）。因此，文章建议抛弃"非好即坏的二元对立观念""用宽容、学习、研究的心态去发掘这种翻译现象背后的理据"（同上：61）。

汉诗英译不仅体现了译者的主体性，更彰显了译者的创造性。伍小君（2007）从接受美学的角度，分析了《送元二使安西》英译本中所反映的译者创造功能。作者发现，汉诗英译中的译者主体性主要源于汉诗文学和美学的特殊性，诗歌英译也因此更具有"异人异译"的特征。当然，"尽管不同译者解读诗歌的结果各有差异，但是并非所有的解读都是恰当的，译者主体性还要受原诗的限制"（同上：58）。杨斌（2009）以庞德的汉诗英译为例，探讨了庞德英译汉诗所体现的译者创造性。文章认为，庞德所译的汉语诗歌是为了实现其与汉诗思想情感层面的对等，并且能够传递原诗的意象。为此，译者"以意境忠实为基础"，舍弃了表面上的忠实，追求意境层面的对等，再现了原诗的意境美，"成功地建构了中国古典诗歌的创作意图与当代英美读者期盼的最佳关联"（同上：59）。

由此衍生出古典诗词英译的对等问题。翻译对等是译者追求的理想目标，对等问题则是翻译研究的核心议题之一。然而，古典诗词英译很难实现兼顾的对等。李正栓（2004）提出，汉诗英译的对等体现在译者对原文的理解、对风格的再现、对音韵的追求、对文化的追求等多个层面上。译者需要与诗人具有相近的理解,并在译文中尽量用韵对等,再现原作的风格和原诗的音韵美。李文指出,诗歌翻译不是一种文化取代另一种文化,而是"文化对等式的迁移"。

6. 审美研究

审美是古典诗词英译研究绕不开的话题。其中"移情""模糊性""空白"成为这一阶段研究者讨论的具体问题。

卓振英(2001)认为,古典诗词英译是一种移情的过程。文章将"移情"这一美学和心理学概念引介入翻译领域,将之作为汉诗英译的方法论问题加以探讨,强调译者需要经历移情的过程,才能领悟原作者的"知、情、意",进而"更为准确地把握原诗词的蕴涵",并"将这种意蕴传译到译语语言文化"(同上: 55)。

中国古典诗词具有很强的模糊性,这与中国古代汉语和古典诗词语言的特点有关。古典诗词中的模糊语言经常采用象征、比喻、烘托、暗示等方式,制造"言有尽而意无穷""意在言外"等审美效果。古典诗词的模糊美可译吗?如果可译,应该如何?为在英语中再现这种模糊美,罗红玲(2004)建议,应该充分利用语言的模糊性,使译作达到动态的、模糊的、有机的对等,而不是静态的、精确的、机械的对等。所以译者要根据原作所要传达的意图,在翻译过程中适当采用模糊处理手段,对语言进行调变,使译文可以具有独立的价值。

王建平(2005)则借鉴格式塔心理学原理,从语符空白、意象空白和意蕴空白三个角度探讨汉诗英译时如何处理其中的语言和语义空白。作者认为,汉诗英译的语篇重构不仅局限于语言表层,不能仅根据原诗字面所体现的"宣示义"重构译诗的语篇框架,还必须根据格式塔心理学的整体性和闭合性原理,对原诗字面以外的创作背景,以及诗人的品格、个性、境遇、心情等多方面因素加以全面了解,进行透彻分析和整体把握,这样才能在译诗中尽量体现原诗的意蕴、情感、格调和神韵,使译诗读者获得与原诗读者相同或相似的审美体验。

对于古典诗词而言,形式是其重要内容,甚至形式即意义,诗词也自然就有了形式美。张智中(2007b)认为,汉诗形式包括视觉形式和听觉形式。然而,由于汉、英两种语言属于截然不同的语言系统,所以就形式而言,汉诗英译必然使原诗的形式之美受到损害。文章建议译者采取诗歌形式上的创造性叛逆,以转存或再现原诗之意境美。例如,采用形断意连的翻译方法译诗,"构成视觉形式上的局部创造性叛逆";运用诗行内韵、头韵与谐韵，"构成听觉形式上的局部创造性叛逆"（张智中，2007b：42）等。

7. 翻译策略

张智中（2007a）提出两种汉诗英译的策略：文学性译诗（诗体译诗）和学术性译诗（散体译诗）。文学性译诗指译诗像原诗一样押韵，诗行多寡、长短仿照原诗，并用诗性的语言来传译原诗语义。学术性译诗则重在追求学术上的正确性。此类译诗虽然在语言层次上精确而忠实，却往往缺乏文学作品所应有的感染力。作者尤其强调，"译诗欲达文化交流或文学交流之目的，译者就必须像诗人一样，充分发挥自己的创造力，把诗歌译得语言纯正、情感丰沛、意境神远"（同上：146）。

2.3 古典小说英译

2.3.1 主要概念与理论观点

中国古典小说内容丰富，特征明显，不同于西方小说的叙事方式和文学体裁样式，却是中国文学参与世界文学对话的主要渠道之一。2000—2009年，中国古典小说英译的研究对象主要集中于《红楼梦》《三国演义》《水浒传》《西游记》《聊斋志异》等经典作品。研究多借用文化翻译理论分析英译现象，重点探讨了文化词汇的英译策略和译者主体性等问题。

中国古典小说是中国古代人们生产生活、所思所想的集中表现，是中国古代各种文化的缩影。因此，文化词汇的翻译研究成为这一时期该类文献翻译研究的重点。这类研究的争论焦点在于：是应当保留中国古代小说中的文化样式和特质，还是迎合海外英语读者的认知心理与期待。这两者之间经常处于矛盾状态，较难兼顾，主要原因在于中西文化存在巨大差异。若以中国古代文化的本来面目翻译此类文化词汇，目的语读者很难理解其中的文化深意。然而，如果以目的语读者熟知的方式翻译中国古典小说中的文化词汇，这种译介和传播的结果本质上却与中国古代文化的真实样态相距甚远。为此，有学者探讨了该类文化词汇的翻译策略，提出将中国古代文化词汇进行分类，依据文化词汇类型采取适恰的翻译策略。也有学者不仅探讨如何译，也考察制约如何译的相关因素。这些因素主要包括文化语境、民族文化心理、文化表现方式、译者翻译目的、意识形态和翻译诗学、源语同目的语之间的权力关系等。

此外，无论是中国古典小说的创作，还是中国古典小说的英译，都具有很强的译者主体性。这种主体性自然成为研究者关注的焦点。例如，张曼（2006）指出，《红楼梦》译者霍克斯与原作的关系主要是译者主体与原作客体之间的关系，而杨宪益与原作的关系则是译者与赞助人之间的关系，体现了译者客体和出版社主体和原作客体之间的交错关联。不仅如此，从选择翻译材料，到选取翻译策略，整个翻译事件自始至终无不体现了此类文献英译过程中译者的主体性。

2.3.2 重要成果

1.《红楼梦》英译研究

《红楼梦》英译是这一时期学者最为关注的重点，研究涉及《红楼梦》的文化英译、隐喻英译、译史研究等多个话题。

1）文化英译

《红楼梦》不仅是中国最著名的古典小说之一，也是一部反映中国17世纪社会生活方方面面的百科全书，更是中国古代，尤其是中国清代文化的缩影。故此，该典籍中充满了各种文化专有项词汇。如何翻译这类词汇成为古典小说英译研究面临的重要课题之一。

首先，具体的文化翻译策略是该时期相关研究的重点。单谊（2004）从跨文化的角度探讨了《红楼梦》中习语的翻译方法。文章发现，习语在与英语语言文化相遇时，可以分为三种类型：对应型（意义、形象一致）、半对应型（意义、形象部分对应）和非对应型（意义、形象毫无共同之处）。英译时，可灵活采用"直译保留形象""直译加注传达形象""直译加意译""同义习语借用法""意译法"等多种策略。刘海玲、张树彬（2006）研究了《红楼梦》杨宪益译本中有关佛教文化词汇的英译策略。文章认为，这类文化词汇具有浓厚的宗教色彩，在英语语言文化中较难找到对应词汇，在目的语中属于文化空白。杨译主要采用了"保留空白""省略空白""阐释空白""空白背景增益"等处理方法。

文化词汇英译策略的制定既与译者紧密相关，也与译文读者存在重要关联。屠国元、周慧（2008）考察了《红楼梦》的文化专有项英译，指出霍译本有时采取不译的策略是为了增加译本的可读性，减少读者的负担；而杨译的目的在于输出中国文化，因而在译文中尽量保留了原作的特色和形象，保持了译本的异国情调。不仅如此，即便译者采取了同样的或相似的翻译策略，其背后都有复杂的原因和背景，制定策略的原因可能不尽相同。马红军（2003a）将霍克斯英译《红楼梦》的补偿手段分为显性补偿和隐性补偿，前者包括脚注、尾注、换位注和文内注，后者涉及增义、释义、具体化与归化。文章认为，译者的总体翻译策略和译文读者决定了译者对补偿手段的选择。李明（2006）则重点考察了制约《红楼梦》英译策略的各种要素。其中包括译者的翻译目的、译者的意识形态和翻译诗学，以及源语同目的语之间的权力关系。

还有研究者探讨了是否以及如何保持原文文化特色的问题。何广军、柯文礼（2003）认为，保持《红楼梦》中的源语文化，有利于文化交流。如果一味迎合海外读者的接受心理，容易抹杀源语文化的形象，不利于读者对源语文化的理解，也无益于读者品味原文的风格特点。刘丽娟（2005）的研究发现，杨宪益、戴乃迭对《红楼梦》中的文化比喻采取了异化翻译策略，最大限度地传递了文化信息。相反，霍克斯则主要采取了归化翻译策略。虽然其译文更受读者的喜爱，却造成许多文化信息的丧失。

不难看出，愈是代表中国传统文化知识的概念词汇，就愈成为译者面临的重要挑战。译者采用的翻译策略主要有归化和异化，或者在二者之间进行平衡。然而，完美的平衡，抑或是理想的对等根本就不存在。进一步来看，翻译的挑战集中表现在中国传统文化表现度与传播度之间的矛盾上。这种矛盾是此消彼长的关系，即译文中的中国传统文化表现度越高，其传播度便越低。这种翻译困难在古典小说中表现得十分明显。这就需要将与整个翻译事件相关的诸多参数通盘考虑进去，如译者翻译目的、赞助人要求、译文读者对象等。

2）隐喻英译

肖家燕（2007）探讨了《红楼梦》中的隐喻英译策略及其内在动因。文章认为，隐喻翻译是以译者的文化认知体验为基础的认知过程。隐喻翻译的结果表明其经常是差额翻译。译者翻译时的文化认知体验差异和语境因素是选择翻译策略与产生差额翻译的主要原因。为了降低差额，译者通常会采取一定的补偿措施。李欣（2007）从结构障碍、民族文化心理和表现法系统这三个角度分析了《红楼梦》杨译本和霍译本中的文化可译性限度。其中，结构障碍涉及文字系统、语音系统，以及结构与语用相结合的审美修辞系统；"民族文化心理包括历史传统、民族地缘生态系统、生活习俗以及审美系统和价值倾向；表现法系统包括思维方式决定的表现法系统和由民族文化传统中的风俗，以及习惯特征决定的

表现法系统。"（李欣，2007：21）

3）译史研究

陈宏薇、江帆（2003）描写了《红楼梦》英译历史。文章将《红楼梦》的英译历史分为三个阶段，并探究了每个阶段的翻译特征，特定历史背景下译者的意图，以及译本在英美多元文化系统中的地位与功能。第一阶段：1830—1893 年，译者以提供语言资料为翻译目的，翻译形式不正规，译本的社会功能主要是为了满足外国人学习汉语的需要。第二阶段：1927—1958 年，此时，译本是译者意图和书商意图折中的产物，其社会功能是引证并强化主流的英语本土文学概念。第三阶段：1973—2000 年，这一阶段的译文是真正的诠释。译者精心选择原作版本，吸纳红学研究的新成果，并采取补偿措施以促进文化交流。文章经过分析认为，中国文化与英美文化的兴衰消长对特定历史时期中国文学英译的规范产生直接影响，导致译者翻译意图和翻译倾向的不断变化，且《红楼梦》英译本在英语文学多元系统中的地位和社会功能随着历史文化条件的变化而变化。

江帆（2007）也探讨了《红楼梦》的译介情况。作者引入"译写"概念，将"译"与"介"统一到这一典籍译写的框架中。文章归纳了这部文学典籍的译介过程中阐释"译"与"介"互动形成的各种张力，描绘了《红楼梦》在这些张力下呈现的作品形象。例如，《红楼梦》进入新的文化语境后，形象和地位发生了什么变化？原因何在？文章经过分析发现，《红楼梦》的译介效果和文学形象最终由译入语国家的主导诗学和意识形态决定；而英语读者对杨译本和霍译本的态度有如此大的差别，原因在于出版发行机构的出版行为。

张映先（2002）专题考察了《红楼梦》文学形象的翻译。文章重点探讨了该典籍中引起文学形象翻译变异的主要原因，包括译者先入为主的观念、译者的情感因素，以及语义转换失误。文章认为，文学典籍英译中的形象变异是正常的，但这种变异须有度，其标准归纳为：不能违背原作形象创作的意图，不要损害原作形象的内涵，不能破坏原作创设及意境。

2.《水浒传》英译研究

《水浒传》英译研究涉及以下几个方面的内容：文化词汇英译研究、赛珍珠（Pearl S. Buck）译本专题研究、叙述方式研究等。

1）文化词汇英译研究

这一时期有关《水浒传》中文化词汇英译的研究主要涉及英雄人物绰号的翻译和粗俗俚语翻译。

《水浒传》中的英雄人物基本上都有绰号。这些绰号有的是对英雄人物性格的精辟概括，有的是对英雄人物外貌特征的描写。徐学平（2001）从跨文化的角度考察了《水浒传》沙博理（Sidney Shapiro）译本对人物绰号的英译处理方法。作者认为，译者"必须深入研究绰号的来龙去脉、绰号的喻义、绰号所反映的历史文化"，在翻译时，对"原文的语言信息要力求做到准确理解、足额转换，尽量避免误译。对原文的文化信息要最大限度地保留，不可随意取消，在文化交流中充分体现平等原则"（同上：99）。

《水浒传》中还存在大量的粗俗俚语。这些非常规的语言形式生动塑造了书中人物的形象与性格。卢艳春（2005）从语用学的视角考察了《水浒传》沙博理译本对于此类语言的翻译方法。文章认为，这些粗俗俚语并非仅仅是简单的谩骂之语，而是具有很强的语用功能，如愤怒、怨恨、鄙视、诅咒、惊讶、厌烦、喜爱等。文章将沙博理英译粗俗俚语的策略归纳为四类，即直译法、意译法、直译意译结合法和省译法。沙译主要采取了直译法，"即一个字对一个字地翻译，或者说是按照字面意思来翻译"（同上：133）。作者认为，从整体上来看，译者对于《水浒传》一书中的粗俗俚语的处理做到了语用对等，即在不同的语言环境中，译文实现了不同的语用功能。

2）赛珍珠译本专题研究

赛珍珠的《水浒传》译本是这一时期备受关注的典籍译本之一。赛译《水浒传》十分成功，却也备受争议。有研究者分析了赛译本的目的、风格及翻译策略，以期为其"误译"正名。例如，马红军（2003b）的文章描写了赛译《水浒传》的合作翻译过程，认为《水浒传》赛译本中的所谓"误译"，实际上是译者的翻译目的、翻译策略和翻译过程的体现。董琇（2009）则分析了赛珍珠《水浒传》英译本的翻译风格以及影响其翻译风格形成的因素。作者认为，赛珍珠的译文贴近原文，能够完整准确地传达原文的意思；用词通俗、口语化；总体上可靠翔实；注重句式的工整对仗；倾向于使用长句，结构简单，句式略显松散。造成这一风格的因素包括以下几个方面：中国小说及语言风格对赛珍珠的影响；赛珍珠深受中国文化的影响，热爱中国文化；中国传统哲学对赛珍珠的影响，使她熟悉"仁"的思想；赛珍珠边听边译的翻译风格也影响了其翻译，使得其译文在结构、语序上贴近原文。

第 2 章　文学典籍英译（一）

胡天赋（2006）分析了赛珍珠《水浒传》英译本中对人物形象的塑造，重点从后殖民主义视角探讨了赛译对《水浒传》人物形象的篡改。作者发现，这些人物在英译本中再现时，形象发生了严重的变形和扭曲，存在诸多缺陷，表现出译者对原作中英雄的歧视。但是，赛译一经出版，就受到美国读者的喜爱。作者将这一现象归因于权力和话语的操纵行为，即译者篡改的书中人物的形象迎合了美国主流意识形态的需要和西方读者的阅读心理。

唐艳芳（2009）也从后殖民理论视角考察了赛珍珠的译本。文章认为，赛译的翻译方法是一种追求差异的策略。不过，这种方法又不同于"异化"，而是与"陌生化"相近。具体而言，译者在大多数情况下采取字面对译、固定词语"拆解"的办法，使用一些与原文无关的陌生句式。文章认为，赛氏对"原文并列句式、句内顺序、主体变换以及句子节奏等特征的保留，均反映了她对汉语句法特征的谙熟与尊重"（同上：175）。

3）叙述方式研究

叙述方式在小说创作过程中十分重要，不同的叙述方式直接影响作品的效果。小说的叙述方式主要包括叙述和引述，前者主要是作者在书中以叙述者的身份推动故事情节的发展，后者是指借助书中角色的口吻描述事情的发生。《水浒传》作者的叙述方式处于时常变换之中。其实，在该典籍的翻译过程中，译者的叙述方式也在发生转变，有的是遵循原作作者的叙述方式变化而变化，有的则是依据自己的判断而改变叙述方式。叙述方式的转换与语言文化的转换对于译作的整体艺术价值有重要影响。

《水浒传》的三个英译本——赛珍珠译本、杰克逊（J. H. Jackson）译本和沙博理译本的叙述方式有较大差异，反映了不同时代、不同译者在翻译目的和翻译策略上各自不同的侧重之处。概言之，赛译本"通过极为陌生化的译文表达，让读者领略到原文的独特或怪异的表现法"；杰译"不仅突破了引述和叙述的界限，也在句式选用上更加灵活，根据表意功能的需要，突破了原文的语序和结构安排，比原作更富节奏感，简洁明快……重现原著流畅自然的语言风格和活泼生动的表现手法"；而"沙译则力图达到对原文语言和文类特征的一次回归和折中"（王克友、任东升，2005：79-80）。

3.《三国演义》英译研究

有关《三国演义》的英译研究重点探讨了文化翻译策略研究和英译

文体风格研究这两方面的内容。

1) 文化翻译策略研究

《三国演义》中有许多文化词汇，这些词汇极富中国传统文化特色。

在中国传统文化中，敬语和谦称是人际交往的重要内容。这种交际文化直接反映在《三国演义》的字里行间。孙静艺、王伦（2007）探讨了该典籍中尊称和谦称的英译策略。作者发现，译者罗慕士（Moss Roberts）主要采用了异化的方法，使这些文化词汇在译文中得到了很好的表达。文章基于文化翻译的理论视角，认为"在翻译文化信息时，异化策略运用得当可以为读者了解并吸收外来文化创造机会，让他们看到异域文化的真面目，并可以加强文化交流中的相互融合与相互吸收，达到更好地传播文化的效果"（同上：115）。

中国传统文化中的度量衡体制与英语文化中的度量衡体制存在较大差别。曾晓光（2008）分析了《三国演义》罗慕士译本有关容量词的英译。文章指出，罗译本体现了容量词英译的多样化特点，充分采用了归化的翻译方法，其结果却使译文中的容量词十分混乱，不利于读者的理解。因此，作者建议译者采取直译的方法，向目的语读者介绍中国传统的容量单位，采用音译的途径，并"在汉语拼音的容量词的旁边用双括号注明英制或公制的容量"（同上：325）。

贺显斌（2003）以《三国演义》罗慕士译本为例，重点探寻了译者制定文化翻译策略背后的原因。文章建议将译者的主观意愿作为考察因素；提出在探讨翻译策略时，需要区分社会文化群体和译者个体两个不同层次的翻译取向。前者可以借助多元系统论进行解释，后者还需要考察翻译目的、用户和读者的需求、出版社和评论界的影响、文本的类型、译语的语言规范、译者的思维方式、写作风格等诸多因素。

2) 英译文体风格研究

古典文学作品大都著于距今较为久远的古代，文体风格与当代文学作品的风格相去甚远。以《三国演义》为例，该典籍具有浓厚的古雅韵味。夏廷德、夏飞（2009）以此为切入点，探讨了罗慕士译本如何在英译中重现原作的古雅韵味。研究归纳指出，译者主要采用了以下三个翻译策略：第一，使用古雅词汇，如英语古旧词、法语词、拉丁语词等，补偿原作的风味。第二，使用简约形式，如"压缩词汇数量、裁减句子长度，减少复合句式、寻求结构简约"（同上：73）。第三，译者还"巧用对偶句式，补偿骈俪古韵，摹写艺术形象，补偿文化信息"（同上：74）。

4.《西游记》英译研究

2000—2009年，与《西游记》英译相关的研究聚焦于其中的文化词汇英译和书中的诗词英译。

高巍等（2009）比较了《西游记》余国藩（Anthony C. Yu）英译本和詹纳尔（W. F. Jenner）英译本对其中文化词汇的处理方式。研究发现，两位译者均综合运用了"语义翻译"和"交际翻译"策略，"尽可能地在忠实于原作的基础上追求效果的相同"（同上：81）。黄进、冯文坤（2007）具体探讨了《西游记》"缘"的英译，探讨由翻译带来的文本误读和文化迁移现象。作者首先从语内翻译的角度考察了"缘"这一概念从佛籍进入中华文化过程中出现的文化迁移，旨在溯源这一文化概念的原义。之后，作者重点分析了这一文化概念在詹纳尔英译本中发生的文化迁移。研究发现，"由于译者的误读和误译，'缘'在源语中代表的能动的因果论，在宿文化（英语语境）中变成了机械的宿命论"（同上：109）。文章指出，文化的特质性和复义性决定了文化词汇的可译性和文化对话的可传通性，同时也是造成文化误译的主要原因。

与其他文学典籍相似，《西游记》中存在大量诗词。苏艳（2009）主要考察了余国藩对小说中诗词的英译方式。文章发现，余氏主要采用异化策略来翻译其中的诗句。具体来说，"主要包括音译和直译两个途径。音译法主要用于专有名词的翻译，在诗词中出现的中国神话人物，文中以音译处理，只在注解中介绍西方神话中的对应人物"（同上：84）。文章同时指出，古典文学作品中的诗词，并非仅仅是让读者领略其中的诗韵，还有更深层次的价值。诗词全译直接关涉译者对小说性质的定位和对主题的认识，并能够完整再现中国传统章回小说韵散相间的叙事特点。

5.《聊斋志异》英译研究

有关《聊斋志异》的英译研究同样侧重于其中的文化词汇和译者主体性。

1）文化词汇英译

在任何一部文学典籍英译中，文化词汇（或者是文化负载词）英译均是重要的内容之一。通常来看，整部典籍中的英译策略绝非简单的"归化—异化"二元对立，其实际情形十分复杂。迟庆立（2007）结合翻译活动的外部环境（文化的特性和文化间的关系）和内部环境（源语文本、译者和读者），探讨了《聊斋志异》的英译策略。文章指出，"应该采取多种翻译方法，鼓励翻译更多的版本，这样才能更为全面地反映原作的精神内容"，可以"通过对同一种文化因素的反复强调、不断修正和补充，共同推动来自源语文化的文化因子进入译语文化"（迟庆立，2007：94）。

2）译者主体性

朱瑞君（2009）借用乔治·斯坦纳（George Steiner）的翻译四步骤理论，即信任、侵入、吸收和补偿，描写了翟理斯在英译《聊斋志异》时译者主体性的彰显。文章解析了译者序言，获知传播中国文化、增进西方对东方文化的了解是翟理斯挑选该典籍进行翻译的重要因素。在翻译过程中，译者对原作进行了纯洁化处理，反映了译者对原作的侵入和吸收。与此同时，译者采取了相应的补偿措施，即添加文内注释和译本附录——《玉历钞传》，这是为了补偿西方文化在这种文化方面的缺失，弥补在侵入和吸收的过程中对原文造成的不平衡，为西方读者理解该典籍英译本打下了基础。

2.4 古典戏剧英译

2.4.1 主要概念与理论观点

中国古典戏剧在世界戏剧舞台上享有盛誉，与古希腊悲喜剧、印度梵剧并称为世界三大古剧。其形式主要包括宋元南戏、元代杂剧、明清传奇和清代花部，具有"贵显浅、重机趣、贵洁净、个性化，以及富有音乐性"（汪榕培、王宏，2009：142）的特征。古典戏剧英译是中国古代戏剧瑰宝走向世界的必经之路。这一时期，相关研究主要聚焦于《牡丹亭》《西厢记》《长生殿》《赵氏孤儿》《邯郸记》等作品，但研究发文数量较少。

对于古典戏剧英译，汪榕培（2003：113）提出须"创造性地准确再现原剧的风采"。这种翻译方法兼顾原作的内容、节奏、韵律，译作的读者，以及剧本中的唱词。作者认为，应当在不影响英语读者理解的前提下，尽可能地保持作者原有的意象，或者在原有意象后增加诠释性的词语，否则就宁愿牺牲原有的意象而用英语的相应表达方式来取代。汪榕培、王宏（2009）还认为，文化与戏剧的关系十分紧密，必须重视中国古典戏剧中的文化因素，并采取适恰的方法翻译。作者主张在充分理解中国古典戏剧中的文化因素的同时，可以采取意译的方法处理其中的文化内涵词汇。举例来说，古典戏剧原作中的唱词在英译中较难逐一实现一韵到底，因此译者可以采取不同的韵式，灵活处理古典戏剧中的韵律英译问题。但译者最好不要舍弃原作中的韵律，因为韵律是戏剧的主要特征之一，更能彰显剧作以及剧中人物的思想世界。译文应以再现个性化人物形象为目的。

2.4.2 重要成果

这一时期古典戏剧英译研究的重要相关成果主要涉及以下三个方面：英译标准和原则、明清传奇英译的翻译模式建构，以及古典戏剧中的文化翻译。

1. 英译标准和原则

郭著章（2002）描写了汪榕培英译《牡丹亭》的过程。从中我们获知，汪榕培一直关注国内的汤学研究；译前虚心向中国古典戏曲史学家和《牡丹亭》专家请教（如徐朔方、江巨荣、赵山林、袁世海、蔡正仁等），对《牡丹亭》的不同版本进行认真校勘；并在翻译中致力于以创造性的方式准确再现原作的风采。这反映出译者若要"传神达意"地英译古典戏剧，必先"翻译未动，研究先行"，且在翻译过程中严谨慎重。巫元琼、刘晓民、吴庆晏（2009）结合杨宪益和戴乃迭英译的《长生殿》，指出中国古典戏剧翻译应该重视"将传统戏曲的经典符号，如生、旦、净、末、丑等行当体制，由宫调、曲牌等组成的音乐体制，兼具诗、词、赋、散曲等文学样式的戏曲文本特征等尽可能完整地表达出来"（同上：48）。文章指出，以功能对等翻译理论指导实践势必会导致翻译最终向强势文化靠拢，加剧语言和文化领域的霸权主义；而翻译中国古典戏剧应该"注重民族性，努力表达中国戏曲所蕴含的文化思想和民族情感"（同上：49）。朱源（2006）探讨了李渔戏曲理论的英译，重点分析了戏曲文本的翻译原则。例如，译者需要充分理解原文，尤其是原作的语境（内部语境和外部语境）；"译者的翻译需要确保译文准确、得体；在译文中，译者需要彰显中国古典戏剧术语的特点，而不是借用西方的戏剧术语翻译中国古典戏剧术语"（同上：49）等。

2. 明清传奇英译

潘智丹（2009）的博士学位论文以描述性翻译理论为基础，分析了明清传奇原文的文本特征和《琵琶记》《牡丹亭》《长生殿》《桃花扇》的英译案例，重点探讨了明清传奇的英译原则和模式。文章认为，明清传奇语言层面特征的英译主要关涉以下三个方面的问题：（1）是否保留原文中的各种语言形式，如曲、诗、词、赋、散文等。（2）翻译单位。（3）雅化语言的传达问题。作者认为，译文在传达原文内容的基础上应尽可能保留文本中的各种语言形式；翻译单位的确定原则与语言形式特征是否保留密切相关。由于明清传奇中雅化语言表现在文本的各个侧面，因此保留曲、诗、词等韵文体的语言形式本身就是对原文典雅化的语言风格特征的留存。

3. 文化翻译

张政（2004）分析了汪榕培的《牡丹亭》英译本，聚焦于其中的文化翻译策略。文章发现，译者为了让读者看懂《牡丹亭》中的文化词汇，主要采用了以下英译方法：第一，直接在译文中嵌进阐释性的文字；第二，"得义忘形"，即"译者凭借娴熟的英语，将原作中的意义译出，而不太凸显原作中文化词汇的形式"（同上：43）；第三，反映原作的深层文化含义。

蒋骁华（2008b）以翻译适应选择论为理论工具，从语言维、文化维和交际维三个维度比较了《牡丹亭》的三个英译本（白之译本、汪榕培译本、张光前译本）。文章认为，语言维关乎古典戏曲的音韵（节奏和韵脚）；文化维涉及中古传统文化词汇；而交际维考察原作中的交际意图是否在译文中实现。通过分析译例，作者发现，白之译文在文化维及交际维的第三层面较多适应原文；汪榕培译文在语言维及交际维的第二层面较多适应原文；张光前译文处于二者之间。

2.5 古典散文英译

2.5.1 主要概念与理论观点

中国古典散文是中国古代文学的一种重要体裁形式，其历史可上溯至《尚书》，主要包括诸子、史传、碑文、墓志，还包括笔记、序跋、书信、日记，以及各种赋体、骈文之作（刘继才、郭爱民，2015）。漫长的历史长河为我们留下了无数美篇佳作，如《秋水》《洛神赋》《后出师表》《五柳先生传》《滕王阁序》《师说》《陋室铭》《醉翁亭记》《岳阳楼记》

第 2 章　文学典籍英译（一）

《六国论》等，不胜枚举。将中国古典散文译介至其他国家和地区，可以为他国的散文爱好者带来别样的文学审美享受与体验，因此同样具有重要的传播价值和意义。

但是，2000—2009 年，中国古典散文英译研究数量不多。现有的少量研究主要聚焦于中国古典散文英译的主体研究、意境英译研究，以及典故、对偶句、谦称、逻辑关系等负载文化的词、句英译研究。

2.5.2　重要成果

1. 古典散文英译读者研究

李洁（2008）的博士学位论文主要从审美视角系统地考察了中国古典散文的英译和译者角色。文章认为，译者须先以其自身身心感悟原作中的作者体会过的审美之感，然后竭力将之转达到译文中去，期待读者也能体悟到译者本人的那种审美之感。因此，译者自始至终是整个翻译过程中审美体验、审美再创造、审美转达的核心，同时也是中国古典散文作者和译文读者之间审美感悟的调停者。

针对读者的考察，可以更为深刻地揭示译者的翻译策略和译文效果。李洁、葛新（2009）对古典散文英译中的读者期待问题作了较为深入细致的考察。作者提出，读者期待包括审美期待、形象期待、文体期待和意蕴期待。译者应当：（1）迎合读者的审美期待，采用现代英语翻译原文。（2）保持散文的样式，语言流畅自然，并允许适度的异化。（3）尽力在译文中呈现原作的深层意蕴。

2. 古典散文意境英译研究

意境对于散文而言极为重要，意境效果是展现古典散文美的一个重要方面。译者能否把握原作的意境美，并能将之转译到英语中，制约着译者的翻译效果。李洁、杨彬（2007）探究了中国古典散文意境的翻译方法。文章主要从"象"的翻译、情的传达和联想的生成等角度，讨论了译者如何翻译中国古典散文中的意境，建议采用异化的翻译方法，因为这样会让译文读者有一种全新的审美体验。换言之，"对于那些较难在译文中表达的'象'，可以采取注解的方法"（同上：101）。

3. 古典散文文化负载词、句英译研究

王倩（2009）发现，中国古典散文富含典故、对偶句，且不乏逻辑关联词。不仅如此，由于中国传统文化重视"礼"，所以古典散文中也存在许多谦称类的表达方式。如何翻译中国古典散文中的这些负载文化的词汇和表达形式，成为译者和研究者必须面对的话题。文章以骈体散文《滕王阁序》（罗经国译本）为例，分析了译文对相关词、句的处理策略。总结而言，就原文中的典故，译者采取了"意译加注释"的方法，以降低读者阅读的难度，同时提供阅读异域文化的体验；就原作中对偶句的英译来看，其"难就难在要在译入语中复制源语中的整齐句式，同时兼顾原文的优美性"（同上：66）；而对于文中谦称的翻译，译者为了使译文做到最大限度上的通顺可读，采取了调整顺序和转换词性的方法，竭力使用最为自然的方法，再现《滕王阁序》的精髓。

2.6 小结

2000—2009年，中国文学典籍英译研究依然延续传统，聚焦于少量种类的古典诗词和小说。其他文学体裁，如散文、戏剧等正逐渐引起研究者的重视。其间，元理论发展有诸多突破，出现了"三美"理论和"传神达意"学说，为典籍英译理论发展增添了适切的理论工具。在具体的研究方面，常见议题有文化词汇英译研究、语言策略研究、译者主体性研究等，研究方法以译文比读为主。总的来看，此阶段有关文学典籍的英译研究种类偏少、主题重复、视阈偏窄。但是，本阶段所进行的理论思考、所开辟的研究新域和所积淀的研究成果大多成为后10年的研究热点，预示着文学典籍英译研究将呈现出更为蓬勃发展的态势。

第 3 章
哲学典籍英译（一）

3.1 引言

中国古代哲学讲究天人合一，重视人与自然的关系，强调社会伦理，与西方哲学存在很大差别。其思想主要体现于道家、儒家、墨家等诸子百家学说，所产生的大量典籍流传于后世，不仅对塑造中国社会文化形态产生了重要影响，也以不同方式、不同程度地推动了域外文明的发展。

3.2 道家典籍英译

3.2.1 主要概念与理论观点

道家思想是极富特色的中国哲学思想。《道德经》和《庄子》是中国道家学说的代表之作。2000—2009 年，对道家典籍的英译研究便集中于这两部典籍。其中，《道德经》的英译研究主要涉及译者主体性、文化翻译、翻译策略、译史研究、读者接受、英译批评模式构建等。有关《庄子》的英译研究包括翻译标准、翻译接受和传播、《庄子》英译的阐释性等。

3.2.2 重要成果

1.《道德经》英译研究

1）译者主体性

《道德经》英译本的数量蔚为大观,译者来自不同历史时期和文化环境,拥有迥异的学科背景,因而对这一中国道家经典著作的解读具有很强的主体阐释性。苗玲玲(2002)的研究认为,在英译《道德经》的过程中,译者会面临多义义项选择的问题。例如,针对原文的历代注释众多,中国古典文字存在许多通假或一字多义现象,一些句法也较为特殊。这些问题既为英译这部典籍带来了很大困难,也催生了丰富多元的译者阐释,极大地展现出译者的主体性。

2）翻译策略

《道德经》言简意赅,无论在词汇层面,还是在句法、语篇层面,皆存在诸多语义模糊之处。杨文滢(2009)分析了《道德经》在词、句和篇章层面的模糊特征。文章认为,在词汇层面,《道德经》的模糊性在于词义的宽泛多义性、隐喻性和对异邦文化的空缺性。其篇章模糊性体现在:卷章之间无明显逻辑衔接,话题各自兀立,引证左提右挈,话语意义由此及彼。文章比较了中外译者处理模糊语义的差异。例如,韦利的译本注重形式接应,以代词、副词、关联词前呼后应,以被动式、代词的主格和宾格标示"施"与"受"的关系,显示了典型的英语句内、句际衔接与照应的特点;辜鸿铭译本则尽力保留了原文的简约之美和模糊语篇的意义阐释空间。付正玲(2009)在对比分析了《道德经》第1章(共100篇)的英译文后指出,译者在翻译过程中要建立起对模糊语言及其语用功能的认知意识,能够理解和推断出原文作者使用模糊词语试图传达的真正含义,并根据自己对译文读者的期待和接受状况作出推测,将原文作者的交际意图和信息传达给译文读者。

《道德经》虽然篇幅不长,但包含众多中国哲学核心词汇和文化负载词,如有许多关于"天"以及与之相关的"天地""天道""天下"等表述。肖志兵(2008)从文化学的角度考察了《道德经》中"天"的英译,特别探讨了韦利译"天"的策略和文化用心。文章指出,韦译关于"天下"有26条评论,其目的是给那些不了解中国文化的读者提供尽可能多的文化背景知识。但是,文章认为,韦利并没有摆脱基督教式的超越观念,在阐释时给中国思想增加了一些无关的文化假设。作者强调,有必要返回到译者所处的历史场景中分析译者的翻译策略、翻译用心和翻译效果。班荣学、梁婧（2008）从文体风格、语义内涵和文化意象角度分析了《道德经》的两个英译本，考察了其中有关文化专有项的翻译。文章认为，典籍翻译的译者需要首先充分理解源文本，本着对源语文化负责的态度，"忠实地传递中国文化的意、韵、味，使异语读者不仅了解中国典籍的'名'，而且能够体味中华文化的'道'"（同上：166）。

辛红娟（2009）则从《道德经》英译与中国文化软实力建设的角度考察了该典籍的英译。文章认为，英语世界对《道德经》的翻译是其自身文化、意识形态和制度等"软实力"在中国典籍文本中的体现。西方译者的译文可能存在对中国文化的误读，但这些误读从不同角度构建和丰富了《道德经》的文本形象，有助于我们透过"他者"反观自身，在杂语喧哗的国际文化语境中有效弘扬民族文化（同上）。

3）《道德经》英译的译史研究

辛红娟、高圣兵（2008）将《道德经》在英语世界的传播历史划分为三个高潮时期。文章描写了各个时期的英译概况，归纳总结了阶段性特征：第一次翻译高潮（1868—1905年）期间有14个英译本问世，译者多为传教士或神职人员，主要采用归化的翻译策略。第二次翻译高潮（1934—1963年）期间共出现了25个英译本，译者国籍多元化，开始有中国人自己的译本，译者多追求译文与原文的忠实对等。第三次翻译高潮（1972—2004年）期间共产生了78个英译本。在这一阶段，出现了多个女性译者译本，也出现了中外译者合译、不同学科学者合译的现象；翻译较多采用异化策略。

4）批评模式构建

翻译批评是翻译研究的主要内容之一，可以为同类文本的翻译提供有益借鉴和指导。冯晓黎（2007）的博士学位论文阐释了社会、文化和语言的差异，以及这些因素对译者策略选择的影响。作者认为，"《道德经》英译批评模式应该涉及内容、形式和风格的全面评价体系"（同上：vi）。文章基于这三个维度构建了《道德经》英译的批评模式，并验证了该模式的有效性、可操作性和可行性。

2.《庄子》英译研究

1）翻译标准

黄中习（2009）的博士学位论文以整体论为视角，探究了《庄子》英译的翻译标准。文章从源语出发，以原文为核心，强调译者的中心地位,构建了典籍英译标准的整体论研究模式,其本质特征在于动态关联和圆融整体。该标准有三种视角:翻译(对原作及原作者)的忠实性(fidelity)、(关照读者的)译文可读性(readability)和译者的再创造性(creativity)(黄中习,2009)。其核心可归纳为"信顺创",三者之间构成了动态关联的整体。之后,文章以该翻译标准为指导,考察了《庄子》的四个英译本:理雅各译本、汪榕培译本、葛瑞汉(A. C. Graham)译本和莫顿(Thomas Merton)译本。作者发现,理雅各译本的整体标准是以忠实性为中心取向,所以译者多用直译法和音译法,有时甚至配有文字说明。汪榕培译本的整体标准是以可读性为中心取向,译者以流畅的当代英语表达原作的精神,并试图在忠实性和可读性之间寻求一种平衡。葛瑞汉译本和莫顿译本的整体标准是以创造性为中心取向,主要体现在译本体例、内容结构、标题翻译、标记调整、增删编辑、译注解说和创译方式上。

2)接受和传播

徐来(2005)描写了从19世纪末到20世纪90年代《庄子》在西方的传播轨迹,从中梳理出《庄子》英译的一些规律,如《庄子》的英译与学术研究密切相关,英语世界对中国古代哲学、文化的研究直接依靠译介的充分程度,译本的产生受制于翻译的目的、译者所处的时代背景、译者本人的身份特点,以及译语文化和目的语文化之间的强弱对比等。

3)阐释学研究

吴志萌(2009)借用斯坦纳的阐释学翻译模式,分析、比较了《庄子》的汪榕培译本、冯友兰译本和梅维恒(Victor H. Mair)译本。文章发现,《庄子》英译实质上是对该书的诠释,考察这种诠释翻译行为,"需要探讨作者的原意、译者的用心和读者的期待"(同上:150)。冯友兰译本是从哲学的视野翻译《庄子》,所以译文中包含许多前人,尤其是郭象的注疏,译者还在附录中评价了郭象的哲学思想及其特点。梅维恒翻译《庄子》的目的在于向美国大众读者介绍这一中国道家典籍,因此选择了比较权威的原文版本。汪榕培的译本则是由中国译者翻译的第一个《庄子》英译全译本。译者充分吸收了几十年来庄学的研究成果,将新阶段的阐释要义译介到国外。

3.3 儒家典籍英译

3.3.1 主要概念与理论观点

儒家典籍在中国传统思想的形成过程中占有十分重要的历史地位，有关这些典籍的英译和传播引起了学界的广泛关注。2000—2009年，相关研究主要集中于《论语》《孟子》《中庸》等原作的英译，涉及策略研究、译者文化身份研究、哲学思想英译研究、转喻英译研究等议题。这一时期，有关哲学典籍的英译策略研究已经不再局限于"直译""意译"之争，而重在探索译者策略应用背后的种种影响因素，策略研究由此向纵深发展。

3.3.2 重要成果

1.《论语》英译研究

有关《论语》英译的策略研究是这一时期的热点。研究主要包括两种类型：一类是在语言层面对翻译策略加以描写和比对；另一类则是从文化角度出发，分析译者的文化身份对制定策略所产生的影响。

第一类研究在这一时期数量已经不多。王东波（2008）对比了《论语》林语堂译本和辜鸿铭译本各自的语言特点，指出了二人翻译策略的不足之处。文章认为，理雅各的译本采取注译结合的方法，十分重视文字训诂和背景知识，旨在凸显学术性。其不足主要表现在：译文行文古板，存在误译的地方，语篇缺乏衔接。辜鸿铭的译本以意译为主，译文流畅自然，是因为译者考虑读者对译文的接受，翻译时以方便读者理解为考量。其不足表现为：过于意译，以至对某些句子的处理较为随意；删除专名；也存在误译之处。邱爱英（2009）着重研究了《论语》的庞德英译本。文章将庞德在英译该部典籍时所使用的策略概括为以下三点：以简约的语言再现原作的简约风格；使用俚语和俗语再现原作中生动的人物形象；使用拆字法，努力再现《论语》中的意象。王勇（2009）则通过考察《论语》中七个术语的多种翻译，讨论并总结了术语英译的两个原则：易读性原则和一致性原则。

这一时期《论语》的策略研究以文化研究为主要思路。《论语》译者众多，身份复杂。译者的文化身份和文化使命会对他们翻译《论语》产生直接影响。儒风（2008）分析了《论语》英译本的五种文化翻译策略,分别是:以耶释儒、意象传译、以西释中、以中释中和通俗编译。文章指出,传教士的《论语》翻译策略大多是"以耶释儒",即将孔子的儒家学说基督教化,使《论语》成为传教士渗透西方文化的工具,为基督教的传播开辟道路。庞德翻译《论语》则主要采用对文字和文化作意象阐释的方法,是典型的意象传译。我国学者辜鸿铭以西释中,借用西方文化和文学的概念,以及西方名人名言阐释《论语》经义。林语堂翻译《论语》则主要采取了意译、句译和通俗化的策略,旨在尽可能呈现《论语》的丰富思想。文章认为,每位译者在翻译《论语》中的儒家文化时,都是在自己的文化想象中开展翻译,采用相应的策略,"完成了对新秩序的构想和新文化的移植"(儒风,2008:54)。

杨平(2009b)也认为,"传教士翻译《论语》的策略是对儒学作'神学化'诠释,用基督教神学附会儒学"(同上:42),其目的是满足基督教徒的优越感和证明基督教的普世性,因此"在翻译中出现了很多歪曲、挪用、篡改和附会"(同上:47)的情况。杨平(2009a)还发现,《论语》中的哲学思想一直被西方误读和曲解。"最初通过基督教传教士,他们按照自己的意愿让中国哲学看起来更像西方基督教文化;其次,通过东方主义者,他们运用诸如'东方主义'的理念,为中国文化划定了边界。所以,基督教化和东方主义是中国哲学一直以来遭受的厄运。"(同上:28)

李冰梅(2009)分析了汉学家韦利的《论语》英译本,认为汉学家翻译《论语》等中国典籍时,展现的不只是学术身份,更是文化身份,且这种文化身份使得他们在翻译中难免对中国文化在一定程度上进行改写。但是,作者同时指出,"随着对中国文化和文学翻译的不断增多和研究的不断深入,他们的视角从西方向东方偏移,能较为客观地去分析、理解和接受中国的历史和现实"(同上:2)。

刘阳春(2008)比较了《论语》理雅各译本和辜鸿铭译本,发现译者的文化背景确实影响其翻译策略。文章认为,理雅各是以传教士的身份翻译《论语》,采取了文化适应策略,试图在儒家思想和西方基督教思想中寻找共同点,并将此信息传递给西方读者。然而,其传教士身份难免会限制译者对原作的解读,以至出现对原作的误读。辜鸿铭翻译《论语》则是为了向西方证明中国传统文化和文明的先进性,试图以此改变西方对中国传统文化的看法,因此译者利用西人西语阐释原文的思想要义,以拉近原作与读者的距离。

钟明国(2009)则专题考察了《论语》辜鸿铭英译本,拓展了对译者文化身份这一影响因素的研究。作者认为,辜氏试图通过翻译《论语》来重塑良好的中国东方文化形象,英译时"采用了完全贴近英语语言规范和西方文化价值体系的极端归化翻译策略。然而，正是由于这一翻译策略的采用，使译作带有强烈的自我东方化倾向，并由此消解了翻译的目的，失去了完成文化使命的可能性"（钟明国，2009：135）。文章指出，评价典籍外译时，"译者的文化立场诚然是不可忽视的因素，但决定译作是否真正能起到尽量真实再现源语文化的，则是译作的文化倾向……换言之，作者在确定其主观文化立场之后，还必须选择相应的翻译策略，以保证其文化立场的实现"（同上：139）。

除此之外，王勇（2009）的博士学位论文从转喻的视角历时对比分析了《论语》的英译。通过梳理《论语》全译本的译者背景、译本特色以及译本出版后产生的影响，作者归纳了中西译者的特点。作者发现，在翻译《论语》中的儒家思想时，"西方译者的态度经历了一个由傲慢与偏见到渐生尊崇之意的变化过程"（同上：vi）。但需要承认，西方译者在翻译《论语》时所采取的翻译策略和方法，对中国译者翻译此类文献有重要的启发意义。文章认为，《论语》的翻译总是具有片面性，因为这是译者的转喻性选择。对于《论语》的翻译，不存在一劳永逸的译文。

2.《孟子》《中庸》英译研究

相对于《论语》而言，这一时期其他儒家典籍英译研究的数量皆十分有限，如《孟子》《中庸》存在少量研究成果。已有的与《孟子》相关的英译研究仅限于语言层面的翻译策略探讨。例如，洪涛（2003）考察了《孟子》中辩词的英译。这种修辞手法的表现形式包括偶句、排句、重复、意合、譬喻等。对于排句，文章认为"这种风格的'语音标记'（phonological markers），在英文中是难以复制的。主要原因在于汉字属于单音节文字，非常便于组成不同音节的词或词组，而英语并无此特点"（同上：43）。因此，刘殿爵（D. C. Lau）和理雅各在英译时省略了一部分排句，并对其中的意合现象采用"增释"策略。

王辉（2007）结合译者的翻译目的，在后殖民理论视阈下分析了辜鸿铭英译《中庸》的翻译策略。作者指出，辜鸿铭英译《中庸》是为了改变被汉学家歪曲的中国人和中国文化的形象，抵制欧美列强的文化帝国主义，"其动机与用心正是反对殖民主义的"（同上：63）。因此，辜鸿铭的《中庸》翻译实践具有反对文化殖民主义的色彩。

3.4 墨家典籍英译

2000—2009年，有关《墨子》(或《墨经》)的英译研究极少。仅有的研究成果是由《墨子》的英译者王宏(2006)所撰写的一篇文章。文章对比了《墨子》现有的各种英译本，强调了原文文本考辨在典籍英译中的基础性作用，并探讨了《墨子》的英译原则。作者结合自身翻译经历，指出其《墨子》英译全译本遵循了"明白、通畅、简洁"的翻译原则。那么，怎样才能做到"明白、通畅、简洁"呢？作者认为，《墨子》英译宜综合运用直译、意译、解释性翻译、具体化、泛化处理，以及省略/添加等多种策略。其中，"直译法"有助于呈现原作的内容和形式，使译文与原文一致。"意译法"有益于体现原作的深层语义，促进文化交流。由于译作定位于海外普通读者群体，因此还应采取"解释性翻译"方法，这有助于降低一般读者阅读译文的难度。所谓"具体化"，是指针对原作中的一些模糊性语言，译者采取措施，使译文清晰化，使海外普通读者理解原作的意蕴。"泛化"的翻译策略应用于处理那些原文中十分具体的、一般读者却可能无须知晓的内容。最后，文章指出，《墨子》中还存在一些冗余或者与原文脱落部分，译者需要相应地采取"省略"或"添加"措施。

3.5 古典哲学术语英译

3.5.1 主要概念与理论观点

中国古代哲学有其独特的思想体系，典籍中丰富的哲学术语是其学术思想的基本单位。如何英译成为哲学典籍英译的重难点之一。如果英译时直接使用西方哲学术语加以格义和替换，其结果可能致使中国哲学成为西方哲学思想的附庸，而失去自身独立、独特的价值。英译中国古典哲学术语既应该呈现中国古典哲学的特征，也有必要充分考虑译文读者的接受。

2000—2009年，相关研究集中在对"仁""道""天""气"等具体核心术语英译的探讨上。在中国传统文化中，这些哲学术语并不具有宗教或者神学内涵，却在西方宗教语境中存在相近表达。因此，一些译者，尤其是西方译者，经常直接采用西方宗教和哲学语言来翻译中国古典哲学术语，甚至在二者之间寻找关联。如何看待这种翻译现象成为这一时期研究者争论的焦点。

3.5.2 重要成果

1. "仁"的英译

"仁"是儒家思想中的核心术语。可以说,理解了"仁",就在很大限度上理解了儒家思想。"仁"还制约着儒家学说中其他术语的语义表达,与礼、义、廉、耻、孝、悌、忠、信等共同构成儒家思想的整个体系。

杨平(2008a)认为,"仁"并非一个固定的概念,而是多维的、动态的。基于对《论语》中"仁"的语义加以分析,杨平(2008b)认为"仁"这一哲学概念包含多层内蕴。但是,现有译文多将其译为某个具体的属性或特质,如 benevolence、virtue、perfect virtue、good、goodness 等。在作者看来,无论哪种译文都很难囊括"仁"的本真含义,难免以偏概全,甚或歪曲原来的意思。因此,杨平(2009a)建议采取音译法,将"仁"翻译为 ren。这样既可以保留其精神实质,防止译文窄化原术语的内涵,更能够阻止译者在译语文化中将其他文化的、宗教的,或者神学的成分强加到儒家思想系统中的术语中去,还可以保持这个核心概念在《论语》中的统一性。

李冰梅(2009)分析了《论语》中"仁"的不同译文与译者理解的关系。例如,林语堂将"仁"翻译为 true manhood 或者 kindness,他认为,"在英文里与'人'相关的词有 human、humane、humanitarian、humanity,这些词中的词根都是 man,其词义含有 mankind 和 kindness 两字的意思"(同上:88)。韦利将《论语》中的"仁"译为 goodness,在他看来,"仁"这个词后来含有"好"的意思(同上)。

2. "道"的英译

"道"是道家思想的核心概念和重要表征。"道"与道家思想体系中的其他概念相互关联,互为阐发。因此,在道家思想体系中,"道"的意蕴是多维的,并非某单个意蕴所能囊括的,更不是英语世界哲学体系中某个术语所能替代的。

徐来(2005)全面考察了《庄子》中"道"的内涵和英译。从文中我们获知,巴尔福(F. H. Balfour)是英语世界第一位将"道"译为 nature 的译者,因为译者认为,"道"在许多方面与"自然"有相通之意。理雅各则不赞同把"道"翻译为 nature。他认为,"道"已经从自然界中的意义脱离出来。人们将在物理世界观察到的法则加诸该词,使之具备了人格化的意蕴,是上帝的前概念。翟理斯将"道"译为 way,是因为译者认为，中国古典哲学术语"道"具有"道路""方法""途径""模式""路径""路线"之意，而英语 way 的含义与此较为相仿。姚小平则主张将"道"译为西方哲学中的 logos。文章认为，道家的"道"兼具本体论、宇宙论、道德哲学与生命哲学之意，在英语语言文化中几乎找不到能够涵盖所有这些意项的词语，所以很难用某一个具体范畴的英语词汇翻译该术语。因此，作者建议采用音译法，将该术语翻译为 tao。

杨慧林（2009）主要考察了理雅各对这一哲学术语的英译，认为用西方的思想（无论是神学的，还是其他思想的）来翻译中国古典哲学术语，译文所反映的仅是西方思想。而当代西方译者已经认识到这一点，如安乐哲（Roger T. Ames）、罗思文（Rosemont Henry Jr.）、郝大维（David L. Hall）等。文章同样提倡采用音译的方法翻译中国古典哲学术语，如仁、天、道可以分别译为 ren、tian、dao。

肖水来、孙洪卫（2009）则从阐释学的角度探讨了"道"的英译。文章认为，"西方译者倾向于把他们的文化因素带入翻译，如美学意识、政治倾向、道德等都极大地影响了翻译过程"（同上：140）。迄今，"道"的英译有多种版本，其多样性与译者的文化背景密切相关。文化背景不同的译者对于中国哲学术语的理解自然存在很大差异。

3. "天"的英译

"天"这一哲学思想术语不仅是儒、道典籍的核心，也与中国人民的普通生活息息相关。然而，它并无西方所谓的宗教色彩或神学色彩。

肖志兵（2008）梳理了多个有关"天"的译文。文章发现，理雅各将该术语直接英译为 heaven。然而，heaven 在英语文化中具有浓厚的宗教色彩，常与 soul（灵魂）、sin（罪孽）、after life（来世）等概念联系在一起。因此，安乐哲不赞同如此翻译。韦利则强调要从"天"这一术语的历史语境中探究本义，希望还原"天"在中国先秦思想体系中的本义。虽然意图如此，但他的译文依然无法彻底摆脱宗教思想的浸染，带有较强的基督教色彩。

4. "气"的英译

"气"不仅是中国古典哲学中的重要术语，还被中国古代科学家、文学家、艺术家等借鉴使用，赋予其越来越丰富的含义。因此，"气"不仅内涵是多维的，在西方哲学思想体系中也没有相近的对等术语。徐来（2005）分析了《庄子》一书中"气"的多重含义，并列举、分析了译随境变的各种译文。例如，在表示精神活动之"气"时，葛瑞汉坚持将其译为 energy，理雅各、冯友兰等将之译为 spirit，翟理斯则将该术语翻译成 soul 这一具有浓厚宗教色彩的词汇。词语"阴阳之气"的译文有 yin and yang、energies、vital breath 等。作为构成生命物质基础之"气"，它被译为 energy、breath、vital breath、spirit、substance 等。

3.6 小结

中国古典哲学在许多方面有别于西方哲学思想。因此，哲学典籍英译时必然存在一些不可通约的难点，尤其是哲学术语的表述问题。如何翻译中国哲学典籍和评价相关译文成为这一时期研究者关注的焦点。虽说哲学典籍英译研究在这一时期还处于发展的初始阶段，研究所涉及的典籍种类十分有限，但相关研究的思路方向清晰，研究视阈不再局限于微观语言层面的策略考察，而更多地涉及英译的译者主体性和文化身份等要素对翻译策略选择的影响，并且出现了较为系统的翻译标准研究和批评模式构建。

第 4 章
科技典籍英译（一）

4.1 引言

中国古代科技曾经很长一段时期处于世界领先水平，在天文、历算、冶炼、农业、化学、物理、工程技术等许多领域皆有重大贡献，为我们留下了无数科技典籍。这些作品有的依然在影响着我们的生活、工作与学习。但是，中国古代科技典籍的文体结构和表达形式与现代所广为接受的、来源于西方的科技类文献写作范式有显著差异，这成为英译此类典籍的重要难题之一。如何解决这种难题，应该成为中国科技典籍英译实践与理论研究的核心问题。需要指出的是，历史上被翻译成英文的中国科技典籍种类有限，因此相关研究也并不多见。进入 21 世纪，科技典籍英译开始得到重视。随着译本的增多，2000—2009 年，科技典籍英译研究渐次起步，逐渐形成新的热点。

4.2 中医药典籍英译

4.2.1 主要概念与理论观点

中国传统医学历史悠久，至今依然造福于人类。我们的祖先撰写了许多珍贵的中医药典籍，构成了中国优秀传统文化的重要部分，也成为中国文化"走出去"的核心内容。然而，中医与西医属于两种不同的医学体系，二者对生理、病理，以及疾病防治的认识截然不同，甚至是矛盾冲突，这为中医药典籍英译带来诸多困难。

在新时代的头 10 年（2000—2009 年），国内研究主要聚焦于中医药四大理论经典之首——《黄帝内经》的英译研究。《黄帝内经》在国际医学领域影响深远,其英译自然引起众多学者的关注。这一阶段的研究大多采用译本对比的方法,重点关注其中微观的文化词汇英译(兰凤利,2004a)、语义模糊数词英译(傅灵婴、施蕴中,2009)、病症名称英译、医古文语篇英译、修辞格英译、音韵英译(赵阳、施蕴中,2009)等问题。也有学者借鉴多元系统理论对《黄帝内经》英译开展研究。例如,兰凤利(2004b)从翻译目的、翻译形式、翻译方法、译者身份、对原文版本的选择等角度对《黄帝内经·素问》英译的历史脉络进行梳理,研究《黄帝内经·素问》的译文标题、译著篇幅、发表形式和附加内容等。此后,兰凤利(2005)又从译者学术背景、知识结构、译者的译入语医学文化意识和读者意识等方面论述了译者主体性对《黄帝内经·素问》英译的影响,并探讨了中医药典籍译者应具备的理论素养。

4.2.2　重要成果

1.《黄帝内经》的英译策略研究

艾尔萨·威斯是《黄帝内经》的首位英语译者。施蕴中、马冀明、徐征(2002)探讨了威斯所使用的翻译策略。他们发现,译者主要使用夹注和脚注来阐释原文。夹注主要用于解释首次出现的难译词,形式包括"英文加汉语夹注"和"音译加汉语、英语夹注"。脚注的优点是可以给出详细的解释,信息量大。译者主要借助脚注注明汉字原文、相关领域的译法、解释和出处。此外,对于存在争议的问题,译者在脚注中引用了其他翻译和解释。

李照国是英译《黄帝内经》的本土译者之一。他在翻译时确定了"译古如古,文不加饰"的基本原则。李照国(2005:398)主张,"基本概念的翻译以音译为主、释译为辅,篇章的翻译以直译为主、意译为辅"。作者认为,以此法翻译之译文,读起来虽不十分流畅,却能最大限度地保持原作的写作风格、思维方式和主旨思想。此后,李照国(2009)又进一步提出"医哲交融文理深,以外揣内达其旨""思想精深寓意微,与时俱退明其意""概念玄秘立意精,音译加注正其名""译古如古今若昔,文不加饰求其真""衍文残语顺乎古,辩证从译存其疑"等多元翻译策略。

2.《黄帝内经》的修辞与词汇英译研究

中国古代科技典籍文本具有很强的文学性，其中经常出现多种修辞形式，以增强表达效果。申光（2009）主张，应采用"厚重翻译"来英译中医学典籍中的隐喻性语言，即先译出隐喻的字面含义，再加上必要的注释。文章认为，隐喻是人类所共同拥有的一种认知方式，采用"厚重翻译"的策略能够保留中医典籍中丰富的文化内涵，也有助于呈现原汁原味的中国传统医学思维方式。

《黄帝内经》使用了许多对偶词，这在英语中并不多见。李苹、施蕴中（2009）将对偶词区分为正对式对偶词和反对式对偶词，认为可以采用直译、剖译和选译等多种方法翻译此类词汇。具体而言，如果汉语对偶词的整体概念能在英语中找到对应词，即可采用直译。"选译就是结合具体语境，选择对偶词中某个或某几个字的词义翻译。"（同上：86）剖译则是文章作者创造出的新概念，意思是将中医药词汇解剖为两个或两个以上的单词，分别翻译，再将译词拼凑在一起，组成并列词组。

傅灵婴、施蕴中（2008）研究了《黄帝内经》中的虚指数词，概括出三种英译策略类型，即"对等翻译""变动数词改译"和"解释性翻译"。其中，"对等翻译"就是直接使用形式和意义与汉语对应的英语表达方式。"变动数词改译"则与之相反，即译文采用与汉语不同的表达方式。"解释性翻译"，顾名思义，是指用解释性的文字来表达汉语的模糊语义。

3. 中医药术语英译研究

中医药典籍中包含大量医学术语，它们构成了中国医学知识体系的基本知识单元。翻译这些术语需要兼顾中医药术语的特质和译文读者的接受。这一时期对中医药术语的英译研究主要以《黄帝内经》研究为载体，可分为术语英译策略研究、术语英译原则研究和术语英译标准化研究三个方面。

1）术语英译策略研究

以《黄帝内经》英译为例，国内外译者在翻译其中的中医药术语时采取了不尽相同的处理方法。英国学者魏迺杰（Nigel Wiseman）主要采用了直译法（将中医药名词译为普通名词）、伪造法（将中医术语按字切割，以汉字为单位翻译为对应的英文，再将英文单词拼凑成为词组）、造词法（根据源语的词义，用相关的英语词或词素构造新词）、音译法（拼音翻译）和比照西医法（使用西医概念直接译出）（李英照、施蕴中，2008）。本土译者李照国主要使用"音译"策略；留洋中医师倪毛信（Maoshing Ni）采用了"音译 + 解释"的方法；吴连胜、吴奇则多法并用，或借用西医词汇，或"直译 + 西医词汇"，或"直译 + 音译"，或使用该病的突出症状翻译病名。针对三种国人译本，李英照、施蕴中（2009）依据生态翻译观，逐个考察了译者的生态环境，包括翻译发起人或出版社、译者的学术背景和知识结构，以及译者多维度的适应过程等，分析了环境因素对译者制定翻译策略所产生的影响。

在翻译中医药术语的实际过程中，译者所采取的翻译方法并非单纯的、"非此即彼"的"归化"或"异化"策略，而会更为灵活地采用"半异化方法"和"零翻译方法"（罗枫，2007）。"半异化方法"就是在译名后面加上中医的解释。文章认为，这种译法"既有利于西方人建立一个大概的概念，又能够将中医概念的独特之处点出，避免造成中西医学概念的混淆"（同上：63）。"零翻译"则主要针对医学术语翻译，是指利用音译和移译的方法翻译中医药术语。文章认为，采用这种方法翻译中医药术语，可以保存中医药术语的所有内涵。

姚振军（2006）提出，字对字的翻译方法更能体现《黄帝内经》的语言特点。作者表示，"像《黄帝内经》这样的医学典籍，只有通过'字对字'或'汉字逐字解释翻译'的方法进行翻译才能实现经典文化著作在世界上传播的目的"（同上：76）。作者以乔姆斯基的深层语法结构理论为据，认为句法的深层结构是所有语言的共同特征和人类大脑的内在机制，因此采用这种方法翻译中国古代医学词汇，不会造成阅读者的阅读障碍。

2）术语英译原则研究

译者多半会为自己制定一些翻译原则，以指导其翻译实践。例如，魏迺杰、许权维（2004）结合翻译经验，提出中医名词术语英译的五点原则：（1）非专业名词宜以非专业对应词翻译。（2）专业名词宜以仿造翻译为主。（3）仿造法未能产生合理对应词则根据定义造新词。（4）尽量少用音译。（5）西医名词限于可确保中医概念完整且不引入西医概念之处使用。李照国（2008）结合中医的特点，也提出了中医名词术语翻译的五项原则：（1）自然性原则，即"在翻译时既要考虑中医语言的固有特点，也要考虑自然科学的共性之处"（同上：68）。（2）简洁明了。（3）民族性原则，也就是要保持中医术语的固有特色。（4）回译性原则，指的是"英译的中医名词术语在结构上应与中文形式相近。这样在中医药的国际交流中，就能较好地实现信息的双向传递"（同上：69）。（5）规定性原则，要求对中医名词术语英译中的用语在内涵上进行限定，避免出现别的解释。

也有一些学者基于理论研究提出了中医名词术语的翻译原则。例如，张晶晶、戴琪（2006）认为，中医名词术语翻译应遵循：（1）科学性原则，既要词义准确，又要符合英语的构词规则。（2）信息性原则，所译中医术语既不能使信息增值，也不能使信息减损。（3）规范性原则，所译中医术语应该规范，符合术语命名的原则和要求。（4）接受性原则，在翻译中医术语时，要充分考虑这些术语读者的接受心理。（5）文化性原则，在翻译中医术语时，需要忠实再现中医的文化属性。张海红、施蕴中（2006）则基于对中医脉象术语的英译研究，提出中医术语翻译的四项准则，分别为："区分术语命名和术语内涵解释""使用常用词""使用常用词缀'造词'"和"区分相近术语"。

3）术语英译标准化研究

术语英译研究是科技类典籍英译研究的核心话题之一。现代中医药术语基本承袭了古典医学理论著作中早已形成的术语体系。随着传统中医药价值获得国际认可，国际交流日益增多，中医药术语英译标准化研究早已成为行业发展的重要议题，在中医学领域受到广泛关注。洪梅（2008）将中医术语英译标准化历史划分为三个阶段：起步阶段（1980—1991年），这一时期尚无统一的中医术语英译标准。第二阶段（1992—1999年），此时多数学者支持对音译作出限定，反对拉丁化、希腊化译法。魏迺杰和班康德（Daniel Bensky）分别提出"以源语为导向"和"以读者为导向"两种中医术语翻译发展方向。第三阶段（2000—2007年），中医名词术语英译日益规范化、标准化，音译成为重要选项。

4.3　农学典籍英译

4.3.1　主要概念与理论观点

中国自古以农业立国。在数千年的农业文明发展过程中，中国古代农业创造了无数辉煌的成就，在发展农业思想、改进农耕方法、发明创造工具和扩充作物品种等方面都产生了引人注目的成绩，留下无数农学典籍。例如，《氾胜之书》《齐民要术》《陈敷农书》《王祯农书》《农桑辑要》《耒耜经》《农政全书》《沈氏农书》等，其中有些农学典籍至今依然造福于人类。

中国古代农业文明是中国传统文化的重要构成部分，是中国文化"走出去"的重要内容之一。中国农学典籍的对外译介与传播对于提升中国的文化软实力具有重要意义,也有益于域外农业的发展。然而,2000—2009年,中国农学典籍英译及研究的成果较少,相关研究集中于对茶典籍英译本的探讨,如《茶经》和《续茶经》。

以姜欣、姜怡为代表的学者基于英译实践,开展茶典籍英译研究,逐渐形成了以《茶经》《续茶经》为主题的英译研究团队。研究者聚焦于茶典籍英译如何体现中国传统茶文化的精髓,发表了多篇高质量的研究成果,贡献主要在于以下三个方面:(1)确定了"求异存同"的民族文化重构的翻译策略。这一策略的核心在于"异",即在译入语文化中塑造具有异质性的中国茶文化。(2)确定了"意义相符,功能相似"的翻译标准。这种翻译标准的目的在于使茶典籍译文在内容和形式上展现原作的风采,并兼顾译文在目的语中的功能。(3)指出茶典籍具有很强的互文性,即茶典籍之间在内容、主题、形式、结构等方面所具有的契合性。翻译此类古典文献时,应该体现这种互文性。

4.3.2 重要成果

1. 茶典籍的对外英译与传播

同其他典籍相比,《茶经》英译的起始时间相对较晚。较早的有威廉·乌克斯(William Ukers)的《茶叶全书》(*All About Tea*, 1935),在纽约出版。在这个节译本中,译者只介绍了原典的各个章节,并未详细翻译其中的历史渊源和文化内涵,并且省略了原作中绝大部分与文化相关的逸事典故,所以较难传达《茶经》的全部神韵。直到1985年,才出现了弗朗西斯·R.卡朋特(Francis R. Carpenter)英译的全译本 *The Classic of Tea: Origins & Rituals*。2009年,姜欣、姜怡合作翻译了《茶经》《续茶经》,这是由中国学者首次自己英译的全译本。译者的翻译定位是,既要"再现原文本的外观之美,同时又要传达原文本的信息之丰"(姜怡等,2009:290)。

2. 茶典籍英译策略研究

茶是极富中国特色的饮品,很早就传入其他国家和地区,现已广为世界各地的人们所喜爱。茶典籍描述的茶产品、茶具、茶的种植方法、煮茶方法,以及各种茶事,均富有中国特质。茶文化典籍中有许多信息和文化现象是译入语文化所缺乏的,这就需要译者采取适恰的翻译方法

第 4 章 科技典籍英译（一）

与策略，以实现其翻译目的。杨德宏、姜欣（2009）将英译茶典籍的策略归纳为"求异存同"的民族文化重构策略。作者从《续茶经》的译作中"解读出译者有效地避开了母语本位文化的负面影响，把握了'异化翻译'中'异'的精髓"（同上：84）。这种"异"包括选材之异、语言之异和异化之度。就选材之异而言，译者选择《续茶经》就是对译入语主流文化和意识形态的挑战。就语言之异来看，该典籍中出现的人名、地名等名词和术语在译入语中存在文化空白，译者采取音译加注的方式，有助于在译入语语言文化中凸显中国茶文化的"异质性"。此外，所谓"异化之度"，指译者在英译《续茶经》时重视把握异化的度，即该异化时异化，该归化时归化。

茶名是中国茶和茶典籍的核心，其英译对中国茶文化对外译介与传播有重要影响。在中国文化"走出去"的语境下，翻译这些茶名时，十分有必要保留中国茶文化的特点。袁媛、姜欣（2009）经过分析发现，《续茶经》中茶命名的方式主要包括以产地命名，以形、色、香特点命名，以采摘时间命名，以传说故事与美好祝福命名，以及以创制人的名字或茶树品种命名。"茶的命名方式不但多种多样，而且言简意赅，充满情趣。其语言措辞（之）优美，内涵（之）深厚。"（同上：70）为此，译者可综合运用音译、直译、音译加意译、概译、直译加文内注释等多种翻译方法，以达到既忠实传达原文意义（字面意义和文化意义），又不失简洁，且让目标语读者理解、接受的目的。

姜欣、吴琴（2008）探讨了如何翻译茶典籍中丰富的颜色词。作者总结指出，对于茶典籍中的单音节颜色词（如绿、红、白等），可采用直译法；对于茶典籍中的混合型颜色词，应采用"颜色词汇 + 颜色词汇"的英译方法；对于带有修饰语的颜色词和一些实体颜色词汇，可依然采用直译法；而对于比喻性的颜色词，则需要加注以阐释。

《茶经》一书的章节题目信息量大，形式优美，极富中国文学文本特征。"每章标题的第一个字为章节的排列顺序，第二个字为文言文中的助词'之'，用在定语和中心词之间表示同位关系；第三个词则承担着作为标题的最重要功能：中心信息的传递。语义信息上的尾心（end focus）与结构上的尾重（end weight）结合紧密。"（姜怡、姜欣，2006：82）为在译文中再现这些章节题目的特征，译者制定了"意义相符，功能相似"的翻译标准，以呈现原作的言内意义和语用意义。作者（译者）认为，在翻译《茶经》的章节题目时，这些题目的形式美和意义丰是一种辩证的关系，译者必须关注原文及译文遣词造句，译文不仅在语义上"合意"，而且在语用上"合宜"。

3. 茶典籍英译的互文性研究

所谓"茶典籍的互文性",是指"一个文本可以从参照、暗指、自我引用、套语习语等层面找到同其他文本之间的关联"(姜欣等,2009:291)。这种互文关系包括相似的语类(genre)关系、类似的主题或话题关系、结构及形式上的契合关系,以及功能性关系。《茶经》和《续茶经》在内容和文化层面皆具有互文性。例如,它们都包含茶之源、茶之具、茶之造、茶器、茶之煮、茶之饮、茶之事、茶之出、茶之略和茶之图这些部分。语料库计算结果也证实了这两部茶典籍存在紧密的互文关系。因此,从互文性的角度考察茶典籍英译是这一时期茶典籍英译研究的重点之一。

姜欣、杨德宏(2009)将茶典籍中的互文标志称为"互文信号",并将《续茶经》中的互文信号分为四类:具有语域特征的字词(如茶、泉、煎等)、技术术语(如捡芽、候汤、择水等)、专有名词(如茶人、茶品、产地等),以及直接引用符号(如引号、冒号等)。文章认为,对于茶典籍的书名翻译,译者需要考虑源语文本、源语文本的互文,还需考虑它进入译语语言文化后的互文影响。就《续茶经》章节目录翻译而论,译者需要关注文本大标题《续茶经》与《茶经》的主题和语域互文,在此基础上重视语言功能和目的的互文。就《续茶经》的引文翻译来看,译者可以追根溯源,查找《续茶经》中引言互文性标记所在的文本,以更为准确地理解作品的内容与思想情感,进而在译文中将其表达出来。最后,对于《续茶经》中的语域特色词和文化负载词的翻译而言,译者应尽量保持前者的连贯性和标准化,必要时直接音译;也应尽量保留后者在源语中的本土文化内涵,用适当的阐释使目标语读者正确理解译文。

4.4 小结

这一时期,中国古典科技英译研究的总量不多,且研究种类有限,主要聚焦于中医典籍《黄帝内经》和农学典籍《茶经》《续茶经》。研究成果显示,中医药典籍的文化词汇和术语研究备受关注。一方面,随着文化自信逐步提高,核心术语"音译"成为研究者倡导的新主流;另一方面,随着传统医学获得国际社会认可,术语标准化研究取得了较大进展。茶典籍英译研究在本土译者的推动下成为新热点。研究者敏锐地发现典籍原文之间具有"互文"特征,因此将"互文性"概念引入英译策

第4章 科技典籍英译（一）

略研究领域，形成了一些富有启发性的研究成果。虽然这一时期相关研究较少有系统的理论建构，但从发文数量的走势来看，已经有越来越多的学者认识到，科技典籍是中国文化典籍的重要组成部分，科技典籍英译研究必将成为中国典籍英译研究新的增长点。

第 5 章
少数民族典籍英译（一）

5.1 引言

中国是一个多民族国家，有 56 个民族和谐共处。除了中原汉民族之外，各边疆少数民族人民在各自的生活环境中逐渐形成了与自然相适应的生活习惯和宗教信仰，创造出史诗、格言、神话、巫调、民歌、戏曲、诗歌等多样的艺术形式，并通过口述或文字记载代代相传，产生了许多极富民族特色的典籍。例如，藏族英雄史诗《格萨尔》、蒙古族英雄史诗《江格尔》、柯尔克孜族史诗《玛纳斯》，它们并称为中国少数民族的三大史诗。

2000—2009 年，有关少数民族典籍英译研究的文献数量较少，仅涉及壮族典籍《麽经布洛陀》、蒙古族典籍《蒙古秘史》和维吾尔族古典长诗《福乐智慧》。

5.2 主要概念与理论观点

《蒙古秘史》记载了蒙古族自有神话起源以来至 13 世纪 40 年代（500 多年）的发展历程，是以成吉思汗"黄金家族"兴衰为中心的蒙古族官修历史。《蒙古秘史》兼具史学、文学、文献学、语言学、文化学等多重价值，在国际社会颇有影响力，研究者甚众，甚至创生了一门专门的"秘史学"。维吾尔族《福乐智慧》是公元 11 世纪喀喇汗王朝著名的文学家、哲学家玉素甫·哈斯·哈吉甫用回纥语写就。目前，原稿已经亡佚，仅有三种手抄本流传于世。壮族的创世史诗《麽经布洛陀》"歌颂布洛陀开天地、定万物、排秩序、定伦理、取火种、治洪水、生谷物、造耕牛、教蓄养、射烈日、造铜鼓、驱虫兽……"（卓振英、李贵苍，2008：167-168）。诗体以五言为格式，对仗工整，押腰脚韵；诗文内涵丰富，语言生动，表达了壮族人民自古以来信奉万物皆有灵的世界观和人与自然和谐相处的自然观。

值得一提的是，在王宏印的指导之下，邢力（2007a）和李宁（2007）分别完成了博士学位论文《〈蒙古秘史〉的多维翻译研究——民族典籍的复原、转译与异域传播》和《跨越疆界 双向构建——〈福乐智慧〉英译研究》。我们将以上述三部典籍英译为线，分别介绍这一时期具有代表性的研究成果。

5.3 重要成果

5.3.1 《蒙古秘史》英译研究

1957年，印度的孙维贵（Wei Kwei Sun）将《蒙古秘史》翻译成英语，成为最早出现的英译本。韦利曾选译《蒙古秘史》中的故事部分，收录于《蒙古秘史及其他》（The Secret History of the Mongols and Other Pieces），于1963年出版。1982年，哈佛大学出版社（Harvard University Press）出版了柯立甫（F. W. Cleaves）英译的《蒙古秘史》。该译本中有许多注释和评论，具有很强的学术性。此后，保罗·卡恩（Paul Kahn）（1984）和乌尔贡格·奥侬（Urgunge Onon）（2001）的英译本也先后问世。

邢力（2007a）聚焦于《蒙古秘史》的英译传播，分析了柯立甫译本、罗依果（Igor de Rachewiltz）译本和奥侬译本。作者首先归纳了各种译本的总体特征：柯立甫译本受"经史"典籍观主导，属于典型的学人学译。其译本包括长篇导言、学术注释、索引，并且以韵文形式翻译。罗依果译本以读者为导向，不仅调整了篇章形式，还采取了删除、淡化或置换的方式处理原文中的专有名词。其译文流畅，实现了"通俗经典化"的效果。奥侬译本则体现了"史传翻译和文化阐释的统一"。作为本民族译者，奥侬几乎以为成吉思汗译传的方式翻译该部典籍，并在译文多处加入松散的注释。可以说，三个英译本各有千秋，各具特色，均有自身的译学价值。

文章认为，民族典籍翻译兼具民族学和翻译学的属性。这与王宏印、邢力（2006：28）此前表达的观点是一致的，即"中国民族典籍英译是翻译学和民族学在这一领域的融合"。在文中，作者将民族典籍翻译的特点概括为以下几点:(1)具有鲜明的少数民族特色。(2)富含为数众多不为人知的特殊翻译现象。(3)是与民族学研究结合在一起的学术翻译活动。该文是国内较早谈及民族典籍翻译定位问题的研究,对于典籍翻译与民族典籍翻译的定位及关系做了较为系统的探讨。

5.3.2 《福乐智慧》英译研究

李宁、王宏印(2006)分析了罗伯特·丹柯夫(Robert Dankoff)英译本的认知特点、文体特点和文本特点。文章认为,译本导言、附录和注释中详尽的解释性内容有利于读者理解原文。译文的文体有别于原文,采用散文体英译原文的诗体文字,其文体风格与钦定本的《圣经》极为相似,如多短句,少复杂句式,大量使用名词和介词,段落简短,平行句式较多等。

王宏印、李宁(2007)还分析了罗伯特·丹柯夫英译本中的民俗文化翻译策略及原因。文章发现,译者采用的翻译策略可分为三种情况:第一,采用忠实翻译策略,保持原作中的民俗文化。第二,如果原作中的民俗因素中断,译者则采取多种翻译手段(如淡化策略或泛化策略)对原文的文化因素进行重构和改写。第三,采取直接插入西方神话的方法,实现文化干预,促进文化交流。李宁、吕洁(2009)也表示,译者对原作中不易理解的民俗文化采用了改写的策略,对与英语文化中价值观不同的民俗也采取"纠正"的策略,以提高译文的读者接受度;但保留了原文中与英语文化传统具有同源性的民俗文化。

李宁(2007)提出,包括民族典籍英译在内的中国典籍英译总是会面临一种两难境地,即以原文为中心,还是以英语言文化为中心。文章认为,在具体的民族典籍英译实践中,很难用简单的"归化—异化"策略应对所有的翻译问题。因此,文章提出一种"中间路线",即"双向构建"策略。这种策略是"在翻译过程中,以源文化和译入语文化为资源,运用淡化和温和渗透的办法,试图在处于源语文化和译入语文化之间的第三文化空间(the third space)完成作品的重构。最终的翻译产品则表现为一个文化的构建物"(同上: 157)。文章认为,这种翻译策略有利于"保持原作的文化及其表述方式与增加异域文化的视野的双向运作,是典籍融合再造,发现现代价值的基本途径"(同上: 158)。

5.3.3 《麽经布洛陀》英译研究

《麽经布洛陀》是壮族民间宗教的典籍,叙事宏大,内容丰富。黄中习等(2008)探讨了该典籍的翻译策略。他们认为,在翻译《麽经布洛陀》时,应该:(1)由易到难,由简到繁,从节译或选译开始,逐步过渡到全译。(2)以"传神达意"的翻译标准为指导,力求忠实传神而又通俗易懂的文化翻译效果。(3)灵活使用各种翻译方法与技巧,使译文通俗化,尽量保存原典的民俗文化意蕴。例如,使用直译、意译、音译、释译、具体化、泛化、增益、减省、变通、补偿、加注,或兼用多种译法。

5.4 小结

2000—2009年,中国少数民族典籍英译研究显得相对滞后,相关研究数量远远落后于其他类别典籍。事实上,中国少数民族典籍十分丰富,其中不乏许多有益于人类生存与发展的宝贵智慧与真知灼见。可惜的是,许多作品长期缺乏英译,限制了文化的传播和交流,也阻滞了相关英译研究的发展。进入21世纪后,在国家政策鼓励和译界学人的呼吁下,民族典籍英译数量大幅增加,研究群体不断扩大,这极大丰富和完善了我国典籍英译的种类和结构。经过一段时间的积累,民族典籍英译研究呈现出厚积薄发之势,在本阶段末期已经出现了较大进展,产生了一些具有深度和广度的研究成果。

第二部分
典籍英译理论繁荣期
（2010—2019年）

第 6 章
概述（二）

6.1 学术资源数据分析

2010—2019 年是典籍英译研究的繁荣期。我们在 CNKI 中分别以"典籍翻译"和"典籍英译"为主题词进行检索，剔除重叠部分，获得与研究相关的期刊、博硕士论文、会议、报纸文章共计 1 351 篇。从年发文量（见表 6-1）来看，典籍英译研究热度不断上升，统计时段末期较初期发文量增加了三倍有余。

表 6-1　2010—2019 年国内典籍英译研究论文数量统计

年　份	数量（篇）	年　份	数量（篇）
2010	60	2015	124
2011	80	2016	183
2012	83	2017	198
2013	100	2018	186
2014	135	2019	202

为了解近十年典籍英译研究的热点，我们将文献以 CAJ-CD 格式导出，针对文献作者和文章标题，使用 Tagxedo 词云分析软件析取文本数据中出现的"高频词"，最终以视觉凸显的图像形式呈现出来（见图 6-1）。

图 6-1　2010—2019 年典籍英译学术资源高频词分析图

可以清晰看出，除了"英译""典籍""翻译""研究""中国"之外，另有不少清晰可辨的"高频词"。其中，"文化"（词频：435）、"为例"（词频：393）、"策略"（词频：374）、"理论"（词频：340）、"传播"（词频：325）、"视角（域）"（词频：217）等使用频率很高。这在一定程度上反映出新时代繁荣期典籍英译研究至少有以下四个方面热点：第一，文化因素备受关注。第二，策略研究是一大焦点。第三，研究通常以某个理论为支撑或在某种视阈观照下进行。第四，"传播"研究成为近十年来典籍英译研究新的生长点。研究者常常基于对文本内外影响因素的分析来归纳策略、创新思想和演绎理论，同时针对个案展开分析、对比和批评，形成观念争鸣，在互动中推进理论发展。另外，以"传播学"为理论基石，研究者一反传统审美的、文艺的研究路径，开始以一种更为实用的眼光重新审视典籍英译的全过程。

图 6-1 较为凸显的词汇还有"中医"（词频：167）、"少数民族"（词频：150）、"哲学"（词频：124）等。由此可见，典籍英译分类研究趋势日渐显著。由于受到学界重视，"民族典籍"英译研究近十年来以蓬勃之势迅猛发展，已经形成了覆盖东北、西北、西南地区共计十余个少数民族 30 多部作品的英译研究队伍。少数民族典籍与汉民族典籍英译相得益彰，共同对外呈现出中国多元一体的文化格局。哲学典籍英译及研究由来已久。近十年来，相关英译研究不仅囊括了传统上较为流行的儒、道经典，更逐渐将先秦各家元典纳入"哲学典籍"范畴，自成一类。研

第6章 概述（二）

究者有意识地采用中西哲学对比的研究方式，旨在凸显中国哲学典籍在跨文化思想交流中独特的、能够与西方哲学互补的价值。"中医"是中国的国粹之一，深受中国传统文化和思想概念的影响，自成体系，特色鲜明。目前，学界普遍认同将"中医"典籍划归为文、史、哲以外的"科技典籍"领域，成为这一新兴领域中文献数量最多、热度最高的一个子类。

以上这些"高频词"勾勒出这一时期典籍英译研究的大致框架。它们以树形组织架构相互关联，交叉延展，由此产生出许多热点理论、文本和话题，形成繁荣期的重要特征。

6.2 热点议题

典籍英译研究是翻译学研究的一部分，与一般翻译研究在理论、方法上有共通之处，可以借鉴和采纳已有的研究成果。然而，"即使在中西互译中，'外译中'和'中译外'也是相对不同的实践"（潘文国，2007：33）。中国典籍英译不仅涉及语内和语际两种不同阶段，更极富时代特征，因而形成了特殊的翻译现象和研究课题。

第一，关注典籍英译过程中的文化因素和文化现象，重视典籍"译出"的跨文化交流功能。由此形成的热点议题包括：文化自觉、文化模因、文化负载词、思想核心术语、文化意象、文化顺应、文化缺失、文化补偿、误读误译、高低文化语境等。

勒费弗尔（Andre Lefevere）有关翻译与文化的著作标志着文学翻译研究面向文化转向，翻译从此被视作一种跨文化交际活动，通过符号的形式转换在文化"他者"语境中表达语义和实现交际意图。从文化定位来看，中国典籍英译并非纯粹的语言转换，而是在西方文化长期以来进行意识形态渗透、通过霸权方式支配文化"他者"的形势下，以主动对外翻译的方式保护民族文化遗产、维护民族文化身份、树立民族文化认同、建立民族文化形象的战略举措。只有"通过竞争，才能使自己的文化进入人类普遍的文化资源库，才能作为价值观念系统和道德谱系进入人类普遍伦理的价值标准系统，才能成为全球价值观念的构成性要素"（郭尚兴，2010b：2）。正因如此，"典籍翻译最终会形成对于中国文化的总体认识和重新评估，如果没有这种认识上的突破，典籍翻译就成为工具性的活动，那它的意义就不大了"（王宏印，2015：61）。

文化有"主流"和"边缘"之分。大多数时候，翻译作品在目的语文化中都处于"边缘"地位。在翻译过程中，原文文化希望在目的语文化中获得尊重、扩张和融合，而目的语文化却通常将异己的文化视为"他者"，予以排斥。因此，"对于真正成功的翻译而言，熟悉两种文化甚至比掌握两种语言更重要，因为词语只有在其作用的文化背景中才有意义"（Nida，1993：110）。文化还有"强势"和"弱势"之别。一般来说，由于历史、政治、经济和意识形态等因素影响，西方文化处于"强势"地位，且采用二元对立和霸权文化观，敌视和同化非西方文化。针对这一问题，许多研究者采用了"异化/归化"概念，对译者所使用的翻译策略加以分析。韦努蒂（Venuti）在其著作 *The Translator's Invisibility: A History of Translation* 中提出了这一组概念，超越了以往拘泥于语言层面的"直译/意译"之争，赋予翻译策略文化、政治和意识形态的解读。其中，"异化"策略鼓励译者在生成目的语文本时故意打破目的语惯例，刻意保留反映原文异国情调的形式和成分，力求保存原文文化的原貌，为边缘文化和弱势文化争取自身文化地位。

第二，典籍通常历时久远，版本众多，因此古籍版本的选择、校勘、训诂、阐释便进入了典籍英译研究的视野。训诂学和阐释学成为典籍英译研究中常见的理论工具，语内和语际翻译共同形成了跨越时空两个向度的研究热点。王宏印（2010）曾经撰文详细解释了中国文化典籍的图书分类系统，最佳版本选择，古文校勘、注释与疏解，以及文献的古文今注与今译，以期扩充对语内阶段研究的认识。阐释学的相关理论学说由于具有强大的解释力，因而被频繁地应用于个案分析，其理论本身也在这一过程中得到了创新和发展。例如，周小琴（2015）从阐释学角度对奈达提出的"分析—转换—重构"翻译模式加以补充，尝试建构出典籍翻译的三种工作模式。其中，第一种模式是由两位译者分别承担古文今译和典籍英译的任务，语际翻译的开展必须依赖于语内翻译的成果。这种模式多为汉学家"译入"典籍时所采用，增加了误读误译的风险，同时也增加了典籍英译研究的客体，即"现代汉语译文、注解、释义等"（王宏、刘性峰，2015：73）。第二种模式假设由同一位译者独自完成古汉语和目的语在深层语言结构中的对接，并由此产出译文，这种模式对译者要求十分之高，较为理想化。第三种模式虽然也由同一位译者完成全部翻译过程，但译者在语言处理时以现代汉语为媒介，在深层结构中衔接古汉语和目的语（思维转换而非书面表达），进而产生译文，这是典籍"译出"的常见模式，相比第一种模式，它由同一个人完成两个阶段的翻译工作，更能保证理解和阐释的连贯性。

现代阐释学认为，理解是一种"视阈融合"，是未加言明的阐释；译文则是译者阐释结果的呈现，是译者意图的外显。如何使用阐释的方法呈现出原文的多义、修辞和文化信息，成为近十年研究者探究的另一个热点问题。得益于文化人类学的研究成果,研究者通过跨学科借鉴了解了名为"厚重翻译"(thick translation)的策略。这个概念取代了"学术型翻译"的说法,并自然地与"副文本"等概念相关联,为策略研究提供了一套新的研究路径。研究者发现,在典籍英译中,译者常常通过序、引言、术语表、后记/结语、各类注释等"副文本"或"超文本"的形式为译语读者提供更为丰富的文化和语言环境,这是"厚重翻译"策略的具体应用,其目的在于促进目的语文化对他者文化给予更充分的理解和更深切的尊重(Appiah,2000)。这种做法能够有效避免因为语言转换而产生误读或曲解,却也有可能成为译者在语境重构过程中歪曲原文意图的语义场。此时,"副文本"成为获知译者翻译观、研究和评价译文的重要途径。

第三,理解和阐释都离不开语境。系统功能语言学的"语境"理论包含语言语境和非语言语境两个方面。其中,"文化语境"作为非语言语境的子类成为研究的主要对象。其实,英国人类学家马林诺夫斯基(B. Malinowski)早在20世纪20年代就已提出语境研究"要参照文化语境来把握话语的意义"(蒋坚松、彭利元,2006:73),他有关"文化语境"的论述在近十年的典籍英译研究中屡见不鲜。认知语言学的关联理论也十分重视语境要素,"从认知的角度来看,语境是一种心理概念,是听话人对世界系列假设的一个子集。正是这些假设而不是世界的真实状态,影响对话语的诠释"(黄海翔,2014c:60),语境效果和认知努力共同衡量表述语言的关联性。

6.3 阶段性特征和发展趋势

这一时期的典籍英译研究具有如下几个特征:
第一,理论视角更为多元。
近十年来,围绕典籍英译中特征鲜明的翻译现象,研究者或与译者对话,或开展文本批评,或探讨翻译策略,或分析接受效果,在理论应用中既注意深化和吸收西方译学研究成果,也致力于继承和发展中国传统译论精华;既能大胆拓展跨学科研究思路,也尝试构建符合典籍英译需求的理论体系;在争鸣中不断深化认识,有意识地形成学科理论中西互补、整体圆融的研究趋势,以提升理论对实践的解释力和指导力。总的来看,典籍英译研究者的理论来源主要有四个方面:一是继承传统;二是借鉴西方;三是中西糅合;四是跨学科互通。

特别值得一提的是本土研究者对典籍英译元理论的发展。"哲学的而非科学的、美学的而非宗教的，是中国传统译论始终如一的理论基础。简约的而非繁复的、定性的而非定量的，是中国传统译论的研究方法和表述特点。多解的而非单一的、含混的而非明晰的，是中国传统译论的文体特征和思维导向。"（王宏印，2017：6）这段描写不仅精要概述了我国传统译论的特征，也可被看作中国典籍的大致性状，体现了中国典籍英译研究与传统译论密不可分的关联。许渊冲、汪榕培等一些在当代典籍英译领域内做出杰出贡献的翻译家继承和发展了传统理论资源，提出了诸如"三美""三化""三之""传神达意"的翻译原则。近十年来，研究者面对纷繁的理论工具，冷静地认识到中国传统译论在典籍英译研究的某些议题中具有独特优势和价值，并通过现代阐释和将中西译论糅合的方式使之发挥更大的效用。例如，张佩瑶以英文撰写的 *Chinese Discourse on Translation* "较为系统地挖掘出了中国传统译论的精髓"（许钧，2018：173），以另类方式实现了典籍英译平等参与世界文化对话的交际意图，使中西译论的对话和比较研究有了新的进展，并提供了"厚重翻译"策略应用的绝佳范本。同样能够体现中西结合、跨学科互通的理论构建的还有黄忠廉的"变译理论"、胡庚申的"生态翻译学"等。

第二，研究内容更加丰富。

这具体体现在研究文体愈发多样，涉及典籍英译各个环节，并将海外汉学研究纳入视野。

杨自俭（2005：61）在谈到汉语典籍英译问题时曾表示，"我的印象是绝大部分都是讲汉语古诗词英译的，讲诗以外典籍英译的很少"。确实，在很长一段时期内，典籍英译的选材局限于儒、道经典和文学典籍的部分体裁，对史学、诸子百家和诸如唐诗、宋词、戏曲、小说等其他文学体裁所代表的中国文化和思想的英译重视不够，对科技典籍和民族典籍的翻译和研究更加寥寥无几。在新时代的后10年（2010—2019年），研究者对典籍、典籍英译的概念和意义都有了更为深入的认识，意识到"除文论、艺术理论而外，更广泛的像建筑、风水学、中医、中药等自然科学方面的典籍都应该受到重视。少数民族的医学典籍和宗教典籍更是丰富"（王宏印，2015：61）。目前，民族典籍已经呈现出"蓬勃发展的态势"（董明伟，2016：67），而科技典籍也在界定研究范围（汪榕培、王宏，2009；刘性峰、王宏，2016；许明武、王烟朦，2017d；刘迎春、王海燕，2017），开展译者和文本分析（刘性峰，2018），以及进行理论建构（刘性峰、王宏，2016）的过程中不断发展壮大起来。

进入新时代的后10年，典籍英译研究逐渐覆盖整个翻译流程的各个环节，包括语内翻译阶段的原文选择和理解，语际翻译阶段的策略制定和评价，以及译后阶段的译本出版和海外传播。尤为值得注意的是，

第6章 概述（二）

研究者逐渐意识到，译文忠实于原文且语言质量上乘并不必然意味着在国外接受程度高。只有当译文在目的语文化中拥有较为广泛或专业的读者群体，获得目的语文化的接受和尊重，此时的典籍英译才真正完成了其跨文化交际的目的。因此，学者们积极利用各种资源获取典籍英译的海外接受情况，并就此展开研究。例如，陈梅、文军（2011）通过对美国的Amazon图书网上的中国典籍英译本进行调查发现：该网站上中国典籍的英译本大多以文学和哲学为主题，本族语译者居多，且译作多由英美等国外出版社出版。王宏印、李绍青（2015）认为，在翻译选材时应当树立"文化产品意识""读者意识""国际市场意识"。刘晓晖、朱源（2018）通过对20世纪百年来汉语文学典籍在海外的译介及传播流变加以研究，为掌握汉语典籍海外译介的总体趋势与规律提供线索。谭晓丽、吕剑兰（2016）则指出，有影响力的国际译评主导着欧美文化语境中与阅读翻译作品相关的舆论，影响并形塑着目标读者的阅读选择、阐释策略与价值判断。

此外，学者们有意识地将海外汉学纳入了研究视野，这既符合在很长一段历史时期内，中国古代的典籍是由西方汉学家所翻译的（张西平，2018）这一历史事实，也"一方面可以充实译史研究；另一方面可以完善多译本对比分析研究"（孙乃荣，2017：100）。一些学者将汉学家整体作为研究对象。例如，蒋骁华（2010）用"东方情调化翻译倾向"来解读汉学家高度直译中国典籍的现象。杨平（2016）梳理了西方汉学家在中国典籍翻译方面所取得的成就并指出主要问题。张德福（2014）通过分析和比较十余种汉学家的《论语》译本，概括出海外汉学的四个阶段及各阶段的翻译取向。张西平（2015a：32）则针对传教士汉学家群体，提出"尽管这个群体都被称为传教士，但由于教派的不同、在华时段的不同、汉学水平的不同、国家的不同使他们在对待中国文化的态度和翻译的态度上，在汉学翻译的水平上，都参差不齐，我们很难对这个群体在翻译上做出一个整体性判断"。更多研究者采用访谈、文本（副文本）分析和对比的形式，对翻译现象和汉学家的翻译思想加以研究，成果同样显著。例如，周小玲（2011）基于语料库研究理雅各英译中国典籍的文体。胡美馨（2014）聚焦理译《诗经》的注疏方法，建议中国典籍应立足中国传统经学研究，重视"文本辨读"的学术型释译。谭晓丽（2011）通过挖掘安乐哲译本的副文本信息，以伦理学为理论支点，归纳出几条对中国思想典籍英译具有普遍意义的规则。张雅卿（2018）在比较修辞的框架内，使用西方修辞理论作为解读工具对安氏的学术实践进行全面审视。常青（2015）、常青和安乐哲（2016）则以揭示安乐哲的典籍翻译观为目的，通过哲学阐释和访谈形式了解安乐哲重译中国哲学经典的缘由，论证安氏使用创造性的术语英译是为了保留中国式叙述。黄海翔（2014b）指出，当代著名汉学家闵福德（John Minford）和梅维恒在英译《孙子兵法》过程中利用厚重翻译策略重构了与原文语境假设不相符合的认知语境，导致出现中国文化负迁移。

第三，学科体系日趋完善。

依据詹姆斯·霍姆斯（James Holmes）1972 年提出的翻译学研究框架，翻译研究被分为理论研究、应用研究和描写翻译研究三个部分。就典籍英译研究而言，近十年来，学者们力求构建完整的典籍英译学科体系（王宏、刘性峰，2015）。在理论研究势头强劲的同时，典籍英译在典籍译史和英译批评方面也取得了较大进展。

译史研究方面，2013 年，在"中国翻译学学科建设高层论坛"上，王宏提出撰写中国典籍英译史的构想，为相关研究和书写提供了范式参考。杨静（2016）也指出，西方翻译史学家对中国典籍英译史存而不论，中国翻译史学家关注外译中的翻译史。因此，今后应借助相关学科的理论方法，充分挖掘史料，从实践史、理论史和元翻译史三个方面对中国典籍英译史进行通史、国别史和专题史相结合的研究。杨静（2014b）的博士学位论文即以美国 20 世纪的中国儒学典籍英译为史学研究主题。赵长江（2014a、2017）则针对 19 世纪中国文化典籍英译展开研究，不仅提出"侨居地翻译"概念，还梳理出以译者（新教传教士和外交官）为中心的两条主线和以词典、期刊所涉材料为主体的两条副线。此外，刘杰辉（2016）提议并详细阐述了编撰一部《建国后我国中国文化典籍英译发展史》的意义、思路和总体框架。和亚楠（2016a、2016b）结合国内外已有的翻译史理论和研究方法成果，阐发撰写《英国的中国哲学典籍英译史》的要略。令人瞩目的是，张西平主编了"20 世纪中国古代文化经典在域外的传播研究丛书"。丛书共计 23 卷，由 30 余位国内外学者耗费 10 年时间完成，其初衷是"通过了解 20 世纪中国古代文化经典在域外的传播与接受，我们也可以进一步了解世界各国的中国观，了解中国古代文化如何经过'变异'，融合到世界各国的文化之中"（张西平，2015b：172）。可以说，这一时期的典籍英译史研究已经由原先单一、零散的译本或译者专题研究转而为更具有史学学科特征的系统性研究。

典籍英译批评研究方面，在理论探索成果的影响下，该领域主要出现了两个明显转变：一是从规定性评价转而为描写性评价；二是从定性评价转而为定性与定量相结合的评价。原先，典籍英译批评与一般翻译批评一样，依据"对等"原则，将译文与原文在语法、语义、语形和功能等方面进行对比研究，进而评判译文的优劣。但是，这样的评价方法显然不足以解释典籍英译中多变复杂的现象,缺乏实践指导力。近年来,得益于理论研究所取得的长足发展,典籍英译批评得以打开视界、转变思路,将译者主体因素、主体间性因素、历史因素、文化因素和一众外部影响因素皆纳入考量,尽可能做描写性的评价。有学者梳理了中国典籍英译批评的四个范式:语言学范式、文化批评范式、认知范式和传播范式;有学者提出了以规范伦理学的"效果论"和"义务论"作为典籍英译评价标准(蒋骁华,2008a;黄海翔,2011b);还有学者在译评中引入了豪斯(Juliane House)的翻译质量评估模式(罗珠珠,2019);更多学者则依托核心期刊发文数据、自建语料库、海外出版数据统计等量化分析方式对译文展开评估,以期获得更为客观的评价结果。

第四,典籍分类研究趋势明显。

作为中华文化和历史的载体,各类典籍对外译介既有共同的翻译目的和目标群体,也存在相似的翻译难点和传播途径,需要由统一的理论体系加以指导。同时,各类文本的特征也十分鲜明,有必要分门别类地予以研究,以便有针对性地解决实际问题。从近十年的研究现状来看,学者们主要聚焦文学典籍、哲学典籍、科技典籍和民族典籍四大类别。有学者提出,"文学作品的翻译应该区别于理论的、哲学的、宗教的经典的翻译。它的要点是比较灵动的意象、意境、人们情绪的宣泄以及语言的美感"(王宏印,2015:65);哲学典籍在文本阐释过程中需要注意中国传统上迥异于西方的致思方式,凸显核心概念的训诂学意义,避免"误读",扭转长期以来以西释中的"归化"现象;科技典籍"不同类别文本间的侧重点和风格差异较大"(许明武、王烟朦,2017d:101),翻译策略需要因典制宜。除此之外,民族典籍具有强烈的地域特征,在理解、风格、用韵和文化迁移等方面都值得探讨。下文将就这四类典籍英译研究在繁荣期的情况予以分章节阐述。

第7章
文学典籍英译（二）

7.1 引言

我国古典文学源远流长、品类繁多、内容丰富，有诗、词、歌、赋、戏曲、小说、散文等多种形式。在所有文学典籍中，古典诗词在国外的英译和研究起步最早，成果最多，在西方社会的影响最为巨大。《诗经》《楚辞》和唐诗、宋词英译已经在西方获得了经典化地位。古典诗词在英语世界的成功传播吸引着大批研究者对相关英译本加以细致的探究和分析，形成了近十年文学典籍英译研究的一大热点。其次是古典小说，经著名汉学家译介，《红楼梦》《水浒传》等中国古典长篇名著在西方广为流传，但一些译者对小说原文中大量文化意象的处理方式却引发了国内学者的争议；同时，由国内著名翻译家提供的高质量的译文在西方的接受情况却不尽如人意。这些现象将古典小说英译研究的焦点引向了文化研究领域。除了诗词和小说之外，近些年来，古典戏剧也因舞台表演的推广逐渐进入西方读者的视野。国内的戏剧英译实践正如火如荼地开展，推动古典戏剧英译研究呈现出蓬勃发展的态势。相形之下，古典散文英译研究尚处于十分边缘的位置，其起步晚，译本少，研究也极为零散。但散文在中国古典文学种类中地位非凡，因此有必要对古典散文英译研究的情况加以整理，以期对今后的研究有所启迪。

总体来说，新时代后十年文学典籍英译研究内容庞杂，视角多元交叠。我们将分别对古典诗词、古典小说、古典戏剧和古典散文的英译研究情况详加归纳，并简述重要成果。

7.2　古典诗词英译

7.2.1　主要概念与理论观点

在 CNKI 以"诗"并含"英译"为主题词,对发表时间在 2010 年 1 月 1 日至 2019 年 12 月 31 日期间的期刊、博硕士论文、会议、报纸等文献资料进行检索,共获得 1 130 条结果。经梳理我们发现,这 10 年,古典诗词英译研究主要聚焦于以下几个方面:基于英译本整体的个案研究、基于译者的研究、基于英译本相关问题的研究和基于译介历史和域外传播情况的研究。其中,个案研究以文本为主,通过原文文本分析、原文与译文对比分析或多个译本比较研究的方法考察某个/类文本,作者对所分析研究的译文作出相应评价。译者研究侧重于从文本内外两个角度,对译者生平、翻译目的、翻译策略、译者主体性、文化因素、诗学因素、社会因素、赞助人因素、意识形态因素、历史因素等问题组合地或综合地开展研究。文本相关问题研究是指以问题为导向的研究,包括对古典诗词的重点词汇(名物词、叠词、文化负载词、词牌名等)、韵律、意象、主语、人称、典故、修辞等英译策略的研究,以及在英译中发生的误读误译、文化缺失和补偿等翻译现象的探究等。译介历史和域外传播研究则以时间、国别、译者或事件为线索梳理域外传播情况,探索传播的方法、规律和启示意义。以上分类是按照文献内容的侧重所进行的粗略划分,并非泾渭分明。例如,个案研究中可能也会论及译者要素,或重点探讨某个相关问题;译介人物史必然以译者为中心;域外传播研究常常借助个案分析寻找规律等。

绝大多数中国古典诗词研究选择以特定的理论为观照。从文献标题来看,理论应用有中西之别,其中对西方理论的应用略显零散,而中国本土理论以许渊冲的"三美"论和汪榕培的"传神达意"说使用最为频繁。近十年来,中国古典诗词英译研究既大量应用、验证和发展本土现有的理论资源,也注意借鉴和融合国外多元的理论视角。

本土理论发展主要从哲学和美学两方面汲取资源。杨成虎(2012)在其专著《中国诗歌典籍英译散论》中以"机智感悟式"的短篇散论形式对诗歌英译的概念、译法、译语、版本、考证、借鉴、批评等问题进行了多角度的讨论。作者继承了佛经翻译的理论思路,并将之应用于诗歌翻译研究,兼容并蓄之下形成自己的译评观。张俊杰(2010)从中国传统的致思方式出发,结合当代西方翻译理论和文论,尝试构建出一个中庸的诗歌翻译理论框架。作者以"诚""中和"等核心概念作为诗

第 7 章 文学典籍英译（二）

歌翻译的伦理和美学理论资源，认为翻译诗歌的策略和方法应以"过犹不及""执两用中"的理念为原则。许渊冲（2012）再谈了中国学派的文学翻译理论，溯源其所提出的"三美论""三似论""三化论""三之论""创译论""优化论"，并通过文中引例示范应用。张智中（2014a、2014b）也从美学角度出发，提出诗歌的语言之美应当包括典雅之美、通俗之美、简隽之美、借鉴之美、和谐之美和精当之美；此后又提出并探讨了英译汉诗该如何保留原文的朦胧美。其专著《汉诗英译美学研究》（2015）强调诗歌的"美学功能"和传播。基于对前人诗歌翻译理论和实践的总结，作者论述汉诗英译的美学路径应包括"语言美""句法美""形式美""格律美""意境美"五个具体的美学视角，这是对许渊冲"三美论"学说的继承和发展。此外，陈月红（2015）将中国古诗中的有机自然观与胡庚申提出的"生态翻译学"理论相结合，作者取"生态"二字的实指，考察了 20 世纪初费诺罗萨（Ernest Fenollosa）以东方有机自然为导向的翻译思想和庞德运用表意文字法进行生态翻译的实践活动，主张在汉诗英译中彰显东方传统天人和谐的有机自然观价值，其理论解读方式为生态翻译学研究提供了一个新的视角。

引介入中国古典诗词研究中的西方理论丰富且繁多，主要包括系统功能语言学理论、语料库语言学理论、目的论、副文本理论、关联理论、布迪厄社会学理论、框架语义学、符号学、阐释学、翻译美学等。这一时期，大多数研究是在理论指导和视阈观照下研究个案，分析细节。目前，较为客观的文本分析方法是利用机器辅助获得数据，如语料库分析法。研究者通常以某部古典诗词的多种译本为语料来建立平行语料库，开展译本对比研究，或者以本土同类文本为语料建立可比语料库，对译文文体风格加以研究。其优点是研究语料覆盖更为广泛，分析方法更为科学、客观；缺点是机辅研究难以考虑复杂的主体因素和外部环境影响因素，研究局限于微观层面。也有研究者利用理论来描写事实、总结规律和建构模式。例如，文军（2013）基于规范理论构建了诗歌英译的描写模式，从翻译期待、文本择选、译介结构、译介策略四个方面分阶段描写英译过程。吴伏生（2012）的专著《汉诗英译研究：理雅各、翟理斯、韦利、庞德》分章节对四位著名汉学家英译汉诗的情况加以详尽描述和分析，利用大量的研究语料，通过细微的文本分析，深入探讨汉诗英译如何在英语中转化、传达并保留汉诗的内容与形式风格。

饱含深意的意象和形式多变的韵律最能彰显中国古典诗词"美"的特征，也是英译和研究中无法回避的难点。"意象传译犹如画龙点睛，需要译者重新创造出与原诗意境相似的审美意象。"（严晓江，2012：93）意识到文化意象的翻译是诗歌翻译中比较棘手的问题，张建英

（2011）以古诗英译涉及的几个文化意象为例，归纳出诗歌翻译中面对文化意象时的移植、浅化、替代和省译策略。何伟、张娇（2012）则聚焦于古典诗词中情景交融的意境重构，以韩礼德的概念隐喻理论为依据，总结出古诗词英译小句中意境传递的三个特点：第一，将关系过程转变成其他过程，使诗文诗句句式更为灵活；第二，斟酌原诗意境之后，将非关系过程小句重新遣词造句；第三，在静态意境中应用名词化来连贯语篇、加大信息密度和引起读者联想。

我国大部分诗歌是押韵的，其中极少不押韵。郦青（2011）对韵体译诗的可行性进行了论证。文章首先指出汉诗最重要的格律因素是平仄，平声轻而仄声重；近体诗的韵律规则更为严格，不但押韵的位置固定（偶句押韵），一般只押平声韵，且一韵到底；而英语格律诗的第一要素是节奏，主要靠音节或音步的抑扬顿挫来体现韵律。据此，作者认为"汉诗英译时即使英诗的音节数与汉诗的字数能勉强等同，其音韵效果仍无法取得一致。因为一个英语音节的音量与一个汉字的音量并不相等。总而言之，英语的音势对比原则（轻重音）和汉语的声调对比原则（平仄声）是无法翻译的"（同上：106）。因此，有必要使用韵体译诗，并将韵体译诗、自由体译诗和散文体译诗皆看作汉诗英译探索中宝贵的经验。

研究者尤为关注建构古典诗词英译的策略体系。大量研究文献借助文本分析和文本对比的方法对不同译者的翻译策略加以描写、分类、归纳、统计和评价，研究者尝试针对诗词英译中的普遍难点寻找规律并建构起策略体系。例如，文军、陈梅（2016）从文体角度认识韵律、意象、典故等英译问题，形成了一套较为完整的汉语古诗英译的策略体系。该体系中的策略包括译诗语言的易化、译诗形式的多样化和译诗词语的简化。每项策略之下有若干具体实施策略的方法和技巧。这一针对文体的翻译策略体系既有层级，又相互关联。之后，文军（2019）再次对理论进行了增补和完善，修改后的第一层级包括"译诗语言易化策略""译诗形式多样化策略""译诗词语转换策略""附翻译扩展策略"四个大类，其下皆有更为具体的实施方法，如"译诗词语转换策略"包括概括法、释义法、替换法、节略法和增添法。受之启发，张广法（2019）对节略法继续深入探究，细分类别，构成了更为具体、详尽的节略法方法体系。

虽然诗词英译研究具有一定的研究共性，但各类诗词植根于不同的历史时期，其形式和内容皆不断创新，且对外译介的时机和动机各不相同。近十年来，古典诗词英译的分类研究趋势明显，研究常涉的典籍和类型有《诗经》《楚辞》，汉魏、两晋、南北朝时期的乐府诗，陶渊明诗，

第 7 章 文学典籍英译（二）

唐代格律诗和宋代长短句歌词等。为此，我们以"诗词类别（作品）名称"并含"英译"为主题词再次进行文献检索，分类统计出相关研究文献数量，详情如表 7-1 所示。

表 7-1 古典诗词英译研究分类统计

诗词类别	研究数量（篇）	诗词类别	研究数量（篇）
《诗经》	147	《楚辞》	80
乐府（诗）	18	陶渊明（诗）	36
唐诗	359	宋词	111

7.2.2 重要成果

1.《诗经》英译研究

因为在中国古典文化中地位特殊，《诗经》在英语世界有着悠久的译介历史，译本众多，语料和研究资料皆较为丰富。目前，《诗经》共有九个全译本和无数选译本。近十年来，《诗经》英译研究主要集中在理雅各、韦利、庞德、高本汉（Klas B. J. Karlgren）、华兹生（Burton Watson）等西方汉学家译本，以及中国翻译家杨宪益、许渊冲、汪榕培等人的译本。王宏（2012b）曾梳理了理雅各、詹宁斯（William Jennings）、阿连壁（Clement F. R. Allen）、庞德、高本汉、麦克诺顿（William McNaughton）、华兹生、苏曼殊、许渊冲、杨宪益、汪榕培等中外译者英译《诗经》的概况，并将理译、詹译、庞译、韦译和汪译的译文加以比读，考察各个译本在保存《诗经》外在形式，传递内在意蕴，字词、比喻达意，传达音韵等方面的优劣得失。

据文军、郝淑杰（2011）统计，2010 年之前，国内在共计 20 年间围绕《诗经》英译研究发表了 91 篇相关文章。但据表 7-1 可知，2010—2019 年产生的相关研究文献总量已经远远超过之前 20 年的总和。从发文量和文献被引量两个指标来看，近十年来，《诗经》英译的主要研究者有姜燕、魏家海、文军、郝淑杰、高博、陈建生、梁高燕、王宏、谭佳、李玉良、李林波、沈岚、滕雄、蔡华、谭芳芳、陈述军等。限于篇幅，我们仅以意象翻译研究和代表译者研究为线索介绍一些具有代表性的研究成果。

《诗经》中的词汇（包括名物词、文化负载词、叠词等）与意象表达紧密相关，是《诗经》文本相关问题研究中的重点之一。梁高燕

(2011)以中国译者汪榕培、潘智丹的译作《英译〈诗经·国风〉》为语料，统计和总结了语料中出现的79种植物名称和英译，从训诂学、名物学、文学翻译等角度对这些名物词汇的英译进行了分析，以考证其英译对文化意象的传达。李玉良（2014）曾发文指出，由于受到历史、文化、地域上的限制，《诗经》名物翻译须在方法和策略上做出多种选择。之后，在出版的专著《〈诗经〉翻译探微》中，李玉良（2017）详细阐述了其以艺术性为基本原则来处理词汇翻译的观点，认为应把《诗经》主要作为文学文本而非历史、文化、政治文本翻译，为此，《诗经》中的名物翻译当以译诗艺术性为基本原则，必要情况下应允许名物翻译有所偏离，文化器物和地域性强的名物尤其如此。基于此，全书对《诗经》的韵律、意象、修辞和题旨等六个方面展开了详尽论述。

西方许多著名汉学家都曾大量译介中国古典诗词。他们的英译不仅给研究提供了丰富的语料，也是现阶段典籍英译"走出去"和"走进去"的经验之源。近十年来，有研究者已经开始有意识地对汉学家的译介经验进行细致、全面地考察，形成了译者研究的重要组成部分。理雅各三译《诗经》的译本差异颇有深意，张萍、王宏（2018）认为，这体现了其宗教观在不同阶段所发生的变化。滕雄、文军（2017）借助热奈特的副文本理论和"场域""资本""惯习"这三大社会学核心概念对产生差异的原因加以分析和说明。蔡华（2019）也以理氏三种译本的副文本变化为研究切入点，考察译者如何对"读者设置了不同的阅读视阈"，以及译者"对《诗经》译介不同的定位与阐释的循环"。张萍（2018）分别从宏观（归纳为"忠""厚""逆""释"四个字）和微观（细分为"以儒宣教、耶儒融合、探赜索隐、义丰厚重、知人论世、以意逆志、分工合作、以经释经"）的角度解读了理雅各的翻译思想。姜燕（2010）则采用权力关系翻译理论对理雅各《诗经》英译的三个译本进行全面分析。文章认为，译者对孔子、中国经典及中国宗教的看法逐渐改变，显在的政治倾向在逐渐淡化，译者学术思想日益成熟和独立。

庞德的《诗经》英译则是另一番景象。王坤（2014）从《诗经》中大量存在的叠咏体切入，研究和归纳庞德译诗在词汇、句子和逻辑层面的多变策略。刘晓梅、李林波（2016）聚焦于庞德英译《诗经》的植物意象研究。文章见微知著，认为庞德"创译"的实质是将意象主义诗学的理念运用到翻译实践中，即主张语言有生命力，在翻译过程中再现原文"闪光的细节"和用意象展现诗性情感。

高博（2013）根据理雅各译本、国内译者许渊冲译本和庞德译本建立了平行语料库，通过对比分析，文章认为，庞译《诗经》在遣词造句上与另两个译本具有明显差异，其整体风格和创造性更加接近甚至超越英语原创诗歌。此后，高博（2016）又以这三个英译文本为对比语料，自建了《诗经》英译本平行-可比复合语料库，验证显化、简化以及泛化三种翻译特征在诗歌体裁译本中的表现程度。文章发现，三个译本皆呈现人称代词主语显化倾向，但形合度比较结果显示语内显化倾向并不明显。

2.《楚辞》英译研究

国内《楚辞》英译研究虽然起步较晚，但发展迅速。近十年来，学者们有意识地对已有研究情况加强梳理，以便对未来的研究方向提供指引。文军、刘瑾（2013）梳理了1992—2012年的《楚辞》西译史、译本评述、译本比较研究、策略研究等共计8种类型研究的情况，提出存在的问题和建议。魏家海（2014）将现有的《楚辞》英译研究分为译者研究、视角研究、方法研究和译本研究，对各类研究情况择其代表成果加以述评。王宏、林宗豪（2018）则扩大了文献梳理的范围，对1988—2017共30年的研究数据进行检索分析，提出《楚辞》英译研究的多个聚焦点，选取代表性论文简要介绍并述评。众多研究者梳理文献的视角多元且互补，有助于勾勒出有关《楚辞》英译研究的全貌。

这一时期，《楚辞》英译的主要研究者有何文静、魏家海、严晓江、杨成虎、张婷、刘孔喜、洪涛、张娴、文军、刘瑾、王丽耘、朱珺、蒋武有、郭晓春、郭建勋、冯俊、李红绿、王宏、林宗豪等。研究论及霍克斯、韦利、翟理斯、宇文所安、华兹生、杨宪益和戴乃迭、许渊冲、孙大雨、卓振英等人的译本。研究所涉的主要诗歌篇章包括《离骚》《九歌》《天问》《橘颂》《九辩》《山鬼》《少司命》《国殇》《大招》等。

魏家海（2010）以《楚辞》伯顿·华兹生译本为个案，开展描写研究，对原作与译作中的神话意象组合、香草与配饰意象组合、时间意象组合的特征予以分析。魏文认为，华兹生的《楚辞》英译虽存不足，但他运用的直译法再现了原作的意象组合和句法结构，实现了其美学价值。严晓江（2012）既专题考察了许渊冲英译《楚辞》的"三美"（即传译诗眼，再现意象以感心；韵式灵活、叠词变通以感耳；长短交错，对仗工整以感目），也在文化翻译观指导下探讨了其他译者（如孙大雨）在处理微观翻译问题时所使用的翻译策略（严晓江，2013b）。刘孔喜（2012）创建了《楚辞》原诗与卓译、杨戴译和霍译的句级对应的平行语料库，利用定量研究方法对数据进行划分和标注，实现了汉英比较、英英比较研究和网络检索，提高了数据的可信度。张娴（2013）则借助文化人类学整体论这一跨学科视角，研究《楚辞》中蕴含的人类文化各系统的英译状况，重在突出原文整体文化价值，反思和评价其中的翻译策略，并从中提炼出对我国典籍翻译理论建设的启迪。

何文静（2010）、郭晓春（2015）、郭建勋和冯俊（2015）等研究者将《楚辞》英译研究拓展到英译本接受、对外译介和英译理论构建等领域。王丽耘等（2013）用西方学者评价和被征引情况两个指标勾勒了霍克斯译本的接受度概貌，破解经典译本产生的背后根源。郭晓春（2015: 32）认为，"纵观一百年来《楚辞》的传播，传播都过于专业化，就像是'阳春白雪'，把普通民众拒之门外"。文章以传播学的五大传播要素为方向指引，探究《楚辞》在英语世界的译介现状、瓶颈和出路，希望能提升《楚辞》在英语世界的接受度与传播效果。严晓江（2017）撰写的专著《〈楚辞〉英译的中国传统翻译诗学观研究》则以我国传统诗学范畴为线索，较为完整地阐释了 2000 年之后国内出版的众多《楚辞》英译本的目的、策略、方法，以及译本特色和局限等，提炼出以诗学为纲、以"译出"实践为根基的《楚辞》英译理论，为《楚辞》英译理论构建做出了贡献。

3. 乐府诗英译研究

近十年来，乐府诗英译研究仍以零星散论为主，主要贡献者有李正栓、贾晓英、任婷、李萍、冯宏、李红霞等人。其中，李正栓、贾晓英（2010）率先详尽梳理了现存译本和英译研究现状，指出"翻译理论界长期以来对乐府诗英译这一研究领域的漠视"，并针对今后的英译提出了几点设想。同时，贾晓英、李正栓（2010）还将多名译者英译乐府诗的不同翻译策略总结为归化的意译、替换、增益和简化策略，以及异化的直译、音译和直译加注策略。文章认为，这些策略各有优点和不足，却能够相互补充，共同承担着翻译作为文化交流的任务。此后，李正栓、贾晓英（2011）又聚焦归化翻译策略在乐府诗英译中的应用，旨在说明归化策略同样能够高效地传递文化。

李正栓、任婷（2017）还专题考察了汪榕培英译乐府诗的形似和神似，以及译文在字词和比喻方面之"达意"情况。刘立辉、罗旋（2019）则以李正栓《乐府诗选》（汉英对照）为例，探讨对等原则在再现中文典籍诗歌之音美、形美、意美上所具备的指导意义。陈令君、王丽静（2019）以曹操《短歌行》为例，在系统功能视阈下开展乐府诗及其英译的及物性研究。王宇弘（2019）则借用"传神达意"理论，从押韵、节奏、叠字、对偶、排比等微观角度考察汪译乐府诗所使用的修辞策略。

4. 陶渊明诗英译研究

近十年来，陶诗英译研究又有新的发展。文军、邓春（2012）在综述一文中将国内陶渊明英译研究大致分为七类：总括性述评、译者研究、翻译策略研究、译本对比研究、文化视角研究、文学视角研究和语言学视角研究。自 2010 年后，陶诗英译研究拓展到有关陶诗英译在西方传播、接受和形象研究。

田晋芳（2010）的博士学位论文先是以梁启超、陈寅恪、朱自清和朱光潜为例评述了现代思潮中读者对陶渊明接受的三种新模式，再以陶诗英译学者埃柯尔、海陶韦（James R. Hightower）、戴维斯（Tenney L. Davis）为个案探讨译者如何从西方文化视界来解读和译介陶渊明诗歌，最后综述了 20 世纪与 21 世纪之交在中西思想文化激荡之下西方对陶渊明的多种接受类型。作者指出陶诗英译在接受过程中自觉或不自觉地打上了西方现代思维的烙印，评析了中国学者致力于打通中外文学距离和中外文化隔膜的各种努力与尝试，并重点介绍了旅美学者田晓菲对陶诗传抄本进行异文处理的文本解读方法，认为这是译者在国外后现代解构思潮的预设下对陶渊明的传统诗人形象进行的全面颠覆，虽具有一定的创新性，但暴露出译者对传统价值观念和中国本土文化特征有所忽视。

胡玲（2015）的博士学位论文侧重于对海外陶渊明诗文英译进行研究。文章认为，文学传播不仅能让思想和文化走向世界，在与异域文化的交流与碰撞中凸显自己的面貌，还能够反过来增进本土读者对自己文化和文学的陌生化认识。作者指出，一些西方学者和译者基于其诗文重建的陶渊明形象与本土研究者笔下的形象有明显差异。一方面，这是因为陶渊明诗歌本身充斥着矛盾的交织，其诗以简朴的语言表达着深邃的思想，描写恬淡的田园生活背后却潜藏着抱负无以实现的苦闷，这种矛盾吸引着历代中外学者的多元解读，构建起一个丰富而又复杂的诗人陶渊明；另一方面，这体现出中西诗学的显著差异。在中国文学传统中，陶渊明基本上被解读为一个自得、与世无争和委运任化的诗隐。然而，在一些西方学者和译者看来，陶渊明有着双重角色：我们看到的是一个戴着面具的诗人，他的作品表面所呈现的不过是诗人借以隐藏自己真实动机的谎言；真实的诗人要比读者从作品中直接感知到的复杂得多。

5. 唐诗英译研究

近十年来，西方汉学家的唐诗英译依然是研究的重要语料，主要涉及最早译介唐诗选集的弗莱彻（W. J. Fletcher）（葛文峰，2014a），以自由体译介唐诗的代表人物韦利（吴欣，2012；陈科龙，2014）和葛瑞汉（陆颖瑶，2017），韵体译诗代表翟理斯（张保红，2019），以"创译"著称的庞德（李颖，2011；林晓敏、赵海萍，2018），以及著有《群玉山头：唐诗三百首》（The Jade Mountain Being Three Hundred Poems of the Tang Dynasty，1929）的宾纳（葛文峰，2014b；周蓉蓉，2019；朱斌，2019）等。唐诗与《诗经》《楚辞》一样富含表达文化意象的词汇，包括地名、数词、传统节日等，而且唐诗大多属于格律诗，讲平仄、押韵、粘连、对仗、句数、声韵等。

这一时期最受研究者青睐的西方唐诗英译者是宇文所安，他译有 The Poetry of Meng Chiao and Han Yu（《韩愈和孟郊的诗歌》，1975）、The Poetry of the Early Tang（《初唐诗》，1978）、The Great Age of Chinese Poetry（《盛唐诗》，1981）等作品。魏家海和赵海莹（2011）、高超（2012）、魏家海（2013）、曾祥波（2016）、刘泽青和刘永亮（2016）、刘永亮和刘泽青（2016）、陆颖瑶（2017）、魏家海（2017）、谢云开（2018）等从各个角度切入，对宇文所安其人、其作展开了深入的研究。其中，高超（2012）以比较文学跨文化的视角全面、系统、深入地研究了宇文所安的唐诗译介活动，并重点探究外文本中所反映出的译者诗学观点。魏家海（2013）在宇文所安汉诗英译的诗学理念和中国古典诗学的重要范畴之间找到了暗合之处，认为宇文所安在"即景会心""心源为炉"和"相为融浃"这三个层次上发挥了译者的审美主体性，即译者调动了审美心理能力、文本生成能力和文化补偿能力，使文学审美和文化审美进入了和合与和谐状态。基于前期的研究成果，魏家海（2017）还在其博士学位论文中对宇文所安唐诗翻译的轨迹予以详尽梳理，并在中西诗学、修辞学、语言学、接受美学和传播学理论指导下，围绕学术性和文学性相互交融的主线，宏观描写著作中的主体文化和文学语境，微观比较译文和原诗的语言和文体风格。

除了对汉学家唐诗英译的研究热度不减，这一时期研究者也将更多的注意力转向了国内译者，如晚清学者蔡廷干的《唐诗英韵》和当代著名译者许渊冲的《唐诗三百首》。许渊冲曾将中国古典文学名著《诗经》《楚辞》《汉魏六朝诗》《唐诗三百首》《宋词三百首》《李白诗选》《苏东坡诗词选》《元明清诗》《新编千家诗》等十余种古典诗词译成了英美韵文，其英译实践和"三美论"翻译学说在唐诗英译研究领域是一大热点。据统计，这一时期唐诗英译研究文献标题中包含"许渊冲"的文献共计64篇，若以表7-1的数据为基数，则占比达到将近18%。研究者不仅将其理论学说广泛应用于翻译评论，也从丰富多元的视角探究其翻译实

第7章 文学典籍英译（二）

践的得失，并将许译唐诗与其他译者，尤其是西方汉学家译者的译文加以比较研究。例如，蔡蕾（2010）以"三美论"解读许译唐诗《游子吟》；刘方俊、高洁（2014）探讨许译唐诗中地名文化负载词的翻译策略；文婧（2013）在帕尔默文化语言学视阈下研究许译唐边塞诗的意象翻译策略；孙雨竹（2016）在形式主义诗学观照下探究许译唐诗中的节奏与声韵；蔡桂成（2014）聚焦于许译唐诗如何再现文本功能；顾春江（2018）则基于语料库对许译唐诗进行研究；等等。

粗略来看，研究中受关注度较高的唐代诗人有杜甫、王维、李白、白居易、杜牧、李商隐、寒山、李贺等人。为获得具体数据，我们以"诗人姓名"并含"英译"的方式再次搜索近十年来的相关研究文献，所获结果如表7-2所示。可以看出，已经在西方获得广泛接受的诗人在研究中的受关注度更高。

表7-2 2010—2019年唐诗英译研究中主要诗人的受关注度统计

诗 人	相关研究文献（篇）	约占比（%）
李 白	136	35.9
杜 甫	93	24.5
王 维	52	13.7
白居易	27	7.1
杜 牧	8	2.1
李商隐	19	5.0
寒 山	43	11.4
李 贺	1	0.3
共 计	379	100

6. 宋词英译研究

近十年来，词牌名英译研究主要探讨了词牌名的文化特征（隋妍，2013）、英译策略和方法（武咏梅等，2011；顾毅、张雪，2015；张笑一，2016；张薇、李天贤，2017）和汉英翻译的统一性（欧秋耘、刘莹，2014）。为了能够客观呈现近十年来宋词英译研究中主要诗人的受关注度，我们采用"诗人姓名"并含"英译"的方式在CNKI中再次检索，所获数据如表7-3所示。

表7-3　2010—2019年宋词英译研究中主要诗人的受关注度统计

诗　人	相关研究文献（篇）	约占比（%）
苏　轼	60	30.2
欧阳修	3	1.5
陆　游	7	3.5
李清照	117	58.8
辛弃疾	12	6.0
共　计	199	100

由表7-3可以清晰看出，李清照诗词的英译研究文献占比过半，其次是苏轼，之后依次为辛弃疾、陆游和欧阳修。

英语世界对李清照的翻译始于1949年，收录在白英（R. Payne）的《白驹集：中国古今诗选》（*The White Peony: An Anthology of Chinese Poetry*）中，而中国译者主动向西方介绍李清照发端于冰心1926年在美国完成的硕士论文。英译李清照诗词的译者众多，来源多元。西方汉学家中较具代表性的有宇文所安、刘殿爵等人；华裔译者中有欧阳桢、叶维廉、刘若愚、罗郁正、柳无忌、许芥煜、林语堂、叶嘉莹、方秀洁等参与过译介；胡品清是国内第一个翻译李清照词全集的台湾学者，另外还有不少中国大陆译者试笔，但大多零散为之。

女性形象是李清照诗词英译研究的重要切入点。季淑凤、葛文峰（2013）聚焦于美国已有80余年历史的李清照诗词英译与研究，分类描述并归纳出了美国相关研究的新颖视角与观点，描绘出了李清照诗词在美国英译与研究的"路线图"。基于此，李延林、季淑凤（2014）提炼出李清照词在美国得以成功传播的经验启示。葛文峰（2015）经过研究则发现，李清照文学作品中的传统中国女性形象经由异域翻译家译介，进入美国文化圈之后塑造出了四种带有美国文化痕迹的女性形象——"才女""女酒徒""怨妇"与"奇女子"。文章认为，这些形象经历过翻译重构，与原作形象或近似，或迥异，是文化交流和融合的结果，应以更为开放包容的态度看待其存在的合理性。

李清照诗词中最为人所称道的是《声声慢》，除此之外，《醉花阴》《如梦令》《渔家傲》《一剪梅》等作品也是主要的研究语料来源。与其他诗词研究相似，宋词英译研究也需探寻译文中文化补偿、意象传递、美感再现的方法、策略和效果。近十年来，张琰（2014）、张孜婷（2011）、张碧云（2011）等学者在文本相关问题研究中采用了许渊冲的"三美论"作为理论观照。但总体来看，对李清照诗词英译的研究语

第 7 章 文学典籍英译（二）

料较为集中、研究视角较为单一。其他宋词英译研究也存在相似情形。例如，苏轼诗词的英译研究主要集中在《念奴娇·赤壁怀古》《水调歌头·明月几时有》《江城子·乙卯正月二十日夜记梦》《西江月》等几首诗词，多套用理论对单个文本加以分析。我们认为，对宋词英译的研究需加强对其英译手段、过程和规律的探寻。

7.3 古典小说英译

7.3.1 主要概念与理论观点

我们以"小说"并含"英译"为主题词对这一时期发表在中国期刊网上的相关文献资料进行检索，共获得 1 776 条结果。经梳理发现，这一时期的研究所涉古典小说主要有《红楼梦》《水浒传》《三国演义》《西游记》《聊斋志异》《儒林外史》《金瓶梅》《老残游记》等。之后，结合已知的其他一些存有英译本的古典小说，如《镜花缘》《搜神记》《太平广记》《世说新语》《醒世恒言》《喻世明言》《警世通言》等，我们以"小说名称"并含"英译"为主题词，再次分别统计相关研究文献数量，筛选文献后结果如表 7-4 所示。

表 7-4 2010—2019 年古典小说主要文本英译研究统计数据

小说名称	相关研究文献（篇）	小说名称	相关研究文献（篇）
《红楼梦》	660	《花笺记》	4
《水浒传》	103	《玉娇梨》	3
《三国演义》	76	《好逑传》	8
《西游记》	61	《醒世恒言》	1
《金瓶梅》	21	《喻世明言》	1
《儒林外史》	39	《警世通言》	1
《老残游记》	8	《世说新语》	10
《镜花缘》	4	《搜神记》	2
《聊斋志异》	60	《穆天子传》	1
《十二楼》	8	《太平广记》	2
《武则天四大奇案》	3	共计	1076

从表7-4可以清晰看出，古典小说英译研究的文本选择极不平衡。《红楼梦》《水浒传》《三国演义》和《西游记》并称为中国四大名著，是典型的章回体长篇小说，它们的英译版本较多，研究资料丰富。因此，四大名著相关研究文献的篇目众多，在所有统计文献中占比高达84%，是古典小说英译研究的重要代表。其中，《红楼梦》英译研究的数量最为巨大，占比过半，约为61%。其余明清时期创作的长篇或中篇小说虽有英译，但研究文献数量皆不足50篇。短篇作品中，清朝时期蒲松龄创作的文言短篇小说集《聊斋志异》获得较多关注。相比之下，明末文学家冯梦龙纂辑的白话短篇小说集"三言"，以及明末清初文学家、戏剧家李渔的著名白话小说集《十二楼》虽已有英译，但译本的受关注度亟待提升。除明清小说外，表7-4中旧小说笔记类的作品数量很少，仅有西晋时期发现的汲冢竹书《穆天子传》、东晋史学家干宝所作的《搜神记》、中国南朝时期产生的《世说新语》和宋代大书《太平广记》，由于英译滞后，研究自然亦不多。

文本研究、文化研究、译者研究和出版传播研究是这一时期古典小说英译研究的四个主要方向。文本研究方向的文献量在古典小说英译研究中占比过半，其中一部分是对英译底本加以考证。由于每部小说的语言使用各具特色，文本形态丰富，因此研究不可避免地集中于其中的诗词英译、特殊字/词英译、称谓英译、书名回目英译、句型结构转换等主要方面。其中大多数研究是定性研究，也有一部分采用语料库研究方法，开展定量的实证对比。文化研究方向的文献量仅次于文本研究。所谓"文化研究"可作两种理解，一是研究者基于中西文化差异，以文化翻译理论视角审视中国古典小说的英译个案；二是针对小说中蕴含的多种中国传统文化，分类探讨译文对文化信息的处理方式。文化研究时常需要落实到微观的文本之上，二者互为表里，相辅相成。近十年来，中国古典小说英译的译者研究也有一些新的尝试，如应用语料库方法分析译者风格。虽然目前研究对象仅限于全译本译者，但有不断扩充的趋势。

近十年来，出版、传播、接受效果，以及与之密切相关的翻译策略已经成为典籍英译研究普遍关心的问题。例如，刘泽权、刘艳红（2013）梳理了《红楼梦》在世界各国多语种传播和译介的历史，发现存在诸如"译道渐芜""外译传播范围有限""外译研究受到局限"等现实问题。汪庆华（2015）以传播学为理论视角，探讨了中国文化"走出去"与翻译策略选择的关系。文章以《红楼梦》杨宪益译本和霍克斯译本的翻译策略和传播效果为例证，指出中国文化对外传播以异化为主的观点忽视了以美国为主导的西方国家和地区的读者文化接受能力和立场，认为中国文化"走出去"需要"两厢情愿的接纳与包容"。但是，也存在不同看法。汪世蓉(2015)认为,若译者过于倚重易化、改写和操纵等策略去强调"接受度",就会让本土文化特色在译作中失落或变形,这有悖于让"文化真正走出去"的翻译伦理。该文以《三国演义》为例证,分析了译文中不同类型传统文化现象的译介,对如何促进中华传统文化的域外传播进行了策略性思考,认为以"异化"为主的文化翻译推广策略是与当今中国"文化软实力崛起"的诉求相匹配的,且"异化"翻译策略与审美诉求也有密切关联。许多(2017)也认为,《三国演义》在海外译介和传播中遇到的问题是中国典籍面临的共性问题,即西方译者自身的文化认同和意识形态无一不在影响着其文本选择、翻译方法与策略。许文分析了《三国演义》的译者身份和文本选择,强调中国典籍的对外译介,应当选择适合的译者、传播方式和源文本,注重读者心态与接受效果,适当加强译出模式。此外,张海燕、黄伟(2014)和权继振(2017b)分别以赛珍珠英译《水浒传》和亚瑟·韦利英译《西游记》为例探讨了文学翻译中审美的"陌生化"倾向。高璐夷、储常胜(2018)则以杨译和霍译两版《红楼梦》为例,讨论了出版机构对底本选择、译著主体和传播效果的多重影响,探讨如何利用出版机构的影响力助推经典文学"走出去"。

毫无疑问,以《红楼梦》为首的四大名著因为经典程度高、国外译介早、译者名气盛、译本数量多、策略多元化、接受差异大而备受研究者青睐。朱虹、刘泽权(2011)曾梳理四大名著在 2010 年前的译本和英译研究概况,认为相比之下,对其他三部作品的英译研究从广度和深度上都远不及《红楼梦》。纵观表 7-4 中近十年的研究数据可见,《红楼梦》英译研究依然是当之无愧的热点。下文将重点论述《红楼梦》英译研究成果,兼及另外三大名著和短篇小说的代表《聊斋志异》。

7.3.2 重要成果

1.《红楼梦》英译研究

国内《红楼梦》英译研究历经数十载的发展,成果丰硕。文军、任艳(2012)针对 1979—2010 年中国知网收录的 782 篇相关论文,从多学科研究的角度梳理、统计和分析文献,细分为 15 个主题,论述了前期《红楼梦》英译研究的情况。冯全功(2011)以 2000—2011 年在国内 16 种学术期刊上发表的 132 篇论文为语料,从研究焦点、研究方法、研究队伍和研究语种四个方面详尽探讨了《红楼梦》英译研究在 21 世纪伊始十余年内的整体状况。近十年来,研究者求新、求全,不断挖掘新语料,借助新的理论视角和方法,通过更为系统、全面、深入的扎实研究,使《红楼梦》英译研究达到了一个崭新的高度。

《红楼梦》英译本众多,在英译史上可分为摘译、改译、全译三个阶段。一直以来,英译研究的语料来源主要集中在两个全译本之上,即杨宪益、戴乃迭夫妇的译本和霍克斯、闵福德翁婿的译本。2004年,香港大学图书馆在其主页以电子版本形式发布了英国传教士邦斯尔神父(Reverend Bramwell S. Bonsall)在20世纪50年代末完成的《红楼梦》120回英译本,刷新了《红楼梦》出现最早全译本的时间。王金波、王燕(2010)率先对《红楼梦》邦斯尔译本开展研究,系统介绍了译者、成书、译作体例等各个方面的信息,并推测了该译本长期被埋没的原因。此后,刘泽权和刘艳红(2011)、刘艳红和张丹丹(2014)、宋鹏(2017)、李庆明和习萌(2018)等相继考察邦译本,并将之与其他译本进行对比分析。

近十年来新增的语料不仅是一个全译本,研究者还有意识地打开视界,将更多的摘译和改译本纳入研究范围。赵长江(2016)发掘了1816年马礼逊英译《红楼梦》第31回中宝玉和袭人的一段对话,并据此将马礼逊看作《红楼梦》的第一个英语译者。季淑凤(2019a、2019b)介绍了晚清英国外交官乔利(H. B. Joly)的《红楼梦》摘译本,挖掘其重要的文献学、语言学和文学翻译史价值。王金波(2013、2018)、王金波和王燕(2014)发表了《红楼梦》早期英译补遗系列论文,补充介绍了英国传教士、汉学家艾约瑟(Joseph Edkins)1857年英译的《红楼梦》片段,英国外交官、汉学家梅辉立(William F. Mayers)1867年摘译并长篇评论《红楼梦》的情况,以及英国外交官务谨顺(William H. Wilkinson)1885年在回忆体著作中发表的对《红楼梦》的简短评论和翻译的部分内容。这些研究对补遗修正《红楼梦》早期英译史具有重要价值。此外,这一时期的研究还涉及德庇时的摘译本、林语堂的节译本、美籍华裔翟楚和翟文伯父子的节译本、王际真的节译本等。

除了扩充语料和译者研究对象之外,《红楼梦》英译研究者更多地致力于广泛应用多元的翻译理论,从文化意象、美学、互文、叙事、文体学、社会符号学、意识形态、语言学、生态翻译学等诸多视角对各个全译本进行比读和分析,在文化研究和文本研究方面皆取得了丰硕的成果。

2010—2019年,《红楼梦》文化研究方向共有文献98篇,占研究总量的14.8%。一些研究者采用了跨文化视阈或文化翻译理论视角,探讨译者的文化身份、原文文化意象和英译本中的文化缺失现象,如冉诗

第7章 文学典籍英译（二）

洋和郑尧（2015）、蔡新乐（2015）、俞晓红（2016）等。其中，刘晓天、孙瑜（2018）提出应当加深目标语读者对源语及其文化的理解、扩充自我文化、延展他者文化、融合自我文化和他者文化。更多论文聚焦于各类具体文化的英译，如宗教文化、中医文化、茶文化、饮食文化、酒（令）文化、服饰文化、玉文化、建筑文化、岁时节令、性文化等，其中以饮食文化和中医药文化的英译策略研究最为丰富。

《红楼梦》中的饮食花样繁多，文化内涵丰富，英译颇具难度。耿良凤（2015）探讨了独具特色的中国菜肴名称，认为译者可以用"音译／直译＋注释法"，这样既能充分传达原文的内涵意义，也尽可能地保留了原文的字面意义和文化意蕴。此后，耿良凤、王绍祥（2017、2019）以小说中精致的茶食和别具一格的药膳为研究对象，通过语义分析法和文本分析法，深度挖掘、比较杨译和霍译所采用的英译策略。黄勤、陈蕾（2015）也选取了《红楼梦》前80回中10处有养生功效的膳食品名为语料，首先分析品名中各自内蕴的养生文化，再对比霍译和杨译，评述二者的英译策略是否适切。

中医药是中国的国粹之一，包罗社会万象的《红楼梦》对此必然有所呈现。王银泉、杨乐（2014）认为，"中国古典文学名著的英译间接促进了中医文化的海外传播"。文章提取了杨译和霍译的相关语料例证，分析并解读了译者使用译入语传递中医理论、中药和中成药、中医诊断等文化信息的不同策略。张映先、张小波（2016）谈到了《红楼梦》的"美容之道"。作者发现，小说中的美容物品蕴藏着中药理念和材料成分，包装也十分讲究，但具有文化背景差异的译者对这些物品显然具有不同的理解和英译，甚至是误读和误译。包玉慧等（2014）持相似观点。文章选取了杨宪益、霍克斯和乔利三个代表性译本，对其中的平行句子和段落进行分析和修正，旨在说明译者囿于本身文化背景的局限，难免会造成对中医文化的误读和误译，并在某种程度上影响文化交流。王才英、侯国金（2019）则基于语用翻译观，聚焦于《红楼梦》中一副中药方的英译，发现杨译倾向于拉丁文译法，而霍译倾向于使用同属植物的英文名。文章认为，在不偏离药理、药剂和译理的前提下，译者应当突显相关强交际的语义值和文化值，以彰显中华文化特色。文章进而提出，可以采用杨-霍方式的折中法，即在（1）拉丁语＋英语注解；（2）拼音＋拉丁语＋英语注解；（3）拼音＋英语＋拉丁语注解；或者（4）拼音＋英语注解之中择一二而从之。这显然是对中医药术语的英译探讨。

《红楼梦》英译研究中体量最大、内容最丰的一部分当属文本研究方向。为清晰呈现这一方向研究的概况，我们将近十年相关文献进行分类统计，统计结果如表7-5所示。

表 7-5 《红楼梦》英译文本研究方向文献分类统计

研究方向	研究主题	研究内容	相关研究文献（篇）	约占比（%）
文本研究	诗词英译研究	诗、词、戏文、对联、散曲、判词、谚谣、灯谜等	85	49.4
	特殊字/词英译研究	习语、双关语、熟语、粗俗语、谦语、委婉语、褒贬词、文化负载词、功能结构词、名物词、色彩词、其他单个字/词等	143	
	称谓英译研究	人名、（亲属）称谓语、绰号、敬称、官称等	42	
	书名回目英译研究		27	
	句型结构转换研究	汉语特殊句型的英译转换	16	
	英译底本考证研究		13	

我们发现，近十年来，《红楼梦》英译研究中文本研究方向的成果占总文献量的几近一半，其研究主题多元，内容丰富，细致入微。既有对中国古典小说极具特征的书名和章回体书目译介的关注，如朱耕（2011、2012）、冯全功（2012b、2016a、2016b）、刘泽权和王若涵（2014）等；也有从传统语言学的视角考察汉语特殊句型的英译转换；还有以校勘考据之法对重要译本的底本追根溯源，探寻底本差异对英译造成的影响。后两种研究数量较多，下文将分而述之。

《红楼梦》中人物众多、个性鲜明、称谓繁多。其人物命名与形象塑造密切相关，命名普遍采用谐音、双关等修辞手段，英译时难以尽善尽美地传达全部原意，需要采用各种补偿策略。张建平和蔡强（2013）、李艳玲（2013）、陈卫斌（2018）等对此都有专文论述。小说中人物互相之间的称谓又体现了中国封建社会森严的等级制度，译者是否能够以及如何传达此间深意颇受研究者的关注。例如，卢冰（2013）、王成秀（2016）和孙李丽（2016）聚焦于《红楼梦》中的官职名称英译；颜静兰、陈逸飞（2017）则采用汉英平行语料库的研究方法，根据礼貌原则对《红楼梦》杨译本和霍译本中"令""尊""贵""世"四个敬称字的翻译进行了对比研究。

第 7 章　文学典籍英译（二）

《红楼梦》中还有大量诗、词、戏文、对联、散曲、判词、谶谣、灯谜等多种富含韵律和文化意象的艺术表达形式。我们将其归类为诗词英译研究，其研究路径总体与本部分"7.2 古典诗词英译"研究一致，主要涉及美学、互文、叙事、文体学等理论视角和韵体、形式、风格、文化意象等英译问题。例如，冯全功（2015）总结出霍译诗体的三大押韵策略，即据意寻韵的主导策略，以及因韵设意和改情创韵的辅助策略。文章认为，霍译《红楼梦》中的诗体严格押韵，语义灵活变通而又不失整体忠实，能够再现甚至强化原文的音韵美感，具有很强的艺术整体性与审美感染力。《红楼梦》诗词中颇有特色的是金陵判词。判词的形式为诗歌，其语言凝练，文字优美，同时具有隐喻，暗藏玄机。马凤华（2014）粗略统计了 14 首判词中共 40 余处、约 10 余种修辞手法，包括反问、比喻、婉词、夸张、双关、析字、藏字、回文、借代、用典等，比较了四个译本（杨译、霍译、邦译、乔译）处理修辞的不同手法，并将翻译策略的差异归因于译者主体性的发挥。杜丽娟（2016）针对杨译和霍译选择使用不同人称视角来指代主人公的现象，基于语料库的研究方法，以三个判词的翻译为实例，根据类符、形符、类符/形符比（TTR）、高频词和独特词等分析数据来评价二人译法的优劣，解释二者表现出的翻译风格。张瑞娥、董杰（2010）等研究者还借助判词英译研究来验证各自所取理论的适用性。

据表 7-5 所示，针对《红楼梦》特殊字/词的英译研究显然最为丰富。彭文青、冯庆华（2016）对褒贬词语英译展开了研究，旨在从中分析译者如何理解原文语境并重塑或改写文学人物形象。刘泽权、张丹丹（2012）采用平行语料库研究方法，从"释译义项的确定""释译的排序""释译方法及策略""漏译、死译、误译现象"及"回译验证"五个方面，考察了《红楼梦》四种英译（霍译、杨译、邦译和乔译）对其中 103 例引申义"吃"熟语的翻译，借此验证此类研究对汉英词典编纂的借鉴和反哺作用。叶艳、汪晓莉（2016）则聚焦于《红楼梦》中"一喉二歌"的语言现象，借用 Delabastita 的双关语翻译理论考察杨译和霍译对"隐复之语"和"言外之意"的不同处理方式。她们的研究发现，杨译和霍译的翻译手段既有差异，也有共同之处。二人或照搬原文双关语，或借助补偿手段，或完全丢失双关意义，或保留部分双关意义，修辞效果各有千秋。

习语是语言使用者长期以来习用的、形式简洁而意思精辟的定型词组或短句，广义的习语包括成语、俗语、格言、歇后语、谚语、俚语、行话、典故等（高合顺，2017），有关其子类的相关研究数量众多，不再一一列举。还有研究者注意到中西语言中功能词汇的使用存在差异，尝试以语言学为观照，对功能结构词的英译加以探究。例如，刘泽权、闫继苗（2010：87）指出，"中国传统小说的报道方式比较单调，'间接引语'这种现代小说特有的表述方式在中国传统小说中极为少见"。文章选取霍克斯、杨宪益和乔利对《红楼梦》前 56 回中报道动词的英译为语料进行描述性研究，发现译者对报道动词的选择受报道方式和话语内容等多方面因素的影响，报道动词能够反映译者风格，译者所采用的翻译策略呈显化趋势。另外值得一提的是，王寅（2019）将西方认知语言学（CL）进行"本土化"改造，创设了"体认语言学"，并将"现实—认知—语言"作为学说的核心原则，提出了翻译的三层次观。文章以《红楼梦》中 300 个成语英译为语料，定量分析了杨译、霍译和邦译在语言层面、认知层面和现实层面上的分布情况，以此对比几位译者在翻译汉语成语时的认知过程、策略选择和翻译方式。

　　除了以上所举以期刊文献为主的分类研究之外，据粗略统计，近十年来共产生以《红楼梦》为主题的博士学位论文十余篇，分别就《红楼梦》的语言艺术、文化意象、语境重构，以及《红楼梦》在英语世界的研究情况等话题开展了全面和深入的研究，如高玉兰（2010）、向红（2011）、黄生太（2011）、冯全功（2012a）、陈琳（2012）、李丽（2014）等。

2.《水浒传》英译研究

　　《水浒传》目前共有四个全译本，译者分别是赛珍珠、杰克逊、沙博理和登特-杨父子（John & Alex Dent-Young）。一直以来，大多数对比研究都倾向于选择沙译和赛译，原因在于二人的翻译策略总体上是迥异的。赛译多为逐字直译，译句带有明显的汉化表达特点，而沙译则在直译有损译文地道性的情况下一般采用意译。近十年来，已经有少量研究将四个全译本共置比对，开创了《水浒传》多译本对比研究的新局面，如刘克强（2013）的博士学位论文和曹灵美、柳超健（2018）的专论。

　　若论单个译本研究，有关赛译的分析最多，沙译次之，继而是登特-杨父子的译本，而对杰克逊译本的关注极少。赛珍珠拥有在中国成长与生活的经历，所取得的文学成就也与中国主题密切相关。赛译《水浒传》虽然广为西方读者接受，但在中国却受到褒贬不一的评价，这一现象引起了研究者的注意。唐艳芳（2010）出版著作《赛珍珠〈水浒传〉翻译研究：后殖民理论的视角》，在后殖民理论的视角下考证赛译《水浒传》的原本，以大量史料、文献和语料为依托，探究译者主体行为和翻译策略，并剖析赛译本在当下的价值。钟再强（2010a、2010b、2011、

2013、2014a、2014b、2017、2019）的系列研究查询了赛译《水浒传》的再版次数、被转译次数，以及海外学术界和普通读者对译文的评价和反馈；探寻了赛译本在西方读者中享有盛誉的原因；剖析了赛珍珠在选择翻译文本、翻译策略及译作书名时所体现出来的译者主体性和试图达到的翻译目的。《水浒传》的另一位主要译者沙博理的文化身份也十分特殊，他是我国当代著名的中国籍美国犹太裔翻译家。刘瑾（2016）的博士学位论文在第五章专门论述了沙译《水浒传》的时代背景和文本特征。王运鸿（2019）则在形象学视角下对沙译《水浒传》的内部文本形象进行了系统分析，从文本、互文和语境三个基本层面揭示了翻译与形象构建之间的多维度关系。

从研究的内容来看，近十年来，《水浒传》英译研究主要聚焦于文本，以微观的习语、詈言（粗俗语）和称谓英译研究为主。其中，小说中的人物绰号是《水浒传》人名称谓的一大特征，相关英译研究比较集中。

近十年来，文军和罗张（2011）、陈诚和涂育珍（2014）、汤金霞等（2015）、王宏等（2019）多位学者按照不同分类梳理了《水浒传》前期研究的成果，也指出了研究存在的一些问题，如研究译本选择不平衡、批评研究不够客观、研究内容流于语言低级单位、译史研究不足等。此外，我们发现，《水浒传》英译研究极少涉及传播出版的方向，文化研究方向的文献数量也不多，对译本和译者多为定性研究，很少使用实证手段。综观近十年的研究现状，这些问题大多依然有待解决。

3.《三国演义》《西游记》英译研究

近十年来，《三国演义》的英译研究主要集中于两个全译本：一是由罗慕士所译的 Three Kingdoms；二是由邓罗（C. H. Brewitt-Taylor）所译的 San Guo/Romance of the Three Kingdoms。其中，罗译本是最新全译本，也是典型的学术性翻译。郭昱、罗选民（2015）针对该译本的学术性和接受情况展开了调查，文章介绍了罗慕士英译活动的学术动机和译文产生的理想学术环境，指出译文中长达 94 页的注释和文末长达 50 页的后记构成了该译本极富内涵的副文本，是罗译在学术圈广受欢迎的重要原因。

《三国演义》现有的英译研究依然兼顾了文化、译者、文本和出版传播四个方向。有的研究针对译者的翻译风格（董琇，2016b）、翻译倾向（王文强、汪田田，2017）和译者素质（骆海辉，2011）；有的侧重于考察小说英译的人物形象建构（贺显斌，2017）、兵器文化解读（权继振，2018）和翻译审美再现（董琇，2016a）；占比最高的依然是微观的文本研究，即特殊字/词的英译策略研究，包括文化负载词（牛百文、李侬畅，2016；张俊佩，2017）、习语典故、军事术语、文化专有项（汪世蓉，2013；陈甜，2014）等。此外，还有少量研究关注到《三国演义》的译史。例如，郭昱（2016）选取清末民初这一历史时段，着重梳理其间出现的 21 种《三国演义》的译文，对各个译文的译者身份、翻译动机、翻译对象选择以及译作功能加以探究，发现这一时期的译文只是充当普通读物、语言学习材料或者研究素材，整体上更加注重故事性、趣味性，却没有充分体现原作的文学性。郑锦怀（2012、2019）则对《三国演义》自 1820 年首次英译以来在这百年之间的英译史实详加考辨、订正补遗，并进行学理反思。

近十年来，《西游记》英译研究的文献数量和《三国演义》研究总体相当。比较而言，《西游记》研究的语料选择更为多元，既包括詹纳尔和余国藩的两部全译本，也涉及海伦·海斯、亚瑟·韦利和李提摩太（Timothy Richard）等人的节译本。研究者比较关心译文在英美的传播和接受情况（朱明胜，2016；王镇，2018；王文强、单君，2019），以及《西游记》中宗教（佛教）文化的翻译策略和在翻译过程中的信息缺失（权继振，2017a；何英，2017）。《西游记》作品中塑造了许多神话人物，描绘了诸多佛教、道教、儒教的人物形象，使用了许多蕴含浓厚文化内涵的专有名词。黄敏（2011）、万青和蒋显文（2017）等分别探讨了诸如人物名称、地名、场景名称在内的专有名词英译。李瑞（2014）则将这些专有名词详细划分为：人名类、地名场景类、经书类、物件类、事件类、时间类、术语类、神仙类、妖魔类、法术咒语、兵器类、处所类等。文章以文本世界理论为指导，论述了这些专有名词的指称、含义、意义、英译现状、问题，并提出了尝试性解决方案。

总体来看，《三国演义》和《西游记》英译研究文献总量偏低。长篇小说通常有宏大的叙事建构，其篇幅长、结构复杂、影射社会现实，英译的难点和争议颇多。在这样的反差之下，现有研究显得过于零散，成果缺乏系统性和深度。

4.《聊斋志异》英译研究

文军、冯丹丹（2011）曾对 1979—2010 年国内《聊斋志异》英译的研究加以梳理，指出相关成果"极为有限"，总计仅有 35 篇。由表 7-4 可知，近十年来，相关研究的文献数量达到了 60 篇。虽然这一数据所表现出的研究热度依然与《聊斋志异》本身的历史价值和艺术成就不相匹配，但若以历史的眼光来看，研究总体呈增长态势。

第 7 章 文学典籍英译（二）

据考证，英译《聊斋志异》始于 1842 年晚清来华德国传教士郭实腊（Karl F. A. Gutzlaff），此后共出现了近 20 个节译本和近百篇单篇译文。译者的构成多元，既有西方早期汉学家（如阿连壁、翟理斯、卫三畏等），也有当代西方汉学家（如梅丹里和梅维恒兄弟、闵福德等），还有华人学者和翻译家（如邝如丝、杨宪益、卢允中等）。近十年来，《聊斋志异》的译者研究虽然数量不多，却涉足广泛，共论及中外译者 10 人，且理论视角多元，论述深刻。

长期以来，《聊斋志异》英译并无全译本，只有片段译文、节译本和漫画英译本。2014 年，随着汉学家宋贤德推出第六卷《聊斋志异》英译本 Strange Tales from Liaozhai，《聊斋志异》终于有了第一部英译全译本。目前，仅李海军、蒋凤美（2017）研究并介绍了这一全译本，论述了该译本在《聊斋志异》英译史上的重要意义。文章还以宋贤德翻译"异史氏曰"、故事标题、中国特色词汇和文化负载词的译文为据，说明宋译主要采用了"异化"翻译策略。李海军是近十年来《聊斋志异》英译研究的主要贡献者之一。十年间共发表相关期刊、会议文章和博士论文共计九篇，其中有三篇是译者专题研究。李海军认为，《聊斋志异》的英译趋势是从文化操纵走向文化和合。在早期的英译过程中，西方汉学家用西方意识形态和诗学观念指导自己的翻译实践，操纵原文；而在当代，大多数西方汉学家和中国翻译家力求如实传达中国文化，促进中西文化交流，以达到中西文化和合共存的目的。

另一位在近十年中聚焦《聊斋志异》英译研究的学者是陈吉荣。陈吉荣善用多元的理论和视角，对《聊斋志异》英译中的各类现象加以分析研究。例如，使用关联理论解释汉语古籍英译差异；在顺应理论视角下剖析小说中人物对话翻译的语用失误；基于概念整合理论提出新的七空间翻译模式，并尝试将之应用于《聊斋志异》及其他文学翻译研究；提出可以根据 Croft & Cruse 的语境约束和默认识解理论，对古典小说进行默认值分类研究；探析神话文学形象塑造的特点和译者的解读方式；从女性主义视角解读原作中的女妖形象；等等。

此外，卢静（2013、2014）基于语料库辅助手段对《聊斋志异》的译者风格进行了深入研究。作者首先建立了译者风格综合研究模式，区分了目标文本型（target-text type，T 型）译者风格研究和源文本型（source-text type，S 型）译者风格研究，即更为关注译者如何使用规律性的处理方式在翻译文本中表现源文本的某些特征。利用这一模式作为理论框架，作者进一步分析和探讨了翟理斯和闵福德两位译者表现在其译本多个层面上的、包括 T 型和 S 型两种维度的译者风格特点，并对译者各自风格产生的原因进行历史、文化和社会的解读。

7.4 古典戏剧英译

7.4.1 主要概念与理论观点

中国古典戏剧主要指元杂剧和明清传奇。相较于古典诗歌和古典小说而言,中国古典戏剧的英译研究尚处于较边缘的位置,综观近十年的研究成果,鲜有学者开展系统的理论探究。曹广涛(2011a:144)认为,"对于传统戏曲剧作英译,任何一个译者可以没有系统周密的理论,却不可以没有切实可行的规范"。他提出有必要建立戏曲翻译规范系统,即戏曲英译的哲学规范、视角规范、选择规范、文化规范、策略规范、评价规范和译者规范。他不认同国外汉学家以演出为目的使用归化译法翻译古典戏剧,认为归化译法往往使戏曲失去本真性,并不符合戏曲作为世界非物质文化遗产保护和传承的原则,终为戏曲英译之歧路。曹文还提出,译者有必要"区分良莠,选择精粹""先着手戏曲经典的英译",且对于文学艺术性强的古代戏曲经典,翻译时应充分体现出原作的文学价值,重在戏曲文学之美。

曹广涛在近十年中发表戏曲英译研究相关论文共 14 篇。除了提出翻译规范之外,还论及元明戏曲、粤剧、京剧、傀儡剧等多个剧种。2011 年,其专著《英语世界的中国传统戏剧研究与翻译》再版,全书共分 9 个章节,第 1 章和第 2 章分别介绍了英语世界戏曲传播与研究的文化语境和中国戏曲的起源与形成,第 3 章至第 9 章详尽梳理了国内外对宋金杂剧与诸宫调、宋元南戏、元杂剧、明清戏剧、中国仪式戏剧、傀儡戏、影戏、地方戏和少数民族戏剧研究的重要成果。

近十年来,古典戏剧英译研究主要集中于元杂剧和明清传奇中的少量著名代表作,研究文献的数量和广度皆十分有限。通过设定主题词为"作品名称"并含"英译"和"作品名称"并含"翻译",分两次进行检索,最终获得有效文献数量如表 7-6 所示。需要说明的是,在五大较为知名的近现代地方戏种之中,京剧因英译较多、流传较广最为研究者所关注。我们以"京剧"并含"翻译"为主题词再次检索相关文献,获得统计结果逾 100 条,因此将之一并置入表 7-6 中。

表 7-6　2010—2019 年古典戏剧主要文本（剧种）英译研究统计数据

戏剧（曲）名称/剧种名称		相关研究文献（篇）	戏剧（曲）名称/剧种名称		相关研究文献（篇）
元杂剧	《西厢记》	68	明传奇	《牡丹亭》	155
	《赵氏孤儿》	16		《邯郸记》	9
	《窦娥冤》	6		《南柯记》	2
	《汉宫秋》	3		《紫钗记》	4
清传奇	《长生殿》	33	地方剧	京剧	109
	《桃花扇》	8			

7.4.2　重要成果

1. 元杂剧英译研究

　　李安光在近十年中先后发表八篇学术论文，对英语世界，尤其是美国的元杂剧译介和研究情况展开详尽调查，其研究论及元杂剧在英语世界的译介和兴起，以定量分析获知英语世界元杂剧家的地位，并统计和简要介绍英语世界相关的博士学位论文。元杂剧的译者身份多元、时代特质鲜明、译介内容丰富、载体多样、策略灵活。李安光认为，英语世界对元杂剧的译介和研究一方面累积了丰富而宝贵的基础学术资源；另一方面也有力地促进了中西方异质文明之间文学和文化的有益交流与融合，具有一定的借鉴意义和启示性价值。

　　元杂剧的四大悲剧中，只有《赵氏孤儿》英译研究的文献数量稍多，且较为深入。《赵氏孤儿》于 18 世纪上半叶由法国神父马若瑟首次译介入西方，译本一经问世便在欧洲引发转译、改写和演出的热潮，形成了 18 世纪欧洲"中国热"的文化景观，由此引发的一系列事件对目的语社会产生了重要影响。张金良（2015）回顾了《赵氏孤儿》18 世纪在英国的翻译情况：当时三个英译本皆转译自神父马若瑟的法译本，但由于译者对此剧和中国文化理解不同，三个译本在拼写剧名、人名，运用标点符号和选择用词等细节表达方面差异明显。刘艳春、赵长江（2015）将《赵氏孤儿》在海外的传播分为书面阅读文本和供演出用的脚本两种类型，着重介绍了该剧在英法两国历史上的编译现象和对目的语社会产生过的重要影响。

　　针对《赵氏孤儿》英译本所采用的减、改等变译策略，卢颖（2014）

从戏剧翻译的"可表演性"原则出发，寻找其中缘由，认为中西戏剧思维在四个方面，即叙事与抒情、情节与曲律、真实与虚拟、代言叙事与故事叙事之间存在差异。吕世生（2012）将《赵氏孤儿》的翻译与改写看作中西文化交流史上"东学西传"的成功案例和中国文化西传的现实路径。吕文利用文本接受的实现机制解释并肯定了法英两国译者改译原剧的行为，认为经过文化调适导向的翻译与改写之后，源语文本实现了与目的语文化的交流与融合，且其中的中国传统价值观得以升华。朱姝（2013）对此持有相反观点，认为严格意义上的戏剧翻译应该是源文本取向的翻译。作者指出，《赵氏孤儿》的六个改编本皆改编自其他中介语言，改编已经完全欧化，所注重的是内容，而不是元曲本身的形式。朱文明确反对将具有这些特征的衍生文本当成翻译作品来看待，并从建构戏剧翻译理论的高度提出有必要对戏剧翻译作出界定。

《西厢记》是我国古典现实主义戏剧的杰作。该剧目前共有七种英译，最早始于1935年，由熊式一译介。马会娟、张奂瑶（2016）对熊氏的译介情况和译本的接受效果做了简要介绍。近十年来，《西厢记》英译研究所采用的语料主要有熊式一的首译本、汉学家奚如谷（Stephen H. West）和伊维德（Wilt L. Idema）的合译本，以及我国著名翻译家许渊冲的译本。例如，马宏（2013）选择译者主体视角，具体分析了许译《西厢记》中的文化传播策略。王宏（2014b）着重对奚如谷、伊维德和许渊冲译本在个性化语言传递和人物情感再现方面加以比读分析，强调文学作品汉译英"一定要重视译介效果"，并提出两人合作翻译的模式有其独特的优势。此外，王文还全面追溯了七种《西厢记》英译的出版情况。

2. 明清传奇英译研究

明传奇的代表人物众多，但其中以汤显祖的影响最为深远巨大。赵景深、田汉、徐朔方都曾经将之与世界著名英国剧作家莎士比亚相比肩。汤显祖最具代表性的四部作品合称为"临川四梦"，其中以《牡丹亭》的艺术成就最高、最为著名。该剧不仅在国内受到极高赞誉，在西方也大受欢迎。据赵征军（2013）统计，迄今为止，《牡丹亭》共有英译全译本、改译本、选译本、编译本等23部之多，译者既有国际著名汉学家，如白之、宇文所安，也有中国知名翻译家杨宪益夫妇、许渊冲、汪榕培、张光前，还有华裔学者张心沧、翟楚和翟文伯父子等。

随着《牡丹亭》多个英译本陆续问世并在西方舞台推广演出，《牡丹亭》吸引了越来越多国外读者和研究者的兴趣，不断有介绍与研究

第 7 章 文学典籍英译（二）

《牡丹亭》的论文和专著问世。2004 年，青春版《牡丹亭》在海内外巡演并获得巨大成功，自此国内学者研究《牡丹亭》英译的论文、专著也明显增多。据朱玲（2015）统计，截至 2013 年底，相关研究论文共有 56 篇。据表 7-6 所示，2010—2019 年，《牡丹亭》英译研究的相关文献已经多达 155 篇，在数量上远超同类作品。不仅如此，其研究的广度和深度在古典戏剧之中都可拔得头筹，极具代表性。

有研究者见微知著，基于对《牡丹亭》译介语料的分析，着重探究古典戏剧英译的整体现状和方向。例如，王宏（2014a）介绍了《牡丹亭》12 个英译本的英译概况和在海外的传播情况，并选取白之、张光前和汪榕培的三种英文全译本进行比读，分析译者所持的翻译理念、翻译原则和翻译策略对译本的影响，提出"借脑共译"和"借船出海"是未来《牡丹亭》英译的新路径。赵征军（2013）意识到包括《牡丹亭》在内的中国古典戏剧译介研究不仅一直处于边缘化的状态，具有"单一性""规定性""分散性"的特征，而且研究者大多忽略了译介的外部制约因素，尤其是译本在目的语系统中的传播与接受情况。其博士学位论文基于翻译研究的文化学派理论、译介学和佐哈尔文化构建论，分别考察、描述《牡丹亭》在英美文化系统中和在中国文化语境下的生产、传播、推介和经典化过程。研究发现，身处英美文化系统之下的译者能够协调自身翻译活动与目的语机构、读者、市场等因素之间的关系，采用灵活多变的翻译策略，以适应本土意识形态、诗学及文化形式库调整的需求，并在总体上采取"尊重而非清洗中国文化的立场"；相反，在中国文化语境下生产的译本是出于源语文化建构的需求，实际上是对目的语文化形式库的一种的"规划"或"干涉"。结果是，以白之为代表的英美文化系统生产的《牡丹亭》译本至今仍然处于绝对的主宰地位，国内各译本依然无奈地处于"边缘化"的状态。此后，赵征军（2018）还专门以汉学家白之英译《牡丹亭》的选译本和全译本为研究对象，从期待规范和选择规范的角度出发，探究其英译所体现的戏剧翻译规范，并认为这些规范对于当下的古典戏剧英译具有重要的参考价值。

有研究者十分重视戏曲的音韵研究。曹迎春（2016）认为，古典戏剧是一种典型的"韵"文学，因此专门研究古典戏剧音韵的翻译。曹文从英汉语言音韵的差异入手，将许渊冲与白之的译本进行对比分析，指出许渊冲以韵译韵，而白之以节奏代韵，两种翻译策略产生了不同的译文效果。朱玲（2015）则尝试应用多模态话语分析解决中国语言学研究中遇到的实际问题，其博士学位论文在实证部分选取了译本数量最多、种类最全的《牡丹亭》作为语料，根据昆剧在语言文学、音乐声腔和舞台表演上所体现出的多模态性，参照多模态话语分析领域的专家所构建的视觉语法和听觉语法框架对原作进行话语分析,并将白之、张光前、汪榕培、李林德和汪班的五个英译本进行较为详尽地比较研究。

也有研究者深入文本,专题讨论《牡丹亭》中的曲词和具有特殊功能的诗文英译。曲词即为唱词。古典戏剧中的宾白和上下场诗皆是各种形式的诗文。潘智丹(2013)论述了古典戏剧中集唐诗的英译,说明集唐诗就是从不同的唐诗中选取某一诗句,汇集成一首新诗,它经常出现在剧中和上下场诗内;文章提出翻译集唐诗应该遵循三个原则:一是移植音美特征;二是在理解诗句原意的基础上,结合剧情在戏剧环境内再造新意;三是注意句与句之间的连贯和衔接,使其形成一个逻辑的整体。潘智丹、杨俊峰(2017)还重点介绍了上(定)场诗的英译,指出中国古典戏剧中的定场诗具有自我介绍、表露心情和铺垫情节三种功能,翻译定场诗应遵循整体性原则,在实现其戏剧功能的前提下,尽可能实现其文本特征的转换,以达到更好的整体译诗效果。

《牡丹亭》英译的传播与接受问题同样受到研究者重视。例如,曹迎春、叶张煌(2011)综述了《牡丹亭》剧本自问世以来在海外的翻译、介绍和演出情况,以及各个译本引起的评论和反响。张玲(2014)将热内特的副文本理论引入《牡丹亭》的译者研究和译本传播研究领域。通过对汪榕培译本的内、外副文本进行分析研究,文章详细分析了每种形式的副文本对目标读者理解和接受所产生的重要影响,指出汪译《牡丹亭》的副文本确实在译者、读者和翻译研究者之间发挥了积极的斡旋作用。曹灵芝、赵征军(2018)也分析了白译与汪译各自的副文本结构,对比了两个译本主要副文本元素之间的差异,认为合理地处理好翻译中的副文本信息可以更好地推进"中国文化走出去"。

已有研究者将语料库分析手段引入《牡丹亭》英译研究,尝试借助客观数据寻找翻译规律。例如,丁水芳、杜泉贵(2018)基于 CNKI 2000—2017 年期刊文献的共词可视化分析对《牡丹亭》英译研究的情况展开述评。陈建生、刘刚(2013)运用语料库翻译学方法,建立了汪译本和白之第一版英译本的平行语料库,统计并分析其中的标准化类符形符比、词汇密度、平均词长、平均句长等数据,在此基础上定性分析两个译本的译者风格。赵征军、陈述军(2018)也利用《牡丹亭》平行语料库,重点考察了符号意象词英译的操作规范。

与《牡丹亭》英译研究的情形相比,汤显祖另外"三梦"的相关文献数量可谓寥寥。2016 年,为纪念汤显祖和莎士比亚逝世 400 周年,英文现代戏剧《仲夏夜梦南柯》在中英两国巡回演出。该剧改编自《南柯记》的英文译本,是现代戏剧文化西行的一个缩影、一种途径。杨陇、王斌华(2017)着重分析了《南柯记》从原文到英译,再从英译到英文

第7章 文学典籍英译（二）

改编剧本这一过程中存在的文化翻译现象。研究发现，在戏剧西行过程中，原文文化因素有一定程度的省略和简化，原剧内容、语言和主题也都经历了跨文化重塑，不仅如此，当携带有西方文化印记的英文《南柯记》回归中国演出时，又需要再次经历跨文化协调；文章的相关分析为"中国文化走出去"提供了一个鲜活的案例。

明传奇多以爱情为创作题材，清传奇虽也描写爱情，但主要折射明清朝代更迭的历史，主题较为沉重。清传奇作品以孔尚任的《桃花扇》和洪昇的《长生殿》最为著名，被视为传奇戏曲样式的压卷之作，但对它们的英译起步较晚，译本数量较少，研究的深度、广度和系统性也有待拓展。

《桃花扇》英译研究的语料主要包括张心沧的选译本，阿克顿、陈世骧和白之的合译全译本，许渊冲的全译本，以及宇文所安的选译本。近十年来，《桃花扇》共有八篇研究文献，其中四篇是硕士学位论文，论及《桃花扇》在英语世界翻译与研究的总体情况（王若婷，2019）、原文的显性互文指涉及其翻译方法（严怿洲，2019）、原文中小说化叙事和音乐化叙事的翻译策略（戴静，2017），以及接受美学视阈下的戏剧台词英译（李咪，2015）。此外，尤赟蕾（2019）以青春版《桃花扇》演出剧本的英译字幕为研究范本，从可表演性视角出发，探讨了地点名称、文化词、典故、唱词等方面的英译问题。

《长生殿》目前共有七个英译本，包括选译、全译、演出剧本等多种形式，译者多为华人。张其海、王宏（2016a、2016b）详尽介绍了《长生殿》的七个英译版本和该剧在海外传播的情况，重点考察了杨宪益、戴乃迭夫妇译本，许渊冲、许明父子译本和贺淯滨译本，比较分析了各译本中词曲、宾白和科介的翻译方法，以及译文为了传递文化信息而综合运用的音译、直译、意译、译注、泛化、省略等多种翻译策略。作者认为，《长生殿》未来重译的新路径应当是各个译本取长补短，归化与异化相结合，综合运用各种方法。

3. 地方剧英译研究

18世纪后期，地方戏开始兴起，戏曲的发展由贵族化向大众化过渡。地方戏种类繁多，经过一段时间的发展，京剧、豫剧、越剧、黄梅戏和评剧凸显而出，成为五大核心地方戏种。我们分别以"戏种名称"并含"翻译"为主题词搜索相关文献，结果显示，近十年来京剧的英译研究可谓独领风骚。

近十年来，京剧英译研究论及最多的译介代表人物是熊式一。1934

年，熊式一在伦敦将中国古典京剧《红鬃烈马》翻译为英文话剧《王宝川》，由伦敦麦勋书局出版，当即大受欢迎。肖开容（2011）介绍了这一事件发生的历史背景，认为熊式一在20世纪30年代中西交流呈现一边倒的状态中，在"忠实"与"叛逆"这一矛盾思路下艰难探索戏剧译介之道，成功向西方世界呈现了中国戏剧的魅力和中国文化的侧面。马会娟（2017）将熊式一定位为与林语堂一样的、十分具有影响力的离散作家。文章结合时代背景和赞助人等因素，考察了熊译《王宝川》的文化翻译策略，探讨了熊译在20世纪30年代英语世界中获得巨大成功的原因。邓梦寒（2018）则关注熊式一在翻译京剧《王宝川》时所体现出的读者意识，借此强调当今中国的文化输出和对外翻译应适当考虑读者的文化背景和接受心理，使译文更加符合目的语读者的阅读习惯，这样才能真正提高译作在海外的接受程度，促进传统文化的输出与传播。

京剧的英译研究十分重视其在西方的传播、接受和影响。李四清、陈树、陈玺强（2014）曾详尽梳理中国京剧在海外传播的历史概况，总结出传播中存在的三大问题，继而采用访谈形式和实证手段获取、分析数据，以得知中国京剧在海外传播的真实情况，并从语言和文化两个方面分别探讨如何提高中国京剧艺术在海外传播的有效性。江棘（2012）的博士学位论文结合对社会思想文化史的考察，以1919年京剧首次在海外传播为起始，重点分析了此后20年间（即1919—1937年）中国戏曲在海外推介形成高潮的多重原因。此外，作者还对近代以来戏曲在发展进程中的"西方化""国粹化"和现代性等问题做出了回应。桑颖颖（2015）则以"百部中国京剧经典剧目外译工程"丛书的第一辑为例，研究了其中剧名、称呼、专有名词、经典唱段的翻译和海外传播策略，并从传播学的角度入手构建了其宏观传播模型。凌来芳（2017）也以该丛书的译介为例，探析了中国戏曲"走出去"的译介模式。

7.5　古典散文英译

7.5.1　主要概念与理论观点

中国古典散文的发展源远流长，品类丰富，且风格多样，历久弥新。先秦两汉时期有诸子散文和历史散文。汉末时，诸葛亮的《出师表》成为散文名篇。至魏晋南北朝，散文逐渐走向骈偶化，以散驭骈的名篇有王羲之的《兰亭集序》、陶渊明的《桃花源记》《归去来兮辞序》《五柳

第7章 文学典籍英译（二）

先生传》等。北朝文学中属于散体的文章可举郦道元的地理性散文《水经注》、杨炫之的寺志散文《洛阳伽蓝记》（二者如今被归类为"科技类典籍"），以及颜之推的《颜氏家训》为例。时至唐宋，此间最为著名的是"唐宋八大家"。明后期，"公安三袁"力主文章应解放文体、直抒胸臆、不事雕琢，著有游记、书札、序跋、碑记、传状、日记、杂文等各类散文，开拓了散文小品文的新领域。清朝出现了"桐城派"的散文流派，代表人物有方苞、刘大櫆、姚鼐等。到了清朝后期，受国力衰微的影响和西方思想的冲击，龚自珍、魏源等讲求文章变通和经世致用，渐开近代散文之先河。

我们在中国期刊网上分别设定"作者"并含"翻译"和"作品"并含"翻译"为主题词，借助《古文观止》，对历朝历代散文名家、名篇逐一检索查询，结果发现大多时候搜索结果为零。研究总体可以用"匮乏"二字概括，仅有不多的成果如表7-7所示。

表7-7　2010—2019年古典散文主要文本英译研究统计数据

历史时期	文本名称	相关研究文献（篇）	历史时期	文本名称	相关研究文献（篇）
先秦两汉	《左传》	17	唐宋	《师说》	6
	《战国策》	7		《祭十二郎文》	1
	《史记》	11		《捕蛇者说》	3
魏晋南北朝	《出师表》	7		《醉翁亭记》	36
	《兰亭集序》	33		《石钟山记》	1
	《桃花源记》	41		《岳阳楼记》	14
	《颜氏家训》	3		《前赤壁赋》	8
	《陈情表》	4		《秋声赋》	3
			明清	《项脊轩志》	4

针对这样的研究现状，我们尝试从以下几个方面寻找原因：其一，中国古代文学以诗词最为盛行，散文名家多兼具诗人身份，且多以其诗作著称，如陶渊明、柳宗元、苏轼、杜牧等，相关英译研究自然大多侧重于作家的诗词作品。其二，中国古典散文并非纯粹是文学性的，而是囊括了以散体写就的各类文字，名篇可能出自奏议、诏令、碑志、哀祭、书序等各种语用场合，因此英译时难以归类成集，给研究带来了许多不便。其三，古典诗词虽短小而皆有韵律，古典小说、戏剧则蕴含深刻、丰富的文化意蕴，而古典散文既无共通之韵律，亦不携带大量文化元素，通常主题各异、自成一格，这使得研究难以把握切入点和形成系统。即

便如此，我们依然有必要梳理已有研究成果，厘清现状，发现问题，为未来研究提供一定的启示。在下文中，我们将按照不同的历史分期，择要介绍古典散文的英译研究概况。

7.5.2 重要成果

1. 先秦两汉散文英译研究

由于诸子散文如今大多归类于哲学典籍，因而此处只论述以《史记》和《左传》为代表的先秦历史散文英译研究。

美国著名汉学家杜润德（Stephen Durrant）曾经参加倪豪士（William Nienhauser）所主导的《史记》翻译，其专著《雾镜——司马迁著作中的紧张与冲突》是《史记》研究的重要论作，由其领衔译介的《左传》更成为继理雅各译本之后的又一力作。在魏泓（2019）的访谈中，杜润德比较了华兹生和倪豪士英译《史记》的差异和各自价值，介绍了自己翻译《左传》的原因、目标、原则、方法和过程，并尝试分析了在美国什么样的翻译会特别受欢迎。

薛凌（2014）的博士学位论文采用叙事理论，分别探究了两位西方译者伯顿·华兹生和理雅各对《左传》的英译。黄朝阳（2010）将英译看作原文文本在新的文化语境中旅行，比较了华兹生和倪豪士《史记》英译的过程。王琨双（2011）更为具体地列举了《左传》胡志挥译本中一些富含中国历史文化意蕴的翻译要点。吴涛、杨翔鸥（2012）等则对文本中的文化负载词等词的英译进行了探究。

需要注意的是，历史散文虽然形为散文，但记载着重要的历史事件，是珍贵的史料文献，具有文化人类学的价值。因此，有研究者更为关注译本产生的外部影响因素。例如，赵桦（2010）以韦努蒂"译者的隐身"为理论基础，从中西方文化的权力关系出发，探讨了华兹生《史记》译本的特点和翻译策略。吴涛（2010）则借用了勒费弗尔的"重写"理论，对华兹生英译《史记》进行描述性分析，认为华译既在意识形态和诗学形态影响下对原文进行了操纵，也成功地在原文诗学形态和译入语文化主流诗学之间求得了平衡。蒋婷婷（2013）以勒费弗尔的操纵理论为基点，试图找出杨宪益和华兹生英译《史记》的差异，以及导致差异产生的宏观方面原因。

2. 魏晋南北朝散文英译研究

自魏晋南北朝起，散文的功能和类别日渐丰富起来。表7-7中，《桃花源记》和《兰亭集序》是序文，《出师表》和《陈情表》是奏章，还有一种是家训。相较其他类别而言，序文更具现代散文的功能特征，若原文英译较多，在海内外文学名声较高，便更易于获得研究者的重视。

《桃花源记》是陶渊明为其所作的五言《桃花源诗》所写的序言，现有各种英译多达15种。总体来看，近十年来，相关英译研究的理论视角十分多元。例如，许雷、宋畅（2010）探讨了林语堂《桃花源记》英译过程中呈现出的文化图式建构策略。周慧星（2013）尝试从译者的主体性角度赏析林语堂、戴维斯、方重、罗经国、孙大雨、谢百魁六人的《桃花源记》英译文。范文君、彭石玉（2017）引用卡特福德（John C. Catford）的翻译转换理论剖析《桃花源记》的英译，研究文言文英译篇章等值的产生方式，旨在说明为了达到翻译的交际目的，译者难免会做出偏离原文形式的选择。蒲璞、胡显耀（2012）则采用韩礼德系统功能语言学的文本分析方法，从及物性的三个方面分别对林译和戴维斯译本的词语特征进行分析，由此发现林译本的词语使用较原文更为明确，其小句的及物性过程有简化特征，而戴译本则更多地使用正式词和非常用词来表达原文语义，其小句的及物性过程尽量与原文保持一致。

《兰亭集序》是王羲之在与诸贤相会兰亭"修禊"时，为会上诸贤所作诗文而写的序，因此又名《兰亭宴集序》《兰亭序》《临河序》《禊序》和《禊帖》。虽然与《桃花源记》同为序文，但《兰亭集序》的英译较为稀少。国内《兰亭集序》的英译研究起步于2009年，研究论及较多的是在西方享有盛誉的华人作家林语堂的译文，此外还有罗经国的译文和谢百魁的译文。目前尚未发现全面梳理《兰亭集序》英译历史的文献。总体来看，《兰亭集序》的英译研究不仅起步较晚，研究方法和主题也显得较为滞后，大多数文献停留于对英汉语言语法进行对比，浅层次地开展词句分析，谈论翻译中的形合、意合问题和中西思维差异。

3. 唐宋和明清散文英译研究

唐宋和明清时期的散文精品迭现，作者以散论辩、写景、叙事、抒情、讽刺、寓言、说理。经文献梳理发现，相关英译研究多在某种理论观照下比读文本，分析语言。我们在此以宋欧阳修撰写的《醉翁亭记》和范仲淹所题《岳阳楼记》为代表做简要的成果介绍。

近十年中，《醉翁亭记》的英译研究所选语料主要有翟理斯译本，杨宪益、戴乃迭夫妇译本和罗经国译本。《岳阳楼记》的英译不多，且以国人为主，主要有杨宪益和戴乃迭夫妇、罗经国和谢百魁。总的来看，有关这两篇散文的英译研究视角较为多元，使用了美学、"三美"论、语境顺应论、阐释学、后殖民主义、操控理论、生态翻译学和语言学等多个理论工具。例如，有研究者采用认知语言学的意义观分析句式英译（吴小芳，2016）；也有研究者将奈达的"对等"理论或纽马克（Peter Newmark）的"语义翻译"和"交际翻译"理论应用于译文对比（王晨，2011；李汝幸，2015）；还有研究者使用语料库语言学方法探究译者风格（王立欣、吕琴，2014；高思文，2017）。

胡海峰（2016）介绍了文本"语篇性"的七个标准，即衔接性、连贯性、信息性、情景性、可接受性、互文性和目的性，作者以《岳阳楼记》的三个英译为例，探讨了将"语篇性"作为中国古文化典籍英译参照的可行性。李明（2015a）认为，无论句子或语篇均可通过某种方式凸显或弱化所需表达的信息。文章根据信息布局理论（information grounding theory），定义了"前景信息"和"背景信息"两个概念。其中，前者是形成语篇线索并推进语篇往前发展的信息，后者则是对语篇作者的目标不产生直接或关键性作用而只起辅助、强化或评论作用的信息。在这一思路下，作者选取《醉翁亭记》的第一段为语料，通过比读三个英译文（翟译、杨译和自译）的前景信息并将之回译为汉语，试图说明汉语文学作品英译的信息布局对语篇具有建构作用，其前景信息在语篇构建过程中对通篇连贯起着重要作用。

7.6 小结

通过梳理我们发现，大多数文学典籍英译研究都能够与时俱进地吸收和运用中西方翻译理论的新成果。各个译者对原文的文化现象处理方法不尽相同，文化研究将之归因于译者迥异的文化态度和影响译作产生的外部环境因素，着重分析原文语言的文化特征、目的语读者的文化需求、译者选用翻译策略的缘由，以及译文在异域文化中的传播和接受效果。针对文学典籍中大量存在的文化词汇和文化意象，研究者主要利用语言学翻译理论和文化研究理论从微观和宏观两个层面构建起立体的研究框架。文化研究的视角较为宽广，主要观察文本与外部世界的关联。语言学翻译理论则侧重于从微观语言层面切入，但早已不是对文本进行封闭的语法对比。目的论、系统功能语言学语境理论、认知语言学关联理论、隐喻转喻理论等都从不同侧面打开了文本研究的视界，为这一时期研究者对文学文本的分析提供了更具解释力的理论工具。值得一提的

第7章 文学典籍英译（二）

是语料库语言学，这是一种实证的研究方法，研究者结合量化数据来分析译者的翻译风格，比对原文和译文的语言特征，为定性研究增添了科学性和可信度。

除了语言学翻译理论和文化研究理论之外，文学典籍英译研究还常用接受美学、互文理论、传播学等理论学说。中国古典诗词大多有韵，除了传达语义、传递文化意象之外，相关英译研究的焦点也集中在韵律之上。研究者重点探讨的主题包括：中英诗歌韵律表达的特点和差异、古典诗词英译是否需要韵译、译者处理韵文使用了哪些策略、"音""形""意"之间该如何平衡和取舍等。近十年来，相关研究应用最多的理论是由中国学者许渊冲早年提出的"三美"理论和汪榕培提出的"传神达意"学说。他们所创立的元理论学说均源自文学典籍英译实践，是对中国传统译论的继承和发展，由于适切度较高，已经在古典诗词英译研究中成为主流。

总体来看，这一阶段文学典籍英译研究的新进展可以简要概括为：理论多元，方法多样，系统深入。然而，近十年来，文学典籍英译研究仍有不足。

根据所搜集到的数据，四种文学体裁英译研究的文献数量量差显著。研究最多的是古典小说（按照篇目进行分类共搜索到1 070篇相关文献），位居第二的是古典诗词（共计751篇相关文献），继而是古典戏剧（有413篇相关文献），最少的是古典散文（搜索结果仅有206篇相关文献）。在同一文学体裁内，研究又集中于少数文本/类别之上，如古典诗词中的唐诗、古典戏剧中的《牡丹亭》、古典散文中的《桃花源记》，以及古典小说中的《红楼梦》。造成这种研究分布不均可能有多方面的原因，如原文的文学价值、经典化程度、英译历史、英译数量、在西方的传播和接受情况等；但无论什么原因，研究不均会带来至少两个问题：一是对热点文本的重复研究会造成资源浪费，降低研究效率；二是难以从少量，甚至单个文本的研究结论中发现共性和规律。为此，我们呼吁文学典籍英译研究应当在理论求新、方法求变的基础上语料求全，拓宽研究语料的选择范围，平衡不同的文学体裁，重视各种形式的译文，增强构建文学典籍英译研究理论框架的意识。

第 8 章
哲学典籍英译（二）

8.1 引言

进入21世纪，中西方交往愈发密切，为进一步沟通彼此，消除误解，增进了解，其中重要的举措之一便是翻译和复译中国哲学典籍，以正本清源，展示真我。如此一来，新形势下的哲学典籍英译便出现了新的特征。

近十年来，国内哲学典籍英译研究呈现出百花齐放的态势，研究者对宏观指导思想和具体文本研究都有深入探讨。郭尚兴（2013a、2013b、2014b）曾连续发文，宏观论述了中国哲学典籍英译的性质、原则和范式。郭文多次强调，对国人来说，中国哲学典籍英译是维护民族文化身份，增强中国文化软实力，建构全球文化多样性，促进世界各种文化平等和谐相处、共同发展的跨文化传播与交流活动。由于中国哲学典籍在中国文化中地位特殊，且与世界其他哲学相比有较为显著的差异和独特性，因此英译应以"本原性"和"自主性"为原则，遵循"以文本为中心"的范式。在具体研究中，研究者一方面划分了哲学典籍英译的历史阶段，梳理了各个阶段的英译概况和特征，从语言、文化、意识形态、赞助人、诗学、传播效果等多个维度比较译文，旨在探索哲学典籍英译的有效策略；另一方面积极应用新兴的语料库语言学方法开展定量研究，搜集客观数据，统计术语词频。值得一提的是，近代西方哲学在整体上发生了由理论转向实践的巨变，这种哲学思维模式的自我革新呈现出与中国传统哲学"过程性"特征相契合的趋势，同时凸显出中国传统哲学典籍经文原文的思想价值。因此，这一阶段的哲学典籍英译研究十分重视对原文，尤其是对哲学术语的训诂与考辨，强调在中国哲学体系内部理解原文，并通过重塑原文语境来传递语义。

8.2 道家典籍英译

8.2.1 主要概念与理论观点

李约瑟（1990b: 35）认为，"道家思想体系，直到今天还在中国人的思想背景中占有至少和儒家同样重要的地位。它是一种哲学与宗教的出色而极其有效的结合，同时包含着'原始的'科学和方技"。道家学说的代表作有《道德经》（又称《老子》）、《关尹子》（又称《关令子》《文始经》）、《庄子》（又称《南华真经》）、《阴符经》《列子》《周易参同契》等。19世纪初，道家典籍开始被陆续译介入英语世界。据俞森林（2012）统计，整个19世纪，英语世界译介道教经籍有近20种，以《道德经》和《庄子》为主；虽然早期译者的译解牵强附会，甚至是荒唐的误读，却成功打开了西方读者的视界，使西方对中国道教由不知到知，由轻视到逐渐重视，由误解到深入研究。近十年中，有关道家典籍英译的研究也主要围绕《道德经》和《庄子》展开。

《道德经》是被译介到西方最多的中国经典著作，国内大多数研究者搜集到的《道德经》英译本约有一百余种。而在邰谧侠（Misha Tadd）（2018）所收集到的全球所有《老子》译本中，英译本竟多达441种。王宏（2012a）将《道德经》英译的历史分为近代（1868—1905年）、现代（1905—1973年）和当代（1973年至今）三个时期，分述了各个时期所产生的译本数量和时代背景。何晓花（2012）、董娜（2014）等将《道德经》在英语世界的传播过程分为三个历史阶段。第一阶段大约在1868—1905年，始于湛约翰（John Chalmers），盛于理雅各。在这一阶段，西方世界出于经贸或传教的需求，希望深入了解中国文化，便由传教士为主导大量翻译中国典籍，其译文不可避免地充满了基督教化的宗教色彩。第二阶段大约在20世纪30年代至60—70年代。许多华裔译者加入《道德经》的英译行列，凸显经文中的哲学和文化内涵，逐渐消除了长久以来传教士译者给《道德经》蒙上的宗教色彩。这一时期，译本众多，陈荣捷曾在其英译本的序言中称，"过去20年里（1943年至1963年）几乎每隔一年都有一种新译本出现"[1]，其中包含韦利、宾纳、初大告、吴经熊、林语堂、陈荣捷、刘殿爵等名家名译。第三阶段肇始于20世纪末，持续至今。1973年，长沙马王堆汉墓出土了

---

[1] 这是美籍华人、哲学史家陈荣捷（Wing-Tsit Chan）在其英译本《老子之道》（*The Way of Lao Tzu*）的序言中所言，转引自董娜. 2014.《道德经》英译史的描写性研究. 广东外语外贸大学学报，(5): 36-41, 51.

第8章 哲学典籍英译（二）

帛书《道德经》，这在世界范围内形成了新一轮的"老子热"，推动了《道德经》英译出现第三次高峰。这一阶段的英译更为重视对原文的考据，正视中西方文化思想的差异；代表译者有梅维恒、林保罗、安乐哲、冯家福与简·英格里希夫妇，以及国内学者许渊冲、辜正坤等。

庄子与道家始祖老子并称为"老庄"，其代表作《庄子》的英译数量仅次于《道德经》。据朱舒然（2019）梳理，目前共有23种《庄子》英译本，其中全译本10种，包括理雅各译本、翟理斯译本、威厄（James R. Ware）译本、华兹生译本、梅维恒译本、帕尔玛（M. Palmer）译本、2006年科里亚（Nina Correa）的全译电子文本，以及中国本土著名翻译家汪榕培译本、蔡忠元译本等；这些全译本成为近10年来《庄子》英译研究的主要对象和语料来源。此外，据称，美国芝加哥大学神学院任博克（Brook A. Ziporyn）计划在2019年"完整译出《庄子》33篇全文"。除上述全译本之外，研究还论及了众多简译、选译和摘译本，如巴尔福的首译本、任博克2009年出版的《庄子》选译本、葛瑞汉的学术式翻译译本、孔丽维（Livia Kohn）的宗教诠释译本、旅美中国作家林语堂的摘译本和中国学者冯友兰的哲学阐释译本等。

《庄子》不仅英译版本众多，译史也颇为悠久。黄中习（2010）根据《庄子》英译全译本的出现时间，将《庄子》英译划分为三个重要阶段：其一是19世纪末以英国传教士为主体的英译；其二是20世纪60年代前后以美国为主要阵地的多元阐释期；其三始自20世纪90年代，持续至今，译者们展现了各自对《庄子》的当代解读。若将《庄子》与《道德经》的英译历程作横向比对，可以发现《庄子》英译的起步与繁荣时间虽然稍晚，但所经历的历史时段大致相同，产生于同一历史时期的英译文确实具有相似的特征。但是，《庄子》的文采更甚于《道德经》，其文学性在一些译者眼中更甚于哲学性，因此相关的英译和研究又有其独特的一面。

8.2.2 重要成果

1.《道德经》英译研究

我们以"道德经"并含"翻译"为主题词进行文献检索，共获得有效文献432条。经初步梳理后发现，《道德经》的名家名译众多，研究视角多元，语料涉及英译各个阶段的共约22种译文。

1）以译者/译文为导向的研究

目前，学界一般公认湛约翰是英译《道德经》的第一人。近年来，研究者对这一首译本的关注依然不断，主要从语言、文化层面和哲学角度对湛译的英译策略进行诠释。例如，李舟（2014a、2014b）分析了湛译《道德经》中"道""德""阴/阳""水""夷""希""微"等汉字的诠释依据，试图说明湛约翰作为一名传教士，其英译虽然有基督教化的色彩，但他作为英译《道德经》的第一人，客观上促进了中国文化的西传。在现代译论的支撑下，这一观点已经能够被广泛接受。姚达兑（2016、2017）所公布的最新发现却挑战了湛氏英译《道德经》"第一人"的身份。文章称，现存于耶鲁大学的《道德经》英译手稿完成于1859年。通过对早期几个译本进行对比研究，作者认为该译本转译自儒莲的法译本，并推测誊抄者可能是梁进德，而译者可能便是裨治文。如果这一研究结论得到证实，《道德经》英译首译本的出现时间将往前推进九年。

理雅各因译介儒家经典而闻名于世，其《道德经》英译在老学译介和研究方面也发挥着重要的作用。很多研究者针对理译中的宗教特征进行深度挖掘，至今新论频出。例如，杨慧林（2011）将基督教传教士对中国经典的翻译和注疏活动作为"经文辩读"的一种模式。文章基于理雅各翻译中国经典的史实和译例，探索中西"经文辩读"的可能性和价值，提出重译中国古代经典应认真整理已有的历代译本，特别是那些研究性译本的相关注疏，以形成真正的思想对话。夏歆东（2014）重点探析了理雅各译解《道德经》的前理解结构。文章认为，理雅各对新教公理宗的信仰、对中国传统注疏的取舍态度、其初期比较宗教学的视野，以及苏格兰常识学派知识论的影响，共同构成了其对《道德经》原文的前理解。更为重要的是，理译解道典"并不在于告诉西方读者老庄的原意是什么，而是以解读老庄原意为途径向基督徒们呈现出另一种理解God的方式"（同上：156）。文章呼吁，应当以此为镜来反照我们对待自身传统的态度。

19世纪末和20世纪初，保罗·卡鲁斯（Paul Carus）和年轻时代的日本禅宗大师铃木大拙合作，提供了一种十分独特的《道德经》译本。这一译本鲜少引起研究者关注，余石屹（2016）却对此着力介绍。文章说明了西方从宗教角度研究《道德经》的传统，描写了卡鲁斯英译《道德经》概括，称卡鲁斯的译文"对20世纪西方学者研究《道德经》与宗教体验关系的传统，有开先路之功"（同上：24）。

亚瑟·韦利一改以往传教士将《道德经》宗教化的倾向，重新认识原文中的文化和哲学意义。其英译自问世以来被多次重印，是目前英语世界比较通行的译本。近十年间，与韦译本相关的研究文献较多，出现了一些更加微观的、具有针对性的研究成果。例如，孟建钢（2018）在关联理论的框架下论述了译文中"道"的最佳关联性阐释、译文对语篇连贯的再现和译文的互明情况，从语用角度分析了韦译本的主要不足。何燕、赵谦（2018：79）指出，"'象'是老子道论的核心所在，老子借助言语将意象的象征意指转化为道的象征符号，形成了形而上的境界，继而通过对象的直观感悟来实现形而下的理性逻辑推演"。文章从美学角度考察韦译本对原文核心词汇的意象翻译，认为韦译能够在视阈融合的前提下充分把握《道德经》的"象道"哲学，并在译语中有所体现，而这正是读者获得阅读快感的由来。

自20世纪30年代起，华裔学者开始加入英译《道德经》的队伍之中，其中一些译本在国内外都受到了广泛好评，在一定程度上改变了西方读者对《道德经》的宗教化定位。1939年，法学家吴经熊在由其担任主编的英文期刊《天下》杂志上连载了自己的《道德经》译文，该期刊同时在国内和英美国家发行。这是中国学者有意识地向西方译介中国思想文化典籍的成果，具有政府支持、学界参与的模式雏形。更重要的是，这成为中国人自己翻译《道德经》的肇始。此后，陈荣捷、初大告、胡子霖、刘殿爵、林语堂等人都对《道德经》英译做出了突出的贡献。需要指出的是，各家英译不仅底本依据和目的不尽相同，所使用的翻译策略也大相径庭，既有深挖原文哲学渊源的学术型翻译，也有重在普及大众的浅化译文，还有融入译者主观理解的编译行为。

近年来，相关研究对上述译者皆有论及。例如，赵颖（2016）吸收铁木志科"翻译即转喻"的思想，提炼并分析了吴经熊译本在文本和文化语境建构两个方面的转喻特点。文章认为，吴氏的译介突出了老子思想的普适性和中西思想的相通性，凸显了道家文化的解释力，同时兼顾了翻译的充分性和文本的可接受性。陈荣捷是20世纪北美中国哲学研究的先行者，曾以哲学为出发点对多位华裔学者的《道德经》英译作过评论。刘玲娣（2016）细致梳理了这些评论观点，并着重分析陈译本处理核心词汇的策略。何芳、谭晓丽（2017）则较为宏观地论述了陈译《道德经》如何选择翻译路径和制定翻译标准，以使译文保留原汁原味的中国哲学文化。此外，林语堂因其在国际社会显赫的文学名声和对中国典籍的编译行为而颇受研究者的关注。多名学者研究了林语堂英译《道德经》的杂化策略、厚重翻译方法和译文的副文本，并将其译文与同期西方译者的译文加以比读分析。

在早期译介的历史条件下，中国的哲学思想曾与西方一些哲学家、文学家，甚至科学家发生过共鸣，对西方社会发展产生过显著影响。但此后很长一段时期内，以西哲格义中国哲学成为译介主流。进入20世纪中后叶，西方哲学思想中出现了颠覆传统存在论的过程哲学，其理论核心与道家的"过程宇宙观"颇为一致。在新的时代环境和哲学思潮影响下，汉学家安乐哲以比较哲学的视角重新审视中国哲学典籍的译介和研究，并重新译介《道德经》。安乐哲反对传统上使用西哲概念阐释东方哲思的做法，在其译文中大量使用创译的概念术语，具有开创意义。在一次访谈中，安乐哲具体解释了自己"如何选择译入语语言的词汇来翻译中国古代的文言文"，并就《道德经》英译中的创新与背叛""中国式叙述"，以及翻译中各个主体与客体之间交错复杂的关系等一系列问题表达了自己的观点。这一译介策略在国内获得了普遍好评。例如，蔡觉敏、孔艳（2012）认为，安氏的《道德经》译本"重视道家哲学中的关联性思维（correlative think）"，并"把这种认识融入具体词汇语句的翻译中"。但是，近年来也有学者提出，西方译者对《道德经》的哲学式解读其实潜藏问题。例如，章媛（2012a）列举了卡鲁斯对老子之"道"作"原因"论解读、巴姆（Archie J. Bahm）作"自然智慧"论解读，以及安乐哲和郝大维所作的"开路"论解读。文章指出，这些解读其实反映出译者自身的文化根源和他们自己的哲学观点，最终导致他们的译解依然会呈现"以西哲代中哲、以西方思维模式代替东方思维模式的现象"，使《道德经》原典内涵被大量漏译，甚至误译曲解，应当引起重视。

与安乐哲译本在西方饱受争议不同，同一时期斯蒂芬·米歇尔（Stephen Mitchell）的《道德经》译文却受到了西方大众读者的欢迎，因此引起了国内研究者的注意。何晓花（2014）分析了1997—2013年米译本的读者接受情况和译本特征。文章认为，如果将读者接受因素考虑在内，译者在英译历史典籍时进行现代重构具有可行性。吴冰（2013a、2013b）研究了米译本的通俗性，将其英译的通俗化手段归纳为禅化、简洁化、现代化和西方化；并采用实证方法调查了该译本的版权售价、销量、读者类型、读者需求、读者感受和读者评价，基于客观数据对米译本受到大众欢迎的缘由加以探究。

除了上述译本之外，近十年来论及的其他《道德经》译者还有乔治·亚历山大（George G. Alexander）、乐奎恩（Ursula K. Le Guin）、梅维恒、许渊冲、辜正坤等。值得一提的是，有两位研究者为拓展《道德经》英译的研究视角和语料选择做出了较大贡献。辛红娟（2011）专题分析了20世纪末期《道德经》英译中那些有别于传统阐释，转而从女性主义视角对"道"和"圣人"的性别问题予以特别关注的文本，其中包括米歇尔、乐奎恩、陈张婉莘（Ellen M. Chen）和梅维恒等人的译本。温军超（2012、2013a、2013c、2014a、2014b、2015a、2015b、2016、2017）的系列研究文章则不仅梳理了老子文化在海外的译介总

第8章 哲学典籍英译（二）

体情况，还对刘殿爵、初大告、陈荣捷、吴经熊、欧阳心农等多名华人译者的《道德经》英译一一展开研究。在此基础上，作者建立了华人译者《道德经》英译平行语料库，进一步对华人译者群体重译《道德经》的现象予以深入探究。

2）理论和方法应用

近年来，《道德经》英译研究的相关文献数量庞大，理论视角多元，主要有文化和历史语境重构、模因论、互文理论、厚重翻译、社会学、接受美学、视阈融合、操控理论、传播学、概念隐喻、关联理论、框架语义学、系统功能语言学、多元系统、阐释学、斯坦纳翻译四步骤、目的论、解构主义后殖民理论、意识形态和诗学、象思维、训诂理论、生态翻译学、语料库语言学等。研究主题包括文本的哲学思想、文学性、文化（意象）传递，文本中字、词、句和修辞的翻译策略，译者主体性等。因篇幅所限，我们仅能择取几篇博士学位论文作为代表性成果予以介绍。

吴冰（2014）的博士学位论文尝试解释社会历史语境与译者和译本之间的关联。文章综合运用系统论、哲学阐释学、接受美学和受众理论等学说工具，采用"社会历史语境＋译者/译作＋译文读者"的模式，分别对处于不同历史时期的理雅各、韦利、刘殿爵、韩禄伯和米歇尔五位译者的译文进行综合研究。研究表明，每一种具体的社会历史语境都会对《老子》英译产生具体的规约，使其符合当时社会大系统的总体属性和功能，因此《老子》英译在不同的社会历史语境下呈现出了"译随境变"的现象。

王汐（2016）的博士学位论文根据近年来系统功能语言学的新发展和对翻译研究的新认识，构建了实现化、示例化和个体化的三维翻译模式。作者认为，"西方翻译理论发展的不同阶段恰好与系统功能语言学的三个层级相对应"，即翻译研究的重心转换（"怎么译"—"译什么"—"谁来译"）其实是关注点从示例化层级转向实现化层级，继而走向个体化层级的过程。为进一步验证模型的可适用性，作者采取定量分析的方法，建立了小型语料库，用以描写《道德经》96个英译本在示例化、实现化和个体化三个维度上的语言特征。

施云峰（2017）的博士学位论文同样采用系统功能语言学的视角，但将译本之间的差异归因于译者主体的"视点"不同。文章以韦利和辜正坤二人的《道德经》英译为语料，研究两个译本翻译语言中的"视点"，尝试探讨翻译语言与"视点"之间的关系，其研究主要围绕以下三个问题展开：第一，"视点"如何介入翻译语言，这种介入受到哪些因素的影响？第二，"视点"如何决定和影响词汇语法和翻译策略的选择？第三，表达"视点"的语言手段在各层级上的主体性和主体间性呈现出什么样的特点和规律？

姚振军（2010）的博士学位论文则致力于构建描述性翻译批评的理论框架。文章以文化负载词为实例，建立了典籍英译的双语本体模型，生成了典籍英译批评领域本体，并将之应用于《道德经》的描述性批评之中，从而为量化的、可操作的典籍英译批评提供参照，以期实现定性研究与定量研究相结合，使得批评的观点更加科学和客观。

值得一提的是，在近十年的《道德经》英译研究中，语料库语言学确实助力非凡。研究者将这一方法广泛应用于对各种主题的探索，如对《道德经》英译的译者风格研究、多模态研究（刘彦妗，2019）、译本风格/特征研究（赵颖，2015；王汐，2018）、核心词汇研究（杨洁清，2011a、2011b；严敏芬、闵敏，2013；许文涛，2015；马嘉欣、吕长竑，2019）、语法关系研究（自正权，2011）、机器翻译研究（姚振军等，2013）等。

《道德经》兼具文学性、文化性和哲学性，其原文中富含文化负载词、成语、哲学术语，以及隐喻的修辞手法。近十年间，研究者从诗学、美学、阐释学，以及上述的语料库语言学等多方面切入文本，对原文和译文的语言现象做出了多样化的阐释和研究。其中，译者对"道""德""无为""有无"等重要哲学概念言人人殊，成为研究的关注焦点。辛红娟（2016）曾考察了代表老子哲学核心概念的"道"在英语世界中翻译与接受的流变，以此为个案剖析国学话语或哲学核心概念在海外传播的途径与效果。事实上，哲学典籍中核心术语的翻译已经引起了研究者的高度重视，本章将专辟一节对相关研究做统一论述。

此外，近年来，《道德经》的英译研究还涉及各种译文在西方世界的接受与传播。例如，杨静（2011）、梁勇（2017）基于模因论探讨了中国典籍的英译策略和对外传播图式。时宇娇（2019）全面梳理了《道德经》在海外不断被译介、阐释和传播的原因。陈巧玲（2011）则将《道德经》对外翻译的历史看作中国文化软实力的沉浮史，并根据史实提出，归化策略是一种适应环境的翻译策略，有利于《道德经》深入西方思想和文化生活之中，产生较好的社会效应。

2.《庄子》英译研究

纵观近十年来的《庄子》英译研究，其语料选择范围广泛，覆盖了近一半现有的译本。王宏（2012e）介绍了《庄子》的英译概况，其中

第 8 章 哲学典籍英译（二）

包括巴尔福、翟理斯、理雅各、威厄、沃兹生、梅维恒、帕尔玛、汪榕培等译者的英文全译文和翟林奈、冯友兰、修中诚（Ernest Hughes）、林语堂、冯家福、葛瑞汉等中外著名学者和汉学家的选译本。文章从中选取了多个译本进行分析和比读，考察了不同译者的英译策略，并分别加以评述。

从文学语言的角度来看，词语和典故带有隐喻的修辞特征和借助意象激发审美的能量。杨莉（2015）、李静文（2016）、雷静（2016）、王劼和温筱青（2017）等都对《庄子》译文中的隐喻翻译和意象传达问题有专文论述。从文化视角来看，文化负载词、专有名词和《庄子》中的寓言故事都蕴含着大量的源语文化，具有传递文化信息的价值。赵彦春、吴浩浩（2017）探讨了《庄子》中专有名词翻译的音译问题。文章认为，音译虽然能够给翻译带来便利，却是以牺牲文化信息为代价；从认知符号学角度来看，音译还会带来译名不一、词义空缺、词义变化等问题。为确保译文文化自足和文本自足，文章提出，"译者可以挖掘源语和译语的认知系统资源，采用符形替换法、移植借用法、编码重构法来解决音译带来的问题"。郭晨（2015）的博士学位论文聚焦于《庄子》中寓言故事的英译。文章首先比较了中西方传统寓言故事不同的风格，以及由此引起的对《庄子》"寓言"的理解差异；继而重点分析"庄周梦蝶""庖丁解牛""鲲鹏""无用之树""混沌之死"等寓言故事在英语世界的翻译与阐释。作者发现，英语世界从中西之异的角度"突出了《庄子》对西方传统哲学与宗教的批判力量"，而这种来自他者的阐释能够为国内相关研究提供新视角，进一步拓展《庄子》独特的哲学阐释容量。鄢莉（2010）和张林影、樊月圆（2018）则以苏珊·巴斯奈特的文化翻译观为观照，选取理雅各、汪榕培的译文为语料，专题比较了两位译者对文化负载词的翻译。

《庄子》不仅是一部文学著作，更是一部哲学典籍。冯友兰是将《庄子》作为哲学典籍进行英译的第一人。姜莉（2010）对冯译进行了专题研究，指出该译本的主要特点是在英译《庄子》原文后，译有相应的郭象注，并有译者自注。但文章认为，译者先入为主地受到了郭象注的影响，译文中没有区分庄子哲学与郭象注的哲学思想差异，因此可以说冯友兰的《庄子》英译本字句取自庄周，而义理却承袭于郭象。姜莉（2017）与另一位当代《庄子》英译者任博克的访谈也论及了《庄子》思想的世界哲学价值。访谈剖析了新时期《庄子》英译的历史文化语境，探讨了译者如何开辟庄子哲学英译与诠释的新路径。朱舒然（2019）提出，应进一步探索以哲学翻译的方式呈现《庄子》，向英语世界展现其哲学精义的途径。文章以单篇《齐物论》为例，指出现有译本的视角及其不足，主张"以中释中"，在中国哲学研究范式下进行翻译，以帮助读者通过译本理解《庄子》的哲学思想。任博克在接受郭晨（2019：12）访谈时也曾表示，翻译中国的古典文本"需要在精确性和诗意性之间进行平衡。哲学精确性是建筑的基本框架，译者应该在保持哲学精确性的基础之上探求诗意"。

在某些西方译者眼中，《庄子》依然带有宗教色彩。姜莉（2018）为我们介绍了一位活跃在西方中国道教经籍研究领域，对《庄子》进行宗教性诠释的女学者——孔丽维。文章梳理了孔氏近年来在《庄子》研究领域中所取得的成果，考察其在译介过程中深入挖掘《庄子》的宗教内涵，对语境进行重构的努力，认为孔丽维不仅"在从宗教维度诠释概念和身心实践体悟宗教训练方面均有贡献，丰富了西方道家研究的视野"，还"注意联系现代西方心理学、神经学概念，找到两种文化的连接纽带"（同上：39）。

于艳华（2011）则将翻译看作以译者为主体的制度化的社会行为。文章以《庄子》翻译为例，指出可以从宏观与微观翻译伦理视角透过译文反观译者对译本的主观或客观操控；同时，译者的每一种阐释都可能成为对《庄子》内涵的补充，因而每个译本都有其独特的价值。

有研究者注意到，译作的注释、序跋等副文本不仅能够直接反映译者主体性，还具有保存、传播或重构原文文化形象的作用。借助于对副文本的分析，刘妍（2011）通过分析梅译本的文学特征，探讨译者如何通过人名寓意的翻译、韵文的翻译、典型修辞的翻译、意象的翻译等细节来尽最大努力再现原文的文学色彩，认为梅维恒对《庄子》一书的文学成就最为看重，他眼中的庄子主要是寓言作家和文学文体家。张广法、文军（2018、2019）也在研究中充分利用了副文本所释放的信息，探讨译文如何凸显源语文化之异的问题。文章选择理雅各和华兹生的译本为语料，聚焦于译文的注释，建立了类目分析表，经过统计总结出两个译本主要的注释方法，继而比较二者通过注释所建构的庄子形象，并从差异伦理的视角论述了翻译注释在彰显中国文化之异方面所能发挥的作用。

8.3 儒家典籍英译

8.3.1 主要概念与理论观点

儒家典籍之多如汗牛充栋，在中国古代书目四部分类法中位列"子

第 8 章 哲学典籍英译（二）

部"之首，其中经典之作更是高居"经部"之位，以"四书"和"五经"最为人们耳熟能详。

我们在中国知网上以"题名（包括别称）"并含"翻译"为主题词对位列"经部"的儒家典籍著作加以搜索，经筛选后获得的有效数据如表 8-1 所示。

表 8-1　2010—2019 年儒家经典书籍单篇英译研究统计数据

"四书"		其他经书	
典籍名称	相关研究文献（篇）	典籍名称	相关研究文献（篇）
《论语》	816	《尚书》（《书经》）	33
《孟子》	65	《礼记》	11
《大学》	18	《周易》（《易经》）	94
《中庸》	92	《左传》	9
		《孝经》	25

由表 8-1 可以看出，近十年来，研究者对"四书"的关注总体多于"五经"，这与儒学典籍英译始自"四书"不无关系。目前，共有三位译者全译过"四书"，分别是西方传教士翻译家柯大卫（David Collie）、理雅各和中国学者郑麐。于培文（2016）通过检索 EBSCO 和 JSTOR 数据库，获得有关"四书"英语全译本和单译本在英语世界的相关翻译研究论文共计 297 篇。借助这一数据和相关研究信息，作者全面介绍和比较了三位全译者的翻译目的、文化态度和译本在英语世界的接受情况，继而分别论述了各个名家名译单译本的优劣之处。研究发现，柯大卫译本几乎被世人遗忘，郑麐译本得到的关注度甚微，只有理雅各译本影响力大，影响范围最广。

在统计年份内，郭磊（2014）对柯大卫的"四书"英译做了专题介绍，探讨了柯译的翻译动机和历程、译者对孔孟的认识和评价、译文的翻译策略、译文采用注释的宗旨，以及译者对同时代英国国内学者所产生的影响等多个问题。陈树千（2015）将国内外有关"四书"传播的专项研究分为四种类别：一是译本评论；二是资料整理和研究；三是梳理译介历史；四是透析译文对社会的推动。文章获取、考证并爬梳了与论题相关的书信、日记、报纸、期刊、回忆录、译本等资料和成果，还原了 19 世纪传教士及汉学家对"四书"的译介和传播；兼用阐释学、比较哲学、接受美学等理论对这一传播现象予以阐释，认为"四书"西行结束了欧洲单纯通过游记认识中国的阶段，开启了近代欧洲探索中国精神和中国哲学的路径。

8.3.2 重要成果

1.《论语》英译研究

"四书"之中,《论语》的英译研究数量最为庞大,远超其他儒家典籍。《论语》是对话体语录,言简意赅,哲理深刻。《论语》英译的历史久,译者多,译本多元,资料庞杂,因此近年来,多有学者对《论语》英译研究的情况加以阶段性综述。

王琰(2010)比较分析了国内外《论语》英译研究的特征、差异和不足,指出国内研究的资料基础存在一定问题,研究视角有待扩展,且国内外目前还都没有系统的历时性研究,相互之间"缺乏交流"。李钢、李金姝(2013a)针对国内已有成果,将相关文献分为个案研究、对比研究、词汇英译研究、英译历史和传播研究,以及其他方面研究这五大类别;同时提出,现有的研究存在"视角单一""缺乏系统性",且"研究对象相对集中"等问题。杨正军、何娟(2013)是以国内 27 种外语类或语言类核心期刊为数据来源,获得 1990—2012 年发表的共 47 篇《论语》英译研究相关论文。文章将这些论文分为本体研究、单译本研究和多译本研究三种类型,运用定量和定性相结合的方法,分析了这一时期国内《论语》英译研究的现状、发展态势及存在的不足。倪蓓锋(2015)专门以 2000—2014 年全国《论语》翻译研究硕士学位论文为对象,统计论文的数量、分布年代、学位授予单位、译本关注度、研究主题、研究视角等数据,旨在从中探视国内《论语》翻译研究的发展概况。

我们认为,这些综述文献皆在搜集大量相关资料的基础上分析、提炼和整理了《论语》英译研究的阶段性进展,提出了问题和建议,具有很高的参考价值,但也还存在一些问题。一方面,有的综述文章用以分析的文献数量十分有限,或研究对象群体较为局限,并不能代表一个时期的全貌;另一方面,部分综述文章梳理文献的思路较为单一,不符合《论语》英译研究的复杂现实。最重要的是,以上综述文章所论及的文献资料主要集中于 2010 年之前,而近十年来《论语》英译研究已有了长足的发展,原先存在的不足也有了很大的改善,有必要及时作出更新。

最近十年,《论语》的相关研究可谓成果丰厚。我们分别以"《论语》"并含"翻译"和"《论语》"并含"英译"为主题词两次在中国知网上进行信息检索,获得有效研究文献共计 816 篇。目前,研究大多采用个案分析和译本比读的形式,论及了 30 余位译者。仅从文献数量的分布来看,辜鸿铭、理雅各、韦利、安乐哲、刘殿爵等译者的译文最受研究者

第8章 哲学典籍英译（二）

关注。例如，王宏（2011b）着重对影响较大的理雅各、辜鸿铭、韦利、庞德、利斯、森舸澜（Edward G. Slingerland）等译者译本进行考辨、评析和译文比读。文章认为，不同译本的翻译目的各不相同，其读者对象也各有所异，但各具特色，各有所长，以各自方式表达了原作微妙和复杂的内涵和道德力量。若考虑文献的被引量和被下载量，便能发现，有更多的译者和译本获得了较为可观的研究资源，取得了令人称道的研究成果。因此，我们将首先以译者为主线对此择要简介。此外，为全面探讨这一时期《论语》英译研究的现状和规律，我们还将以《论语》英译研究中的热点话题为线索做一梳理。

1）以译者为主线的研究

辜鸿铭是国内学者中从事中国典籍英译的第一人。他曾在译者序中称，译文努力按照受过教育的英国人表达同样思想的方式来翻译孔子和他弟子的谈话，其翻译思路和译文曾一度引发争议。近十年间，研究者对辜译本的兴趣不减，但随着理论更新和视野开阔，评价的主流观点更为客观和中肯。例如，王东波（2011）详细交代了辜鸿铭英译《论语》的时代背景和动因，归纳分析了辜译《论语》所使用的损益、衔接、类比等翻译策略，并以文化翻译理论的最新研究成果为观照，论证和肯定了这些策略的使用效力。孟健、曲涛、夏洋（2012）持有相似观点。文章以文化顺应理论为指导，认为辜译的翻译策略再现了原作语言特点和风格，且顺应了自身的翻译目的。屠国元、许雷（2012）则通过转喻视角审视了辜鸿铭在英译《论语》过程中有意改写原文的现象，强调译者是在特殊的历史语境下使用了"非常"手段传播民族文化，其英译活动应当获得公允的历史定位。与辜鸿铭身处同一历史时期，且同样备受争议的另一位中国学者是林语堂。近年来，研究者多对林语堂编译《论语》的行为加以探究，或对林译的策略加以阐释和评论，或探讨林译对孔子形象的塑造，或将林译与辜译本进行比读对照。

早期英译《论语》的中国学者毕竟只是少数。很长一段时期内，中国典籍英译是由西方传教士和汉学家主导，《论语》也不例外。张德福（2014）的博士学位论文将海外汉学家英译《论语》的过程划分为起始期、延伸期、发展期和繁荣期。文章系统梳理了各个时期的时代背景和汉学家译者群体英译《论语》的时代性特征，并选取了具有代表性的译者、译作做详尽分析。

在整个19世纪和20世纪上半叶中，《论语》英译以英国学者为主。在1809—1910年这100年间，最为著名的《论语》译者当数早期英国新教传教士马士曼（Joshua Marshman）、柯大卫、理雅各和苏慧廉

(William E. Soothill)四人。李新德(2016)专题探析了这四位译者翻译《论语》的缘由、体例和策略。李文认为,虽然同为传教士,但四人翻译《论语》的动因并不完全一致,且对中国文化的了解深浅不一,因此采用了不尽相同的翻译策略,尤其是对核心词语的处理方式迥异。此外,文章通过译者自序等副文本了解到四位译者对所译儒学经典的态度总体上是友好的,但也不可避免地存在一些错误的认知。

近十年中,针对这四位译者的个案研究也都取得了丰富的成果。例如,由于理雅各的《论语》译文是学术型翻译的典范,与近代中国学者辜鸿铭的英译风格迥异,因此近十年中研究者常将理译本与辜译本进行对比研究,如王赟(2011)、王建(2012)、杨林(2017)、秦芳芳(2017)、周卫涛(2017)、李婷玉(2018)等。端木敏静(2015)的博士学位论文以翔实的史料和跨学科的研究方法还原了苏慧廉在中国传教和向西方传播中国文化的历史图景;论述了苏译《论语》的"厚重翻译"和"阙中翻译"策略。尚延延(2016)重点探讨了马士曼英译《论语》中的内嵌型副文本,认为译者借此将自己从译文正文本后的隐身状态转变为显身状态,增强了译文读者的隐性语旨。张晓雪(2014)则主要列举了柯大卫译本中充满谬误的注释,旨在论证西方传教士由于身份、目的和视野的局限,其译文严重失真,充满了鲜明的基督教色彩和西方文化倾向。

英国汉学家韦利的《论语》译本同样在国内外皆获得了广泛而持久的认可,曾多次再版,并被收入"大中华文库"。近十年来,对韦译本的个案研究从未间断,其数量在早期汉学家之中仅次于理雅各。但是,刘正光、陈弋、徐皓琪(2016:89-90)指出,"国内学者对韦利《论语》英译研究虽然成果斐然,却大多仅罗列出韦利《论语》翻译中合理与不合理之处……这些研究均是从外因考察韦利《论语》英译的偏离现象,甚少有学者从译者的个体认知方式考察各种偏离现象的根本认知动因"。基于此,文章借助认知语言学理论,从辖域、视角和突显的维度考察译者主体性对源语文本的理解和译文输出的影响,挖掘韦译本中出现各种偏离现象的深层认知原因,丰富了研究的视角,拓展了研究的疆界。

时至20世纪下半叶,西方汉学的中心转移至美国,出现了由美国汉学家英译《论语》的经典译本。与此同时,除了西方汉学家之外,更多华裔学者和中国本土译者也参与到英译《论语》中来。这一时期对中国哲学典籍的译介,常常建立在译者对中西方文化差异的认识之上。从近些年的研究情况来看,安乐哲、罗思文和刘殿爵因采用了比较哲学的视阈诠释和英译《论语》,因而最受关注。

陈国兴(2010)和谭晓丽(2012b、2013)都以翔实的译例,展示了安译本如何通过译文的遣词造句和谋篇布局来凸显《论语》与西方迥

第 8 章　哲学典籍英译（二）

然不同的、具有"事件性""过程性""关联性"特征的思维方式。谭晓丽（2011）的博士学位论文对安乐哲、罗思文的合译本进行了系统地研究。文章探讨了安译本中副文本引导读者的功能和译作文体在目的语中的地位关系，并以翻译伦理学为理论支点，重点分析了安译本中特征鲜明的两个翻译策略：其一是使用音译、一词多译和创译的方法翻译儒学核心术语；其二是在译文中使用动词和动名词结构来传译原文的名词。安乐哲这种个性化和开创性的解读，体现了译者在全球化语境下打破西方话语霸权、寻求中西哲学互镜互鉴的努力。出于种种原因，安译在国内学术界获得了较为普遍的好评，但在西方学界和读者中却遭到褒贬不一的评价。

　　刘殿爵的《论语》译本在国内外皆获得了较高的赞誉。王亚光（2015）认为，刘殿爵理解原作基于"知人论世"，选择语义可谓"正本清源"，能够对翻译的对象提供全面系统的认识，这正是刘殿爵的译文受到广泛认同的重要原因之一。魏望东（2013）具体介绍了刘殿爵解读《论语》语义的依据和所使用的汉英语言转换手法，并从翻译的充分性和可接受性两方面肯定了刘译本的价值。陶友兰（2015）则整理了刘译《论语》的三种译本，从诠释学角度剖析译者如何在三次英译过程中努力实现自身的"前理解"与原文文本的"视阈融合"，评价其英译"兼容不同视阈，逼近经典内涵"。

　　进入 21 世纪，英译《论语》的华人译者大幅增加。据黄国文（2012）统计，仅 2010—2012 三年间，国内出版的《论语》英译已有七种，分别是：林戊荪（2010）的《〈论语〉新译：汉英对照》、刘伟见（2010）的《论语意解（汉英对照本）》、宋德利（2010）的《〈论语〉英汉对照》、王福林（2011）《论语详注·今译·英译：普及读本》、于健（2011）的《漫画〈论语〉全译本》、许渊冲（2012）的《论语：汉英对照》和吴国珍（2012）的《〈论语〉最新英文全译全注本》。这其中既有已经在西方享有一定盛誉的著名翻译家，也不乏新人新作，为《论语》英译研究提供了新鲜的语料。21 世纪以来，译者对《论语》的阐释方法更为多元，出现了多种形式甚至是多模态的译文。这些译文或沿袭了学术型的厚重翻译方法（如美国华裔金安平译本、国内学者吴国珍译本），或刻意保留跨文化翻译之"异"（如旅美华人黄继忠译本）；或选取电视媒体的《论语》讲解蓝本为英译底本（如《于丹〈论语〉心得》英译），或在英译文中配以多模态的传播形式（如蔡志忠的漫画译本）。近十年间，陈小慰（2010）、马宁（2011）、许雷等（2010）、屠国元和许雷（2013）、潘文国（2012）、朱峰（2019）等学者都曾撰文对上述各类译文予以介绍和研究，这预示着未来《论语》英译和研究的新途径、新方向。

通过分析可以看出，由于深受所处时代各种环境因素的影响和制约，译者对原作的文化态度、翻译目的和翻译风格差异很大。在具体的翻译过程中，译者需要跨越语内训诂和解经的语言、文化障碍，灵活运用多种翻译策略，才能完成语际的符号和意义转换，此外还需考虑读者因素，这一过程要求译者充分发挥其主体性。近年来，针对《论语》译者主体性的考察文献数量不在少数。值得一提的是，除传统的定性研究之外，黄勇（2012）、范敏（2016）、蔡永贵和余星（2018）等基于语料库开展了定性和定量相结合的研究，利用客观数据分析多个译者或译本的翻译风格。他们的研究增强了译者主体性研究的科学依据，是研究方法上的进步。

2）以热点为主线的研究

近十年来，《论语》英译研究主要围绕以下几点展开：其一，译者对原文的训诂和经解（如黄国文，2011；陈旸，2011；何伟、张娇，2013、2014；白玉杰，2014；张敬源、邱靖娜，2016a；蔡新乐，2017）；其二，译者对古汉语特殊语言现象的英译处理；其三，译文的修辞策略；其四，文本的误读误译现象（如陈旸，2011；徐珺，2010）；其五，文化负载词的英译；其六，哲学核心术语英译；其七，译文在域外的传播与接受情况。对这些研究热点的探讨覆盖了语言问题、文化问题、哲学问题和传播接受问题。

《论语》英译的语言问题贯穿语内翻译和语际翻译研究的全过程，因此数量较多。从研究的视角来看，系统功能语言学发挥了重要的理论指导作用。谢怡（2016）利用系统功能语言学的衔接理论，研究了古汉语语篇中常见的"重复"语言现象。黄国文、陈莹（2014）从系统功能语言学的"变异"概念入手，探讨了《论语》译文中的三种变异情况，即文本的语域变异、语篇结构变异和语言变异。胡红辉等学者[1]以语言三大元功能——概念功能、语篇功能和人际功能为理据，撰写多篇文章专题讨论《论语》中大量存在的投射语言结构的英译问题。白玉杰（2014）的博士学位论文论述了中国哲学典籍的高语境特征，认为语境在中国哲学典籍意义的认知过程中有着本体性的地位和作用。文章提出了中国哲学典籍英译意义认知的语境重构模式，并从宏观和微观两个层

---

[1] 分别为：①胡红辉，曾蕾. 2012.《论语》及其英译本中投射语言的人际功能分析. 北京科技大学学报（社会科学版），（3）：44-49. ②胡红辉. 2013.《论语》及其英译本中投射语言的语篇功能研究. 北京科技大学学报（社会科学版），（4）：44-49. ③胡红辉，陈旸. 2013.《论语》英译本中投射语言的概念功能分析. 内蒙古财经大学学报，（6）：134-138. ④曾蕾，胡红辉. 2015.《论语》及其英译本中投射语言结构的功能语篇对等研究. 外语与外语教学，2015（6）：75-79，86.

第 8 章 哲学典籍英译（二）

面探讨了意义认知过程的关联语境。何伟、张娇（2013）也以系统功能语言学的语境理论为基础，借鉴中国传统哲学中的"道、形、器"思想，详细阐释了言外语境（即情景语境）、语类和意识形态三者之间的关系；结合言内语境（即上下文语境），文章提出了《论语》疑难章句的语内翻译模式（经解模式）。此外，陈旸（2011）还将系统功能语言学的语境理论应用于分析《论语》英译的误读误译现象。在文化翻译观的指导下，越来越多的研究者主张从更为广阔的历史文化视阈对误读误译现象展开研究。例如，徐珺（2010）表示，目前学界对《论语》的英译研究主要是探究译本特征或比对译文优劣，大多集中在语言层面，但汉文化经典英译中的误读误译现象与意识形态密切相关，文章以韦利的《论语》英译为案例，采用"文化批评模式"，对影响译文的社会文化、意识形态、政治制度、译者文化身份等因素加以探究，以解析中国典籍英译中的误读误译现象。

词汇本属于语言研究的范畴，但近年来研究者更倾向于将文化负载词的翻译看作文化问题，这在文学典籍英译研究中尤为普遍，此处不再一一列举。此外，在考察特殊词汇英译策略时，有研究者借助了语料库研究方法。例如，范敏（2017）基于《论语》汉英双语平行语料库，比较和探讨了森舸澜译本、安乐哲和罗思文合译本、辜鸿铭译本、理雅各译本，以及刘殿爵译本中文化高频词的翻译，从译者目的、读者理解和语言文化语境三个方面探析译者制定不同翻译策略的深层次原因。李广伟、戈玲玲（2018）则将《论语》中的本源概念分为物质文化类、制度习俗类和精神文化类三种类别，以顺应论为指导，借助《论语》汉英平行语料库，论证辜鸿铭译本针对不同类别本源概念的翻译策略是译者主动顺应目的语文化表层、中层和内层的结果。哲学典籍中既包含常见的文化负载词，还特有表达哲学思想的核心术语。在比较哲学的理论观照下，核心术语构成了儒学思想的立命之本，是区别于西哲的语言表征，对它们的考察自然成为哲学问题。近年来，《论语》中的核心术语英译受到高度重视，成为研究的一大热点，研究成果数量众多、见解深刻，我们将这一问题留待本章最后一小节专题讨论。

最后谈一谈近十年来《论语》英译文本在域外的传播和接受研究。陈亚君、陈永进（2011）运用传播学理论，对《论语》多个英译本的易懂性、信息对比性和信息形式多样性展开了分析研究。近几年来，研究者对这一话题的讨论倾向于以引用客观数据为证，致力于搜集和统计各种能够反映读者接受情况的数据，以定量分析的方法来支撑观点，取得了少而精的研究成果。张阳（2013）采集了美国亚马逊图书网 2012 年 10 月 2 日当日有关《论语》各个译本的数据和样本，旨在获取海外读者评论最多、接受度最高的相关译本信息。张晓雪（2018）拓宽了数据搜集的路径，且提高了数据分析的递进性和利用率。文章首先通过 Google Scholar 数据库对当前《论语》各个英译本的学术关注度和影响力进行统计分析，继而利用亚马逊图书网站，对受关注度高的译本的销售情况和读者评价进行调查和梳理，分析影响译本销量及传播的因素，旨在为《论语》等中华传统典籍英译本成功融入欧美市场、取得更好的传播效果提供建议与参考。由于这两个数据源的信息不断实时变动，时隔一年，张晓雪（2019）再次统计了《论语》各英译本在 Google Scholar 中的被引频次，文章最终着眼于被引频次最高的五个译本，结合自创的"翻译说服论"，探讨了影响《论语》英译本接受效果的多重因素，以期摸索经典文本外译和传播的理想途径。

2.《孟子》英译研究

近十年中，《孟子》英译研究的数量总计不足百篇，远不如《论语》英译研究那样百家争鸣。梳理来看，刘单平、杨颖育和季红琴等的研究较为连续和系统，且成果的被引率和下载量较高，具有一定的代表性。

经杨颖育（2010）查证，《孟子》现有英译全译本、节译本共 16 种，文章介绍了其中的 11 种译本，勾勒出《孟子》在英语世界译介的变异和传播接受图景，归纳出英语世界关于《孟子》研究的三大特点。季红琴（2011a）兼顾语内和语际翻译两个阶段，一方面集中阐述了《孟子》历代注疏的情况；另一方面介绍了几个世纪以来国内外《孟子》英译的概况，对各个时期较具影响力的英译本做了简要述评。刘单平（2010）根据《孟子》西译的阶段性史实，概述了传教士、西方汉学家和华人学者各自英译《孟子》的初衷和特点。文章认为，传教士的《孟子》译本宗教倾向过于明显，不能如实反映孟子思想的内涵，西方汉学家的译本通常会出现误读和理解偏差，只有华人学者熟悉中国传统文化，不仅能够直接阅读原作，还可以从自身的文化环境里认识孟子思想，因而他们的翻译也更加准确。

《孟子》英译研究主要涉及文化、语言和传播接受三个维度。

杨颖育的研究从文化视角阐释《孟子》英译的语言问题。杨颖育（2011）首先考察了《孟子》中"性善论"和"知言养气"这两个表达哲学思想的核心术语，旨在研究"暗含于术语英译符码转换差异下的文化策略和历史动因"。之后，因发现孟子尤善综合利用譬喻、排比、对比等艺术手段说理叙事，杨颖育（2014）讨论了《孟子》的文学风格，从词层面、句法特征和口语化问题三方面比读分析了理雅各、刘殿爵和赵甄陶三位译者对《孟子》文学修辞的翻译处理方式。沿着这一思路，杨颖育（2015）专题研究了《孟子》中的比喻修辞；通过比较七种译文对"折枝"（语出《孟子·梁惠王上》篇中"为长者折枝"）比喻意象的处理，论证意象的转化和失落是由于对隐喻中喻体对象理解的差异所造成的，而这种差异主要是受文化的差异性影响。

刘单平（2011）在其博士学位论文中着重对比分析了理雅各、赖发洛（L. A. Lyall）和刘殿爵的三种《孟子》译文。在梳理了三位译者的生平之后，文章从思想史的跨文化比较角度，重点关注译者对《孟子》中的哲学思想和文化内涵的理解和译介程度，归纳出三种译文的主要特征，并从理解、书写和译者主体性三个方面挖掘这些特征形成的缘由。不仅如此，文章反观现实，还总结出当前典籍外译的三大误区，提出了相应的注意要点。

季红琴（2011b）重点探讨了全译与变译之核心追求的异同，以及二者之间的辩证关系。文章选取理雅各和多布森（W. A. C. H. Dobson）的译文作为《孟子》全译和变译的代表，认为全译求"全"，而变译求"精"；全译求"转"，而变译求"变"；二者在形式上是对立的，却以不同方式追求着"相似性"和"可接受性"之间的最佳融入点，二者实际又是统一的。此后，季红琴（2016）又在其博士学位论文中通过搜集读者问卷调查、网络销售情况和读者评价的相关信息，发现《孟子》英译本的海外传播与接受效果"十分有限"。作者以读者接受理论为观照，重点分析了《孟子》英译传播的经验模式，探求影响读者接受的主要因素，寻找《孟子》英译与传播的有效范式，提出应增强以传播为目的的《孟子》英译以及英译为传播服务的理念。

3.《中庸》《大学》英译研究

有关《大学》的英译研究并不多。据袁晓亮（2015）统计，截至2015年8月31日，发表在中国知网、万方期刊网和学位论文数据库上的相关研究文献总计只有14篇。这篇阶段性的综述文章分别介绍了马礼逊、马士曼、柯大卫、理雅各、庞德、辜鸿铭、林语堂、陈荣捷等译者英译《大学》的相关情况，并对进入统计视野的14篇研究文献加以分类、详加梳理，指出作为"四书"之首的《大学》英译研究开展得较晚，研究时间较短，需要更多的翻译学者研究关注。

在此之后，钱灵杰、操萍（2016）利用布迪厄的文化资本理论，分析了马礼逊英译《大学》的翻译行为；李秋睆、张舒（2018）以勒费弗尔翻译学操纵理论为观照，从翻译目的、翻译风格、翻译策略及修辞手法等几个方面探讨庞德英译《大学》的译者主体性。虽然研究的理论视角和主题多元,且论及了多位译者,但获得的关注度并不理想。

相较之下,《中庸》的英译研究更为成熟。陈梅、文军(2013)对截至 2012 年 7 月 31 日发表于中国知网、万方中文期刊及学位论文数据库的共计 30 篇论文进行了阶段性综述,总结出国内《中庸》英译研究的主要特点和不足。

近十年中,在哲学视阈下开展的《中庸》英译研究较多。宋晓春是其中的主要代表,其博士学位论文(2014)选取辜鸿铭、庞德、安乐哲、浦安迪(Andrew H. Plaks)和迦达纳(D. Gardner)五位译者的译本,采用阐释人类学深度描写的方式,记录下各个译本厚重翻译的表现形态和功效。文章创造性地将译作中的译释类型分为哲学、诗学和史学三种取向,并系统地论述了如此划分的缘由。同年,宋晓春(2014b)探讨并提炼出安译本、浦译本和迦译本所呈现出的厚重翻译特征。文章认为,安乐哲的译本"凸显了对中国过程哲学的阐发",浦安迪的译本"通过大量的显化翻译建构了一条经典重构的诗学路径",迦达纳的译本则"践行了以'经'构'经'的史学路径"。除此之外,宋晓春(2013、2014c、2017)还分别撰文,更为详尽地讨论了安乐哲译本对中国古典哲学中关联性思维的凸显、庞德译本中新柏拉图光的哲学阐释倾向,以及辜鸿铭译本的副文本对中华道德文明形象的构建。

除了哲学视阈之外,语言学的功能语境视角也被用于《中庸》英译研究。赵常玲、何伟(2016)以功能语境理论为参照,对比分析了理雅各和辜鸿铭《中庸》第一章译文的翻译特点,探究了语境要素的作用机制。赵常玲(2017)的博士学位论文首先分析和比较了《中庸》原文和两个英译本——陈荣捷译本和修中诚译本中语言形式的经验意义、人际意义和语篇意义,继而将微观的语言分析与宏观的文化语境阐释相结合,构建出翻译功能语境模式,从情景语境、文化语境以及译者主观能动作用等角度,对产生译本差异的原因进行阐释,较为全面地考察了翻译中的语境要素及其作用机制。

此外,罗选民(2019)介绍和评论了杨文地有关《中庸》英译研究的新作《翻译研究的多维视角:1691 年以来的〈中庸〉英译研究》。该书收集了 1691 年以来的各种《中庸》英译本,共 25 部,包括全译本、编译本、节译本以及漫画译本等。书中的理论视角和内容十分丰富,研究方法也具有创新特点。例如,作者讨论了核心概念的英译;论及了翻译与出版、原文和译文的结构、标题和首句英译等问题;从文化传播、哲学阐释、诗学再现、译者身份等多角度对代表性译作加以探究;并引入 Coh-Metrix 3.0 在线文本分析工具对译文的可读性提供客观定量的分析,是少有的有关《中庸》英译的系统性研究。

4.《易经》英译研究

我们以"周易"并含"翻译"和"易经"并含"翻译"为主题词分别进行检索,经汇总筛选后共获得 94 篇有效文献。虽然数量不多,但相关研究的模块清晰,学术关注度较高。

有学者着眼于《易经》的译史研究。杨平(2015)详尽梳理了《易经》的西译历史,总结归纳出各个时期《易经》的翻译特点:17—18 世纪,西方传教士为了传教的需要,试图在《易经》里寻找《圣经》的印迹,证明基督教与儒教并行不悖;19 世纪以来,西方汉学家和学者型译者加入了对《易经》的研究和阐释,使《易经》的学术研究成为具有科学规范性和文化有效性的现代学问;20 世纪至今,《易经》的翻译与传播呈现出多元化趋势,易学已经成为一门显学,对西方文化的影响越来越大。吴钧(2011)着重梳理了《易经》的英译历史,发现《易经》英译长期以来存在多方面的有待解决的问题。文章将这些问题归纳为文本理解差异、句法表达差异、民俗文化差异、思维方式差异、审美情趣差异这五个主要方面,并强调在新形势下从传播学角度分析《易经》翻译"更具有深远的时代意义"。李伟荣(2016a)重点关注 20 世纪中期以来《易经》在英语世界的译介与传播。文章详细介绍了具有代表性的四位汉学家《易经》译本,即蒲乐道(John Blofeld)译本、孔理霭(Richard Alankunst)译本、林理彰(Richard J. Lynn)译本和夏含夷(Edward L. Shaughnessy)译本。通过考察和比较各个译本的"底本选择""翻译体例""翻译例释",以及译本所体现的"易学思想",文章总结出各个译本的翻译特色及传播规律,以期能"借助他者的文化视角",为当下中国文化"走出去"提供启示。

还有学者针对译者和译作开展个案研究。卫礼贤(Richard Wilhelm)的德译《易经》曾在西方引起巨大反响,其英文转译本[美国译者贝恩斯夫人(Cary F. Baynes)译]亦在西方读者群体中获得了一片赞誉。许敏(2016)选择该译本作为研究对象,详细分析了译文在文本内外所使用的"厚重翻译"策略,探究"厚重翻译"如何能够帮助作者吸引读者的兴趣、实现译文的"可理解性"和产生满足现世需求的"易学之用"。理雅各的《易经》译本是公认的学术型翻译,同样可以利用"厚重翻译"的有关理论加以阐释和探析。任运忠(2016)考察了理译本中学术性的序言、研究批判性的导论、阐释性的注释和显化性的译文。文章认为,理氏在译文中内置了丰厚的中国语言和文化背景,其翻译行为超越了作为传教士的宗教动机,试图以一个文化学者的身份搭建起沟通东西方世界的文化桥梁,因而具有划时代的意义。

2014年，闵福德推出了西方汉学界最新的《易经》英译本，由企鹅出版社旗下的维京出版社（Viking Press）出版，开启了新一轮《易经》热。李伟荣（2016b）主要谈论了闵译《易经》的缘起，介绍了其翻译思想和策略，指出闵译本通过类似于中国经典的传统注疏编译形式，从而使读者更易于阅读和接受。文章还根据译者具体的翻译实践、译本的"绪论"、相关评论和内容编排，梳理出闵福德的易学思想内涵，并从四个方面总结了闵译《易经》成功的原因。王晓农（2017）重点谈论了闵译《易经》在译本结构方面超越前人之处。作者指出，闵译本包含了两个《易经》译文，以不同的视角来实现不同的翻译意图，这反映出英语世界《易经》翻译的新趋势。但传统上，《易经》翻译通常将经传合一，以传解经。在《易经》研究领域，对于经传问题，以经观经、以传观传、经传分治的观点为更多学者所接受，因此作者呼吁，国内典籍外译界应着力反映近年来学界对原典研究的新成就。卢玉卿、张凤华（2017）不仅注意到闵译在结构体例上的创新，还描写了其译本在语言形式、诗学价值呈现、文化意向保留、添加研究性的阐释等方面的特色，同时例证闵译存在的偏差和误译，更为全面地展示了闵译《易经》的价值和不足。

张的妮、廖志勤（2015）梳理了1985—2014年国内《易经》英译研究的情况。虽然自2010年起，《易经》英译研究进入了"快速成长期"，但仍然存在"研究成果少""刊物分散""研究范围窄""研究程度浅"这四个方面的问题。在此基础上，我们接续查看了2014—2019年《易经》英译研究的相关情况，结果发现，虽然每年的发文数量没有较大幅度的增长，但研究主题的范围在不断扩大，发文的刊物层次较高，其中不乏发于一级核心刊物上的重要成果，研究只"深"不"浅"。例如，向鹏（2014）对《易经》作为卜筮之书而特有的吉凶判词进行了深入考察。文章从《易经》64卦、386爻中收集判词，统计字频，分类查看理雅各、汪榕培和傅惠生三人对判词英译的选词统一性，提出应该将《易经》中的吉凶词作为一个独特的系统来处理。杨平（2017）、吴礼敬（2017）分别运用阐释学理论，对英语世界《易经》的阐释流派和范式转变加以探究。陈东成（2018）、于涤非等（2019）、石英和翟江月（2019）分别从审美再现、文学翻译表现手法和现代阐释的视角专题分析了《易经》中的古歌英译。向平（2018）自建《易经》汉英平行语料库，考察了裴松梅《易经》英译本的女性表征。舒章燕（2018）对比分析了理雅各译本和汪榕培译本对文化负载词的处理方式。张新民（2018）则基于符号翻译学理论，从语言符号和非语言符号翻译的双重视角分析实例，评析《易经》理雅各、汪榕培和傅惠生三个译本，并提出了自己的修改译文。

5. "其他经书" 英译研究

《礼记》《左传》《尚书》和《孝经》的英译研究相关文献皆十分稀少，但各自的研究情况仍有所差别。

1)《礼记》英译研究

《礼记》的研究语料十分单一，研究方向也略显零散。在近十年间发表的共 11 篇相关文献中，仅有一篇（吴玥璠、刘军平，2017）是从传播学视域对《礼记》英译在海外的译介和传播历史加以梳理，其余 10 篇文章皆是针对理雅各译本的个案研究。其中，宋钟秀（2012a、2012b、2012c、2014a、2014b）分别运用目的论、意识形态操纵理论、纽马克语义翻译等理论工具，对理雅各英译《礼记》的材料和策略选择，以及译者对文化负载词和"神秘文化"的翻译处理方式进行了相应讨论，是近十年在《礼记》研究领域内发表文献数量最多，且文献下载量和被引频次都位居第一的研究者。

2)《左传》英译研究

近十年来，《左传》英译研究的文献数量虽然极少，仅有九篇，但文献种类多样。除一般的期刊发文之外，还有对美国著名汉学家、《左传》译者杜润德的访谈（魏泓，2019），以及多篇采用不同理论视角开展个案研究或专题研究的博、硕士学位论文。例如，薛凌（2014）的博士学位论文采用叙事理论视角，分别考察了理雅各和华兹生的《左传》译本。

3)《尚书》英译研究

《尚书》的英译研究稍多，且形成了有连续发文的研究队伍，如陆振慧、葛厚伟、钱宗武、沈思芹等。

沈思芹、翟明女和钱宗武三人[1]主要是从诠（阐）释学视角对《尚书》英译加以研究。葛厚伟（2016、2017、2018）的系列研究文章既对帕尔玛的《尚书》英译加以评介，也借助语料库方法研究《尚书》英译的词汇特征，还探讨了《尚书》汉英平行语料库的创建与应用。陆振慧对《尚书》的研究始于 2006 年，并以《尚书》为题完成了博士学位论文

---

1 近十年中，三人撰写的相关论文分别为：①钱宗武，沈思芹. 2017. 从英译《尚书》看朱熹的儒家诠释学思想对理雅各的影响. 海外华文教育，（4）：445–454. ②沈思芹. 2017. 理雅各与高本汉的《尚书》注释比较研究. 海外华文教育，（12）：1708–1719. ③翟明女，钱宗武. 2018. 论《尚书》现代性的历史理据与当代诠释路径. 厦门大学学报（哲学社会科学版），（3）：79–87. ④沈思芹，钱宗武. 2019. 本体诠释学视角下的西方《尚书》英译研究. 湖南师范大学社会科学学报，（5）：97–107.

(2010)。文章从"详注""显化""异化"三个方面具体分析了理雅各译本的文本翻译策略和文化传播策略，描写了理雅各"为解决因文化隔阂导致的传播阻断"而采用的厚重翻译策略。陆文认为，理译总体"以信为本"，且"在'传神'方面倾注了大量精力"，且为我们提供了审视中国古代典籍的"旁观者"视角。此后，陆振慧又连续发表了多篇相关研究文献[1]，内容涵盖了对理雅各英译《尚书》个案的多维度研究、多个《尚书》译本的比读分析研究，以及《尚书》的翻译和海外传播研究等。

4)《孝经》英译研究

陈燕钦、王绍祥（2010）以功能翻译理论为指导，比较分析了21世纪来临之前《孝经》四个英译版本在专有名词注释、词汇选择、句子结构、句意传达等方面的差异。曾春莲、张红霞（2010）也从理解、表达、注释、宗教思想倾向等方面比读了《孝经》英译早期的裨治文译本和理雅各译本，描写了两种译文的特征，评述了译文的价值。近十年间，研究者除了不断借助新的理论学说持续考察理雅各的《孝经》译本（如张娟，2014；李玉良、祝婷婷，2015；熊俊，2018）之外，还增添了对罗思文、安乐哲合译本的研究。

曾春莲（2013）注意到，罗、安英译《孝经》时十分尊重并注意显化原文的儒家伦理学说和汉语特征，认为他们的诠释和翻译有利于中华优秀传统文化价值的阐扬。张虹、段彦艳（2016）的研究将《孝经》的译者分为三种类型。其中，"罗思文"作为"学术研究者"类型的代表，其译文的"副文本部分充斥着译者对原文思想观点的诠释和评价，引导着读者理解译文正文中评价话语的选择"（同上：152）。作者采用周领顺提出的"译者行为批评理论"，分析了译本在"态度""介入""级差"方面评价意义的改变，并从译者所处的社会环境中寻找到这种改变的理据，论证"学术研究者"的英译充分体现了译者务实于社会的主体性选择，是"理性的译者行为"。段彦艳、张虹（2016）还认为，《孝经》的重译过程，也是对误读的不断纠正及重构过程，而罗、安"学术研究者"类型的"厚重翻译"对《孝经》中的误读现象进行了历史性纠正和重构，在一定程度上恢复了中国哲学话语应有的世界地位。

---

1 分别为：①陆振慧，崔卉. 2011. 从文本诠释到文化诠释——论理雅各《尚书》译本中的"详注"策略. 甘肃联合大学学报（社会科学版），(6)：71–76. ②陆振慧，崔卉. 2011. 论理雅各《尚书》译本中的"语码转换＋文化诠释"策略. 山东外语教学，(6)：99–104. ③陆振慧，崔卉，付鸣芳. 2011. 解经先识字 译典信为本——简评理雅各《尚书》译本的翻译理念. 齐鲁师范学院学报，(6)：82–85. ④陆振慧，崔卉. 2012. 从理雅各《尚书》译本看经典复译问题. 昆明理工大学学报（社会科学版），(6)：96–102. ⑤陆振慧. 2013. 论注释在典籍英译中的作用——兼评理雅各《尚书》译本. 扬州大学学报（人文社会科学版），(6)：55–61. ⑥陆振慧. 2015. 古代典籍如何译？——比较三个《尚书》译本引发的思考. 翻译论坛，(3)：74–79.

第 8 章 哲学典籍英译（二）

8.4 墨家典籍英译

8.4.1 主要概念与理论观点

《墨子》英译始于 19 世纪理雅各的摘译，但迟至 2006 年，在"大中华文库"项目推动下，才出现了汪榕培和王宏合译的第一个英译全译本。英国著名科学家李约瑟在其系列巨著《中国科学技术史》第二卷中摘译了《墨子》有关科学的篇章。至此，世人才发现，早在 2 000 多年前，中国的墨家学说便已有对光学、数学、力学等自然科学的探讨。这一发现震动了当今学术界，使墨家学说成为继儒、道之后最为西方所熟知的诸子百家之一，《墨子》一书自然也成为继儒家"四书""五经"和道家《道德经》《庄子》之后获得关注最多的中国哲学典籍。

真正将《墨子》带入西方视阈的是海外华人学者梅贻宝。梅贻宝在其博士学位论文中选译了《墨子》现存 53 章中的 36 章，未译"墨经"和有关军事的部分。该译文后来在英国伦敦出版。廖志阳（2013）称梅译"紧扣原文且注释翔实"，采用异化翻译方法，"尽量保存中国的语风和墨子原文的特色"。1963 年，美国学者华兹生出版了其《墨子》节译本，该译本不仅入选联合国教科文组织收集的中华典籍系列，还被多所西方高校选作汉学研究课程的教材，成为《墨子》在西方进一步传播的重要推力。迄今为止，《墨子》共有 12 种英译本，其中摘译、选译本 9 种，全译本 3 种。其中，21 世纪共产生了三种《墨子》全译本，分别是：汪榕培和王宏的首个英译全译本、美国学者李绍崑（Cyrus Lee）译本，以及艾乔恩（Ian Johnston）最新的英文全译本。

近十年来，国内对《墨子》英译的研究仍处于起步阶段。我们以"墨子"并含"翻译"为主题词在中国知网进行文献检索后，共计获得 29 篇相关研究文献，这与《墨子》已有百余年英译历史、十余种英译本，并在西方流传较为广泛的现状差距较大。近十年来，《墨子》英译研究主要集中在以下几个方面：对英译和研究现状的综述、对几个主要译本的个案分析和相互对比、语言和词汇研究，以及其他研究。

8.4.2 重要成果

近十年中，共有三位学者对《墨子》英译的现状加以总结和反思。杨国强（2011）认为，自晚清以来，墨学受到的关注程度，超过了秦以后 2 000 年的总和。文章简要介绍了梅贻宝、华兹生和汪榕培三个译本的主要贡献，提出了英译现状的几点不足。但由于作者将上述三种译文当作仅有的译本，因而一些论述有待商榷。廖志阳（2013）更为全面地搜集和整理了《墨子》现有的 12 种英译文。文章将《墨子》英译分为三个阶段，分阶段详细介绍了重要论著和译本，总结归纳各个阶段的英译特征和进展，清晰地描绘出《墨子》英译发展的脉络和轨迹。此后，邹素（2019）在文章中列出了 12 种《墨子》英译本详表，为后来的研究者了解《墨子》的英译和出版情况提供了直观详尽的参考信息。

有关《墨子》英译的对比和个案分析主要集中于三个全译本和几个较为知名的摘译、选译本之上。例如，支羽、朱波（2013）借用斯坦纳的"翻译过程四步骤"分析了汪榕培在英译《墨子》时主体性的发挥。王宏（2013b）作为这一译本的合作译者，撰文对复译《墨子》的策略加以说明。文章通过译文比读和分析，提出翻译《墨子》这一类哲学典籍应根据读者的需求确定译文的文体风格，并遵循"明白、通畅、简洁"的原则。在具体翻译时，为了保持主题和上下文的连贯，以及译文行文流畅，译者可以对原文进行适度地添加或删减。丁爱华（2016）视梅贻宝为"民国以后中华文化的捍卫者和弘扬者"。文章提出，梅译《墨子》的动机是为了改变西方对中国思想体系关注的"不均匀分布状态"，其译文既"工于考辩，理解入里"，又以"直译加注，原汁原味"而广受读者欢迎，引发了一股墨学翻译和研究的热潮。邹素（2017a）专题谈论了李绍崑译文对"天""鬼""帝"三个重要概念的英译，认为李氏受到个人职业和信仰的影响，在翻译时使用西方宗教词汇比附《墨子》一文中表达核心思想的概念，因而产生了不同程度的变异。通过旁征博引大量相关研究文献和译者访谈信息，邹文从多个方面分析和论证了这一变异产生的深层原因。朱健平、刘松（2019）侧重于研究艾乔恩已入选"企鹅经典"的最新版全译本。文章考察了译文所使用的多种厚重翻译策略，认为艾译拓宽了《墨子》的价值场域，提升了《墨子》在英语世界的文化资本和象征资本。

近年来，学者们逐渐加强了对《墨子》语言和词汇英译的研究。郑侠、宋娇（2015）发现，《墨子》不但在语言实践中灵活运用了多种修辞手法，而且对修辞也有精辟的理论论述。文章因此着重比较了《墨子》各种译文对原文比喻、排比、对偶、用典和引用等修辞特征的处理方式。吴丽萍、王岩（2016）则用语料库研究方法探究了《墨子》各个译本对"非攻""兼爱""非命""天志"等核心思想和哲学术语的英译情况。值得一提的是，《墨子》一书的语言较为晦涩，其中"墨经"辩理深奥，术语难通难译，如"守城十一篇"即含有不少古代兵法阵法用词。邹素

(2016、2017b)专论了有关军中禁令的《号令》篇,探究其中文化专有项和称谓词英译。一方面,作者将文化专有项进一步分为"专有名词"和"普通表达"两种类型,比较汪、王译本和李译本各自采用的翻译方法(直译、逐词翻译、释义、删除等),从社会学视阈探讨"译者惯习"和所拥有的"文化资本"是如何影响其翻译选择的;另一方面,作者选取了艾译和李译中的称谓词为语料,将称谓词分为官衔类、岗位类及常规类,详细指出了两种译文在翻译处理这些词汇时存在的错位现象。

除了上述研究之外,近年来,还有少量文献论及了英译《墨子》时文化流失和译者话语权建构的问题。例如,武守信(2013)从"语言符号不对等""两种语言所根植的文化差异"和"译者意识形态"三个方面对梅译《墨子·卷一》中存在的文化流失问题加以分析和阐释。刘立胜(2017)则重点考察了典籍复译的话语权建构策略。文章选取《墨子》华兹生译本和汪、王合译本为语料,按照传播学的五个要素,即主体(译者模式选择)、内容(译作类型和策略选择)、受众(目标读者类型)、媒介(翻译中介选择)和效果(译评比较),来考察不同时期国内外译者复译《墨子》时在建构话语权策略方面存在的"共性"与"个性",并基于对双方优缺点的综合比较,提出了有助于未来典籍外译的几点启示。

8.5 哲学典籍术语英译

8.5.1 主要概念与理论观点

中国传统哲学迥异于西方哲学的独立命题形式和逻辑演绎方式,而具有"整体性"和"互文性"的特征。它发端于同源的元典,此后在经解、格义和阐发的过程中因各有侧重而形成了众多流派。郭尚兴(2015:149)认为,"'六经'是中国哲学的共同源头。其提出的哲学概念和范畴,如:道、天、人、心、行、情、德、气、物、仁、神、阴阳、有无、道器、形神、知行等,是诸子各家建构思想体系的基本思想"。因此,中国传统哲学各个流派所使用的核心概念和术语有较多重叠,其意义既相互勾连,又有显著差异,具有"高语境性"的特征。哲学核心术语是支撑理论学说和思想体系的关键,在精简凝练的中国哲学典籍中高频次出现,给翻译带来了很大的挑战。虽然许多典籍的英译历史久远,译本丰富,但译者们对核心术语的处理方式不尽相同。有些译法和译文如今看来并不理想,常见的现象有:疏于溯源,不辨流派体系;罔顾实情,掩盖中西差异;忽视语境,释义以偏概全。进入21世纪,译者和研究者在新形势和新的文化观、翻译观的指引下,主张尽力还原中国传统自成体系的致思方式,凸显核心概念的训诂学意义,避免"误读",扭转长期以来以西释中的"归化"现象,中国哲学典籍的英译和研究进入了新纪元。

我们认为,近十年来,中国哲学典籍核心术语英译研究可分为宏观层、中观层和微观层三个层次。宏观层是指以中国传统哲学典籍术语为整体的研究。研究者将哲学典籍术语置于中国思想和文化发展的历史语境中,溯其来源、析其特征、论述翻译的总体方法、趋势和方向。中观层是针对特定哲学流派的研究,如儒家、道家、墨家等。研究以构建各个思想流派的重要术语为线索,探讨术语的英译现状和英译策略。微观层则侧重描写某一位或多位译者英译术语的情况,分析其制定特定策略的缘由,比对各个译文的效果。

在三个层次的研究中,宏观层的研究数量不多,但论述深入精当。从被引量和下载量来看,相关研究在该领域内有显著的引领作用。中观层和微观层的研究数量较多,皆依赖对具体文本的分析,相互之间有重叠和交融的现象,但侧重方向各有不同。根据后两个层次的研究主题和方法,相关文献可进一步划分为以下四种类别:第一类侧重对原文术语的训诂和考辨的研究。此类研究通常以原文为本,将译文与原文的词源和词义加以比较,分析客观存在的语言和文化差异,并从理解角度阐释译者对术语的误读误译现象。第二类是以译文为主的研究。研究者描写单篇或多篇译文中术语的英译策略,从译者主体性、时代环境、翻译目的、文化翻译观、意识形态等文本外部因素中寻找译者制定策略和译文产生差异的原因。第三类是专题谈论翻译策略的历史流变、分类、原则和技巧的研究。第四类是使用语料库方法开展的术语英译研究。

8.5.2 重要成果

1. 宏观层研究

宏观层研究的主要贡献者有郭尚兴、杨静和梁丽娜。郭尚兴(2015)分析了中国哲学在意义和内容上的"整体性"特征。郭文认为,中国哲学各个流派有共同的理论基础,并在发展过程中相互借鉴和融合,使中国哲学具有较普遍的词语的多义性、表达的隐喻性和意义的可增生性。

第8章　哲学典籍英译（二）

文章提出，"就宏观而言，每一部作品都要与所属流派的要旨相契合，与元典的总体指向相吻合，同时，更要与作者所处时代的文化要求和作者的意指相一致"；简而言之，翻译中国哲学术语要遵循"原义、他义、今义相契的原则"（郭尚兴，2015：155）。杨静（2014a、2015）将中国哲学典籍的英译方法分为诠释法和转换法两种类别。其中，诠释法一方面侧重语言分析和对核心概念丰富语义内涵的训诂和考辨；另一方面也要对诠释者做"历史性"的分析。转换法则分为认识论和方法论两个部分。译者首先要从认识上避免和克服西方文化中心主义的负面影响，正视中西方哲学存在的差异，承认二者具有平等的地位；继而从方法上基于元典构建可供文本翻译和转换的哲学语境，特别是对关键哲学术语的翻译，一定要谨防有意无意地强加上"与其文化无关的西方文化预设"。梁丽娜（2014）则以中国传统哲学概念"道"的英译历程为典型案例，分析指出，中国传统哲学术语从潜概念到概念形成存在"共同的翻译模型"。文章从认知语言学的角度出发，创建了"中国传统哲学概念的翻译模型"，又以"阴阳"术语的翻译历程为据进一步验证了模型的普适性。

2. 中观层、微观层研究

1）以原文训诂和考辨为本的英译研究

有关《道德经》的术语英译研究常始于对原文字句的训诂与考辨。《道德经》的首句即为立道之言，章媛（2010）将术语"道"置于首句的语境之中加以考辨，分析比较"道"字及其所在句型的英译情况，从中发现无论从核心概念还是句法语言特征，西译文本都有大量的谬误。此后，章媛（2012b、2012c）又相继考察了"道法自然"中"自然"一词是如何被西方译者"误译误释"和"泛化肢解"的，以及译者选词译"德"的心路历程。作者将西方译者的《道德经》译文分为宗教类、哲理类、语文类和演义类四种，列举了各类译文有关道家典籍术语的选词特征和理解谬误。之后从文化背景、历史根源、认知差异等多方论证：西方译者对道家核心术语"德"的理解只是从不同角度、不同层面体会"德"的内涵，只能触及老子思想内涵的某个方面，其不准确性与不完整性，甚至失误与谬误，比比皆是。金永平（2016）着重对《道德经》中"神"这一术语的英译进行了考察。文章选取"神"在原文中出现的四种句型，通过对术语的语义溯源，发现"神"字复杂的内涵在某种程度上造成了英译的偏差。文章对比分析了古今中外共计十种译文，指出译者应该特别重视那些在貌似相似现象的背后存在着中西文化异质性差别，把误译降到最小限度。

儒家典籍英译研究中也有少量文献偏重从原文的训诂、考辨入手谈论术语英译的问题。例如，蔡新乐（2018）以《论语》中"端"字的原文考辨为例，向我们展示了历代解经者的释义如何"一而再、再而三地陷入个体化和世俗化"，致使夫子形象在英译过程中逐渐"塌陷"。韩星、韩秋宇（2016）基于对儒家"君子"一词的道德和政治双重意蕴考辨，从词源、翻译和文化等多个角度分析了《论语》理雅各译文和韦利译文中有关"君子"英译的差异。张政、胡文潇（2015）则考辨了儒学中"天"字在哲学、宗教、伦理等多个领域的丰富内涵，梳理和比对了《论语》多个译本对这一核心术语的处理方式。在此基础上，文章提出将"天"音译为 tian，并从含义准确性、哲学差异性、译名唯一性和历史借鉴性四个方面对这一提议加以阐释。

2）以译文分析和对比为主的研究

译文对比在儒家典籍术语研究中是较为常见的形式。此类形式的研究视角和研究意旨皆颇为多元。例如，姬岳江（2013）通过比较理雅各、辜鸿铭、韦利、刘殿爵、王福林、许渊冲和林戊荪《论语》译本中有关"仁""礼""君子""小人""德""信""孝""忠"等核心术语的翻译，尝试分析核心术语英译产生可译性限度的原因。段慧玉、赵新林（2014）侧重从意识形态角度分析《论语》中"信"的英译多样性。钱亚旭、纪墨芳（2013）对比了韦利《论语》译本和安乐哲、罗思文译本中有关术语"仁"的英译差异。文章引入定量分析的方法，从"汉语中的指代问题""一词多义现象""古汉语单音节字以及文化典故造成的文本模糊性"中探究差异产生的原因。马玉梅、刘静静（2011）在图式理论观照下对比了术语"仁"的英译，由此管窥中国典籍英译者的跨文化交际能力。孙际惠（2010）则引入翻译存异伦理，探讨术语英译应重视保留源语文化异质性的话题。此类研究文献数量众多，不一而足。

部分译者充分发挥译者的主体性，突破了各自所处时代背景的主流意识形态和诗学限制，为向西方传递中国哲学术语的内涵做出了重要贡献。肖志兵、孙芳（2015）揭示了韦利将《道德经》之"德"译为 power 的文化内涵和历史意义。文章不惜笔墨描写了"德"这一核心术语在韦利之前的译介历史，由此论证韦利为摆脱基督教化时期的翻译传统，开创了一种学术型的"史实性翻译"新模式，做出了历史贡献。温军超（2013b）则将视线投向华裔译者刘殿爵。温文将"天下"一词视为构建中国政治文化的核心词，认为刘译"天下"的两种译文——the empire 和 the world 基本符合老子的"天下"观；其翻译行为强调归化

第8章 哲学典籍英译（二）

与异化策略的平衡，其实反映了译者主体与意识形态、赞助人和诗学力量的角力和妥协，以获取译文最佳的传播和接受效果。

译者主体性的研究视角也常见于儒家典籍术语英译研究之中，如李英垣、杨锦宇、汪静（2016）对辜鸿铭英译《论语》"君子"一词的探究，谭菁（2013）对刘殿爵英译《孟子》核心术语的评述，王慧宇（2019）对罗明坚释译《中庸》道德哲学术语情况的描写等。值得一提的是，谭晓丽（2012a）将安乐哲、郝大维英译《中庸》核心术语的行为与美国实用主义哲学相关联。文章认为，安、郝两位译者拒绝对《中庸》的核心术语作本质主义的解读和翻译，其实代表了美国"中国学"学者的实用主义思想，即倚重西方汉学家及海外新儒家的诠释，寻求经典对当下西方社会的意义。

3）翻译策略研究

目前来看，有关哲学术语的翻译研究普遍主张使用"音译+注释"的异化翻译策略。王福祥、徐庆利（2013：100）在梳理了《论语》"仁"的翻译之后总结认为，"中西语言文化之间的捍隔如此之大，在西方语言里找到一个对应的词来翻译'仁'是徒劳的，因此中外译者往往根据其上下文中的具体含义进行翻译"。但是，由此产生的意义变形导致了孔子形象在西方的嬗变。为减少西方对中国文化的误读，在中西文化交流中逐步建立中国文化话语体系，文章主张对典籍核心术语应"以异化翻译策略为主，以音译为主要翻译技巧，尽可能照顾到西方字母语言的拼写规则，创造性地进行翻译。同时，辅以综合性注释，进行概括性的诠释、补充与说明"（同上：102）。冯雪红（2013）基于对《论语》各种译文对"君子"和"小人"这两个重要概念的英译考察，同样认为采用音译加注解的方法不仅利于规范和统一，也易于被目的语读者接受，能最大限度传达源语的文化信息。刘白玉、扈珺、刘夏青（2011）收集了16种有关术语"仁"的翻译和研究成果，通过回译法分析各种英译文的中文含意，说明新形势下为何应"采用'音译加注释'的'和谐翻译'"策略。孙际惠（2011）则重点考察了安乐哲英译中国哲学典籍时所使用的"零翻译"策略，即一方面提供自己从哲学视角所阐释的译文，同时也给出主要哲学词汇的拼音和汉字原形。文章认为安乐哲此举突破了语言文字符号障碍，带着读者进入源语语言文化环境。

4）语料库方法研究

在哲学典籍术语英译研究中，语料库方法的应用并不十分普遍。严敏芬、闵敏（2013）选取了100种《道德经》译本为语料，利用语料库研究方法对其中"道""名""无""有"四个术语的译文进行词频统计，在定量分析的基础上开展定性研究，最终归纳出步骤清晰的翻译方法论和具体可行的翻译策略。李广伟、戈玲玲（2018）则基于《论语》的汉英平行语料库，对辜鸿铭《论语》译文中的核心术语进行分类统计。文章阐释了各个类别术语对应的文化层次，提出译者应当主动顺应目的语文化的各个层次，对不同类别的术语采用相应的翻译策略，以促进中华文化的对外传播。实际上，此类研究通常基于客观数据，且数据的采集范围广泛，能够通过词频反映出特定术语英译的历时概貌和常见译文，因此在描写现象和提供论据方面具有独特的优势。

8.6　小结

近十年来，儒家、道家和墨家哲学典籍英译研究划分了英译的历史阶段，探索了各个阶段的译文特征和存在的问题；研究覆盖了较为广泛的译者群体；且所使用的理论工具和方法十分多元。在新时期，中国哲学典籍英译十分重视语内理解（翻译）阶段对哲学核心术语的训诂与考辨，旨在正本溯源，传递真义。进入 21 世纪，国内研究者在新的文化观、翻译观指引下，普遍主张使用"音译 + 注释"的异化翻译策略，以此还原中国传统自成体系的致思方式，凸显核心概念的训诂学意义，避免"误读"，以扭转长期以来以西释中的"归化"现象。总的来看，研究者认识到，中国哲学典籍在中国文化中地位特殊，且与世界其他哲学相比有较为显著的差异和独特性。因此，研究大多主张英译应以"本原性"和"自主性"为原则，遵循"以文本为中心"的范式。

需要注意的是，哲学典籍英译研究同样存在分布极不均匀的情况。首先，研究主要针对儒、道典籍，对先秦其他学说流派的英译关注极少。其次，在儒、道典籍之内，大多数研究集中于《论语》《道德经》《庄子》之上。典籍研究数量的差距显著，这样不平衡的研究难免影响结论的客观性和普适性，亟待重视和改善。

第 9 章
科技典籍英译（二）

9.1 引言

20 世纪 90 年代，河南教育出版社陆续推出了由任继愈编著的"中国科学技术典籍通汇"（以下简称为"通汇"）丛书，丛书采用现代学科分类法，将科技典籍分为数学、天文、物理、化学、地学、生物、农学、医药、技术、综合等类别。近年来，有研究者以"通汇"为主要依据，梳理了科技典籍英译和研究的情况。张汨、文军（2014）将研究范围严格限定在"通汇"所列举的 541 部典籍之内，统计出其中已存在英译者的共计 22 部，分属数学、地学、农学、医学和综合等类别。显然，"当前中国科技典籍英译本数量不足"。文章呼吁国家层面"给予更高的关注"，建议"改变评价体系"以吸引更多的研究者投入科技典籍英译事业中来，并"改善课程设置"以培养更多的翻译人才。许明武、王烟朦（2017d）在"通汇"的基础之上，结合邱玏（2011）的博士学位论文和王尔敏在《中国文献西译书目》（1975）中所提供的信息，通过中国知网、亚马逊英文网和谷歌等网站，统计了科技典籍的英文全译本和节译本的数量，力求全面展示科技典籍的英译本概况。此次统计发现，共有 69 部科技典籍存有英译本，且其中的 28 部在 1997—2016 年已有英译相关研究。在进一步分析了研究主题和研究视角之后，文章同样提出，现有研究存在"考察文本需拓展""研究手段欠科学""研究思路待拓展"等问题。

为了呈现近十年来科技典籍英译研究的概貌，我们同时参考了"通汇"和中国古代多种书目分类法，将军事典籍纳入本章梳理范围。同时，根据已有的统计数据和各类别科技典籍的研究现状，我们将本章分为"中医药典籍英译""农学典籍英译""军事典籍英译""综合类科技典籍英译"四个部分，分别梳理 2010—2019 年国内相关研究的热点议题和重要成果。

9.2　中医药典籍英译

9.2.1　主要概念与理论观点

中医药典籍（一般简称为"中医典籍"）的英译与研究在科技类典籍中起步最早，数量最多。自 2005 年起，国家出版重大工程"大中华文库"（汉英对照）系列丛书开始选译中医药文化典籍，《黄帝内经·素问》（*Yellow Emperor's Canon of Medicine: Plain Conversation*）、《伤寒论》（*Treatise on Febrile Caused by Cold*）、《金匮要略》（*Synopsis of Preservations of the Golden Chamber*）、《黄帝内经·灵枢》（*Yellow Emperor's Canon of Medicine: Spiritual Pivot*）和《〈本草纲目〉选》（*Condensed* Compendium *of Materia Medica*）等"文库"译本陆续问世，开启了由本国译者主导的中医药典籍英译和研究，掀起了中医药文化对外传播的新高潮，也带动了相关英译研究走向繁荣。

张蕾（2019）对国内中医典籍的英译研究状况进行了计量化和可视化分析。文章以 1997—2017 年刊载于核心期刊的文献为数据采集对象，运用 CiteSpace 软件对发文趋势与载体、高影响力作者与机构、新兴前沿与热点衍变等多个方面展开定量研究，并进行定性分析。由这项研究可以获知，自 2005 年国家社会科学基金首次设立与中医典籍英译相关的研究项目以来，截至 2017 年，已有大约 11 项以中医翻译为题材的国家级课题立项。研究主要以全国各所中医药大学为阵地，由医史研究人员和外语学科专业人员共同构成研究主体。形成的热点包括：中医英译理论与策略、中医名词术语英译、中医典籍英译、中医文化传播、语料库建设等。相关研究成果主要发表在中医药类的核心期刊，外语类核心期刊的发文量占比不多。

我们分别以"中医典籍"并含"翻译"、"中药典籍"并含"翻译"和"中医药典籍"并含"翻译"为主题词进行检索，共获得有效文献 156 篇。相关研究既有侧重从共性特征入手的总括性论述，也有针对某部特定典籍的描写和分析。其中，总括性论述主要是对中医药典籍英译和传播历史的梳理，对各个阶段英译特征的分析，以及对中医药典籍共用术语、文化和语言特征翻译策略的探究等。

译史梳理较为系统完备者当属邱玏（2011）和付明明（2016）的博士学位论文。需要注意的是，他们对中医译史的阶段划分并不完全一致。邱玏认为，中医典籍英译始于 1736 年，至今可分为四个重要阶段，即 18 世纪中叶至 19 世纪末的起步阶段、1900 年至 1950 年的缓慢发展

第9章 科技典籍英译（二）

阶段、1951年至1991年的理论初探阶段和1992年至今（其博士论文完稿于2011年）的理论争鸣阶段。文章分阶段列举了重要的英译文献，分析了英译群体、英译目的和英译方法，归纳出中医药典籍英译的史学发展脉络，并提出了初步的建设性意见。付明明则认为，中医典籍英译的第一阶段肇始于17世纪，持续至1840年，这一阶段以外国人为英译主体；第二阶段是从1840年至1949年，是中医典籍英译的实践探索期；第三阶段的时间跨度大为缩短，从1949年至1989年，其间中医英译理论研究初显端倪；第四阶段则从1990年开始延续至今，是中医英译"百花齐放"的时期。论文分为上、下两篇。上篇按照出版的先后顺序对中医英译作品加以整理，下篇则重点分析了中医英译中存在的问题，并对未来发展提出构想。

一些研究者选择从跨学科视角切入，进一步丰富了中医典籍的译史研究。例如，魏薇（2014）考察了翻译生态环境对各个历史时期中医典籍英译的规约作用。文章发现，翻译生态环境对译者主体的规约性体现在译者主体人群构成和翻译策略的选择之上，而对译本客体的规约则主要体现在译本数量、种类、地理分布和语言特点等诸多方面。张焱等（2019）一方面系统地梳理了古代哲学思想，特别是诸子百家思想对中医学理论形成所产生的影响，深入研究了中医典籍文献之间互鉴、传承的现象和版本的流传；另一方面介绍了中医典籍文献在海外历时的传播与译介情况，辅以对重要译者和译文的梳理。王尔亮、陈晓（2019）则从出版史的角度切入研究，将从明清时期至今的中医药典籍对外译介和传播（包括法译、英译、德译等）分为三个阶段：19世纪以前、19世纪至20世纪初，以及20世纪中后期至今。文章列举了各个阶段的重要译本，分析了中医药典籍外译特征的转变，并分述国内和海外各自的译介和出版情况，提出其中存在的问题。

策略研究是中医典籍英译研究的重要模块，论及语言策略、文化策略和传播策略。语言策略研究主要围绕译名翻译问题展开。中医的名词术语英译早在20世纪后半叶便已陆续在国内外形成了争鸣之势。虽然已经有多个国内和国际权威翻译标准出台，但是由于制定标准的时代背景不同，国内有关中医名词术语翻译的观念在短短几十年中发生了巨大改变。近十年中，译名翻译的语言策略依然是研究重点。如果从国内主流观点的变化趋势来看，学界已经不再将中医名词术语看作纯粹的科学语言，越来越重视保留术语背后的文化负载，主张以拼音译法凸显其文化身份，以阐释译法增强译名的文化表达能力。

中医典籍英译的主要目的之一是对外传播中医文化、造福人类。因此，翻译策略的制定既要考虑语言因素，也需要考虑文化因素。蒋学军（2010）分析了中医典籍中常见的中国古典哲学文化图式、宗教文化图式、比喻修辞格文化图式和典故文化图式，讨论了各种文化图式的翻译策略，鼓励中医典籍译者要大胆使用异化手段将中医文化图式翻译成"中国英语"。范春祥（2012）将中医学"取象比类"的思维特征具体化为典籍语言中大量存在的隐喻修辞手段，制定了"轻文重医，注重本质""对照西医，寻找共性""保持中医语言特色""保留原本隐喻特征"和"省略隐喻，注重医理"等一系列因势利导的翻译策略。王彬、叶小宝（2014）则追溯了中医典籍中"气"的道家源流，并将"气"细分为哲学意义上的"气"、指代某种药性的"气"、指代某种征象的"气"、指代与疾病有关的某种气候的"气"和指代腑脏等器官功能的"气"这五种类型，分别附以实例说明在各种语境下"气"应根据需要采用差异性的英译策略，策略制定应以妥帖恰当为原则。

中医典籍的英译作品只有在海外获得专家学者和普通读者的广泛认可，才能有助于实现中医文化的传播与交流。程颜、李在斯（2018）在国际化视阈下从中医语言和中医思维认知两个维度探讨了典籍的翻译与传播的策略。文章认为，中医典籍的翻译与传播应当一方面遵循"专业性、标准性、规范性"的宗旨，制定合理的国际上广为接受的宏观策略、拓展形式多样的国际化传播渠道；另一方面，在翻译中"保留原有概念的'原汁原味'，采取一种有别于西医的、强调中医药特色"的策略；同时与不同学科相互嫁接，以推动以"四时五脏阴阳"为智慧架构的对外传播。其观点兼顾了中医典籍语言的科学性、文化性和思想性。

现阶段的策略研究不乏对整体翻译策略模式的建构。例如，鉴于目前"国内中医英语翻译标准尚未统一、翻译方法尚未健全"，江楠（2015）在其博士学位论文中分别从术语、语句和语篇三个层次全方位探讨了中医典籍的英译策略，尝试建立起一套完整的"中医典籍翻译理论"的研究范式。文章着重以《黄帝内经》《伤寒论》《金匮要略》和《温热论》为语料，跨学科运用中医学、翻译学、英语语言学、文化学、文体学、古代汉语学和现代汉语学的理论、方法和成果，归纳并比较了各个译本对中医典籍术语、语句和语篇的翻译处理方式，探寻最佳的翻译策略，并使之系统化、理论化。该研究的优势在于作者具有医学专业背景，能够科学地理解典籍中有关病因病理的条文叙述，并细致深入地探微字词和语句的英译。文章认为，异化翻译策略适用于病因病机、疾病传变以及治则治法的翻译，其中音译策略作为异化翻译策略的特殊形式，适用于中草药名称和方剂名称的翻译，归化策略则仅适用于症状、体征和器官名称的翻译。

除了上述基于中医典籍的共性而开展的各项研究之外，更多研究从

第 9 章 科技典籍英译（二）

特定的典籍或译本着手，有针对性地梳理了该部典籍的英译历史，比较各种译本，并在各种理论学说指导下对术语、文化和特殊修辞现象的翻译策略加以探究，以点带面地补充、丰富和细化了中医药典籍英译研究的成果。中医药典籍既有理论阐述，也有实践总结，可分为医经医理类、临床医方类、中医本草类、针灸脉学类、法医学类等多个类别。为此，我们进一步以各部"典籍名称"并含"翻译"为主题词检索了近十年来的相关研究成果。经筛选和统计出的有效文献数量如表 9-1 所示。

表 9-1 2010—2019 年中医药典籍英译研究分类统计

典籍类别	典籍名称	研究数量（篇）
医经医理类	《黄帝内经》	299
	《难经》	5
临床医方类	《伤寒论》	65
	《金匮要略》	11
	《千金方》	3
中医本草类	《本草纲目》	8
针灸脉学类	《针灸甲乙经》	3
	《脉经》	2
法医学类	《洗冤集录》	3

虽然种种事实表明，存在英译的中医药典籍数量远远超过表 9-1 中所示，如杜赫德在 1735 年出版的《中华帝国全志》第三卷中，有中医专辑，译出《脉经》《脉诀》《本草纲目》《神农本草经》《名医必录》《医药汇录》等书的部分内容（马祖毅、任荣珍，2003）（《中华帝国全志》一书已被转译为包括英文在内的多国文字）；但显然，近十年来，英译研究主要集中于医经医理类和临床医方类的极个别典籍，如《黄帝内经》《伤寒论》《金匮要略》等。

《黄帝内经》分为《素问》和《灵枢》。它结合中国古代哲学和阴阳五行理论探讨人体、结构、病机、病因、诊断等原理，发展出藏象经络和五脏理论，提出"治未病"的观点，是医经医理类典籍的发端。《黄帝内经》目前已有十余种英译，最受研究者的关注。《难经》大约成书于东汉时期，首部英译出自德国汉学家文树德（Paul U. Unschuld）。从目前的数据来看，相关研究十分有限。东汉时期，张仲景撰写医书《伤寒杂病论》，发展了《黄帝内经》中的诊断体系。从药物治疗的角度来看，它"甚至比《黄帝内经》更为重要"。该部著作后来散佚，经后代医家整理，分为《伤寒论》和《金匮要略》。近十年来，《伤寒论》的英译和研究数量相对较多，是临床医方类典籍中最受关注的对象。《金匮要略》目前只有11篇英译相关研究文献，其中一篇是来自中医学专业的博士学位论文[1]。相较而言，其余三类中医典籍的英译研究受到的关注极少。近十年中，中医本草类典籍仅有明代医学家李时珍编著的《本草纲目》受到一些研究者关注；魏晋时期王叔和所著的《脉经》、西晋医家皇甫谧所著的《针灸甲乙经》和南宋宋慈所撰的首部法医学著作《洗冤集录》，虽也存在英译相关研究，但数量极为有限。根据研究现状，我们将在下文重点介绍《黄帝内经》《伤寒论》和《本草纲目》英译研究的重要成果。

9.2.2 重要成果

1.《黄帝内经》英译研究

1）译史和外部研究

近十年中，一些学者相继对《黄帝内经》的英译研究历史、译本类型、译者背景、出版情况等信息详加梳理，如谢舒婷（2012）、文娟和蒋基昌（2013）、杨丽雯和王银泉（2015）、杨莉等（2016）、王尔亮和陈晓（2017）等。

也有研究者立足宏观，着重分析《黄帝内经》英译的外部环境影响因素，并尝试建构适当的模式。例如，王彬（2014）认为中医典籍"走出去"是在整个赞助人体系的共同作用下实现的。文章分析了专业科研机构赞助、权威出版机构赞助和权威专业期刊赞助在《黄帝内经》成功"走出去"的案例中所扮演的重要角色，论证了中国出版物"统筹规划，自觉建构赞助人体系"的重要意义。殷丽（2017a）则借用拉斯韦尔（H. D. Lasswell）的5W传播模式，以《黄帝内经》的三个英译本为例，对译介过程中的"译介主体""译介内容""译介途径""译介受众""译介效果"五个方面进行分析，总结海外译本的译介经验，并对中医药典籍海外译介模式的构建提出建议。

还有研究者从国家宏观战略需求的角度考察《黄帝内经》的译介和研究情况。例如，何航、王银泉（2019）以《黄帝内经》译介传播中的"国家叙事"手段为出发点，分析了《内经》译本演变过程中的译者行为模

---

[1] 郭添枫. 2018.《金匮要略》英译本的对比研究. 广州：广州中医药大学博士学位论文. 文章在纽马克的翻译理论指导下，较为系统地分析和评价了罗希文译本、阮继源译本，以及由王新华主编的教材《中医临床基础》中的相关译文。

第 9 章　科技典籍英译（二）

式特征，探讨了《黄帝内经》翻译实践对国家叙事传播的积极影响。此类研究在这一领域中还不普遍，但值得重视。

2）策略研究

《黄帝内经》的大多数研究侧重于探讨英译策略，主要有三种途径：一是分析重要的译者译文；二是比读多个译本；三是分类探讨特殊修辞和名词术语的英译。

虽然译本众多，但近年来译本的个案分析主要集中于艾尔萨·威斯的首译本、德国研究型译者文树德的译本，以及中国学者罗希文的节译本和李照国的"大中华文库"译本。威斯的译本是其所完成的博士学位论文。黄培希（2018）以热奈特的"副文本"概念为理论工具，分析了威斯《黄帝内经·素问》译本中包含的文字和插图形式的副文本，认为威斯译本中的副文本信息有助于阐释《黄帝内经》独特的哲学理念和医学术语，与文本共同构建了海外的中医文化。德国汉学家、医史学家、翻译家文树德在中医典籍英译领域内久负盛名，其《黄帝内经》译文是海外学术界公认的最权威的英译版本。文树德对《黄帝内经》的研究持续了20余年，其间出版了多部相关著作和译作。杨丽雯、王银泉（2016）详细介绍了其中与《素问》相关的三部著作，归纳总结了译者的研究方法和翻译思想，并分析了文译《素问》在中医文化西传方面所发挥的重要作用。张焱、王巧宁、张丽（2019）更加全面地综述了文树德英译《黄帝内经》的历程及国内外相关的研究评述。文章尝试将"丰厚翻译"（thick translation）置于"传神达意"理论框架中的"达意"层面，构建新的研究视角，由此分析和评价文树德《黄帝内经》英译本的翻译策略、特色与译文质量。蒋辰雪（2019）同样推崇"厚重翻译"策略。文章从深度化语境角度剖析了文译本中大量出现的脚注、括号注和文本外的绪论、参考文献等副文本信息，发现译文的深度化语境具有意义阐释、背景描述、分层递进和深层铺垫等功能；"厚重翻译"策略能够"赋予译文能量"，凸显"他者"文化差异，促进文化交流，并展现译文从"文献角度研究语言和文字来翻译"的学术特质。

罗希文和李照国是国内英译《黄帝内经》的两位代表译者，二人使用了不同的翻译策略。罗希文虽然只节译了《素问》的前22章，但其译文"富含丰厚的研究性信息、副文本资源和文化内涵，是一部学术意味浓厚的译释本，对中医文化进行了深度描写"（刘毅等，2019：1180）。李照国则形成了"译古如古，文不加饰"的中医典籍翻译方法，其《黄帝内经》译本入选"大中华文库"系列丛书。但是，殷丽（2017a）查询和比较了海外图书馆对中西方共计八种《黄帝内经·素问》译本的馆藏情况、海外权威期刊上发表的异域同行专家书评，以及亚马逊网站海外普通读者发表的评论，发现"《素问》国内译本无论是在海外普通阅读市场还是在学术领域的接受状况都与海外英译本的接受状况有着不小的差距"（殷丽，2017b：38）。

相较个案分析，译本比读所涉及的译者范围更广泛，研究数量也更为庞大。研究者通常在多种理论学说的观照下，对比研究和归纳、述评各个译本的翻译策略、主要特征和译文接受情况，如蒋基昌和文娟（2013）、李洁（2015）等。其中，蒋基昌和文娟（2013）、李洁（2015）采用实证研究方法，在中医药类高校通过问卷调查形式搜集了国外留学生阅读《黄帝内经》多个译本后的反馈，并基于对调查结果的统计学分析，获得留学生对译本总体情况和单个译例的满意度。虽然所选译者、研究流程和目标群体近似，但两次调查的结果存在一定差异。前者的结果发现，调查对象对译本的总体满意度按照由高到低排序为倪毛信译本、李照国译本、吴氏父子译本和罗希文译本。后者在调查对象范围内，接受程度最高的是李照国版的译文。但是，两篇文章定性分析的结论却趋向一致。我们认为，这样的尝试无疑是值得鼓励的，产生差异的原因可能是调查对象的数量有限，也可能是自行设计的调查问卷内容不一，在今后的研究中可以进一步放宽研究对象，规范研究流程，以获得更具有普适意义的结论。

作为中医学理论的开源之作，《黄帝内经》内蕴哲理、寓意深厚，且语言精练，广泛应用多种修辞手法，具有鲜明的文学特征，截然不同于现代科学类著作的体例与章法。李照国（2011：69）指出，《黄帝内经》"除现今较为流行的比喻、比拟、借代、对偶等手法外，还广泛使用了诸如连珠、辟复、互文、讳饰等卓异修辞之法"。文章结合自己的翻译体会，着重分析了原文中比喻、比拟、借代、对偶和连珠的修辞特征，比较了自译本和其他多个译文的英译策略和效果，是典型的自译自评案例。

许多研究者利用认知语言学的相关理论探究了《黄帝内经》各个译本对对偶、排比、反复（张冉、姚欣，2013；姚欣、王婷婷，2013）、借代、通感、省略（王治梅、张斌，2010）、模糊（刘献鹏，2015）等诸多修辞现象的处理方式。认知语言学概念隐喻理论认为，隐喻的本质是通过一类事物来理解另一类事物，是从一个认知域到另一个认知域的映射过程，它不仅是人们语言表达的一种方式，更是一种思维方式和认知手段（Lakoff & Johnson，2003）。张斌、李莫南（2014）根据概念隐喻理论对心理空间层次的区分，对比分析了李照国和威斯两位译者的英译策略和效果。孙凤兰（2016）则根据认知语言学对概念隐喻的划分，考察了

第9章 科技典籍英译（二）

倪毛信和罗希文二人在译文中处理结构性隐喻、方位性隐喻和本体性隐喻的方式。文章指出，"对于隐喻的翻译，一要直译和意译兼顾，二要实现概念域之间的映射，根据不同情况调整翻译策略"（孙凤兰，2016：88）。

《黄帝内经》的哲学和文化特征大多包蕴在文中大量存在的特殊词汇之中。译者需要识别原文词汇的文化图式，追溯思想和词语的哲学渊源，才能准确传递它们的语义和文化内涵。然而，"《内经》的难懂之处在于，术语常常是普通词汇，却被赋予了特殊的含义"（李约瑟，2013：44）。近十年中，特殊词汇的英译研究大致包含了对书名（刘明玉，2010；王继慧，2011；张霖等，2015）、中医病症名、颜色词（王玲，2016、2017、2018）、文化负载词，以及各种术语处理方式的探讨，但研究文献数量最多的仍然是文化负载词。

"中医典籍中的文化负载词极为丰富，往往是体现中医对人体生理病理独特认识的重要词汇"（张晓枚等，2018：1084）。吴纯瑜、王银泉（2015）以生态翻译学理论的"三维"学说为观照，比较了李照国和威斯翻译文化负载词时各自采用的适应和转化策略。张淼、白合慧子、潘玥宏（2017）以关联理论为指导，论述了应当根据不同的读者群体分别制定诸如"音译+注释"、省译、词素翻译等不同的翻译策略。张晓枚等（2018）则特别考察了文树德对中医文化负载词的解读和翻译策略。文章以"脏""腑""督脉""任脉"等中医术语为例，描写并积极评价了文树德英译中医古籍个性鲜明的体例模式，即对文化负载词的处理注重追本溯源词语的本义和喻义，采用直译加脚注的厚重翻译策略，在释译中旁征博引多位研究者的研究成果。

除了文化负载词之外，《黄帝内经》中还存在大量的名词术语，包括哲学术语、养生术语、医学术语等，是英译不可忽视的要点。事实上，对于中医术语英译策略研究，近十年中已经形成了较为成熟的模式。研究者通常会首先考辨术语的哲学源流和古今医家的相关注释与评论，描写这一术语在原文中出现的多种语境和由此产生的意义变体，继而考察、对比和总结多个译文的翻译策略；其中一些研究者在特定理论观照下提出并论证了自己的主张。例如，兰凤利、梁国庆、张苇航（2011）追溯了"脉"与"经络"概念的源流，基于"中医典籍汉英双语语料库"分析了"脉"与"经络"目前常见的译文，提出 meridian 和 channel 虽然可以用于表达"经脉"这一术语，但各有不足之处，而 vessel 一词则能够指代人体内三维的管道，表义更加严谨、恰当，值得进一步推广应用。张焱、张丽、王巧宁（2016）考察了《黄帝内经》中的"五神"概念——"神""魂""魄""意""志"。文章以"文化翻译观"

为指导,主张译者在宏观上采用"异化"为主、"归化"为辅的翻译策略,在微观层面构建出由"移译""移译+注释或翻译""移译+复述或描述""音译""音译+注释或翻译""半音半译""音译+复述或描述"等多种具体方法构成的"零翻译"体系,并评价了中西多个译者的译文。谷峰(2019)则通过实例探讨了各类"气"系词语的翻译,总结出"音译+文内括号注解""释译""深化注释""意译"等译者常用的翻译策略。

2.《伤寒论》英译研究

《伤寒论》的英译肇始于20世纪80年代,距今仅有30余年的历史,却在极短的时间内产生了包括再版在内的9种(共计12部)英译。除了美国人Dean C. Epler Jr.和英国人魏迺杰之外,其余7种译本的译者皆是华人(包括本土译者和外籍华人译者),分别是许鸿源、罗希文、Paul Lin夫妇、黄海、杨洁德、刘国晖、黄海和李照国。

按照魏薇(2014)对中医典籍英译整体发展时段的划分,《伤寒论》所有译本出现的时间分布于"理论初探"和"理论争鸣"阶段。在这两个阶段中,中国人参与中医典籍英译和出版的数量大幅增加;译者不再随意选择底本,而是各自从翻译学、文献学和医史学的角度精心选择古籍版本。翻译目的也发生了较大的转变,不再仅仅是译者单纯的个人医学知识传输,而是旨在促进中医与西医开展平等的学术对话和加强中华文化对外输出与交流。在新形势和新的译学观念影响下,译者的翻译策略在整体上由归化为主转变为异化为主,全译本数量逐渐增多。

林亭秀、孙燕(2010)统计了1981—2007年出现的六种《伤寒论》英译,并将这一历程划分为两个阶段,分别介绍了各个译本的译介背景、译者信息和译介情况。据作者了解,"现在欧美地区流传较广的是罗希文译本和魏迺杰译本",因此文章着重总结了魏迺杰译本"以原文为导向"的翻译特征。2007—2019年,《伤寒论》又出现了两种新的译本,罗希文的译文也在2016年第三次再版。陈骥等(2019)统计了这9种(共计12部)《伤寒论》英译,将英译历程重新划分为三个阶段。文章详略有致地介绍了每种译本的译者背景、底本选择、翻译策略和海外接受情况,同时梳理了《伤寒论》英译研究的整体现状,并引用著名伤寒大家陈亦人的言论,指出《伤寒论》语言的五大特点——"变、辨、严、活、简"是英译的难点所在。

近十年中,策略研究占据《伤寒论》英译研究的绝大多数,相关研究可大致分为整体性的英译策略探讨和各类名词术语的具体译法探析。

第9章　科技典籍英译（二）

《伤寒论》的整体性策略研究既有对主观经验的总结（杨乐、周春祥，2013；王丹等，2017），也有在特定理论学说观照下的举证论述。常用的理论包括认知语言学（张焱、李佳，2019）、生态翻译学（杨乐，2014；何姗等，2019）、多元系统理论（奚飞飞，2012）、德国功能翻译理论（盛洁、姚欣，2013）、奈达的功能对等理论（曹思佳，2019）等。其中，较具代表性的研究成果是奚飞飞（2012）和杨乐（2014）的博士学位论文。奚飞飞从语言和中医专业性的角度比较了各阶段《伤寒论》的代表译文，分类总结了《伤寒论》中"概念用语"的英译，考察了中医文化语境、译文目的和译者主体性在翻译决策过程中所起的作用，探索了中医英译的原则与方法，并在多元系统理论的观照下重点分析了罗希文和黄海译本产生差异的原因。杨乐则将生态翻译学理论应用于《伤寒论》翻译研究。杨文将两部文学作品、两部中医教材和一部中医英语辞典（分别指《京华烟云》《红楼梦》《方剂学》《伤寒论》和《实用英文中医辞典》，笔者注）中涉及《伤寒论》原文的内容作为研究对象，拓宽了《伤寒论》英译研究的语料选择范围。两位研究者皆具有中医学科知识背景，为系统研究《伤寒论》的英译策略做出了基础性的贡献。但是，由于《伤寒论》的研究成果总量过少，且研究路径多有重复，单薄的少数几个理论视角无法构成多维的研究格局，因此有待今后进一步丰富和拓展。

基于初步的数据统计，我们发现，《伤寒论》词汇英译策略研究着重探讨了书名（宋聪慧、姚欣，2016）、病症名（姚欣、盛洁，2012；江楠、吴伟，2013）、方剂名（柴卉、吴承艳，2010）、文化负载词（蒋继彪，2015）等特殊名词和"一词多义"现象的英译策略，积淀了不少具有启发意义的研究成果。遗憾的是，相关的研究缺乏系统性和连续性，这与目前《伤寒论》整体研究较为零散、策略研究偏重语言层次有很大关联。

值得一提的是，海霞、丁东（2018）通过自建微型双语平行语料库比较了罗希文、黄海和魏迺杰译本中方剂名的英译；并将自建语料库的内容与WHO官方术语库进行交叉比对，以期提供解决中医方剂名称翻译标准问题的方法。在我们有限的检索途径和范围内，这是唯一一篇使用语料库方法对《伤寒论》词汇英译策略展开研究的文献。

3.《本草纲目》英译研究

18世纪，法国传教士杜赫德（Jean B. du Halde）主编的《中华帝国全志》一书摘译了《本草纲目》的部分内容。该书在欧洲广为传播。

付璐、肖永芝（2019）详细介绍了《中华帝国全志》"凯夫版"英译本所摘译的有关《本草纲目》的基本内容、摘译的选择依据，以及译文的特点和传播情况，肯定了这一摘译本的历史价值。邱玏（2019：620）分析了这一最早摘译本的英译特征，认为该版本英译"是早期西方汉学研究的产物，打上了鲜明的时代烙印，体现了西学东渐和中学西传时代背景对于早期中医古籍翻译的双重影响"。

目前，在西方较为流行的《本草纲目》英译是由英国传教士、药学家伊博恩（B. E. Read）推出的节译本《本草新注》（*Chinese Materia Medica from* The Pen T'sao Kang Mu）。该译著将原文44卷的内容呈现于世人眼前。但是，我们没有发现近十年对这一译本的相关研究。

"英译本的匮乏让《本草纲目》在西方国家的传播和接受走入困境"（汪田田、杨姗姗，2019：50），在"大中华文库"项目推动下，由中国学者罗希文主译的《〈本草纲目〉选》应运而生。近十年中，有关《本草纲目》英译研究的数量总体有限，大多数以"大中华文库"罗希文译本为研究语料。研究者或是采用语境理论分析罗译所采用的英译策略（张李赢、任荣政，2019），或是考察罗氏对诸如"精""气""神"等术语的英译处理是否能够满足语用等效原则（罗健、陈晓，2019），或是从权力话语操控的外部环境视角观察罗译如何"彰显了中医学、哲学和文化在世界舞台的地位"（李振，2017：2890）。其中虽然不乏精言妙论，但《本草纲目》英译研究在整体上太过单薄零散，亟待引起重视。

9.3　农学典籍英译

9.3.1　主要概念与理论观点

按照现代学科划分和典籍研究的大致分类，农业（学）典籍一般被看作科技典籍的一种。"通汇"收录了先秦至1840年具有代表性的541部中国古代科技典籍，其中农学43部，但获得英译者极少。

近期，闫畅、王银泉（2019）基于潘吉星（1984）早年的统计，将我国农学典籍英译本的数目增补为五种，包括《茶经》和四大农书中的三部——《氾胜之书》《齐民要术》《农政全书》，以及未被收入"通汇"的《授时通考》。我们发现，农学典籍《群芳谱》早已存在英译，但直至最近才受到个别研究者的注意。近年来，在"大中华文库"的推动下，清代陆廷灿的《续茶经》获得英译，并与《茶经》翻译一同受到热

第9章 科技典籍英译（二）

切关注。除此之外，虽然一些史类、综合类的典籍也记录了桑蚕等农业技术的内容，其中一部分已经由西方传教士、汉学家和中国学者陆续译介到了海外，但"总体上农学典籍被译介数量严重不足"（闫畅、王银泉，2019：107），因此相关的英译研究十分稀少。我们分别以"农业典籍"并含"翻译"、"农学典籍"并含"翻译"，以及具体的"典籍名称"并含"翻译"为主题词，检索了2010年1月1日至2019年12月31日的相关研究文献，获得的有效数据如表9-2所示。可以清晰看出，农学典籍的英译研究发展极不平衡。其中，有关《茶经》《续茶经》的研究起步相对较早，发展迅速，数量较多；而三大农书的英译研究大多出现在2017年之后。甚至可以说，三大农书的相关研究是在《茶经》《续茶经》热潮的推动之下于近几年内才逐渐启动的。

表9-2 2010—2019年农学典籍英译研究分类统计

典籍名称	研究数量（篇）	文献发表时间（段）	典籍名称	研究数量（篇）	文献发表时间（段）
《氾胜之书》	1	2019	《群芳谱》	1	2019
《齐民要术》	3	2017—2019	《茶经》	172	2010—2019
《农政全书》	1	2017	《续茶经》		

中国的茶文化与儒、释、道精神浑然一体，泽被四邻且流传至今，已经融入爱茶人士的日常生活，成为一种独特的精神追求。在当下中国文化"走出去"的潮流引领下，《茶经》《续茶经》相继由国人主动译出，吸引着越来越多的学者加入茶典籍英译研究的队伍之中。国内《茶经》《续茶经》英译研究肇始于2006年，由姜欣、姜怡发起。经历了初期的蛰伏与积淀之后，相关研究在近十年中发展迅速，成果显著。自2010年起，姜欣、姜怡不仅深入、持续地开展对茶典籍的英译研究，还培养了一批年轻学者，形成了研究团队。我们以"茶经"并含"翻译"为主题词在2010—2019统计年份内共检索到博硕士学位论文28篇，其中包含姜欣、姜怡的博士学位论文两篇，以及她们指导学生完成的18篇硕士学位论文，合计占统计总量的71%。这支队伍不仅长于构筑和挖掘新的研究热点，还逐渐将研究视野拓宽至整个茶文化研究领域，成为茶文化典籍英译研究的中坚力量。

根据年发文数量（如表9-3所示）和发文特征，我们将近十年来《茶经》《续茶经》的英译研究划分为三个阶段：第一阶段为2010—2015年。其间，相关研究的年发文量呈波动上升趋势，姜欣、姜怡和大连理工大学分别是文献的主要贡献人和来源单位。第二阶段为2016—2017

年。在这短短的两年中,《茶经》《续茶经》英译研究的数量经历了爆发式的增长,研究人员的构成更加复杂和多元,研究文献的主要来源转移至期刊《福建茶叶》。据统计,2016 年和 2017 年刊载于《福建茶叶》的相关研究文献数量在同年发表的文献总量中占比分别高达 88.9% 和 80.9%,这一占比在 2018 年仍保持在 70% 的高位,直至 2019 年(占比 17.4%)才骤然减少。第三阶段从 2018 年开始。在这一年中,相关发文总量大幅回落,此后呈现出较为理性的增长趋势。

表 9-3 2010—2019 年《茶经》《续茶经》文献计量分析

年 份	文献数	总被引数	总下载数	篇均被引数	篇均下载数	下载被引比
2010	10	128	4732	12.8	473.2	36.97
2011	4	25	1609	6.25	402.25	64.36
2012	1	12	245	12	245	20.42
2013	4	35	1298	8.75	324.5	37.09
2014	15	131	4100	8.73	273.33	31.3
2015	9	83	2106	9.22	234	25.37
2016	45	103	4945	2.29	109.89	48.01
2017	47	40	4960	0.85	105.53	124
2018	20	9	3101	0.45	155.05	344.56
2019	23	6	2679	0.26	116.48	446.5

为进一步了解各阶段研究的大致状况和发展趋势,我们利用 CNKI 的计量分析功能,按年份查询了文献的总被引数、总下载数、篇均被引数、篇均下载数和下载被引比等相关信息(如表 9-3 所示)。可以看出,研究的第一阶段虽然年发文量较少,但被引率和下载量都很高,其中 2014 年的总被引数在被统计年份内达到峰值。2016—2017 年是经历较大转变的阶段。这两年间,虽然发文总量有了大幅增长,但篇均被引数和下载数双双急剧下滑;尽管如此,2016 年的总被引数依然过百,在统计年份内位列第三,远超当年的发文总量。然而到了 2017 年,文献的总被引数呈现断崖式下降,甚至低于当年的文献总数,这一趋势一直延续至研究的第三阶段。2018 年起,各项数据均不断下降,总被引数甚至跌至个位数,只有下载被引比在急剧攀升,这意味着,大多数文章即使被下载和阅读,也还未曾获得引用。

我们认为,出现这样的状况主要有以下三个方面的原因:首先,发文时间较早的文献占有时间优势。可以预见,随着时间推移,近几年发表的文献的被引率和下载量皆会有所提升。其次,发文数量一度急剧增

第 9 章 科技典籍英译（二）

长不仅是因为厚积之下，研究出现井喷式发展，也因为短期之内突然有大批外围研究者涌入这一研究领域。事实上，由于研究人员的知识背景不同，对《茶经》《续茶经》的研究程度不同，研究成果的质量也因此良莠不齐，呈现出两极分化的态势。例如，2016 年，姜欣、姜怡的新作《茶典籍翻译中的互文关联与模因传承——以〈舜赋〉与〈茶经〉的翻译为例》依然获得了 289 次的下载量，被引 17 频次，与当年总体急剧下降的篇均被引数和下载数形成了鲜明对照。可见研究成果的受关注度与研究的深度、创新度和主题吸引力密切相关。相反，后期发文数量回归理性增长则意味着研究团队逐渐稳定，研究日渐系统、成熟。最后需要一提的是，由于《茶经》《续茶经》的英译文本数量过少，这从源头上限制了相关英译研究的可持续发展，研究者需要进一步创新方法、拓展领域，才能保持研究热度。

9.3.2 重要成果

1. 三大农书英译研究

《氾胜之书》为西汉晚期农官氾胜之著，一般被认为是中国第一部农书。孔令翠、周鹤（2019）率先对其英译情况加以探究。文章梳理了国内农史学家石声汉辑佚、今译（释）和自译《氾胜之书》的过程，分析了其自译原则和策略，探讨了英译古代农学典籍的"三位一体"模式以及该模式对中华优秀典籍"走出去"的启示。虽然这种模式的优势明显，但由于这种理想化的模式对译者要求非常高，因此作者也表示，"在具体翻译模式上，如果有石声汉这样的人才自然再理想不过，但是如果求而不得，则可以采取合作翻译模式，有的负责研究，有的负责今释，有的负责外译，既分工又合作，共同完成翻译和传播中国文化的使命"（同上：51）。

《齐民要术》是中国北魏末年杰出农学家贾思勰所著的一部综合性农学著作。目前，只有石声汉所著的研究性论文 "A Preliminary Survey of the Book: *Chi Min Yao Shu*"（《〈齐民要术〉概论》）包含较为完整的英译。明代徐光启所著的《农政全书》是一部集以往农书之大成的著作。遗憾的是，该书至今未有英文全译本，仅麦都思节译了其中的《桑蚕》篇。由于缺乏完整的译本，有关这两部农学典籍的英译研究目前仅有少量硕士学位论文零星论及。

总体来看，三大农书的英译研究不仅数量极少，研究的深度和广度也不尽相同，需要假以时日才能形成研究队伍，产生更为连续、系统和深入的研究成果。值得注意的是，已有研究者将整个农学典籍英译作为研究对象，在梳理史实和展望未来两个方面取得了阶段性的研究成果。例如，孔令翠、刘芹利（2019）首次较为全面系统地梳理了我国主要农学典籍自18世纪以来在亚洲和欧美国家的译介情况和重要影响，指出并且分析了其中存在的突出问题。王翠（2019）则着眼于未来，明确提出农学典籍的译介应以新时代价值传播和目标语国家的社会需求为取向，总体策略上以研究型翻译为主，构建多学科互补的农学典籍翻译传播学术共同体，并且在具体的英译实践中根据农学典籍文本的混合属性采取恰当的翻译方法。这两篇文章皆资料丰富、思路开阔、论述详尽，为农学典籍英译研究奠定了良好的基础。

2.《茶经》《续茶经》英译研究

《茶经》目前共有两种英译全译本。1974年，美国人弗朗西斯·罗斯·卡朋特翻译出版了 *The Classic of Tea: Origins & Rituals*，成为《茶经》的首个英译全译本。该译本不仅被收入大英百科全书，还于1995年再版，在西方接受度较高。2009年，由姜欣、姜怡合译的《茶经》《续茶经》被收入"大中华文库"系列丛书之中，这不仅标志着茶学典籍首次由中国人自主对外英译，更由此掀起了《茶经》《续茶经》英译研究的热潮，引起了学者们对整个农学典籍英译的关注。由于《茶经》《续茶经》两部典籍的主题一致，内容和体例也有一定的继承关系，因此有关二者的研究不仅焦点相近，还因为存在显性的互文关系常常被合并讨论。例如，姜怡等（2014）讨论了《茶经》与《续茶经》的模因母本效应与对外传播现状。根据这一研究现状，我们将合并梳理两部典籍英译研究的重要成果。

据统计，《茶经》《续茶经》的英译研究共涉及20余种理论视角，其中应用最多的是模因论和互文理论。姜怡（2010）的博士学位论文首次将互文性理论和模因论引入茶学典籍英译研究。文章在互文分析、相似度计算和语料库统计等计算机技术的支持下，挖掘了《茶经》和《续茶经》之间的渊源关系，总结了茶典籍文本之间的互文形式、特点和缘由。文章不仅运用模因论揭示优质语言模因的互文传承效应和增殖能量，探讨互文翻译障碍，提出典籍翻译的"三度视阈融合"观点，还详论了茶典籍文本的主题、风格、体裁、资源、词汇及历时叠套互文现象和相应的翻译策略，由此打开了茶学典籍英译研究的视界，并在后期持续探微，开辟了茶典籍英译研究的一大热点。

第9章　科技典籍英译（二）

在繁荣期的十年中，以姜欣、姜怡为代表的多位研究者以《茶经》《续茶经》为基本语料，不断拓展互文理论和模因论对典籍英译现象的阐释范围，丰富了相关典籍的研究成果。例如，姜怡、姜欣（2012）研究了文本互文性中的异质文体交叉表现形式，指出"文本的互文性使得两种或多种异质的文学体裁出现在同一个语篇内。它们既可能是相互适应和融合，也有可能相互排斥、相互矛盾"（同上：136）。通过剖析《茶经》《续茶经》中的各类异质互文特征，文章有针对性地探讨了翻译的适应方式。姜怡等（2014：120）还考察了"具有较强模因母本效应"的《茶经》《续茶经》在域外的传播和接受情况，认为虽然"英、美、韩、日等国的茶著作者中不少都曾在其作品中借鉴或引用过《茶经》，但原文中蕴含的东方思想精髓与语言的精准之妙亦很难得以展现"。主要原因在于，异国译者难以避免会受到自身"前见"的影响和特殊翻译意图的限制；相反，本土译者在与原作者的历史视阈融合度与语言美学感知方面具有优势，有助于强化中华茶典籍的模因效应。姜欣、姜怡（2016）深信，互文关联与语言模因的传承相辅相成，而茶典籍之间因主题一致所以具有超强的互文性。文章以晋代诗文《荈赋》的翻译为例，探讨如何"通过追溯唐朝《茶经》中所包含的互文线索，使《荈赋》译文与茶文化模因'共核'保持一致连贯"，同时还要"适当调整其翻译的'外缘'，使模因在英译本这一新宿体中与时俱进"，由此形成"强势模因"。近期，姜欣、姜怡、赵国栋（2019）进一步通过互文和模因理论将茶文化典籍英译研究的触角延展至少数民族典籍的相关研究之中。作者在藏族英雄史诗《格萨尔》中发现了有关茶文化和茶歌的记录，便以我国茶典籍母本《茶经》为例，探寻了藏民族茶文化典籍中包含的"同源茶文化模因"，提出应"保持茶文化对外翻译的标准性和一致性"，以"维护民族优秀传统文化内核共性""提升强势模因的数量和质量"（同上：88）。

《茶经》《续茶经》的英译策略研究包括文化和语言两个方面，数量较多。有研究者着眼于评价翻译策略在微观域的应用效果。包括探索《茶经》《续茶经》英译过程中处理通感现象（姜欣、吴琴，2010；李丹，2016）和词汇空缺（汪艳，2014；孙秀丽等，2019）的方法，考察英译中的语篇衔接（安红，2011；邱慧，2014）和修辞手法（丛玉珠，2014；董莉，2017；温巧枝、柴国喜，2017；任强，2019），分析译文中诸如章节标题（刘艳，2015）、茶诗（姜欣，2010；姜欣、吴琴，2010；于欢，2015）、茶文化负载词和术语（袁媛，2011；汪艳、姜欣，2014；李凤红，2016；王坤，2017）等词汇的英译策略等。刘性峰、王宏（2017）系统考察了姜欣、姜怡英译《茶经》的具体翻译策略，包括语言层面的章节名称和修辞格英译，以及文化层面的度量衡、官职名称、月份、典故和颜色词英译。袁媛、姜欣、姜怡（2010）注意到，茶文化典籍英译过程中不可避免地会出现"文化图式缺省"的现象。文章认为，图式是动态变化的，能够在认知主体接收新信息的过程中不断加以"扩展、修正和添加"，因此翻译处理茶文化图式缺省时应当"尽量以源语文化为导向""最大限度地维护源语文化气质并丰富译语文化"（同上：66）。

《茶经》《续茶经》虽然是科技类典籍，但文字间蕴含着中国三大哲学宗教思想，且语言凝练，形式优美，语意丰富。因此，除了与其他科技典籍英译研究存在一定共性之外，茶文化典籍的策略研究还侧重考察《茶经》《续茶经》的译文对原文美学意蕴（如孙晓红，2017）、哲学思想、禅宗意境和茶道精神（如姜晓杰、姜怡，2014；董书婷，2013）的保存和传递。其中，蒋佳丽、龙明慧（2014）和何琼（2013）将原文的思想与文化内涵作为首要关注点。前者在接受理论视角下对比分析了中美两国《茶经》译者在传递中国茶文化中所蕴含的儒、释、道思想时所存在的遗漏和偏颇之处，并对两个译本的翻译效果进行了比较和评价。后者则更为具体地指出，《茶经》的文化内涵与儒家思想中的"礼"和"度"、道家的"自然天道"和佛教的"坐禅修行"关系密切，因此重点考察了美国译者弗朗西斯·罗斯·卡朋特的译文，评价译者在传达原文儒、释、道等中国传统文化内涵方面存在的得与失。董书婷（2013）重点谈论了《茶经》中"茶禅一味"的禅宗思想，认为对之英译可综合运用"情感强化法""静寂禅意化""隐形连接显性化"的策略加以处理。姜晓杰、姜怡（2014）则举例探讨了《茶经》中"中庸思想"的英译。文章认为《茶经》虽然"属于信息类文本，以传递信息为主要目的"，本应使用交际翻译策略即可；但《茶经》又因蕴含了丰富的文化内涵而"有别于一般信息类文本"，因此需要"交际翻译和语义翻译相辅相成，寻找契合点，才能达到最理想的翻译效果"。

另有不少研究者专题探讨了《茶经》《续茶经》的国际传播问题。陈倩（2014）十分详细地梳理了以《茶经》为主要载体的中国茶文化在海外传播与接受的过程，考察了"他者"眼中的中国传统形象及中国文化经典对世界的影响。姜怡等（2014）论述了《茶经》《续茶经》对国外著名茶书的模因母本效应。文章认为，这种跨越文化和语际的"互文引用性翻译"常常"改造、变形、错位、浓缩或编辑"原文，甚至直接"大幅度删减"原文，因此弱化阐释了原文的文化内涵。金珍珍、龙明慧（2014）则更为具体地从信息论角度探讨和比对了中美两国译者的翻译处理方式。文章认为，对于《茶经》中的信息过载现象，既可以采用

第9章　科技典籍英译（二）

"拓宽信道容量"的方法增加对文化背景的解释性信息，帮助读者理解和领悟原文，也可以采用"信息删减"的方法减少读者的理解负担，以达到有效传达主要信息的目的。文章经考察后发现，中国译者因为更加了解典籍原文，所以在"拓宽信道容量"方面处理得相对较合理，却在删除不必要信息时不是很果断；而西方译者卡朋特由于更加了解西方读者的需求，因而能够更好地应用"信息删减"的翻译策略。

9.4　军事典籍英译

9.4.1　主要概念与理论观点

在"大中华文库"出版项目推动下，《六韬》《吴子》《司马法》《尉缭子》和《太白阴经》等兵书已经出现英译，但还未曾引起英译研究者的注意。相形之下，《孙子兵法》却因为译介历史悠久、译本层出不穷而早已经闻名于世，"不仅在中国兵学史上意义非凡，而且在世界军事史上也占有极其重要的地位"（裘禾敏，2015：77）。《孙子兵法》的英语首译本出现在1905年，由英国军人卡尔斯罗普从日语译本转译而成，在东京出版。虽然这一译本有较多失准和大量删减之处，但毕竟首次将《孙子兵法》带入了西方读者的视阈。由于该部典籍本身兼具极高的哲学、思想、文化、文学和实用价值，因而一经译介，便在西方受到热捧和推崇，此后英译者络绎不绝，至2018年已有34种英译本。

国内《孙子兵法》的英译研究起步于20世纪90年代初。文军、李培甲（2012）曾统计并梳理了1991—2010年《孙子兵法》英译研究的48篇文献，从"总括性介绍""译者研究""翻译策略""译文对比研究""译本评价研究""文化研究""语言学视角研究"七个方面介绍了相关研究的概况。此后10年，《孙子兵法》的英译研究一直保持着稳步发展的态势。我们以"孙子兵法"并含"翻译"为主题词，在CNKI共检索到2010—2019年有效的相关研究文献共计155篇，其中包含43篇硕士学位论文和4篇博士学位论文。研究除了描写译史和考察译本的传播接受情况之外，还在各种理论视角观照下对译者和译本加以分析和对比，重点论述了译者主体性、语言和文化翻译策略、复译和误读误译现象等议题。

9.4.2 重要成果

1.《孙子兵法》译史描写

目前，研究者对《孙子兵法》的译史分期并未达成一致。屠国元、吴莎（2011）将这百余年的英译历史分为四个阶段：第一阶段是1905—1910年；第二阶段是1943—1969年；第三阶段是1983—1988年；第四阶段是1991—2010年。文章论述详尽，并以表格形式呈现了《孙子兵法》英译的发展脉络。苏桂亮（2011）和刘晓霞（2014）皆将《孙子兵法》的英译历程分为三个阶段。前者认为，1905—1963年当属"奠定基础"时期，20世纪70年代至90年代中期属继续"充实完善"阶段，自20世纪90年代中期至今英译则处于不断"融合拓展"的过程中。后者的划分依赖历史事件作为分期节点，包含20世纪初的"草创期"、第二次世界大战期间及之后所属的"展开成熟期"，以及始于20世纪80年代并延续至今的"繁荣期"。尽管阶段划分不一，但译史研究所论及的代表性译本基本一致。从译本的特征来看，《孙子兵法》的英译大致有军事型、学术型、文化型和实用型四种类型，各种类型的译本特征与译者身份和文化背景紧密关联。

除了以重要英译文本为线索的译史描写和阶段划分之外，还有两篇有关《孙子兵法》译史研究的文章值得一提。郑建宁（2019b）既见林，又观木，一方面钩沉了《孙子兵法》400余年的外语译介历史，描绘了一幅更为宏大的典籍西传历史画卷，以时间为轴详细标记出34位主要英译者及其译本出版的时间，并在此基础上总结出《孙子兵法》经由译介西传所呈现出的六大特点；另一方面按照译者的文化身份和学识背景将主要英译本分为"军人译者译本""海外汉学家译本""文学背景译者译本""宗教背景译者译本""哲学背景译者译本""商业背景译者译本""中国译者译本"七种类型，分别予以介绍。朱晓轩（2016）则特别梳理了"长时间被遮蔽和边缘化的"华人英译《孙子兵法》的发展脉络。文章从军事历史学的战争史角度将《孙子兵法》英译历史划分为三个时期：世界大战影响时期（1905—1945年）、"冷战"时期（1946—1991年）和"后冷战"时期（1992年至今）。根据不同时期战争史影响下的中华民族生存状态，作者探究了华人译者在各个历史阶段中的翻译目的、文化身份和对原文版本的选择，勾勒出华人英译和传播《孙子兵法》的轨迹，并探讨华人译本在英语文化多元系统中所处的地位和形成的原因。

第9章 科技典籍英译（二）

2.《孙子兵法》译本分析和对比研究

译史研究者所论及的代表性译者和译者组合有：卡尔斯罗普、翟林奈、郑麐、格里菲斯（Samuel B. Griffith）、葛振先、克拉维尔（Clavell）、袁士槟、柯立瑞（Thomas Cleary）、索耶尔（Sawyer）、林戊荪、丹玛翻译小组（the Denma Translation Group）、闵福德、黄昭虎、梅维恒、加葛里亚蒂（Gary Gagliardi）等。他们的译文或代表了《孙子兵法》的某个译者群体、某种翻译目的、某类翻译策略，或深受读者喜爱，成为某种趋势。

英国汉学家翟林奈的《孙子兵法》译本是在西方影响力最大的英译本之一。与卡尔斯罗普为解决当下军事问题而采取的"拿来主义"态度不同，翟译具有一定的学术特质。尽管如此，由于受到时代背景的限制，翟译依然被指出存在不少"误译"之处。罗天（2015）对翟译本的正、副文本进行了综合分析，发现其中存在大量的军事文化聚合现象。文章分析了这一现象背后的译者身份、目标读者和权力因素等推动力量，应用文化聚合理论，解析这一现象所产生的积极影响，即"来自中国古代的崭新文化元素与西方原有的文化元素并置在一起，互相作用，互相阐释，为孙子的军事思想被西方读者的理解、敬重和应用创造了条件，推动了西方军事文化的进化"（同上：76）。此后，Luo & Zhang（2018）又在翻译学国际期刊 *Perspectives* 上发文，通过自建小型语料库分析译文，发现翟译在副文本中综合运用了补偿（supplementation）、对比（comparison）和评价（evaluation）三种方法，目的是在译文中重构起令人敬重的中国战略文化。文章认为，副文本能够为译者提供重建文化身份的良好平台；与此同时，非种族中心主义式的翻译有助于成功实现跨文化交流的目标。

美国军人学者格里菲斯的译本一经出版便风靡西方各国，此后多次再版，"曾连续100多周成为亚马逊网站上榜畅销书，并取代了翟本在整个西方世界的权威地位"（屠国元、吴莎，2011：188）。彭祺、潘建虎、刘玲（2016）重点描写了格译中所使用的"添加注释"和"翻译评注"的厚重翻译策略，认为此举较好地传递了源语文化，使该译本得到读者的广泛认可。

美国企业家加葛里亚蒂的译本是现代《孙子兵法》实用型译介的代表译著之一。章国军（2014）介绍了加氏与《孙子兵法》结缘的经历，描写和阐释了这位具有大量营销和商战经验的企业家为何以及如何推出自己的改写本《孙子兵法与营销艺术》（*The Art of War plus the Art of Marketing*），从而将孙子谋略嫁接到市场营销领域。文章认为，长期以来,《孙子兵法》英译已经"脸谱化""格式化",要么是一本内容深奥、专供汉学界研究的汉学经典,要么是一本内容专业、专供军界研究的兵学经典,而加译恰恰突破了前驱译者的遮护,为其赢得了《孙子兵法》翻译史上的一席之地(章国军,2014:49)。黄海翔(2015c)对加译的评价与前者有异曲同工之处。文章借用布迪厄社会学中的"文化资本""惯习""差异"等概念,重点解释了加译本对文化资本运作的策略、技巧与创造性,以及这种"体用合一"的策略如何使其在《孙子兵法》复译的文化生产场域中占据了优势地位。邱靖娜、张敬源(2015)则回归译本本体研究,在功能语境理论观照下分析了加译的策略选择。文章探讨了译者如何根据翻译目的选择翻译策略,根据文化语境界定翻译基调,以及如何通过语场、语旨、语式的具体配置进行情景语境重构,这"具体体现在通过视角转换、情态表达多样化等途径扩大读者群、体现译文权威性、拉近与读者的关系、提高普适性、增强可读性等"(同上:272)。

2007年,美国宾夕法尼亚大学汉学家梅维恒推出了《孙子兵法》又一新的译著。该译本"深入探讨了道家思想与孙子哲学之间的紧密联系,并就'如何让古典时期的文本在当今时代被广泛接受'这一问题展开了详细讨论"(屠国元、吴莎,2011:189)。黄海翔(2011b、2014c)研究了梅译本中展现出的杂合伦理观,以梅译《孙子兵法·九地篇》为例,讨论了高低文化语境下典籍英译的语境重构与文化误读问题。文章提出了一个令人深思的翻译伦理问题,即"西方译者的异化翻译真正地体现了对异域文化的尊敬吗?"(黄海翔,2011b:120)作者认为,"在强势的英语文化及价值观的熏陶下,西方译者无论采用归化翻译还是异化翻译均不能准确、全面地传播中华典籍文化,因为问题并不在于策略本身,而在于评价归化策略与异化策略的功利原则在西方文化语境中实质上是一致的"(黄海翔,2011b:120-121)。之后,黄海翔(2014c)又以认知语言学的关联理论为依据,提出典籍英译语境重构的方式应该是基于忠实原作者信息意图之语境顺应,其标准是忠实伦理与交往伦理之统一。重新建构了评价标准之后,文章以格里菲斯的译本作为参照,再次分析了梅译《孙子兵法·九地篇》中语境重构的方式,重点考察梅译是否"不违背知识客观性",遵循理解的合理性与解释的普遍有效性,且尊重原文作品的定向性。

虽然《孙子兵法》英译史上有众多各具特色的代表性译文,但纵观近十年来《孙子兵法》的英译研究,对单个译本的分析所涉及的译者数量十分有限。除了上述四位西方译者之外,针对国内译者的研究更加稀少。1945年,正是翟林奈译本被首次引入国内的那年,郑麐出版了第

第9章 科技典籍英译（二）

一部由中国学者英译的《孙子兵法》。此后，葛振先、袁士槟、黄柱华、林戊荪等相继推出了新的《孙子兵法》译文。但在近十年中，仅有温军超（2014c）探究了郑麐的翻译思想，其余研究主要被收入"大中华文库"丛书的林戊荪译本前言。

多译本对比研究虽然同样以翟林奈、格里菲斯、林戊荪等译者的译文为主，但语料选择范围更加广泛，研究的视角和方法也更为丰富多元。例如，彭祺、张兰琴（2012）对比了国外 sonshi 网站的《孙子兵法》译本和国内译者译本，在群体差异中反观译者身份对译文的影响。谢道挺（2010a、2010b）从底本选择、体例编排、文本解读和翻译策略四个方面分别考察和比较了闵福德与翟林奈的译者主体性，指出认识译者的主体性，能够有效地避免以往多译本比较研究模式的局限性和极端性。屠国元、吴莎（2012）则采用语言顺应论，针对比喻、对偶和排比这三种典型辞格，考察了翟林奈和丹玛翻译小组在翻译辞格时所做的顺应性选择，并归纳出具体的顺应模式。

除了应用传统理论工具之外，近十年中，《孙子兵法》的译文对比研究愈发频繁地使用语料库研究方法，将定性与定量相结合，取得了新的成果。陆续有研究者尝试应用语料库研究方法对比《孙子兵法》不同译本的文本特征、译者风格和可读性，以及译文中文化负载词、术语等词汇英译的差别，不仅提升了《孙子兵法》英译研究的客观性，更拓宽了语料选择的范围。例如，申蕾、李晓霞、赵莉（2013）利用语料库检索分析软件 Wordsmith 对林译和闵译中的类符、形符和高频词汇等基本数据进行统计和量化分析，由此了解中外译者在翻译过程中对词汇广度和难度选择上的不同。崔艳嫣、李晶玉（2015）使用 Wordsmith 分析比对了翟译、袁译和林译三种译文的词汇、句长和可读性。刘毅（2017）以林戊荪和安乐哲的译本为语料，建立了可比和平行语料库，利用 Wordsmith 6.0、ParaConc 等软件对两种译本的词汇、句法和篇章信息进行统计分析，以探究译本语篇的可读性差异以及产生差异的原因。向士旭（2017、2018a、2018b）选择了格译和林译为语料，自建汉英平行语料库，初步定量分析了两种译文的文本特征，并对其中的军事术语和文化负载词进行了归类研究。周沈艳（2017）运用语料库分析工具对比了翟林奈和加葛里亚蒂两种译文的译者风格，从翻译目的的角度探寻了产生风格差异的原因。郑建宁（2019a）比较了郑麐与格里菲斯两位译者的翻译方法，以此揭示译者的身份背景、人生经历、翻译目的、读者对象等因素对翻译所起的隐形操控作用。周建川（2019）则根据语料分析结果重点分析了华人译者群体英译《孙子兵法》的译文风格。

3.《孙子兵法》误读现象研究

近年来，研究者对《孙子兵法》中的误读误译现象关注较多。我们在此处遴选一些具有代表性的观点并加以介绍。

黄海翔（2011a：97）曾以"诡道"一词为例，揭示了该词长期以来被西方多名译者误译为 deception 的不同缘由，并由此归纳了出现误读的三种原因，即"不尊重源概念赖以产生的社会生活世界而导致的常识性误读；理解了源概念赖以产生的社会生活世界而英译用词之意向性却有悖于源概念文化意向之理解性误读；理解了源概念赖以产生的社会生活世界及源概念文化意向却基于实用主义的立场赋予其有意图的意义之功利性误读"。之后，黄海翔（2014c）又从语境角度对误读现象加以阐释。文章认为，汉语是典型的高语境文化产物，而英语则属于低语境交际系统，这两种语言在转换时如果语境问题处理不当，必定会带来误读误译现象。通过深入剖析《孙子兵法》的译文，研究者进一步加深了对这一现象的认识，拓宽了阐释途径。

有研究者不仅认同"功利性误读"概念，还将复译与之相关联。例如，屠国元、章国军（2013）认为，复译将竞争机制引入同一部书的翻译。从这一角度出发，文章提出，翟林奈对卡尔斯罗普《孙子兵法》译本的批评仅仅是出于对后者的误读，其目的在于扭转竞争中的迟到劣势，廓清自己的阐释空间。同年，章国军（2013a）又以《孙子兵法》的复译为例，通过梳理译史上翟林奈、格里菲斯、R. L. 翁（R. L. Wing）、梁荣锦、加葛里亚蒂等译者对前人的"语言学误读"和"文化学误读"，力求探讨强力的后世译者误读前驱译本的方式以及误读方式的演变轨迹。在此基础上，作者提出了名著复译"误读进化论"，坚信名著复译贵在创新与超越。基于前期研究，章国军（2013b）在其博士学位论文《误读理论视角下的〈孙子兵法〉复译研究》中更为系统地阐发了自己的观点。文章将哈罗德·布鲁姆（Harold Bloom）的"误读"理论引入《孙子兵法》复译研究。在分析了后世译者误读前驱译本的各种方式以及这些误读方式的演变轨迹之后，作者提出，在语言学范式主导译学研究期间，译界注重译文与原文的对等、等值和等效，这种做法直接影响并促成了本时期后世译者误读前驱译本的主要方式——语言学误读，即"误读"前人译本中不对等、不等值和不等效之处，以凸显复译的价值；而在文化学范式主导译学研究时期，译界获得了更为广阔的研究视野，间接促成了本时期后世译者误读前驱译本的主要方式——文化学误读。

第9章 科技典籍英译（二）

4.《孙子兵法》译本传播接受研究

《孙子兵法》是中国典籍在海外传播最成功的案例之一。苏桂亮（2014）概述了《孙子兵法》在域外千余年的传播历史，并将其走向世界的历程大致分为东传萌芽时期（约2世纪—1771年）、西渐兴盛时期（1772—1980年）和全球繁荣时期（1981年至今）三个发展阶段。商海燕、高润浩（2014）和龙绍赟、苏帆（2015）则着重考察《孙子兵法》在美国的翻译与传播情况，旨在为"其他中国文化典籍在美国乃至全世界的翻译与传播"（同上：255）提供可资借鉴的路径。

裘禾敏（2012）回顾了国内外《孙子兵法》英译研究的概况，发现该领域的成果还比较单薄。在我们看来，最近十年，相关研究不仅更加全面，视角也更为新颖。例如，谢柯（2013）借用模因传播理论，探讨了《孙子兵法》在英译的各个阶段对目的语世界所产生的影响。李宁（2015）则调查了《孙子兵法》"大中华文库"译本在海外的接受情况。文章提出，"典籍英译在西方的接受状况至少有如下几项主要参考指标：1）在国外的发行销量；2）在国外图书馆的借阅流通量；3）西方学者的参考和引用；4）译著的再版和修订"（同上：77）。根据对调研结果的分析，作者认为，"中国译者的译本接受状况难令人满意，这并非由于译本本身的可接受度问题，更多的是因为作为物理存在的这些译本还没有走到读者面前"（同上：81）。

5.《孙子兵法》其他研究

在这十年中，《孙子兵法》英译研究共出现了四篇博士学位论文，以及一些系列研究成果，皆有助于完善和充实《孙子兵法》的整体研究体系。例如，章国军（2013a、2013b）和邱靖娜（2018）分别对误译现象和功能语境重构问题进行了专题研究。裘禾敏（2011）的博士学位论文应用了多种理论工具，分别剖析了卡尔斯罗普、翟林奈、格里菲斯和林戊荪这四种最具典型意义的《孙子兵法》英语全译本的译者和译文特征。吴莎（2012）的博士学位论文则以跨文化传播为视角，一方面，纵向地将《孙子兵法》的英译历程分为四个时期并作简要介绍和共性探究；另一方面，横向地按照"语词（文化概念和兵学术语）—观念（孙子哲学思想）—文句（辞格）—语篇（文体）"的逻辑层次，综合运用社会符号学、情景语境语言学、互文性理论、协同理论、阐释学理论、文化聚合理论、翻译适应选择论、传播适应论和语言顺应论等理论工具，分析了七个代表性译本中文化负载词和术语的翻译、重要哲学概念的译名选择，文学性表达的语言适应，以及文本和副文本中所反映的哲学思想传播。

最后需要再次提及黄海翔。这位研究者自2005年以来一直持续不断地对《孙子兵法》的英译展开研究。近十年中，在教育部人文社会科学研究青年基金项目（"《孙子兵法》英译的文化研究（1905—2008）"）的支持下，其研究依然十分活跃，成果也颇为多元，至今共发表系列研究成果20余篇，论及翻译伦理（黄海翔，2011b）、意识形态（黄海翔，2015a）、文体选择（黄海翔，2013）、文化专有项（黄海翔，2015d）、误读现象（黄海翔，2011a）、译者主体性（包括译者的文化观、文化心理、文化资本运作）（黄海翔，2014a、2014c、2014d、2014e、2015b、2015c）、厚重翻译策略（黄海翔，2014b）等众多热点问题。

9.5 综合类科技典籍英译

9.5.1 主要概念与理论观点

除了一些已经在西方获得不同程度经典化地位的医学、农学和军事典籍之外，还有部分科技典籍在漫长的、零星的对外译介和传播过程中显现出了其不可磨灭的价值，并随着全译本的陆续出现和增加逐渐引起了国内翻译研究者的注意。据不完全统计，目前已有英译全译本，且在近十年中出现英译相关研究的综合类科技典籍有：《考工记》《园冶》《抱朴子》《景德镇陶录》《陶说》《天工开物》《徐霞客游记》《洛阳伽蓝记》《长春真人游记》《山海经》《梦溪笔谈》等。我们设定主题词为"典籍名称"并含"翻译"在CNKI中进行检索，获得的有效文献数量如表9-4所示。

表9-4 2010—2019年综合类科技典籍英译研究分类统计

典籍名称	研究数量（篇）	典籍名称	研究数量（篇）	典籍名称	研究数量（篇）
《考工记》	2	《景德镇陶录》	8	《长春真人游记》	1
《园冶》	3	《陶说》	1	《山海经》	27
《天工开物》	7	《洛阳伽蓝记》	7	《梦溪笔谈》	11
《抱朴子》	2	《徐霞客游记》	7		

根据"通汇"的分类，表9-4中所列的各部典籍分属技术卷、化学

第 9 章　科技典籍英译（二）

卷、地学卷和综合卷。也有一些未被收入"通汇"，如《天工开物》和《山海经》。中国"许多古书内容庞杂，论题不专一"（袁学良，2002：18），且语言和体例也与现代普遍接受的西方人对科技著作的认知大相径庭。其中一部分（如《徐霞客游记》《山海经》《梦溪笔谈》等）文学色彩浓厚，被称作"科学文学杂集"（梅阳春，2014：70）；另外一部分虽然更加贴合现代同类文献的特征，但仍然存在学术文献组成要素不全、编辑欠规范、术语众多，同义现象严重（卢军羽，2016a）等问题，给英译带来了较大的挑战和较多的争议。

总体来看，我国古代科技典籍著作与文、史、哲类作品的区分并不严格，甚至存在大量互文。能否认识并尊重这一点直接影响到译者对翻译策略的选择和研究者对译作的评价。我们发现，近十年来针对上述几部典籍的英译研究虽然数量不多，且主要集中在对翻译传播情况的综述和对策略的探究，但材料丰富、考据严谨、视角多元、论述深入，已经取得了不少成果。

9.5.2　重要成果

1.《考工记》英译研究

《考工记》的英译研究目前仅有两篇。从查阅到的文献来看，许明武、罗鹏（2019）是《考工记》英译研究的肇始者，提供了大量重要信息。文章首先简要介绍了《考工记》的曲折译史，继而以该部典籍目前唯一的英译全译本（由旅美技术专家闻人军于2013年译成）为例，重点探究古代手工业术语的英译问题。作者将书中的诸多术语分为"工种""工序""工具""成品及其部件"四种类型，以丰富的译例和图文并茂的形式描述和分析译者对术语的处理方法，主要有借词对应、增译补偿、阐释说明、意译加注和"考古"图文（即借助考古成果展示书中的古代物件）。总的来说，作者认为闻译达到了范畴对应、认知图式构建等效果，而术语翻译恰恰要以传播接受效果为考量。

2.《园冶》和《天工开物》英译研究

陈福宇（2017）将晚明宋应星所著《天工开物》和计成所著《园冶》看作工程技术典籍的代表，梳理了两部典籍在国内遭到禁毁，对外"东传、回流、西渐"的相似传播过程和在国际上产生过的巨大影响力。文章通过回顾译史发现，主导这一译介过程的曾经"基本是外籍学者，他们不仅翻译典籍，还对有关的工程技术知识及背景深入研究；而国人的参与和贡献相对有限"（陈福宇，2017：133）。作者借鉴西方的译介经验，指出跨学科协作在典籍翻译中的重要性不容忽视，并呼吁在当代中国典籍对外译介和传播的事业中，本土译者已责无旁贷。

肖娴（2018、2019）以《园冶》为例，先后探索了建筑典籍术语的英译策略，并论述了科技典籍中的文化迻译现象。作者以英国园林学家夏丽森（Alison Hardie）的《园冶》全译本为语料，首先举例分析原文中的术语特征，从"概念准确""消除歧义""音意结合""图文互释"四个方面评价译者处理术语时所使用的英译策略和效果得失；之后又重点考察了该译本中存在的文化减损现象，以及译者通过学术性厚重翻译和添加副文本的方式所做出的文化补偿和增益。文章认为，科技典籍的"实用性已十分有限"，其英译的意义"主要在于让世界了解中国在人类科技发展史上的成就，同时也担负起与其他文、史、哲典籍相似的传承文明、传播文化的使命"（肖娴，2019：55）。基于这样的认识，以及《园冶》在世界各国实际产生过的重要影响，文章反对英译科技典籍时仅译其科技信息，却对其中的文化信息弃之不译的做法。

1948 年至 2011 年的半个多世纪中，《天工开物》先后出现了四种英译本，即中国近代化学家李乔苹先后提供的节译本和全译本、美籍华人任以都和孙守全夫妇的英译本，以及"大中华文库"译本。《天工开物》的"大中华文库"本是由王义静、王海燕和刘迎春合作完成的。但该译本并无译者序、翻译说明、注释等体现译者翻译思想和翻译观的副文本，因此王烟朦等（2019）对译者进行了访谈，旨在构建译本的外部史料。访谈主题广泛，宏微兼顾，涉及译者对《天工开物》的认识、译者的知识背景、翻译的准备工作、底本选择、翻译模式、原则和方法、译者对术语和文化负载词的处理思路、译文的传播和接受的效果，以及译者对"大中华文库"项目实施意义的评价和对科技典籍对外译介的建议。

许明武、王烟朦是近十年中《天工开物》英译研究的主力。二人不仅从社会学视角审视了任以都译本中出现的大量内副文本信息，指出任译中的厚重翻译概貌是特定社会历史背景下"文化资本、社会资本、象征资本和经济资本相互作用的产物"（许明武、王烟朦，2017c：97）；还以李乔苹两次英译《天工开物》的实践为例，探讨了科技典籍的重译现象。许明武、王烟朦（2017b）指出，社会历史变迁、目标读者变化和译者认识提升等都可能成为重译的驱动因素，重译是出于"中文善本选择的需要"和"术语翻译统一的需要"，具有"合理性和必要性"。其实，无论对于首译、重译或复译，科技典籍的术语翻译都是重要议题。

第9章 科技典籍英译（二）

王烟朦、许明武（2018）曾以《天工开物》中的术语"天"为例，分析了这一术语在不同语境中的内涵差异，继而统计了"大中华文库"英译版本各种翻译策略（包括意译、仿译、改译、直译和音译）的应用频次，并探寻其缘由。

3.《抱朴子》和《景德镇陶录》英译研究

《抱朴子》和《景德镇陶录》在"通汇"中皆被收录于化学卷。目前来看，两部典籍不仅鲜有英译全译，且译者皆为西方学者。《抱朴子》由东晋葛洪所著，分《内篇》和《外篇》。《内篇》主要记录道家神仙方术，而《外篇》则属于儒家范畴。美国汉学家魏鲁男（James R. Ware）是全文英译《抱朴子·内篇》的首位，也是迄今为止唯一的译者。近年来，有关《抱朴子》的两篇英译研究文献皆围绕该部译作展开，研究局限于宗教视角，重在探究道教核心概念的英译。《景德镇陶录》的英译研究肇始于2016年，已有成果集中于对制陶专业术语、窑名、颜色词等词汇的分类和英译处理分析（卢军羽，2016b；卢军羽、刘宝才，2017；卢军羽、王国萍，2017），也有探讨其英译的宏观策略（陈宁、黄秀云，2016；卢军羽，2016a）。其中，卢军羽（2016a）深入分析并归纳出中国科技典籍的文本特点，在此基础上系统研究了《景德镇陶录》译者佘义（Geoffrey R. Sayer，也有译作赛义）的翻译动机及其所采用的异化翻译策略；文章十分推崇"直译＋副文本阐释"的翻译方法，认为这"无疑是一条可资借鉴的路径"。

4.《洛阳伽蓝记》和《徐霞客游记》英译研究

《洛阳伽蓝记》和《徐霞客游记》皆是史部地理类典籍，但成书于不同年代，服务于不同写作目的，因此语言风格差异较大。目前，《洛阳伽蓝记》有詹纳尔和美籍华人王伊同的两种英译全译本，后者被收入"大中华文库"。现有的少量英译研究主要是在介绍典籍概况的同时，探讨译文的翻译策略。例如，谢朝龙（2018a、2018b）着重对比了两种译文采用"厚重翻译"处理文化专项词和重构叙事的具体情况，分析了两种译文的策略应用效果。汪宝荣、姚伟、金倩（2017）和金倩、姚伟（2017）以王伊同译本为个案，分别考察了译者如何英译民俗事象和包蕴古代城市形态要素的地名（涵盖庙社、宫室、府曹、道路、学校、里坊、园林、城门、水源等）。研究发现，王译在处理这些文化要素时，总体上以异化为主，归化为辅，力图保留原文中的文化意蕴。

163

《徐霞客游记》的英译者有罗伯特·库尔提乌斯（Robert Curtius）、李祁、卢长怀等，这些英译本大多收录了原作有关名山游部分的篇章。其中，译者卢长怀（2014）根据翻译经验，总结得出典籍英译的三个取向，即以准确性为中心取向、以可读性为中心取向和以创造性为中心取向。之后，作者选取《徐霞客游记》中《游天台山日记》篇为例，详细阐释了如何以此为指导制定出相应的翻译策略。但是，目前在国内学术界最受关注的是"大中华文库"译本。李林、李伟荣（2017）首先概述以英美为主的海外徐学研究，评析了产生过较大影响力的译本；继而从底本选择、地名翻译等方面重点分析了"大中华文库"版《徐霞客游记》的宏观翻译策略。李伟荣、姜再吾、胡祎萌（2014）还以"大中华文库"版《徐霞客游记》英译的译审为例，从"版本及审校准备""地名记述类型及翻译"以及"原文校读和翻译审校"三个方面探讨了"中国典籍翻译的实践策略和翻译审校流程"。虽然作者撰文旨在促进 MTI 笔译教学、为中国典籍翻译研究培养后备力量，但客观上确实提供了大量有关《徐霞客游记》的版本信息和国内外研究文献信息，并从译审的角度还原和凸显了翻译的重点和难点。

5.《山海经》和《梦溪笔谈》英译研究

目前，除了零星的译文之外，《山海经》共有三个全译本和一个节译本。郭恒（2018）简要介绍了现有的四种译本。文章不仅整理了国内的相关研究文献，还通过引证译著的副文本和海外学者对英译本的批评，勾勒出《山海经》在国外译介和研究的情况。通过比较作者发现，"国内的英译与研究皆侧重于语言转换之'译'字""而国外学者考虑的是一个'研'字，即对典籍的深入研究"（同上：15）。

近十年中，《山海经》英译研究的文献数量增长较为明显，在总计 27 篇研究文献当中，有 11 篇是硕士学位论文。研究者灵活运用各种理论工具和研究方法，探讨了《山海经》英译文中的副文本、译者主体性、文化负载词和厚重翻译策略，逐渐廓清了《山海经》英译研究的领域和要点。在四种译本中，英国剑桥大学学者比勒尔（Anne Birrel）的译本和被收入"大中华文库"的王宏、赵峥合译本最受研究者的关注。有关这两种译文的译者研究、译文对比和分析，以及策略研究构成了近年来《山海经》英译研究的主体。王宏（2012c）曾撰文介绍了《山海经》的研究概况和英译过程，提出对此类典籍的理解"要注重考辨"，翻译时需"明白、通畅、简洁"，以再现原文风格。郜菊、杨柳（2016）则专题探究了比勒尔的翻译思想。除此之外，王敏、罗选民（2017）以比勒

第 9 章　科技典籍英译（二）

尔的《山海经》英译本为例，更为深刻地谈论了文化预设与中国神话的多模态互文重构问题。文章提出，生活在不同文化背景之中的读者存在"近似文化预设"和"非共同文化预设"。第一种情形出现的概率非常小，而在第二种情况下，如果译者没有共享所译文本触动的文化预设，便会出现误译。此外，"中西神话叙事模式"的巨大差异会阻碍源语文本在译语读者中的接受。作者因此认为，中国神话的对外传播"要在一个宏观的多模态的叙事体系下，有意识地将其与语内翻译、语内互文改写以及符际翻译相结合，形成一个动态的相互交织的互文空间"（王敏、罗选民，2017：92）。

迄今为止，《梦溪笔谈》唯一的英译全译本由王宏提供。这一译本不仅被收入"大中华文库"，还于 2011 年被英国帕斯国际出版社（Paths International, Ltd.）购买了版权，在全球出版发行，在国际上取得了较好的反响。受之推动，《梦溪笔谈》的英译研究才逐渐起步，肇始于译者王宏（2010）对翻译策略的描写、反思和探讨。近十年来，《梦溪笔谈》的英译研究取得了一些成果，但也有不足之处。在现有的 11 篇相关研究文献中，有 6 篇是硕士学位论文。研究者主要运用功能翻译理论、文本类型理论、关联理论和互文理论来探讨《梦溪笔谈》的英译策略，并由此延展出对科技典籍英译策略的思考。与此同时，由于译本单一，缺乏比较研究，相关讨论始终拘泥于对语言文字转换方法的探究，忽视了典籍内蕴的文化意象，以及典籍所承载的文化传播功能。我们认为，《梦溪笔谈》作为综合类科技典籍，应当兼顾语言研究和文化研究，可以借鉴其他较为成熟的科技典籍英译研究视角，拓宽语料选择范围，将一些重要的节译和摘译本作为比较研究的参照，推动这一重要科技典籍获得应有的和持续的关注。

9.6　小结

我国的古代科技典籍门类广泛，内容丰富。其中，中医药典籍和军事典籍的当代实用价值已经得到广泛认可，在西方社会译史悠久，接受良好，有一定的经典化地位，成为科技典籍英译研究领域的显著热点。茶文化典籍因携带具有东方古韵的哲学文化模因而流传甚广，近年来在一批学者的推动下走在了农学典籍英译研究的前列。桑蚕养殖、工艺制作、园林建筑等工程技术类典籍早期曾备受西方传教士译者的青睐，被大量摘译、节译和少量全译，在西方社会产生过重要影响，如今经由"大中华文库"项目的推动，重新走入了人们的视野，成为科技典籍英译研究中的新兴领域。而一些地理类游记和综合类著作因较早记载山川、河流、地质、植被、寺院、城市、风土、人情和发明创造等信息而极具史学价值和文学价值，构成科技典籍英译研究中的又一道风景。

我们也应当看到，虽然科技典籍数量众多，但是已获英译者只有十之一二，其英译能得到研究和关注者更是凤毛麟角。对大众读者来说，科技典籍不如文学作品能引起共情，也不像哲学著作能抚慰人心，因此缺乏天然的吸引力；对译者来说，科技典籍具有较强的专业性，既要对客观知识详加考证，又要沟通衔接古今学术语言和体系，因此较一般典籍英译更难胜任；对研究者来说，科技典籍具有怎样的价值，译者所选用的翻译策略应当以凸显何种价值为重成为争议的焦点问题。梅阳春（2014）认为，"拟译文本必须贴合英语世界普通读者对科技文本的认知"，且"在英译中国古代科技典籍时，可读性应当优于忠实性"。许明武、王烟朦（2017a）则从傅斯年的翻译观中获得启示，认为科技典籍英译应当"坚持文化自觉"。我们认为，中国科技典籍产生于较为久远的历史时期，在地理、文化环境相对闭塞的年代独立发展、自成体系，主要与同种文化中的其他典籍形成互文关系。因此，英译科技典籍除了能够传播专业信息之外，还具有保存历史和展示文化的价值和功能。评价一部科技典籍的英译既需要考察其语言和体例是否符合现代认知，是否能够满足读者最基本的"读懂"需求，也应当了解其所携带的文化特质是否得以充分传递。

近年来，在各方力量推动下，古代科技典籍的英译研究日渐升温，并逐渐产生聚合效应。多位学者基于自身丰富的翻译经验，不断思考科技典籍"译为何""如何译"，探讨了中国科技典籍的属性、概念界定、译介和研究现状、研究框架、翻译策略等一系列问题。例如，刘性峰（2018）的博士学位论文以诠释学为观照，从中国古代科技典籍的本体根源性范畴、本体属性、文本特征、科技方法等方面对四部中国古代科技典籍（《黄帝内经·素问》《墨子》《淮南子》《梦溪笔谈》）的不同英译本进行描写和分析。王宏、刘性峰（2018：64）指出，"中国古代科技典籍翻译在世界的传播是一个系统工程，对其研究需要体系化，形成相互支撑、特色鲜明的体系框架"。实际上，二位学者已经在2016年做出初步尝试。科技典籍已经走过了一段发展历程，积累了不少重要的研究成果，今后需要逐步改善零散的研究现状，寻找各个类别文本在对外传播方面的共同特征。近期，王海燕、刘欣、刘迎春（2019）以中国科技典籍中的农学、军事和医学三个子类为研究对象，从多模态翻译视角下探寻了如何协同非语言翻译策略和言语翻译策略，旨在促进中国科技典籍译介的整体研究，推动中国古代科技文明走向世界，这无疑是科技典籍英译研究的一次新尝试。

第 10 章
少数民族典籍英译（二）

10.1 引言

典籍翻译事业起步后不久，汪榕培、王宏印等学者便多次呼吁开展少数民族典籍翻译和研究工作。2010 年，第六届全国典籍翻译研究会提出了"中国少数民族典籍英译研究"的议题，受到了学者们的热烈响应。此后，在国家的大力支持下，这项事业迅猛发展，自 2013 年起，发文数量陡增，已经形成了覆盖东北、西北、西南地区共计 10 余个少数民族、30 余部作品的英译研究队伍。近年来，国家社科基金和教育部人文社科基金为民族典籍英译课题立项 10 余项。其间，学者们充分利用地域资源，在全国范围内建立起包括南开大学、大连民族学院、广西百色学院、云南师范大学、河北师范大学等 10 余所高等院校在内的民族典籍英译和研究基地，形成了以师承关系为重要结构的各个研究学派，出版了多部专著和译著。民族典籍翻译和研究真正是"星星之火，已经燎原"[1]。

根据王长羽（2014）、李正栓和解倩（2014）、赵长江（2014b）、董辉（2014）、黄剑（2015）、荣立宇（2015d）[2]、李正栓（2017a）、刘艳春和赵长江（2017）、许明武和赵春龙（2018）、李正栓和王心（2019）等多位学者的梳理、盘点与更新，我们能够快速了解国内民族典籍外译（主要是英译）的研究现状、成就、热点和问题。综合学者们所提供的信息，我们分别以"民族典籍"并含"翻译"、"典籍名称"并含"翻译"为主题词，在 CNKI 中进行文献检索。考虑到"除一些本民族研究者之

1　李正栓（2017a）总结了当今民族典籍英译呈现出的 13 个特征，其中第四点即为"星星之火，已经燎原"。

2　荣立宇按照作者学缘关系将从事民族典籍英译研究的学者粗略地分为苏州、南开、河北、广西等四个学派，并以表格形式详细列举了各个学派的领袖、学者、所在地域、研究成果涉及民族等信息。

外，大部分从事民族典籍英译实践与研究的人员是汉族学者"(李正栓，2017a：10)，需要精选汉译本为底本，再据此转译为外文，或译著本身即为"民族语+汉语+目的语"的特殊翻译模式，因此我们将汉译相关研究也纳入统计范围，所获得的有效文献数量如表10-1所示。

表10-1　2010—2019年民族典籍翻译研究分类统计

地域（主要居住地）	民　族	典籍名称	体　裁	英/汉译研究文献量（篇）	相关博士论文/专著/译著作者
东北地区	达斡尔族	《少郎和岱夫》	叙事诗	4	/
	郝哲族	《伊玛堪》	史诗	8	王维波团队
	蒙古族	《江格尔》	英雄史诗	14	贾木查
		《蒙古秘史》	史记文学	12	邢　力
	满族	《尼山萨满》	萨满传说	3	/
		《天宫大战》	创世神话	1	/
西北地区	维吾尔族	《福乐智慧》	长篇诗歌	9	李　宁
	柯尔克孜族	《玛纳斯》	英雄史诗	18	贾木查
西南地区	藏族	《萨迦格言》	格言诗	25	王密卿、李正栓
		《格丹格言》		6	
		《水树格言》		5	
西南地区	藏族	《格萨尔》（藏族、蒙古族共同创作）	英雄史诗	44	王治国
		《米拉日巴道歌》	道歌	6	/
		仓央嘉措诗歌（以人名作为检索词）	诗歌	42	荣立宇、李正栓、王密卿
	壮族	《北路壮剧》	地方戏	9	周秀苗
		《平果壮族嘹歌》	民歌	13	周艳鲜、陆莲枝
		《麽经布洛陀》（以"布洛陀"作为检索词）	创世史诗	31	韩家权团队

第10章 少数民族典籍英译（二）

（续表）

地域（主要居住地）	民　族	典籍名称	体　裁	英/汉译研究文献量（篇）	相关博士论文/专著/译著作者
西南地区	彝族	《阿诗玛》	叙事长诗	25	崔晓霞
	土家族	《梯玛歌》	史诗	7	张立玉、李　明
		《摆手歌》			
	傣族	《召树屯》	叙事长诗	5	/
	苗族	《苗族古歌》	史诗	4	吴一方、葛　融

从研究主题来看，民族典籍英/汉译研究可大致分类为历史回顾、现状梳理、策略探究和伦理探讨四个方向。研究者在盘点译史、梳理现状的过程中不仅常规性地总结归纳研究特征，还针对常见问题阐发观点。例如，荣立宇（2015d）使用文献计量方法统计了民族典籍英译研究文献的作者单位，发现民族类院校"尚未参与进来"，原因大概是"这些院校把研究重点放在了本体研究，而非翻译研究。这也客观造成了民族典籍本体研究与英语翻译略有脱节的事实"（同上：33）。刘艳春、赵长江（2017）重点谈论了如何认识民族典籍中汉语作为外译"过滤器"的普遍现象。文章一方面承认经过汉语过滤的民族典籍必然会失掉一些东西，或产生名实问题，同时也指出，在汉语典籍外译史上，经由其他语言转译为英语的先例比比皆是，因此在现有条件限制下，也可将民族语言、汉语和英语对照翻译，将损失降低到最低；更为重要的是，汉语典籍和少数民族典籍互译古已有之，这恰好说明"汉族与少数民族早就亲如一家"，只需"选好底本"，英译时精益求精，"汉语过滤器"不应该成为某些人诟病民族典籍英译的理由，更不应该成为民族典籍英译的障碍。

策略研究是这一阶段民族典籍英译宏观研究的重要议题。研究者尝试从传播学（彭清，2012）、社会符号学（吕爱军，2013）、跨文化语用学（龙翔，2019）、文化视阈（彭清，2014）、话语语言学视阈（蓝艳芳、顾亚娟，2016）、翻译选择适应理论（鲍倩，2017）等跨学科的理论视角，从不同侧面探索民族典籍英译的宏观原则和微观策略。

"民族志诗学"是20世纪中后期以来在美国民俗学、人类学界兴起的一个重要理论流派。民族志书写是近代西方译者翻译我国民族典籍的常用方法之一，也是现阶段我国民族典籍汉译和汉译研究的常见途径。

近十年间，这一方法逐渐在民族典籍英译研究领域得到重视。例如，王治国（2010）明确表示在民族志书写和跨文化阐释的视阈下研究《格萨尔》史诗。王宏印、王治国（2011）借鉴民族志诗学的方法深刻阐发了《格萨尔》三种典型译本的翻译方式和类型。王军（2014）发现民族志诗学与民族志实践所提倡的"可表演性"对少数民族典籍外译具有重要的启示意义，认为民族典籍外译"最具操作性的途径"是由懂汉语和外语的翻译者与懂汉语及少数民族语言的人合作，在译本中提供大量民族志信息，以保留原文的"活态"特征。李敏杰、朱薇（2017）则详细介绍了"民族志诗学"的产生、兴起和重要观点。文章将"民族志诗学"的研究方法归纳为"3R"（reading、representing 和 reperforming）模式，并将之与"保留原文的口头性特征""采用多模态呈现方式""完全翻译"共同作为民族典籍英译的总体策略。

除了探究翻译策略之外，另一些研究者（如李明，2015b；张瑛，2016；刘佳，2018b）聚焦于译者主体，选择从生态翻译学视角探讨民族典籍翻译的"伦理"问题。文章建议民族典籍的译者采取田野调查的方式，并在翻译时采用"深描"和"世俗化"的翻译策略，以遵循"译者责任"和"平衡和谐"的生态翻译伦理。在前者的规约下，译者需要同时具备"文献学素养"和"民俗学素养"，而后者是核心，意味着译者应当在"依归于源语生态"和"依归于译语生态"两种翻译倾向中实现"平衡和谐"。

王宏印不仅多次在国内相关会议上号召学者们重视和加入这一研究领域，且多年来身体力行，早在2006年就率先发表了有关民族典籍英译的研究性文章，此后又相继提出了许多精辟的学术见解[1]，更在南开大学培养了诸如邢力、李宁、王治国、赵长江等多名民族典籍翻译研究方向的博士生[2]，其研究团队聚焦在蒙古族、藏族、维吾尔族、彝族等民族典籍翻译研究领域。2016年，由王宏印主持的六卷本"中华民族典籍翻译研究丛书"在大连海事大学出版社出版。这套丛书共计180多万字，在研究深度、广度和角度方面皆有所突破。其中，由王宏印本人撰写的《中华民族典籍翻译研究概论——朝向人类学翻译诗学的努力》（两卷本上下册）"填补了国内外中华少数民族典籍翻译研究概论性专著的空白"（王晓农，2016：90）；刘雪芹博士的《西南诸民族典籍翻译研究——她们从远古的歌谣中走来》论及了壮族、傣族、苗族、瑶族、侗族、纳西族、

---

1 据荣立宇（2015d）统计，截至统计日期，国内学者在民族典籍英译方面发表文章最多的便是王宏印。经我们梳理，近十年中，王宏印以独立作者或第一作者发表的，以及接受访谈的有关民族典籍翻译研究的相关文献共计13篇。

2 荣立宇（2015d）将王宏印及其弟子称作"南开学派"。

第 10 章　少数民族典籍英译（二）

彝族等多个西南少数民族；王治国博士的《藏族典籍翻译研究——雪域文学与高原文化的域内外传播》囊括了藏文佛经翻译发展史、藏文大藏经、藏族格言诗翻译、米拉日巴道歌翻译和仓央嘉措诗歌在域内外的译介等诸多议题；邢力博士的《蒙古族典籍翻译研究——从〈蒙古秘史〉复原到〈红楼梦〉新译》和李宁的《维吾尔族（西域）典籍翻译研究——丝路遗珍的言际旅行》也以创新的视角各自在研究领域中有所开拓。

总的来说，近十年来，民族典籍英译研究取得了很大进展。根据现有的发文情况来看，藏族典籍对外译介不仅起始时间早，译本数量多，并且译者构成复杂，典籍种类多元。除此之外，在国家政策的指引和支持下，国内不少学者依据院校和地域优势，组成团队，主动投入民族典籍对外译介的事业中，许多地处东北、西北和西南地区的少数民族典籍相继出现了首个国内英译本或世界上首部英译，实现了从无到有的突破。但是，由于各个民族典籍英译本的问世时间不尽相同，相关研究便存在规模不一、深浅不同、良莠不齐的情况。考虑到地理位置相近的少数民族文化之间存在更多的相互影响或辐射效应，其民族典籍在对外译介和传播方面也具有一定的共性特征，我们将对藏族典籍、北方少数民族典籍和西南地区少数民族典籍的英译研究情况作进一步梳理。

10.2　藏族典籍英译

10.2.1　主要概念与理论观点

《格萨尔》是我国少数民族三大英雄史诗之一，它的出现"填补了中国文学史的一项空白，以无可辩驳的事实表明中国不仅拥有史诗而且拥有世界上最长的史诗"（王治国，2011：33）。据表 10-1 所示，近十年中，《格萨尔》共有 44 篇翻译研究相关文献。其中，仅王治国一人便以博士学位论文、期刊文章、会议发言等多种形式发表成果 21 篇，占文献总量的近一半之多。

藏族格言诗兼具哲学性、宗教性和文学性。目前，已有英译的藏族格言诗集主要是《萨迦格言》《格丹格言》《水树格言》。2013 年，我国学者李正栓以国内藏学家王尧、次旦多吉和耿予方的汉译本为底本，合并英译了上述三部格言诗集，出版译著《藏族格言诗英译》。其中，《格丹格言》和《水树格言》成为世界上首个英译本；而《萨迦格言》至此共有五种英语译本。除了李正栓的译文之外，《萨迦格言》还有匈牙利译者乔玛的译本、美国学者薄森（James E. Bosson）早期的博士论文译本、定居美国的藏人塔尔库（Tarthang Tulku）的自由诗体译本和美国人达文波特（John T. Davenport）详加注释的译本。近十年来，李正栓对藏族格言诗英译的研究用力最勤，发文最多，不仅梳理了译史，比较了译文，还重点提出并论述了国内外译者不同的身份、目的和意识形态对制定翻译策略存在重要的影响，为这一领域的研究和发展做出了很大贡献。此外，也有多位研究者着眼于细节，探究了三部格言诗集的隐喻、比喻辞格处理方式，文化负载词的翻译策略，以及译本风格等议题，逐渐在这一领域中形成了宏微相济的研究格局。

仓央嘉措的诗歌融合了佛法和爱情主题，在藏地流传300余年而不衰，自20世纪初开始通过翻译逐渐在域内外传播。据荣立宇（2013）统计，截至2012年，先后问世的仓央嘉措诗歌汉语译本有21种之多，英语译本也多达15种。无论是汉语译本还是英语译本，同种语言的译本之间皆存在显著的谱系关系[1]，两种语言文字的译本之间也有一部分具有相互影响或承接的关联，但更多情况下各自独立，展现出独特的时代特征和译者风格。在统计年份内，仓央嘉措诗歌的英译研究共计有42篇有效文献（如表10-1所示），其中英译研究有27篇，汉译研究也有14篇之多。在众多研究者中，荣立宇脱颖而出，发表了包括博士学位论文和期刊文献在内的共计13篇研究成果，其研究兼顾汉译和英译，擅长在两种翻译语言之间建立事件关联；其文章不仅梳理译史、厘清现状，同时还创新观点；其论述视野宽广、史料充足、鞭辟入里，因此成为仓央嘉措诗歌翻译研究的重要代表。

10.2.2 重要成果

1.《格萨尔》翻译研究

王治国（2010）认为，《格萨尔》是我国藏（蒙古）族人民集体创作的一部长篇英雄史诗，其译介就具有了"双源原本"的性质。从历时的角度出发，王文将《格萨尔》史诗翻译分为"欧洲大陆的早期译本""北美汉学的现代解读"和"中华本土的双向阐发"这三个重要的

---

[1] 荣立宇分别绘制了"仓央嘉措诗歌汉译本谱系图"和"仓央嘉措诗歌英译本谱系图"。文章分别是：①荣立宇. 2014. 仓央嘉措诗歌汉译的统计学特征. 西藏研究,（5）: 107–114. ②荣立宇. 2016. 英语主流诗学与仓央嘉措诗歌英译——基于韵律的考察. 山东外语教学,（3）: 101–107.

第 10 章　少数民族典籍英译（二）

历史阶段，分阶段选取了三种典型译本并加以分析，绘制了内容涵盖"翻译文本""翻译方向""翻译时间""翻译空间""翻译目的""翻译主体""翻译策略""翻译文体""翻译视角"九个方面在内的译本对比表。

结合《格萨尔》在域内外的翻译历史，王治国（2016b）从史诗的藏族口传初始形态出发，梳理出由域内到域外的共计九条翻译传播路径，并绘制了"翻译转换机制图"，将各条路径的组合情况直观地呈现在读者眼前。我们从中了解，现有的《格萨尔》译本大多数是经过"文本化过程"的间接翻译。"域内翻译"使得《格萨尔》这一原先仅有口头传唱的"活形态"史诗具有了文本传承的新样式，通过"民译"和"汉译"最终成为中华民族共同的精神财富，为中华文化多样性作了极为生动的注释和说明。王治国（2015）认为，历史上多个经由蒙、汉语言，成功英译《格萨尔》的先例"给民族史诗走向世界文学的翻译模式带来了新的扩充和理论思考"；并专文分析了当代藏族作家阿来和美国翻译家葛浩文（Howard Goldblatt）对《格萨尔》英译传播路径的最新贡献。文章将阿来使用汉语和小说体裁再创原诗，葛浩文继而以"创译"方式将之转译成为英语的现象称为非母语再创和译入语创译的双重书写和二度翻译。经过缜密的分析，作者归纳出小说《格萨尔王》"汉译"和"外译"译本在域内外皆大获成功的多方面原因，希望这一模式能够为中国民族文学"走出去"带来一定的启示。当代《格萨尔》的译介模态愈发多元。王治国（2016a）研究了《格萨尔》在域外传播的语境特征和媒介嬗变。宋婷、王治国（2015）则以道格拉斯·潘尼克（Douglas Penick）的《格萨尔王战歌》英译本为例，重点分析了这一北美地区新译本运用歌剧化编译策略以现代散体诗歌诠释《格萨尔》思想的文体变异现象，评析了该译本对《格萨尔》史诗跨界传播的借鉴意义。

除了研究经由中介语言和文本进行英译的模式之外，王治国也在多篇文章中着重探究了"民族志"书写的翻译方法。女藏学家达维·妮尔（Alexandra David-Neel）是使用田野调查和"民族志"方法翻译《格萨尔》的杰出代表。她曾先后五次到西藏及其周边地区从事科学考察，写下了许多探险记、日记、论著和资料，其译本多次再版，被译成多种语言，影响巨大。因此，王治国（2016d）专题研究了达维·妮尔译本的导言部分，以实例较为完整地呈现了达维·妮尔在早期人类学视角下以"民族志"书写方式翻译《格萨尔》的具体策略。

2. 藏族格言诗翻译研究

在《藏族格言诗翻译史略》（2013）一文中，李正栓分别介绍了《萨迦格言》《水树格言》和《格丹格言》的汉译和英译情况，着重评述了《萨迦格言》的两位国外译者——塔尔库和达文波特的译文。近期，李正栓（2019）将中华人民共和国成立70年以来藏族格言诗的翻译历史分为四个阶段，即"新生时期"（1950—1965年）、"沉寂时期"（1966—1976年）、"全面时期"（1977—1999年）和"深入时期"（2000年以后）。文章梳理了各个时期藏族格言诗[包括仅有汉译、没有外（英）译的诗集]汉译和外译的总体情况，列举了具有代表性的译者和译著；但"因为早期人们只重视翻译《萨迦格言》"，其译史更久，译本更多，所以文章重墨详谈了《萨迦格言》英译和研究的整体情况。近十年来，《萨迦格言》的翻译研究数量的确也远超其他两部格言诗集。

《萨迦格言》成书于13世纪上半叶，是藏族最早的一部佛哲格言诗集，现有五种英译本。目前，研究主要集中于达文波特、塔尔库和李正栓的译文。其中，李正栓的英译底本来源于次旦多吉等人的汉译，达文波特则译自"仁增才让和才公太的汉版《萨迦格言》"（黄信，2017），只有塔尔库的英译母本为藏文原文。

李正栓（2013、2016）指出，虽然几位外国译者都笃信佛教，以传播佛教教义为己任，但国内外译者具有迥异的译者身份、翻译目的和意识形态。作者认为，"英译藏族格言诗不应局限于翻译学术研究的范畴，而应将其看作对外宣传的有效手段……让西方读者了解藏族文学与文化对粉碎达赖集团分裂祖国的阴谋与言行有积极作用"（李正栓，2016：21）。沿着这一思路，李正栓、崔佳灿（2014）在后殖民主义视角下以达文波特英译《萨迦格言》的句段为例，反思其译文所表现出的藏族文化在面对西方文化时的自我贬损现象。耿利娟、李正栓（2015）将塔尔库漏译《萨迦格言》的原因归咎于其译者身份、翻译目的和意识形态的影响。李正栓、解倩（2015）则指出，塔尔库、达文波特和李正栓由于在"宗教文化背景""意识形态""翻译理念"等方面存在巨大差异，因此三种译本"在佛与俗问题上"给读者留下了不同的印象，前两者的英译未能完整传达格言诗亦佛亦俗的文化内涵，而李译本较为忠实地诠释了藏族格言诗中佛俗高度融合的思想内核。

李正栓、刘姣（2014）认为，国内外译者在身份、目的和意识形态方面的差异会对制定翻译策略产生显著的影响。文章以目的论为理论依据，选取达文波特和李正栓的译文作为对比语料，从句法、词语、原文文化翻译，以及译文的整体风格这四个方面分别举例予以论证。黄信（2014）同样比较了达译和李译，但认为二者的翻译策略各有优势。文章以文化传播学为理论基础，辅以语料库翻译学的技术手段，基于对数据的分析，文章形成以下定性结论："李氏对民族典籍外译的目的性、意识性把握得更好，更贴近传播学的时代特征；达氏则尽可能地再现原貌，倾向异化，更有助于藏族文化的'原生态'保护与对外传播"（黄信，2014：120）。索朗旺姆、格桑平措（2015）却从文本入手，对达文波特所运用的具体翻译策略给予了较高评价。文章一方面介绍了达译的"合作翻译"模式，认为国外译者通过合作翻译等形式来弥补他们对原作理解的不足，整合和优化资源来完善其译本"的方式值得借鉴；另一方面通过译例分析指出，达氏在翻译过程中力求文体结构的相似，根据需要对语序、段落作出调整，较为灵活地处理"特殊且重要的词汇""专有名词、书名"，最终使这一译本获得了较高的接受度。

除了探讨宏观的外部影响因素之外，一些研究者近年来也有意识地从微处着眼，将策略研究落实到具体的文本中来。例如，刘佳（2018a）专题考察了达氏翻译《萨迦格言》中隐喻所使用的策略，着重指出其不足之处。阳琼、黄信（2017）从原文出发，将《萨迦格言》中的比喻辞格分为明喻、暗喻和借喻，继而分别比较了达文波特和李正栓二人的译文在意义、风格和文化层面的翻译策略。此后，黄信、颜晓英（2018）又在传播学视阈下比较了李正栓、达文波特和薄森三位译者处理原文文化负载词的方式，分析了各自的优劣得失。王心、王密卿（2019）则率先对《格丹格言》中的文化负载词英译展开了研究。

3. 仓央嘉措翻译研究

荣立宇（2015a）将仓诗英译划分为三个阶段，即滥觞阶段（1906—1930年）、初步发展阶段（1930—1969年）和多元发展阶段（1969年至今），这一划分方法后来被其他译史研究文献所采纳（杜明甫，2016）。从中我们获知，国人英译仓央嘉措诗歌始于于道泉。1930年，于道泉将仓诗译为藏、汉、英对照本，此举开仓央嘉措诗歌汉、英全译之先河（荣立宇，2013），译本在国内外皆产生了重要且持久的影响。例如，李正栓、王密卿在2015年初推出了最新的《仓央嘉措诗歌英译》，该译本即以于道泉的汉译作为底本。在国外，邓肯（Marion H. DunCan）翻译仓央嘉措诗歌的时间距于译"中间有30余载的历史间隔。尽管如是，两者之间的共性还是十分明显的……尽管邓肯在其译本中并未提及他是否参照了于道泉译本，但仅从邓肯翻译诗歌的选择及译诗的排列顺序来看，前者对于后者的参照是可以确定的"（荣立宇，2015c：39）。

译本对比和译文分析是仓央嘉措诗歌翻译研究的重要方法，主要涉及国内译者于道泉、李正栓和旺多（也有研究者称之为W. 泰森），以及国外具有代表性的译者邓肯、惠格姆（Peter Whigham）、休斯敦（G. W.

Houston）等。

对比研究可以分为三种类型：一是跨阶段的历时性对比；二是跨地域的国内外对比；三是跨阶段、跨地域的交叉对比。荣立宇（2015a）不仅划分了英译仓央嘉措诗歌的三个阶段，而且更详细地介绍了各个阶段的时代背景、主要译者和译作的风格特征。除了第一阶段的译文只是零散地出现在各个藏学家的著作之中，无法独立分节加以描述，文章对第二和第三阶段产生的 15 部译著都做了精要的概述，且大多以高度凝练的"特征 + 译者"格式作为小节标题，凸显出各种译本与众不同之处。索朗旺姆（2012）选择将早期于道泉、后期藏族翻译家旺多及美国译者休斯敦的译本互为参照对比，旨在说明译者的受教育经历、学养、性情和信仰等与其翻译作品的展现是有密切关系的。闫曼茹（2016b）则尝试比较了国内迄今为止的三种英译本。文章侧重介绍三位译者的翻译思想，并对各个译本的翻译风格加以评价。同年，闫曼茹（2016a）再次比读了"使用相同汉语底本"的于道泉译本和李正栓译本。文章重点论述了两位译者的翻译目的和策略，以及各自在目的原则指导下形成的英译特色。

1961 年，美国著名藏学家、诗人邓肯出版了其藏学著作《西藏的歌谣及谚语》，成为仓央嘉措诗歌的第二种英文全译本。荣立宇（2015c）从四个方面分析了邓肯"行高于众"之处：第一，译文保持了原诗的四行体式，并以宽松格律体译诗；第二，译文不仅吸收了于道泉的英译之长，且结合自身的田野调查，根据仓央嘉措诗歌的民间口头版本，在阐释和解读原诗时具有特立独行的姿态和与众不同的视角；第三，有意识地呈现原诗"敬语"的语言特征；第四，译文有内容丰富的副文本。

在邓肯的全译本出版后不久，仓央嘉措诗歌进入英译的第三阶段，其间不仅译本数量大幅增加，英译者的身份也日趋多元，译者们不拘一格地阐释原文，形成了风格各异的译本。其中，惠格姆的创译本使得仓央嘉措诗歌的英译渐次与英语诗歌创作发生关联（荣立宇，2015a）。荣立宇（2015b）从"译诗体式的改造""意象处理与修辞变迁""西方典故的引入与第三种文字的穿插"三个方面深入分析了惠格姆译诗的特色，指出惠格姆译仓央嘉措诗歌从形式、技巧以及文化等方面更加接近英语现代诗歌。在第三阶段出现的十余种英译中，李正栓的译本是国内译者的第三种英译本，也是最新的全译本。目前，相关研究还不多见。李正栓、于阳（2017）曾发文阐释了英译仓央嘉措诗歌时所遵循的三个原则：保真、求善、存美。保真即自然而忠实于原文；求善即善待作者并尊重其风格；存美即慎重转换、保留原作之美，为研究者正确把握译者思路和解读译文提供了重要线索。总的来看，相对于大量存在的译本，现阶段无论是对比研究或是单个译本分析，所涉及的译者数量依然过少，对每位译者和译作的研究也仅有"一家之言"，需要假以时日才能形成规模。

10.3 北方少数民族典籍英译

10.3.1 主要概念与理论观点

近十年来，国内对北方少数民族典籍英译的研究主要有以下几个方面的特征。

第一，研究更为深入，范围逐渐拓展。一些北方少数民族典籍早已经由口传、外译等多种渠道蜚声国际。例如，柯尔克孜族的英雄史诗《玛纳斯》、维吾尔族的文学经典《福乐智慧》、蒙古族的英雄史诗《江格尔》和史记文学《蒙古秘史》等。在上述四部典籍中，已有两部典籍的英译研究出版了相应的专著，即邢力著写的《蒙古族典籍翻译研究——从〈蒙古秘史〉复原到〈红楼梦〉新译》和李宁著写的《维吾尔族（西域）典籍翻译研究——丝路遗珍的言际旅行》，收入 2016 年由王宏印主持的六卷本"中华民族典籍翻译研究丛书"之中。近十年来，研究还拓展至达斡尔族的叙事诗《少郎和岱夫》、赫哲族史诗《伊玛堪》、满族创世神话《天宫大战》，以及流传于我国满族、鄂伦春、鄂温克、赫哲、达斡尔等多个少数民族的萨满传说《尼山萨满》（参见表 10–1）。其中，一些研究的选题来源于个人，但获得了国家层面的支持，例如，2010 年，由大连民族学院张志刚主持的"东北少数民族文化典籍英译与研究"获批为教育部人文社科规划项目，《少郎和岱夫》是该项目的重要研究内容。还有一些研究是为了顺应时势，满足需求。2011 年，伊玛堪被列入联合国"急需保护非物质文化遗产名录"，此后，以大连民族学院王维波为首的一批教师致力于其英译研究，近十年中发表了多篇[1]高质量的相关研究文献，并出版了"赫哲族伊玛堪史诗英译系列丛书"。

第二，各部典籍的英译研究之间存在显著的理论互鉴和承袭关联。

---

1 分别是：①王维波. 2012. 全球化视野下赫哲族伊玛堪的英语翻译. 黑龙江社会科学，(4)：150–152. ②王维波. 2012. 翻译目的论视角下的赫哲族史诗《香叟莫日根》英译探讨. 西南农业大学学报（社会科学版），(10)：154–155. ③王维波，陈伟. 2014. 少数民族典籍英译的民族学方法——以赫哲族史诗《伊玛堪》英译为例. 天津外国语大学学报，(3)：31–34. ④王维波，陈吉荣. 2016. 民族学"自观"与异化策略：民族史诗英译的选择——以赫哲族英雄史诗"伊玛堪"为例. 民族翻译，(4)：22–28.

例如，美国学者马克·本德尔（Mark Bender）曾经针对中国少数民族口头文学翻译总结出三类翻译方式（马克·本德尔等，2005），这一观点后来被不少民族典籍英译研究者加以引用，他们或接纳验证，或发展补充。其中，王宏印、王治国（2011）不仅借此阐发了《格萨尔》三种典型译本的翻译方式和所属类型，更在文中提出"域内翻译""域外翻译""汉译""民译""外译"等概念。这些概念后来又被本领域内许多学者"拿来"应用或"标记"使用，在不断地复制、沿用和拓展之后，逐渐形成了具有民族典籍翻译研究特征的概念群。例如，梁真惠、陈卫国（2018a：36）明确表示，其文章《"活态"史诗〈玛纳斯〉的翻译与传播》即"采用王宏印等使用的概念，涉及域内翻译、域外翻译、汉译、民译、外译、终结文本、中转文本等"多维度研究。

第三，各部典籍英译研究在已发文数量和发展趋势方面皆有较大差距。部分典籍不仅英译研究起步较晚，且未能形成合力，因此现阶段受关注程度不高，相关的研究数量也十分有限，如满族的《天宫大战》和《尼山萨满》。而有的典籍英译研究虽然也刚刚起步，但因为能够积极吸收新理论和新方法，形成研究团队，因此在这十年内呈现出明显的上升趋势，如郝哲族的《伊玛堪》。还有一些典籍或是出现英译的时间较早，或是在国际社会原本就有一定的知名度，因此可资借鉴的前期成果较多，英译研究也就相应地呈现出史料丰富、视角多元的特征，如柯尔克孜族的《玛纳斯》、蒙古族的《江格尔》和《蒙古秘史》、维吾尔族的《福乐智慧》等。

10.3.2 重要成果

1.《玛纳斯》英译研究

梁真惠、陈卫国（2012）梳理了《玛纳斯》作为"活形态"史诗从口头传播走向文本传播的成因和经过，并以时间为线索，一一介绍了国内外《玛纳斯》的文本记录者、记录过程和文本名称，以及伴随这些"搜集记录"工作而同时进行的"翻译出版"情况，提供了包括出版时间、译本名称、依据底本、译文概况、译者身份等相关信息。

两位研究者的贡献不止于此。在统计的共计18篇相关文献中，二人独立撰写或参与完成了其中的7篇，成为《玛纳斯》翻译研究的重要推动力量。二人基于对《玛纳斯》域内外翻译传播的情况梳理，不仅从中选取出主要译本进行深度的个案分析（梁真惠，2015；梁真惠、杨玲，

第 10 章　少数民族典籍英译（二）

2015；梁真惠、陈卫国，2018b），还专文探讨了《玛纳斯》几种主要英译本对关键词汇"克塔依"和"别依京"的误译，旨在澄清概念，减少民族间不必要的误解（梁真惠、陈卫国，2017）。近期，梁真惠、陈卫国（2018a）再次爬梳了《玛纳斯》在国内外的译介现状，进一步以表格形式直观呈现出现有的这十种英译的"唱本来源""英译者""英译本书名""出版时间""出版地"等信息，勾勒出该史诗在我国及西方主要国家翻译传播的认知地图。文章在此基础上进行总结评析，归纳出《玛纳斯》英译的"三点"，即各译本"文本类型与翻译方式多元复杂性的特点"、英译当中"完整性与时效性的难点"，以及"译本中史诗综合性特征丢失的缺点"；认为"民族志诗学、深度描写理论、影像文化志等跨学科理论方法"为翻译"活形态"史诗提供了方向和思路。

有关《玛纳斯》的译本个案分析还专论了世界上首位英译者亚瑟·哈图（A. T. Hatto）（李粉华，2016）和国内首位英译者张天心（张敬源、邱靖娜，2016b）。张译本是以贺继宏、纯懿的汉文版《玛纳斯故事》为底本的浅化译文，出版于 2011 年。梁真惠、陈卫国（2012）虽然肯定了这一译本具有重要意义，认为这是我国学者把流传在我国境内的史诗推向世界的一次有益尝试，但同时也因为这只是"极其概括的史诗故事译本"，并没有给予它更多的笔墨，反而将其价值更多地归功于英译底本的唱本来源——我国杰出的史诗歌手居素普·玛玛依。但是，张敬源、邱靖娜（2016b）却认为，在后现代主义思潮之下，文学艺术在整体上出现了"通俗化转向"，这在典籍翻译中体现在解读"去神圣化"、读者大众化、阅读碎片化以及译本的视觉转向；文章通过对张译本的文本分析，发现该译本恰好与"通俗化转向"的特征相匹配，而这能够较好地实现普及柯尔克孜文化，推动《玛纳斯》英译发展的目的。这样的案例恰恰反映出，新时代中国文化"走出去"需要多元类型的译本并存，才能满足不同读者群体的多层次需求。

2.《江格尔》英译研究

在近十年出现的 14 篇《江格尔》的翻译研究相关文献中，有 6 篇是针对汉译本的研究，英译研究则共有 8 篇，包括译本比较研究、文化意向翻译研究、对外传播研究（冯海霞，2017）、民俗文化的概念隐喻研究（杨宇婷，2019），以及较早时候出现的、提供了重要的译本信息的综述性研究（单雪梅，2011；张媛，2013）。

在国内，单雪梅（2011）最先梳理了《江格尔》在英语世界的译介情况。文章根据所查询到的资料指出，在 2010 年 8 月以前，也即贾木查主编的《江格尔》英译本面世之前,国内尚无英文译本。文章重点补充了此前德国著名蒙古学家海西西(Wahher Heissig)、芬兰学者劳里·航柯(Lauri Honko)、我国学者朝戈金和仁钦道尔吉,以及俄罗斯蒙古学者弗拉迪米索夫(B. Y. Vladimirtsov)等先后在国际刊物上以英文发表的有关《江格尔》研究的相关成果。此后,张媛(2013)以史诗传唱的分布区域为线索,更广泛地综述了史诗"外译""民译""汉译"和"蒙、汉、英合璧本"的四种翻译情况。文章根据已有的研究资料绘制出《江格尔》史诗的传播路线图,从图中可以直观地获知,《江格尔》最初产生于我国新疆卫拉特地区,后伴随民族迁徙而传布至新疆、内蒙古地区,以及俄罗斯卡尔梅克共和国和蒙古国西部地区。史诗在初期的"外译"中并没有出现英译,直至2005年,在贾木查主编的汉译本《史诗〈江格尔〉校勘新译》中,才首次以英文对各章故事进行了简介。2010年,贾木查以2005年的汉译本为底本,筛选、校勘、润色了其中的25章,主编出版了首个《江格尔》蒙、汉、英对照本,为史诗在英语世界的推广做出了贡献。在这之后,小说体《江格尔》(蒙、汉、英)对照本(2011)和韵体文英汉对照本(2012)相继面世,助力史诗在普通读者群体中更为广泛地进行普及和推广。

3.《蒙古秘史》英译研究

出于研究"秘史"的需要,自20世纪50年代起,《蒙古秘史》开始先后出现英译,至今已有"7种非全译和全译译文"(邢力,2010c:76),较具特征的有亚瑟·韦利译本、柯立甫译本、乌尔贡格·奥侬译本、罗依果译本等,这些译本也是近十年来国内《蒙古秘史》英译研究的主要对象和语料来源。

国内有关《蒙古秘史》的英译研究始于王宏印、邢力在2006年发表的名为《追寻远逝的草原记忆:〈蒙古秘史〉的复原、转译及传播研究》的文章,该文章梳理了这部典籍的汉译、蒙译和英译历史,探讨了"古本复原"问题,旨在以之为个案为其蒙古学、民语典籍翻译及翻译学的跨学科研究课题奠定认识基础。在此之后,邢力(2007b、2010a、2010b、2010c)综合考察了《蒙古秘史》的英译史、代表译本和英译趋势;依次分专题分析了奥侬、韦利和罗依果的译者身份、翻译目的和译文特征,建立起对《蒙古秘史》英译者和译本的总体认知,中肯地评价了各个译本的社会历史贡献和局限之处。作者认为,韦利"对于目标读者有着清晰的设定",即将之作为面向大众的文学读本;"为增强文学效果",韦氏摘译了其中的故事部分,且根据情节主次取精去繁,以突出

第 10 章　少数民族典籍英译（二）

重点，最终以文学性和通俗性兼顾的方式，在 60 年代初步完成了其译介《蒙古秘史》的历史使命，实现了其大众文学读本的翻译目的。罗依果译本则是在柯立甫的英文首译在成书后因种种原因迟迟未能出版的情况下，为满足大众需求，最初以持续 11 年报刊连载的方式出现。罗氏以普通读者为指向，并随之对译本进行了通俗化调适，但同时又保持了对学术品位的固守。作者通过分析指出，取径学术其实正是罗氏追求实现其"准确"之翻译目的的一种表现，因为学术严谨性可以在某种程度上平衡限制通俗化的随意泛滥，从而提高整个译本的准确程度。奥依译本是继柯立甫和罗依果之后产生的第三种英文全译本。作者认为，奥依作为蒙古族译者，在翻译中表现出对主体文化的深度认同和宣介冲动，其译本集中体现了将史传翻译与文化阐释合二为一的崭新民族性解读视角。

在此之后的这 10 年间，研究者继续尝试从各个角度分析和比较译文，并逐渐将更多的译本纳入研究视野。例如，乌斯嘎拉、宋文娟（2014）以奥依译本为个案，分析了其中"马"的意象翻译；阿莎茹、文军（2014）则比较了柯译和蒙古国 N. 道尔基与 Z. 额仁道合译本中有关物质、生态、语言、社会和宗教文化专有项的翻译实例。

4.《福乐智慧》英译研究

据《福乐智慧》的英译研究者李宁、王宏印（2006）考证，1947 年，阿拉特（R. R. Arat）在三个抄本的基础上整理出版的校勘本在学术界广为接受，主要的各语种译本也都以之为源本。其中，美国学者罗伯特·丹柯夫于 1983 年出版的英译本"是目前唯一的英文译本"。

李宁、王宏印（2006）自从开启《福乐智慧》的英译研究之后，又陆续探究了其中民俗文化意蕴的英译（王宏印、李宁，2007；李宁、吕洁，2009），将《福乐智慧》纳入民族典籍英译研究的视野。但是，自 2010 年起，《福乐智慧》的翻译研究转而以汉译研究为主。在统计的九篇相关文献中，仅有两篇与英译相关。值得注意的是，包括汉英翻译研究在内，共计有三篇文献探讨了《福乐智慧》原文"柔巴依"诗体的翻译策略问题，占总计发文数量的 1/3。李宁（2010）结合文化背景和诗学传统分析了"柔巴依"的英译情况，发现译者改变了韵律，受到了译者所处时代诗学的影响，其使用英语诗歌译诗的方式对原作既有损失，也有补偿。文章创造性地将《福乐智慧》中"柔巴依"的英译策略与英国诗人爱德华·菲茨杰拉德（Edward Fitzgerald）英译《柔巴依集》的"诗体移植"策略加以比较，提出柔巴依诗体具有可移植性，其关键在于将诗体和原作主旨统一于新的语言文本中，做到还诗歌以诗歌。

10.4 西南少数民族典籍英译

10.4.1 主要概念与理论观点

西南民族典籍英译大多起始时间较晚，国内译者居多。多数译者兼具研究者的身份，受到国家级科研项目支持，依托高等院校形成科研团队，合作完成英译和研究任务。刘雪芹的专著《西南诸民族典籍翻译研究——她们从远古的歌谣中走来》集中论述了壮族、傣族、苗族、瑶族、侗族、纳西族、彝族等多个西南少数民族典籍翻译和研究的现状，是"中华民族典籍翻译研究"六卷本丛书之一。黄中习、蒙柱环（2018）曾对该书做过详细介评。但是，由于各部典籍原文的受关注程度、国内外译史，以及国内出版时间皆不相同，因此相比较现有英译的典籍总量来说，近十年中，相关英译研究所涉及的民族和典籍种类依然不多，且大多较为零散，仅有极少数典籍英译的研究初具规模。

在西南众多少数民族当中，壮族的文化形式多样，影响广泛。2008年，由广西百色学院韩家权主持，黄中习、陆勇、陆莲枝等学者参与的课题"壮族典籍英译研究——以布洛陀史诗为例"成为首个获得国家级科研项目支持的民族典籍英译研究。该项目的成果之一是在2012年出版了译著《布洛陀史诗》（壮、汉、英对照），这是首部由国内学者完成的壮族创世史诗《麽经布罗陀》的英文全译。

彝族支系撒尼人的叙事长诗《阿诗玛》千百年来在当地民众之间口耳相传。王宏印、崔晓霞（2011）认为，在《阿诗玛》走向国际文坛的过程中，戴乃迭的英语翻译发挥了重要的作用。由于英译较早，译文在国内外知名度高，加之译者身份特殊，且译文别出心裁地采用了同属口头传唱艺术的英国民谣形式，因此与之相关的汉译和英译研究数量相对较多。

2014年，中南民族大学张立玉主持的"土家族主要典籍英译及研究"获批为国家社科基金项目，由该"团队翻译出版的《梯玛歌》《摆手歌》成为民族典籍英译领域的又一重要学术成果"（王宏印、陈珞瑜，2019）。目前，相关的英译研究数量还不多，但研究成果几乎全部发表在核心期刊上，从其中能够看出对前人翻译方法和研究成果的借鉴与吸收。

以上三个民族的典籍英译研究成果具有一定的代表性，且能够反映民族典籍英译方法的延续性。为此，我们将在10.4.2中做集中梳理和择要介绍。但是，更多西南少数民族的典籍英译或研究才刚刚起步，还未获得许多关注。

例如,《苗族古歌》虽然产生英译的时间略早,但鲜为人知,目前,《苗族古歌》共有两种英译本,分别由国外译者马克·本德尔(2006)和国内译者吴一方、葛融(2012)完成。近十年中,仅有四篇英译相关文献,发文的间隔时间较长,在2019年集中出现了两篇。2020年2月,由李昌银主编的《云南少数民族经典作品英译文库》出版,"进一步将云南少数民族典籍资源成规模地译介给英语世界的读者"(郝会肖、任佳佳,2019:46)。该系列著作获得了国家出版基金项目的支持,按照典籍共分为10册,涉及我国云南地区阿昌族、白族、傣族、德昂族、哈尼族、景颇族、拉祜族、苗族、纳西族、普米族、彝族等11个少数民族。我们根据其中各个单册的典籍名称,采用与前文相同的方式在CNKI中逐一检索后发现,傣族的叙事长诗《召树屯》在近10年中已经存在少量英译研究。这主要是因为在《云南少数民族经典作品英译文库》出版之前,已有英美学者主动译入。据郝会肖、任佳佳(2019:45)考证,"美国学者Gall在其编纂的《世界文化百科全书:亚太卷》中介绍了《召树屯》的渊源以及傣族的历史文化等史料……英国绘本作家Leigh则基于《召树屯》的叙事模式,把它改编成了一部具有异域色彩的浪漫传奇故事"。除此之外,其余大多典籍是首次被译成英文,填补了民族典籍对外译介的空白。

此外,我们还发现,一些民族典籍虽然还没有出现正式出版的英译本,但已经启动了相关的英译研究,如瑶族的《盘王大歌》、侗族的《侗族大歌》等。这些研究的数量不多,主要以两种方式展开:一种是借鉴已有的翻译成果,运用理论推导来预先制定翻译原则或策略,如张新杰和李燕娟(2016)、段聪丽等(2017);另一种是建立在自译基础上对翻译策略进行理论阐释。彭清(2015)的博士学位论文是这一类型研究的代表之作。文章系统深入地探究了《盘王大歌》的文化渊源,借鉴我国"南方史诗""口头程式""口头诗学理论""民族志诗学"等新的理论成果,通过自译自评典籍的部分内容,提出并论证了"归化异化的动态平衡""文化模因再现——层级递进翻译"等翻译理论思路。

10.4.2 重要成果

1. 壮族典籍英译研究

目前,有关《麽经布洛陀》的翻译研究相对较多,包括对汉语底本的版本溯源、对国内英译本的策略阐释、对西方译者贺大卫（David L. Holm）民族志翻译方法的分析描写，以及对国内外两种译文选段的对比研究。美国学者贺大卫根据《麽经布洛陀》述译的《杀牛祭祖》（简称，2003）和《招魂》（简称，2004）是这部典籍已知的最早英译；2012 年，由韩家权主持完成的《布洛陀史诗》（壮、汉、英对照）则是国内学者首次尝试英文全译。两位译者的翻译方法迥然有别。前者以文化人类学田间考察、学习语言、深度阐释的民族志方法搜集资料和进行译述；后者则采用了较为传统的文本译介路径，选择以张声震的汉语权威译本《布洛陀经诗》和《壮族麽经布洛陀遗本影印译注》作为研究与英译的底本。

这种由汉语作为中介、多语种对照译出的模式，既有历史可循，也尊重客观现实，已经在近十年中成为国内民族典籍译者普遍认可甚至于较为推崇的一种方式。韩家权英译团队成员之一黄中习（2017）曾简评三卷本的《壮族麽经布洛陀遗本影印译注》，阐释译者对所选汉语底本的理解和认识；另一位英译成员陆勇（2011）不仅详细介绍了《布洛陀经诗》的翻译体制、目的、策略和方法，还强调了该英译本所选择的汉语底本"无论是在品牌的权威性、版别的切实性，还是体例的完整性、版次的实效性都是科学、合理的，符合典籍文学版本选择的原则"（同上：112）。展示出译者对各个汉译版本加以考辨，慎重选择底本的严谨态度。

在理解原文并选择了汉语底本之后，译者还需要设计出符合典籍特征的英译策略。译者的翻译思路是什么？采用了哪些翻译策略？我们可以从国内译者的归纳和反思中窥得一二。韩家权、黄国芳（2014）简要回顾了《布洛陀史诗》的翻译过程，谈论了曾经面临的困难和解决困难的途径。文章结合译例，旨在阐明"总体审度"和"微观分析"在翻译中至关重要，更"揭示出它们两者与'传神达意'之间内在的密切关系"。作为土生土长的壮族人，陆莲枝（2010、2011a、2011b、2019）对《布洛陀史诗》的策略分析基于作者对原文文化的了解和对壮、英两种语言的认知。作者循序渐进，首先论述了《布洛陀史诗》的英译总体原则；再讨论译文在语言、文化和审美层面的缺失；继而分析壮语和英语两种语言在思维层面的天然差异，从而避免"硬译""误译""错译"。之后，作者又通过解读《麽经布洛陀》原文中的民族信仰，针对其中"神秘化""神圣化""神奇化"的含义，论述了想让英译文"信"和"达"的翻译策略。

民族志翻译方法已经成为近年来民族典籍英译研究关注和学习的焦点。黄中习（2016）以贺大卫英译《杀牛祭祖》为例，详细描写了这一民族志研究型翻译的实践经过和由多元媒介组合表达的译述成果。文章评价贺译在壮族语言文化的译介外宣和壮英文本民族志对译方面是首创之举，认为其所代表的"国际壮学研究"富有创意，开拓性和系统性明显，体例规范，特点突出，独树一帜。此后，陈树坤、黄中习（2019）再次以贺译《招魂》的个案为例，创新应用系统功能语言学再实例化视角，绘制"实例化关系图"，比较原文、文学翻译和民族志翻译的情境语境，论证"民族志译注以语言、图像、录音、表格等多种模态解说原文的语篇、语言系统、情景语境以及文化语境，各种模态注释各有分工，在'解说'活动中发挥各自优势，这对民族文化对外译介颇有借鉴意义"（同上：96）。陆莲枝（2017）则侧重比读国内外两种译本的《赎魂经》篇章，比较两种译文在"选词"和"谋篇"等文化传递模式方面的具体差异，旨在论证由于译者背景不同，多数情况下会使文化转换在传递模式的各个阶段和节点呈现个性，使得壮族文化由于译者的参与变得与原初形态有所出入。

除了《麽经布洛陀》之外，能够反映壮族风土人情和民俗历史的民歌《平果壮族嘹歌》和地方戏《北路壮剧》也相继产生了英译本。近十年来，有关这两部壮族典籍的英译研究成果数量不多，但形式多样，包括书评、访谈、硕士学位论文和研究性文章。研究主要探讨了具体的翻译策略，既有译者的经验之谈（周艳鲜，2012a、2012b、2012c；周秀苗，2012b、2013），也有学者在理论指导下的考察分析。由于嘹歌和壮剧的"语言独具艺术性"（彭金玲，2013），不仅押韵，且喜用排比、对仗、反复等修辞手法，具有音律美、形式美和诗性美，因此许多研究侧重探寻译文之"美"（彭金玲，2013；周艳鲜，2016；原淼、关熔珍，2018），以及译文对原文文化意象和隐喻语言的处理方式（张羽，2013；陶子凤，2015；袁卓喜、唐舒航，2016；祝远德、符霄婷，2018），这与汉语文学类典籍的研究视角颇相似。

2. 彝族典籍《阿诗玛》英译研究

虽然《阿诗玛》的翻译研究可追溯至1982年，但直至2011年，王宏印、崔晓霞（2011）才首次谈论这部典籍的英译情况。文章首先分析了戴乃迭的译者身份背景，认为戴氏的女性译者身份有助于她理解和同情女主人公阿诗玛，而译者在中西合璧的婚姻生活中长期积累起的合作翻译经验使得她有能力找到自己熟悉的英国民谣体来对应汉语叙事的诗歌体制。接着，文章列举译例，重点分析了戴译《阿诗玛》的体制、格律和语言，肯定她在"以诗译诗""风格对应"和"再现民间语言特点"

等方面做出了"可贵探索"。此后，王振平、姜丽晶（2017）再次探索了戴乃迭特殊的文化身份与源文本选择和策略应用之间的关联。黄琰（2018）则以《阿诗玛》英译为例，重点论述了英国民谣诗歌体的民族典籍英译模式。

《阿诗玛》翻译研究在近十年中日趋受到关注，其发文量于近年明显增多，其中黄琼英和李睿祺的贡献最为显著。除了对《阿诗玛》的译本进行广泛地修辞研究（黄琼英，2016a、2016b）、翻译类型研究（黄琼英、李睿祺，2018）和民俗文化翻译研究（黄琼英、李睿祺，2019a；李睿祺，2019a、2019b）之外，二人还分别从意识形态视角和诗学视角考察了《阿诗玛》在汉、英译介过程中的经典身份构建（黄琼英、李睿祺，2019b；李睿祺、黄琼英，2019）。前者主要探讨了在《阿诗玛》动态经典化过程中，主流意识形态是如何"操纵"《阿诗玛》翻译文本的生产，并促成其经典身份建构的；后者则考察了《阿诗玛》在从源语文化场域被迁移至译入语文化场域的过程中，译入语主流诗学如何通过操纵翻译原则，引起对《阿诗玛》源语文本主题思想、情节、人物形象的改写，对语言风格的改写，以及这些"改写"对生成译文所产生的影响。

3. 土家族典籍《梯玛歌》和《摆手歌》英译研究

目前，《梯玛歌》和《摆手歌》的英译研究数量虽然不多，多为翻译团队成员基于英译实践的策略归纳和理论反思。例如，张立玉、李明（2015）将包括土家族典籍在内的各个少数民族典籍看作相互独立又相互联系、相互制约又相互统一的有机体。作者站在较为宏观的层面，提出有必要构建一个平衡和谐的少数民族典籍翻译体系。沈晓华（2018：60）认为，"少数民族史诗翻译无疑当是文学翻译的范畴，其在读者中的价值期待不只停留在信息的传递层面，更在于史诗文学性的彰显"。作者基于团队的英译经验，介绍了再现史诗文学要素的四种策略，即"译诗如诗""保留修辞""传递意象""衔接语篇"。王宏印、陈珞瑜（2019）则撰写了《梯玛神歌传世界，摆手歌舞复摇摆——读〈梯玛歌〉与〈摆手歌〉两部英语译著有感》一文。通过文章的介绍，我们能够获知以下三条信息：第一，"为译好《摆手歌》，团队几次下乡考察，录制现场演唱的视频资料"；第二，"《摆手歌》的形式，采用土家族原文读音记录，汉字对译，汉语意译三种方法，再加上英译"；第三，"英文采用民谣体"。也就是说，团队既采用了过去西方译者惯常使用的人类学民族志翻译方法，也延续了中国本土译者近十年来逐渐达成共识的"民

第 10 章　少数民族典籍英译（二）

族语（音）—汉译—英译"的书写格式，并从戴乃迭以英国民谣翻译《阿诗玛》的前例中获取灵感。由此可以推测，随着对民族典籍英译作品的研究和分析日益加深，少数民族典籍英译实践也将从中受益，逐渐走向成熟。

10.5　小结

近十年来，在国家支持、学界重视的良好氛围中，民族典籍英译和研究呈现出欣欣向荣之势。一方面，民族典籍的英译译著频出，既有首译，也有复译；既有厚重翻译，也有浅化翻译，为研究新增了多个民族、多种类型的个案和语料。另一方面，无论是宏观论述，还是针对某部典籍的具体探究，其期刊文献、博硕士论文、会议发文和研究专著的总量都有显著增加。研究大多以团队形式开展，参与研究的人员或占有丰富的资料，或兼具译者的身份，或善于创新地应用理论，或三种优势兼具，因此产出了较为丰富的研究成果。

因为历史、语言和传播模态等方面的一些原因，民族典籍英译存在一些自身的特点，这也相应地影响着英译研究的主题和方向。

首先，各地区民族典籍的外译和传播历史不尽相同，各部典籍在国际社会的受关注程度也有较大差异。总的来看，藏族典籍和东北地区多个少数民族典籍的对外译介历史普遍较长，译者构成多元，典籍在境内外皆有较高的知名度，并且已有一定的外译研究基础。近十年来，此类典籍的英译研究主要包含对典型译例的策略探讨、对译者风格的深入解析和对多个译本的多维比较。研究引入了"民族志诗学"概念，将"民族志"翻译作为民族典籍英译的一种重要路径加以研究和学习，并逐步将之应用于后起的其他民族典籍英译和研究之中。

其次，民族典籍大多是"活形态"的口传形式，这无疑增加了外译的工序和难度。众所周知，原文内容经由翻译转换成为另外一种语言时，总会存在信息遗漏和文化"过滤"的问题，而民族典籍英译所面对的情况也就更为复杂：口头传唱的内容不仅需要转变模态成为书面文本，更可能经历了多次语言转换才走进英语读者的视野。由于我国各民族之间的文化交流古已有之，许多民族典籍早已经由汉语或其他民族语言翻译形成文本，传承至今，古今中外的译者大多会以此类文本作为中介进而外译。近十年中，国内研究者就如何选择文本底本、如何评价经由汉语中介转换的翻译行为、如何在改变传播模态和语言的同时保存民族典籍的口头传唱特征和文化特征等问题进行了广泛且深入地探讨，创生了

"域内翻译""域外翻译""汉译""民译""外译""中转文本""终结文本"等一套民族典籍英译的研究术语,是该领域研究的又一重要收获。

  当然,相较于汉语典籍来说,民族典籍英译研究目前仍处于成长阶段。在中国55个少数民族庞大的典籍遗珍之中,目前仅有十余个少数民族的部分典籍被译成英文,每部典籍的英译数量和研究的成熟度也存在较大差异,展望未来,依然任重道远。但回顾近十年来民族典籍英译和研究走过的发展路程,我们有理由对这一领域的前景充满信心和期待。

下　篇

第三部分
典籍英译实践
(2000—2019年)

第 11 章
典籍英译实践概览

11.1 引言

　　国之交在于民相亲，民相亲在于心相通。中国典籍英译是传播中国文化、实现民心相通的重要途径。进入 21 世纪，深化文明交流与互鉴、共建人类命运共同体成为时代主题。在新的世界历史语境下，中国推行文化"走出去"战略，为增强国家文化软实力、提升中华文化国际影响力提供了指导方针。典籍英译的意义愈加凸显，不仅关涉中国优秀传统文化的传承和弘扬，更承载着为世界文化多元化发展提供新思路、贡献新价值的时代使命。为适应新时代的发展要求，相关部门推出了一系列支持中国文化"走出去"的重大项目和计划，中国典籍英译迎来了新的发展契机。中国译者和海外华裔学者应时而为，以传播中华文化为共同目的，主动加入译介中华典籍的热潮。海外汉学家译介中国传统文化典籍的热忱依旧，在中国典籍英译传播中继续发挥着重要作用。具有不同文化身份的国内外译者共同构筑起一幅新时代中国典籍英译的新图景。本部分主要梳理新时代头 20 年（2000—2019 年）中国典籍英译实践概况，简要评述各类典籍的代表性译本，对新时代典籍英译的基本特征进行总结与思考。

　　进入 21 世纪，中国典籍英译受到高度重视，已上升为国家文化战略工程。由国家新闻出版总署批准立项的国家出版重大工程"大中华文库"迄今已完成 110 种经典著作的英译出版，内容涵盖古代历史、文学、宗教、哲学、科技等领域。这是中国首次系统、全面地向世界推介中华文化精品，是弘扬中国传统文化精髓的具体举措。在启动"大中华文库"丛书计划之后，中国又陆续启动"中国图书对外推广计划""中国文化著作翻译出版工程""百部国剧英译工程""经典中国国际出版工程"等项目，体现了国家对文化"走出去"战略的顶层设计和政策支持。在中国图书"走出去"战略的引领下，国内出版机构也相继推出各种典籍英译丛书项目，如"古诗苑汉英译丛""外教社中国文化汉外对照丛书""中华经典英译丛书""中华传统文化精粹""东方智慧丛书""中国汉籍经典英译名著""安乐哲中国哲学典籍英译丛书"等，有力推动了中国典籍英译事业的发展。

中国典籍英译的发展与繁荣是不断更迭的思想探索和实践探索的集成。21世纪初，针对中国典籍"由谁来译"的大讨论提振了中国译者的文化自觉和自信。潘文国呼吁中国译者"在加强中英语言与文化修养的基础上，理直气壮地从事汉籍的外译工作，为在新世纪弘扬中华文化做出自己的贡献"（潘文国，2004：40）。汪榕培（2006：66）指出，"把中国的优秀历史文化介绍给世界，是我们翻译工作者义不容辞的责任"。老一辈知名译者翻译了大量中国典籍英译作品，为推动中国文化典籍的域外传播做出了卓越贡献。在译界名家的引领和带动下，中国译者积极投身典籍英译实践探索，主动服务国家文化发展战略，产出了一大批典籍英译作品。中国本土译者的"译出"行为开创了中国典籍英译的新局面，而海外汉学家和华裔学者对中国经典的翻译，则从异域文化视角为中国典籍英译提供了新的阐释。

进入新时代，典籍英译的译本形态和发行方式呈现出多元化特征。典籍英译的译本包括适合专业学者研究的学术型译本和适合一般读者品读的普通型译本。各种编译本配以喜闻乐见的漫画、极具中国风格的水墨画或民族特色鲜明的唐卡等，有些还加入了中国书法元素，使中国经典文化符号融为一体，吸引了更广泛的读者群体。新时代中国典籍英译的出版和发行渠道主要在国内，但中医、军事类科技典籍的国外译介和出版较为繁盛。近年来，中国译者逐渐开拓出海外出版的新渠道，联合发行、版权转让等"借船出海"模式初见成效。随着互联网和移动端阅读的盛行，多模态融媒出版模式开始出现，中国典籍英译出版开拓出多元创新的新局面。

新时代的中国典籍英译选材则呈现出多样性与时代性。传统的典籍英译主要集中于文学典籍和哲学典籍两大类，这一传统在21世纪前10年依然呈主流态势。古典文学和哲学典籍频繁复译和再版，拓展了经典作品的阐释空间，使典籍原作和译作随时赋义、历久弥新。中国科技典籍英译取得较大进展，中医药典籍和军事典籍的译介势头保持强劲，其他科技典籍英译也产出了一批重大成果，如《梦溪笔谈》首个英文全译本诞生并实现了国外出版和全球发行，中国学者的《茶经续茶经》首译带动了国内茶文化典籍的译介和传播，首个《考工记》英译本在国外出版等。少数民族典籍英译后发赶超，呈现出由藏族、蒙古族逐渐向其他少数民族扩展的总趋势。国内学者的首次藏族格言诗英译成为少数民族典籍外译的典范；并称为中国三大英雄史诗的《格萨尔》《江格尔》和《玛纳斯》相继出现国内本土译本；东北少数民族典籍英译渐成规模；西南少数民族典籍英译地缘优势显著，已出版译作涉及壮族、苗族、彝族、土家族等十几个少数民族，译介范围由点及面，渐成气候，使多元一体的中华文化展现出新风采。

11.2　文学典籍英译实践

21世纪以来，中国文学典籍英译取得了丰硕成果。本节分别梳理了古典诗歌、古典小说、古典戏剧和古典散文在这一时期的英译出版情况，力求展现文学典籍英译全貌，探析新时代中国文学典籍英译的基本特征。

11.2.1　古典诗歌英译

进入21世纪，中国古典诗歌的英译出版发展迅速。"大中华文库"系列涵括了13种古典诗歌英译本，外文出版社"古诗苑汉英译丛"系列再版了杨宪益、戴乃迭夫妇的5部英译诗集，各大出版社也相继推出诗歌英译系列丛书，展现出新时代中国古典诗歌英译的盛况。本节按中国诗歌发展时期对古典诗歌英译的代表性译本作简要评介。

1.《诗经》英译

新时代《诗经》英译的再版持续不断，比较重要的再版译本有《诗经》（杨宪益、戴乃迭译，2001）、《〈诗经〉选》（许渊冲译，2005）、《〈诗经〉与诗意画》（许渊冲译，2006）、《英译〈诗经·国风〉》（汪榕培、潘智丹译，2008）、《诗经》（理雅各译，2011）、《诗经》（理雅各译，2014）等。其中，理雅各的《诗经》再版译本较为值得关注。理译2011版由外语教学与研究出版社（简称"外研社"）出版。该译本为汉英对照，删掉了原译中的序言、长篇绪论和注释，外研社在"出版说明"中介绍了《诗经》在中华文化中的地位以及再版目的，即借助英国著名汉学家理雅各的传神译笔，带领读者从中西两个角度领略这一鸿篇巨制的风采（理雅各，2011）。理译2014版由上海三联书店发行，译本也采用汉英对照模式，但保留了原译本中的所有注释。两者对副文本的不同处理方式为《诗经》英译研究提供了新的视角,丰富了典籍英译研究的学术资源。

除了经典译本再版,《诗经》复译佳作叠出。2008年,由汪榕培英译的《诗经》(The Book of Poetry) 全译本被收入"大中华文库"。该译本采用韵译,有双行韵或连韵,也有隔句韵,韵式明快整齐,与《诗经》押韵的形式颇为相似。汪译本不拘于原篇,对《诗经》进行了精妙的再创作,"但是篇章和诗行的大意均有所循"(汪榕培,2008a:35),体现了其所倡导的"传神达意"的翻译思想。同年,加拿大华裔学者贾福相(Fu-Shiang Chia)译著《〈诗经·国风〉:英文白话新译》("Airs of the States" from the Shi Jing: A New Trilingual Translation of the World's Oldest Collection of Lyric Poetry)在书林出版有限公司初版,2010年北京大学出版社再版。该译本收入《国风》160首。译者的翻译动机是"希望今人可以欣赏中国最早的诗篇,也希望西方人可以窥视一些中国古老的灿烂文化"(贾福相,2010:47)。其译作是为当代读者量身打造,语言亲切自然,又保存了原诗个性与文化特质。加拿大亚伯达大学史蒂芬·亚诺尔(Stephen H. Arnold)为译本作序,称其翻译在用字遣词上力求精准,朴实又不失丰富与诗味。(转引自贾福相,2008)

2009年,许渊冲与许明重译《诗经》(Book of Poetry)。译本包括原诗、白话译诗和英文译诗,三者分列并行。白话译诗采用诗体形式,英文译诗也讲求韵律,"大多采用3、4音步,少数诗篇采用5、6音步,以契合《诗经》大多是四言诗,间有五言、六言、七言、八言句的特点"(左岩,2019:86)。译诗不拘泥于原诗字面意义,注重挖掘诗篇的文学审美意蕴。译者希望"尽可能传达《诗经》的意美、音美和形美,并且与以往的各种语体译文也不尽相同"(许渊冲,2009:8)。新译充分展现了《诗经》的艺术特色和美学意蕴,也代表着译者诗歌翻译的新成就。该译本问世后遂以不同形式在国内各大出版社再版发行。

2017年,罗志野《诗经》英译本由东南大学出版社发行。该出版社将译者翻译的《诗经》《论语》《孟子》《易经》《尚书》《礼记》《左传》7部重要著作集结为4册,以"中华经典英译丛书"系列推出。其中《诗经》选译内容包括"风"15首、"雅"10首、"颂"12首,与《论语》《孟子》集为一册出版。

2019年,赵彦春选译了《诗经》中15首诗歌,以《英韵〈诗经〉》(Book of Songs in English Rhyme)出版。译者坚持"以韵译韵",着力演绎了《诗经》原文的整体韵律和风格。在具体翻译时,遵循"直译尽其可能,意译按其所需"(田霞,2018:42)的原则,使译文最大限度地贴近原文,向西方读者呈现了《诗经》的深厚意蕴。

此外，中国学者王方路也出版了两个《诗经》译本：《〈诗经·国风〉白话英语双译探索》（2009）和《〈诗经·雅颂〉白话英语双译探索》（2013）。译者采用"加三字重组词句"方式把原诗文融进白话译文，英文采取对行翻译，译文后含有注和解两部分，体现了译者对古典诗歌英译的新探索。

2.《楚辞》英译

新时代国内《楚辞》经典再版译本有三个，分别是《楚辞选》（Selected Elegies of the State of Chu，杨宪益、戴乃迭译，2011）、《英译屈原诗选》（Selected Poems of Qu Yuan，孙大雨，2007）和《楚辞》（Elegies of the South，许渊冲，2009）。

杨、戴《楚辞选》仿用"英雄双韵体"，措辞考究，句式均衡，既迎合了西方受众的阅读趣向，又不失原诗古朴浑厚的风格。杨、戴译本坚持"以情译诗"（严晓江，2015：16），努力传达原诗的情感力量，在译文中注入中国文化的价值和灵魂。

孙大雨《英译屈原诗选》由上海外语教育出版社再版发行。孙大雨是继林文庆与杨宪益夫妇之后第三位翻译屈原诗赋的中国译者，其初译本于1996年问世，柳无忌为其译本作序并称赞译者"作为一位近代诗人而以外语翻译古代第一位大诗人的作品，甚为难得"（孙大雨，2007：i）。译者用长篇导论讲述了先秦时代从三皇五帝到春秋战国的历史，对屈原的思想、诗歌和在中国文学史上的地位作了详细说明，为西方读者理解屈原诗歌提供了充足的背景知识。译文主要采取"厚重翻译"策略，"译评结合、注释丰盈"（严晓江，2013a：132），体现出强烈的读者意识和弘扬中华文化的情怀。其女孙佳始在再版前言中表示，译者当初的翻译动机是坚信"屈原的诗作是人类的共同财富，应该向世界传播"（孙大雨，2007：vi）。上海三联书店也于2019年再版了孙译本。

许渊冲《楚辞》再版本是中译出版社"中华传统文化精粹丛书"之一。其译文采用韵体，按原文诗行字数调整译诗的音节数，整体和谐与细节变通相得益彰，体现出"借形传神、形神兼备、舍形求神的特点"（严晓江，2013a：139），也体现了译者一以贯之的"三美"翻译原则。许译是再版次数最多的译本，近十年来，五洲传播出版社、海豚出版社、新世界出版社、崇文书局等都推出了不同形式的再版本。

这一时期的《楚辞》代表性复译本有两个。2006年，卓振英"大中华文库"版《楚辞》（The Verse of Chu）问世。其译本收录诗文包括屈原26篇和宋玉2篇。译者采用了训诂、移情推理、考据、文化历史观照等多种方法对文化专有项进行考辨，是"诠释方面的集大成者"（卓振英、杨秋菊，2005：66）。卓译本以诗译诗，借形传神，再现了《楚辞》的独特风韵和审美价值。2016年，王方路出版了《〈楚辞〉白话英语新译》，翌年又出版了续译本。其译文灵活采用O、Oh、Ah等语气词翻译原诗中的助词"兮"，再现了《楚辞》的骚体文风。

这一时期，国外《楚辞》英译也出现了新进展。2014年，美国学者马思清（Zikpi）在其博士学位论文中翻译了《离骚》并且建立了专门翻译网站，为《楚辞》的海外传播注入了活力。

3. 汉魏六朝诗歌英译

21世纪初，外文出版社再版杨、戴夫妇的英译《乐府》（2001）和《汉魏六朝诗文选》（2005），分别收入该社"古诗苑汉英译丛"和"熊猫丛书"。《乐府》收录汉魏乐府诗24首，每首诗前有现代视角阐释的题解和林希的今译，还配有插图和汉语注释，英译文采用无韵自由诗体。《汉魏六朝诗文选》不仅收录了汉魏六朝时期的重要汉赋和乐府诗，还选译了如《世说新语》《搜神记》《佛国记》《文心雕龙》等重要文学和文论作品。译本的出版前言介绍了这一时期朝代更迭以及选文文体，有助于目标读者了解该时期中国的文学和文化形态，加深对诗文的理解。

2000—2008年，汪榕培翻译出版了四部汉魏六朝译诗集。其《英译陶诗》（The Complete Poetic Works of Tao Yuanming）于2000年出版，这部译诗集包含了陶渊明今存诗歌122首，是首个陶诗英文全译本。译者以上海古籍出版社出版的龚斌的《陶渊明集校笺》为蓝本，坚持韵体译诗，注重"传神达意"，再现了陶诗中蕴含的"儒家传统思想、道家的人生观念，以及佛家'人生似幻'的意念"（徐伟儒，2001：48）。"大中华文库"版《陶渊明集》（The Complete Works of Tao Yuanming）于2003年出版，该本不仅涵括全部陶诗，还收录了陶渊明辞赋和散文11篇。2006年，汪榕培英译《汉魏六朝诗三百首》（300 Early Chinese Poems 206 BC-AD 618）也入选了"大中华文库"出版发行。2008年，《英译乐府诗精华》（Gems of Yuefu Ballads）在上海外语教育出版社出版。译者以余冠英《乐府诗选》为蓝本，选译诗歌284首，旨在反映汉魏六朝人民的生活全景。英语译文"力求传神达意，以流畅的当代英语艺术地再现乐府诗的风采"（汪榕培，2008b：ii）。

2006年，吴伏生和格林鹿山（Graham Hartill）合译的《阮籍诗选》（The Poems of Ruan Ji）入选"大中华文库"，由中华书局出版发行。该本收录诗歌82首，为首个阮籍《咏怀诗》诗体英译本。译者吴伏生是美籍华裔学者，家学渊源，国学功底深厚，著有多部有关诗歌英译研究的专著。合译者格林鹿山是英国诗人，擅长诗歌创作。两位译者以无韵自由诗体翻译中国古诗，是古诗英译实践的有益尝试。

2009 年，许渊冲译著《汉魏六朝诗》（Golden Treasury of Chinese Poetry in Han, Wei and Six Dynasties）在中国对外翻译出版社出版。译本收录古诗 144 首，涉及诗人多达 51 位，基本呈现出这一时期诗词汉赋的创作盛况。该本是译者基于 1996 年初译本增订重译而成，之后又在多家出版社再版发行。

2013 年，李正栓编译出版了《乐府诗选》（Select Yuefu Poetry）汉英对照本。译者以郭茂倩《乐府诗集》为蓝本，选译了自两汉到南北朝时期 104 首乐府诗，涵括叙事、抒情、讽刺等多种诗体，基本呈现出乐府诗的发展概貌。译者长期从事诗歌翻译，主张汉诗英译应讲求"忠实对等"（李正栓，2004：36）、"译意为主，形神兼备"（李正栓，2017b：71），其乐府译诗充分体现了对这一标准的坚持。译者在前言中对乐府诗源流和英译版本进行了仔细考辨，为乐府诗英译研究提供了重要参考。

2013—2018 年，吴伏生和格林鹿山再度联手推出三部译诗集。第一部是《曹植诗歌英译》（Selected Poems of Cao Zhi），选译曹植诗歌 61 首，以五言诗为主，《七步诗》《赠丁仪》《赠徐干》《白马篇》《名都篇》《怨歌行》等名篇悉数收录在内。第二部是《三曹诗选英译》（Selected Poems of the Three Caos: Cao Cao, Cao Pi and Cao Zhi），精选建安文学代表"三曹"诗歌 84 首，涵括曹操的《短歌行》《步出夏门行》、曹丕的《秋胡行》《清河行》、曹植的《赠王粲》《七步诗》等。第三部是《建安七子诗歌英译》（Selected Poems of the Seven Masters in the Jian'an Era），选译了"建安七子"的主要诗作 62 首。

这一时期，国外出版的相关著作有宇文所安的 The Making of Early Chinese Classical Poetry（《中国早期古典诗歌的生成》）。这是作者研究中国诗歌的一部新作，作者在论述中国古典诗歌的内在运作机制时，选用了大量乐府诗为研究对象，在很大程度上推动了汉魏六朝古诗的域外传播。

4. 唐诗、宋词英译

唐诗、宋词的英译一直是诗歌翻译的重中之重。进入 21 世纪，各大出版社相继推出各种唐宋诗词英译文集 50 余种（含再版），其中许渊冲英译诗歌集多达 28 种。这些译本有以体裁为专题，如《唐诗三百首》《宋词三百首》《元曲三百首》等；也有按诗人为专题，如《李白诗选》《杜甫诗选》《白居易诗选》《李清照词选》《李煜词选》《苏轼诗词选》等。其中《苏轼诗词选》(Selected Poems of Su Shi)于 2007 年入选"大中华文库"再版发行。该版本共选译苏诗 85 首、苏词 55 首，译者坚持其一贯的以诗译诗原则，再现了苏轼诗词的魅力。此外，还有《新编千家诗》(2000)共选译诗歌 223 首，以七言绝句、七言律诗、五言绝句、五言律诗为序，每种体裁再按春夏秋冬四季编排。规模性的出版活动带动了国内唐诗英译热潮，王玉书、卓振英、龚景浩、任治稷、张智中、何中坚、王守义等都有译作出版。

王玉书《王译唐诗三百首》(Wang's Translation of 300 Tang Poems)于 2004 年出版，2011 年再版。译者以清代孙洙所编《唐诗三百首》为底本，共选译唐诗 313 首，按诗体分类排序。中国社会科学院外国文学研究所傅浩称赞译者对原诗的意蕴的转达忠实可信，韵律形式亦中规中矩，声色动感，颇具匠心。(王玉书，2004)该译本中的部分译诗后被选入《精选唐诗与唐画》(2005)和《中国古典诗歌英文及其他西文语种译作及索引》(2009)，在国内外发行传播，受到读者好评。

2006 年，卓振英编译出版《英译宋词集萃》。该译本属"外教社中国文化汉外对照丛书"第二辑，共收录宋词名篇 80 首，涉及词人 36 位。译者在前言中简要介绍了宋词的发展历程和各个流派的代表人物，目录中以词的首句作为词牌下的"副标题"，便于读者区分查阅。同年，龚景浩的《英译唐诗名作选》由商务印书馆出版。译者选译了 78 首唐代名诗，李赋宁为译本作序，称其译文既译出了原文的神韵，也具有英诗的味道，"读起来像英诗"(龚景浩，2006：iii)。

2008 年，任治稷编译的《东坡之诗：苏轼诗词文选译》(The Poetry of the Eastern Slope—A Selected Translation of Poems, Ci & Prose Works by Su Shi)在复旦大学出版社出版。该书包含苏轼诗 34 首、词 39 首，另有散文 15 篇，译文后有详细的注释，介绍了作品创作的年代和背景。译者对文中的人物和文化词汇也有精当的注解。

同年，中国台湾中正书局股份有限公司出版了《林语堂中英对照东坡诗文选》(Lin Yutang Chinese-English Bilingual Edition Selected Poems and Prose of Su Tungpo)。该本是林语堂经典译本的再版，作家张晓风和林语堂故居管理处执行长马健君分别撰写"新版推荐序"，德国汉学家、翻译家、诗人顾彬(Wolfgang Kubin)为新版本撰写导读"如何阅读中英文版的《东坡诗文选》"，赋予了林语堂译本新的时代意义和研究价值。

2009 年，张智中编译出版了《唐人白话绝句百首英译》(100 Vernacular Quatrains by Tang Poets: English Translation and Commentary)。译者

选译的是前人鲜有译介的、较为冷僻的绝句。译文后附以汉语简评及诗人生平和风格简介。许渊冲、王宝童和王宏印分别为该译本作序。王宝童认为张智中"译诗自然、流畅、朗朗上口"(张智中,2009:v),是"民族化译诗的可贵实践"(同上:viii)。根据该书"小序"(同上:xiv),译者在翻译时遵循了三个基本原则:其一,尽量押韵;其二,每行求得相同数目之音节;其三,对于英诗之跨行,多有运用。

2012年,香港大学何中坚的《全新英译唐宋诗词选》(*Chinese Poetry of Tang and Song Dynasties: A New Translaiton*)在商务印书馆(香港)有限公司出版。译者精心选译了153首唐宋诗词赋。译文按原诗韵律押韵,行文流畅,用词秀美。译者使用脚注对人名、地名、风俗传统或民间传说进行注解,有助于读者欣赏和理解诗词。香港大学邹广荣认为,译者成功保留原诗词的格调与韵律,并以英语重现其美妙传神之处。(何中坚,2012) 2017年,译者再次推出了《一日看尽长安花:英译唐诗之美》(*To View All the Flowers of Chang'an in One Day: Tang Poems in Original Rhyme*)。新译本选译唐诗203首,同样按原诗韵律押韵,重现唐诗之美。

2018年,王守义与美国学者约翰·诺弗尔(John Knoepfle)合译出版《江雪:中国唐宋诗词选》(*Snow on the River: Poems from the Tang and Song Dynasties of China*)。译本包含唐诗73首、宋诗34首、宋词21首,以诗人生卒年先后编排,有助于读者了解中国古典诗歌在历史沿革中的发展脉络。译诗中的地理、历史、文化典故等均有注释,后记还附有译者关于文学翻译的一篇重要论文,赋予译本较高的学术参考价值。

2019年,张智中再次推出《唐诗绝句英译800首》。该本译诗多为首次译介,力图使英语读者对唐诗绝句的发展状况、艺术成就、风格流派有一个大致的了解。他在译本序言中表达了其译诗理想:"但为传神,不拘其形;散文笔法,诗意内容"(张智中,2019:6)。

这一时期出版的英译唐宋诗词集还包括王志武编释、梁骁英译的《唐宋诗初读》(2000)、杨宪益、戴乃迭的《唐宋诗文选》(2005)、张庭琛等编译的影音版《最美是唐诗》(2006)、刘克璋译注的《唐宋诗一百首欣赏与英译》(2006)、孙大雨的《英译唐诗选》(2007)、David Young 的《杜甫诗选》(2008)等。

5. 其他古典诗词英译

除了按诗歌体裁或历史分期编译的专题诗文集,还有众多涵盖多种体裁或跨越不同时期的译诗集,这些诗集共同构筑了新时代中国古典诗歌英译的繁荣图景。

2000年，龚景浩的《英译中国古词精选》（*Modern Rendition of Selected Old Chinese Ci-Poems*）在商务印书馆重印。龚译本于1999年初版，共选译中国古词110首。李赋宁为译本作序，称其译文"读起来也很自然、通畅，而且十分忠实于原文"（龚景浩，2000：2）。该译本于2009年再版发行。

2001年，张炳星选译《英译中国古典诗词名篇》（*100 Best Chinese Classical Poems*），收入《离骚》《归去来辞》和唐诗、宋词精华共100首。丁祖馨也于2001年编译了《中国诗歌集：公元前1000—公元1995年》（*An Anthology of Chinese Poetry*）。2004年，他再次编译《中国诗萃：公元前1000年—公元2000年》（*A Treasury of Chinese Poetry: From 1000 BC to AD 2000*），收录了自先秦至现代各个时期的诗歌。

2004年，中央编译出版社出版了《中国古典诗歌选译》（*Classical Chinese Poems Through the Ages*），译者贺清滨早年于英国爱丁堡大学获文学博士学位，对中国古典文学英译志趣颇高。其译本择取了51位诗人的109篇作品，包括诗、词、曲等各种体裁。译文重"译"而避"释"，既顾及国外汉学的语言规范和思维程式，也传达出中国文学固有的民族风格。同年，湖北教育出版社推出"古意新声：汉英对照中国古典诗歌配画选读"丛书，分为初级本、中级本、高级本和品赏本4册，其中前3册的诗歌译文选自中外19位翻译名家，品赏本涵括的50多首译诗皆出自香港城市大学朱纯深手笔。

2006年，任治稷与余正编译了《从诗到诗：中国古诗词英译》（*From Poem to Poem: An English Translation of Classical Chinese Poems*）。该书选译古代名家诗词上百首，以诗译诗，并附有详尽的英文注释。译本前有陆谷孙英文序言和朱绩崧对序言的文言体汉译。陆谷孙称其译文"词义忠信，风神依旧，文采瞻郁""雅好凝练，不拘文法之桎梏，不落赘词冗句之窠臼，真知诗之三昧也"（任治稷、余正，2006：viii）。

2013年，朱曼华的《中国历代诗词英译集锦》（*Chinese Famous Poetry*）由商务印书馆国际有限公司发行。译者精选了历代诗歌200余首，以诗体译诗，在很大限度上保留了原诗的形象和意境。该本于2016年再版。译者编译的另外两部诗集《李煜诗词英译全集》（*Complete Collection of Li Yu's Poetry*）和《李清照诗词英译全集》（*Complete Collection of Li Qingzhao's Poetry*）分别于2017年、2018年出版。

2018年，河南大学出版社出版了《古诗英译75首》。该本收集了诗人翻译家吴钧陶90年笔耕生涯中的零星译作。他的译诗完全采用韵律和押韵方法，力求做到以诗译诗而不损原意。

2019年，尹绍东的《中国经典诗词选英译》出版，共选译诗词100

首。李正栓在译本序言中肯定了译者对诗词的理解、考证和翻译,认为其译文是独具特色的"研究型翻译"。

这一时期,国内外出版的译诗文集还包括路易·艾黎(Rewi Alley)的《杜甫诗选》(2001)、王砚波的《配图古诗精选》(2001)、黄新渠的《译海浪花:黄新渠译文译诗选集》(2002)、王晋熙和文殊的《金元明清绝句英译》(2002)、黄龙的《中国名花诗词英译》(2005)、托尼·巴恩斯通(Tony Barnstone)和周平(Chou Ping)的《中国诗歌导读》(The Anchor Book of Chinese Poetry,2005)、杰罗姆·P. 西顿(Jerome P. Seaton)的《香巴拉中国诗歌选》(The Shambhala Anthology of Chinese Poetry,2006)、戴维·亨顿(David Hinton)的《中国古典诗歌选集》(Classical Chinese Poetry: An Anthology,2008)、《中华文明史话》编委会的《诗歌史话》(2009)、刘国善等的《历代诗词曲英译赏析》(2009)、许渊冲的《元明清诗》(2009)、沈菲的《古诗英韵》(2011)、谢艳明的《英译中国古典诗词精选》(2016)等。

11.2.2 古典小说英译

新时代中国古典小说英译成就斐然。"大中华文库"收录了古典小说作品21部,囊括了中国古典小说发展史上的主要代表作品。四大名著英译本的复译较多,《金瓶梅》和《聊斋志异》也出现了标志性英译本。

1.《红楼梦》英译

21世纪以来,《红楼梦》的英译本再版较多。外文出版社推出多个杨宪益、戴乃迭《红楼梦》译本,如"图文版"汉英对照本(2001)、"汉英经典文库"六卷本(2003)、"大中华文库"六卷精装本(2007)、"中国经典"英文版四卷本(2015)等。2010年,美国塔托出版社(Tuttle Publishing)再版了乔利译本 The Dream of the Red Chamber。闵福德为新版撰写长篇序言,梳理了《红楼梦》在英语世界的早期译介和传播情况,全文照录了包腊(Edward Bowra)《红楼梦》译本的"引言"并摘录了翟理斯关于《红楼梦》的论述。闵福德的序言赋予译本极高的学术价值。2012年,上海外语教育出版社推出了一个霍克思、闵福德译本,该本是参照霍克思《红楼梦英译笔记》及相关日记、书信等校订而成,共五卷,各卷分别冠以标题:《枉入红尘》(The Golden Days)、《海棠诗社》(The Crab-Flower Club)、《异兆悲音》(The Warning Voice)、《绛珠还泪》(The

Debt of Tears）、《万境归空》(*The Dreamer Wakes*)。

新时代《红楼梦》复译以编译为主。2007 年，中国作家出版社推出《清·孙温绘全本红楼梦》汉英对照大型图文画册。该本是根据清代孙温的《红楼梦》画本翻拍印制，红学泰斗周汝昌为每幅画面配写诗词，王典戈编写情节介绍，含儋担纲英文翻译。该本画、诗、文珠联璧合，相得益彰。2008 年，黄新渠编译《红楼梦》(*A Dream of Red Mansions*) 出版。译者将译本精简为 30 回，"力图在展现这个大家族兴衰的画面时，突出主要情节，尽量用浅显易懂的英文，使这部世界名著在较短的时间内赢得更广泛的读者"（黄新渠，2008：vi）。李赋宁评价黄译本用的是一种平易、地道而典雅的当代英语文体，既能为国际读者所接受，又可供英语学习者欣赏和借鉴。2012 年，五洲传播出版社推出"中国经典故事系列"丛书，其中包括王国振编译的英文版《〈红楼梦〉故事》(*The Dream of Red Chamber*)。该本故事情节精练，注重可读性和中国文化精髓的传达。

这一时期，美国也出现了多种《红楼梦》节选或改编英译本，较具代表性的有《中国经典〈红楼梦〉节选改编：红楼里的女人们》(*Ladies of the Red Mansions: Abridged and Adapted from the Chinese Classic* Hong Lou Meng *or A Dream of Red Mansions*)、《红楼梦》(*The Red Chamber*) 和《中国图典〈红楼梦〉》(*Illustrated Classics of Chinese Literature:* Dream of the Red Chamber)。第一个由孙琦改编，主要讲述小说中 29 位女性的故事。第二个由 Pauline A. Chen 改编，出版后被译成法语、意大利语、荷兰语、波兰语等多种语言，推动了《红楼梦》的国际传播。第三个是依据孙温画本描述的情节改编，以中、英、法、意四个语种在全球同步出版发行。

2004 年 7 月，英国传教士邦斯尔神父（the Reverend Bramwell S. Bonsall）的《红楼梦》英文全译稿在香港大学图书馆网站发布，《红楼梦》英译史上自此出现了三个全译本鼎足而立的格局，"标志着《红楼梦》英文翻译与研究新时代的来临"（王金波、王燕，2010：196）。译者早在 20 世纪 50 年代末就已完稿，对中国文化中特有的称谓都加以注释，并附录了贾家世系表。译文以直译为主，优先保留原文意象和形式，但由于对中文理解的偏差，译本中多有讹误和晦涩难懂之处。

2.《水浒传》英译

新时代国内外《水浒传》英译本的再版也较多。外文出版社多次再版或重印沙博理译本，如全英文四卷本（2001）、全英文三卷本（2007）、"中国经典"英文版四卷本（2016）及重印本（2018）等。美

第11章 典籍英译实践概览

国塔托出版社分别于2007年和2010年再版杰克逊译本,并将书名改为 The Water Margin: Outlaws of the Marsh,列入"塔托经典丛书"("Tuttle Classics"),反映出杰克逊译本在英语世界较高的接受度。美国丝塔出版社(Silk Pagoda Press)也于2008年推出一个沙博理译本。这些旧译再版和重印赋予《水浒传》新的传播活力,推动了其在海内外的广泛流传。

新时代《水浒传》英译最重要的成果当属登特-杨父子的五卷本《水浒传》(The Marshes of Mount Liang),这是目前唯一一个120回全译本,于1994年至2002年间在香港中文大学出版社陆续出版。上海外语教育出版社引进该书版权,经译者继续打磨修订之后,于2011年出版五卷本《水浒传》,各卷分别冠以标题《揭封走魔》(The Broken Seals)、《打虎英雄》(The Tiger Killers)、《梁山聚义》(The Gathering Company)、《铁牛》(Iron Ox)和《鸟兽散》(The Scattered Flock)。孙骊称之为一部让英语读者零距离感触中国古代小说的新译本。汪榕培(2011)评价该译本在多个方面超越了以前的译本,再一次证实了"译可译,非常译"和"常译常新"的译界格言。

这一时期出现了两个英文改编本。一个是2007年新加坡亚太图书有限公司(Asiapac Books)出版的英文版漫画本 Water Margin: 108 Heroes of the Marsh(《〈水浒传〉:水浒108将》)。该版的故事改编和漫画皆出自黄庆荣手笔。另一个是2012年五洲传播出版社出版的英文版三卷本《〈水浒传〉故事》(Outlaws of the Marsh),该本由王国振编译,是该社"中国经典故事系列"丛书之一。

3.《三国演义》英译

21世纪以来,《三国演义》英译国内再版以罗慕士译本为主。外文出版社英文版三卷本不断重印,最近的印本可查至2019年。罗译本还被收入"大中华文库",以五卷本形式于2000年出版、2005年重印。2016年该社"中国经典"系列又发行英文版四卷本。国外再版以邓罗(C. H. Brewitt-Taylor)译本居多。美国佛蒙特州塔特尔公司(The Charles E. Tuttle Company in Rutland, Vermont)、丝塔出版社等多次发行邓译重印本,使其在新的社会历史语境下焕发出持久的生命力。2014年,外文出版社和加州大学出版社(University of California Press)联合出版了一个新的罗慕士《三国演义》节译本,在北京、伯克利、洛杉矶和伦敦同时发行。该本是为纪念罗慕士节译本问世15周年而专门发行的。罗慕士为纪念版节译本撰写了新的前言。这些译本的持续重印和再版使《三国演义》在海内外的关注度不断提升，有力地推动了中国文化尤其是中国古典小说的对外传播。

《三国演义》英译本代表性复译本有三个，分别是王国振译本（2012）、虞苏美译本（2017）和彭马田译本（2018）。王国振编译本《〈三国演义〉故事》（Romance of the Three Kingdoms）为"中国经典故事系列"丛书之一。由虞苏美翻译、罗纳德·C. 艾弗森（Ronald C. Iverson）审订的《三国演义》（The Three Kingdoms）是首个中国译者完成的 120 回全本。该译本既尊重原作，保留了中国文化所特有的概念，又附有必要的文化注释，为读者了解中国传统文化提供了一条重要途径。该译本出版后广受学界好评，何刚强认为虞译本以一种高屋建瓴的笔势，将《三国演义》成功地重现给了英语读者；英语地道、洗练，译文易懂、有味，是其两大特色。2018 年，"企鹅经典"推出《三国演义》简写本。译者彭马田是英国汉学家，曾翻译过大量汉语典籍，对中国的传统文化，尤其是道家思想有很深的了解。译本正文前列有"三国"区域图和主要人物画像及简介，介绍了"三国"时期的历史背景，有助于读者厘清错综复杂的人物关系和故事情节。该简写本内容约为原作的三分之一，据译者交代，他在缩写时参照了亚瑟·韦利节译《红楼梦》的做法，仅保留重要情节，但尽量使故事内容连贯，确保读者有完整的阅读体验。

4.《西游记》英译

自 2000 年以来，外文出版社多次再版、重印詹纳尔的《西游记》全译本，陆续推出"大中华文库"六卷本（2000）、"汉英经典文库"六卷本（2003）、英文版三卷本（2008）、"中国经典"英文版四卷本（2014）等，进一步扩大了詹译本的影响力。《西游记》代表性复译本有四个，分别是余国藩译本（2006）、宋德利译本（2008）、潘允中（Yun-Chong Pan）译本（2009）和余国藩重译本（2012、2015）。

2006 年，美籍华裔学者余国藩推出节译本《猴子与僧人》（The Monkey and the Monk），由芝加哥大学出版社（University of Chicago Press）出版。该本是译者在其全译本的基础上编译而成的，译本正文配有插图，增加了阅读的趣味性。译者在前言中简要介绍了《西游记》原作的成书过程，并交代了译介《西游记》的缘由，即希望能纠正亚瑟·韦利节译本中描绘的故事，因为韦利译本"虽备受欢迎与赞誉，却扭曲了原作"（Yu, 2006: xiii）。

2008 年，宋德利编译的《西游记》（Journey to the West）由中国书籍出版社出版。译者的翻译初衷是想"通过自己的翻译……让美国人，尤其是华人子女看看原汁原味的《西游记》究竟是什么样子"（宋德利，2008：1）。宋译本语言简洁，情节凝练，适合于普通读者阅读。

2009 年，加拿大华裔学者潘允中编译的《〈西游记〉故事》（*Journey to the West with the Stone Monkey*）在 Bayeux Arts 出版。译者最初是为亲子阅读而选译了一些故事情节，而后萌生了编译《西游记》的想法。其译本情节简单，配绘插图，受到了广大儿童的欢迎，扩大了英语读者群体，为中国古典文学的海外传播创造了新的形式。五洲传播出版社于 2010 年再版潘译本，并于两年后收入其英文版"中国经典故事系列"。

2012 年，余国藩对其全译本进行了全面修订，在芝加哥大学出版社推出第二版。2015 年，上海外语教育出版社引进该书版权，推出汉英对照版。余译本语言流畅、译笔忠实，原作中所有的韵文和诗词皆以韵体或自由诗体译出，完整再现了《西游记》的文学魅力。译本正文之后对佛道教义、天干地支、阴阳五行等概念的注释也力求还原中国特有的文化意象，很好地平衡了译本可读性和学术周密性。《纽约时报》曾评价其译本完全兼顾了《西游记》中的冒险、抒情和插科打诨，对文本的精神内涵体现得充分敏锐（闻白，2016）。上海外语教育出版社的再版本也得到了中国译界的高度肯定和大力推荐，王宏印（2017：96）称余国藩的英文翻译可以"与吴承恩的中国故事相媲美，将会大大地促进现代读者理解和欣赏《西游记》这部奇书"。

5.《金瓶梅》英译

《金瓶梅》是"一部可以与《红楼梦》相颉颃的文学巨著"（葛永海，2008：67）。21 世纪以来，其代表性再版或复译本有四个。

2008 年，"大中华文库"版《金瓶梅》（*The Golden Lotus*）由人民文学出版社出版。该版选用英国汉学家克莱门特·厄杰顿（Clement Egerton）译本。厄氏译本初版于 1939 年，所据底本是张竹坡评本。其译文自然、流畅，可读性较强，面世后在英、美、新加坡等国家多次重印。"大中华文库"版《金瓶梅》是国内出版的首个中英对照译本。同年，美国丝塔出版社推出一个节译本 *Jin Ping Mei*，该本号称是对厄杰顿译本的节选，但据齐林涛（2015）考证，此本实为 1953 年环球出版发行公司（Universal Publishing and Distributing Corporation）出版的题为 *The Harem of Hsi Men*（《西门府妻妾成群》）的英文读物的翻版。

2011 年，美国塔托出版社再版厄杰顿《金瓶梅》译本，以二卷本形式发行。该版新增了华盛顿大学何谷理（Robert E. Hegel）撰写的序言。值得关注的是，该本封面上特别标明译文是在老舍的协助下完成[with the assistance of Shu Qingchun(Lao She)]。

2013年11月，美国学者芮效卫（David T. Roy）的《金瓶梅》英译本 The Plum in the Golden Vase 第五卷在普林斯顿大学出版社（Princeton University Press）问世。至此，这部皇皇巨著终于经由芮效卫的译笔完整译介到英语世界。译者以日本大安出版社1963年影印版的万历本《金瓶梅词话》为源本，采用崇祯本插图200幅。他从1982年开始翻译，历时30年、跨越两个世纪才大功得成。芮译本主要采用异化译法，注重保留原作的语言、文化和叙事特点，尽力让英文读者感受到原文复杂的结构和繁复的修辞。书中所附4 400条注释或溯源诗词典故，或注解文化信息，既有助于读者理解原作，又为《金瓶梅》的海外研究提供参考。芮效卫采用厚重翻译策略，不仅提高了译本的学术价值，也彰显了其研究型译者的本色。2015年，普林斯顿大学出版社推出"普林斯顿亚洲文库译丛系列"项目，重印了芮氏译本。

6.《聊斋志异》英译

《聊斋志异》是在海外译介数量最多、传播范围最广、翻译版本最多的中国古典文学作品之一。进入21世纪，《聊斋志异》英译出现了七个复译本和两个再版本。

2003年，迈克尔·贝达德（Michael Bedard）翻译的 The Painted Wall and Other Strange Tales（《画壁与其他故事》）在美国和加拿大苔原图书公司（Tundra Books）出版。译者参考翟理斯、邝如丝（Rose Quong）及杨宪益、戴乃迭等经典译本，选译了《聊斋志异》中的23篇故事。该译本语言简洁，通俗易懂，主要面向青少年读者。

2006年，闵福德译本 Strange Tales from a Chinese Studio 被收入"企鹅经典丛书"并出版。译者以张友鹤《聊斋志异会校会注会评本》和朱其铠主编的《全本新注聊斋志异》为底本，选译了104篇故事，耗费了14年心血精心译制，"整个译本图文并茂，译笔流畅优美，正文前后附有详细的介绍和注释，对故事内涵、文化意蕴、翻译技巧和语言使用进行解说"（张洪波、王春强，2016: 103），使译本呈现出全新的面貌。"译者对《聊斋志异》故事背后的深层内容的全面把握与着力传达"（同上：102），标志着英语世界百余年来《聊斋志异》的阐释和研究进入新阶段。同年，现代出版社推出中英文漫画版《聊斋志异：鬼狐仙怪的传奇》（Ghosts and Wizards-Fables and Fairy Tales from Late China）。书中的漫画由中国台湾漫画家蔡志忠（Tsai Chih Chung）执笔，英文译者为美国学者柏啸虎（Brian Bruya）。

2007年，"大中华文库"版《聊斋志异选》(Selections from Strange Tales from the Liaozhai Studio) 由外文出版社出版。该版共包含216篇《聊斋志异》故事，底本采用张友鹤点校本，英文选用黄友义的译文133篇，张庆年、张慈云、杨毅的译文60篇，梅丹理（Denis Mair）和梅维恒的译文23篇。北京大学马振方为该本撰写前言，介绍了蒲松龄的生平和创作过程、作品的内容、主题、版本的流变以及在海外的译介和影响，为读者阅读译文、理解故事内涵、掌握作品的译介传播情况提供了丰富的背景知识。

2008年，宋德利编译的《聊斋志异》(Strange Tales of a Lonely Studio) 在中国书籍出版社出版。该本体例合五为一，依次为古文、注释、白话、英译、体会。译者选译了20个长篇故事，并改译故事标题以点明其中的道德寓意。此外，译者还忠实地呈现了原作故事结尾的"异史氏曰"之评论，彰显出原作的道德教化功能。乔媛（2018）认为，译者对中国传统道德的书写是自我文化身份的宣示，其译文可以让文化跨越边界，以飞散的方式繁衍，进而实现文化的传播和新文化的生成。但是，译者在翻译时无意识地遵循了目标语的文学规范和传统，因而造成了对本族文化和文学内涵的疏离。

2008—2014年，美国汉学家宋贤德（Sidney L. Sondergard）陆续翻译出版六卷本《聊斋志异》(Strange Tales from Liaozhai)，由 Jain Publishing Company 出版发行。宋氏译本终结了《聊斋志异》无英语全译本的历史，首次向英语世界展现了这部文学经典的全貌。译者译研并举，每卷正文前撰有长篇绪论，内容涵盖原作的主题、作者及其创作手法和作品的美学意蕴等，"对蒲松龄的艺术创作以及聊斋故事中蕴含的中国传统文化元素做了多向度的解读"（任增强，2019：91），增强了译本的学术价值。

2015年，企鹅出版集团推出了"企鹅经典80册小黑书系列"（"Little Black Classics"），献礼企鹅图书成立80周年，其中收录了《聊斋志异》的英文编译本 Wailing Ghosts。该本将聊斋故事浓缩为64页的英文小书，以方便普通读者携带和阅读。

这一时期，美国出现了两个旧译再版本：一个是2005年太平洋大学出版社（University of the Pacific Press）出版的梅丹理和梅维恒合译本 Strange Tales from Make-Do Studio；另一个是2010年塔托出版社重印的翟理斯译本。两个译本在英语世界有广泛的影响，其中翟译本被奉为中国古典文学在英语国家的经典代表，《大英百科全书》(Encyclopedia Britannica) 和《美国大百科全书》(Encyclopedia Americana) 均有收录。

这些经典译本在国外权威出版机构的重印和再版促成了《聊斋志异》在西方世界的经典化。

11.2.3 古典戏剧英译

21世纪以来，中国古典戏剧英译成绩斐然可观，产出了一大批新成果。"大中华文库"精选了八种最具代表性的经典戏剧，分别是《西厢记》《牡丹亭》《邯郸记》《长生殿》《关汉卿杂剧选》《南柯记》《桃花扇》和《紫钗记》。2009年，中国对外翻译出版公司推出"中译经典文库"，收入丛书包括《牡丹亭》《西厢记》《桃花扇》和《长生殿》四大名剧。2010年，高等教育出版社推出"青春绣像版中国古代四大名剧"丛书，用图文融合、汉英对照的方式对中国四大古典名剧进行重新演绎。2012年，五洲传播出版社出版四大名剧英文改编故事本。该社同年推出的"许译中国经典诗文集"也收入"四大名剧"汉英对照本。2013年，海豚出版社推出"许渊冲文集"系列，其中第11至14册分别是四大名剧的汉英对照译本。这些丛书系列形式多样，既有汉英对照本，也有全英文本；既有故事本，也有图文本，丰富多彩的译本形态反映出新时代古典戏剧英译的繁荣概貌。

新时代中国古典戏剧英译的规模和范围也有明显拓展。传统四大名剧《西厢记》《牡丹亭》《长生殿》《桃花扇》出现了众多代表性复译本，其他古典戏剧和各种地方戏曲也陆续被翻译，而且多数为首次译介。

1.《西厢记》英译

国内再版的《西厢记》经典译本以许渊冲译本为主。除了"大中华文库"汉英对照版《西厢记》（2000）外，中国对外翻译出版公司、五洲传播出版社、海豚出版社等也推出了不同形式的许译《西厢记》。2002年，英国Caledonian Publishing Company发行了一个《西厢记》英文再版本 West Wing: China's Most Famous Play。该书是英国汉学家杜为廉（William Dolby）译本的再版。郭晶萍（2010）认为，杜氏译本含有丰富的注释，反映出译者对中国古典文化的广博知识和浓厚兴趣，属于典型的学院派译本。

《西厢记》的复译始于近十年，以编译为主，代表性译本有三个。2010年，高等教育出版社"青春绣像版"《西厢记》出版，该本由李真瑜和邓凌源改编，Wayne B. Burr和李子亮合作翻译。2012年，五洲传播出版社《西厢记故事》（The Romance of the Western Chamber）出版。此本是由滕建民改编的故事本，顾伟光、李尚杰和美国学者亨利担纲翻译。2013年，外研社出版英文版《昆曲:〈西厢记〉》（The Romance of the Western Chamber: A Kunqu Opera）。该书是"中国海外戏曲传播工程"丛书之一，主体部分是对昆曲《西厢记》的起源、传播和剧情梗概的英文介绍，书后附有黄少荣翻译的昆曲《西厢记》英文剧本和昆曲的基础知识。这些宽泛意义上的英文编译本为推动《西厢记》的海外传播提供了更多的样式和可能。

2.《牡丹亭》英译

21世纪初有两个《牡丹亭》英译再版本问世。2001年，张光前《牡丹亭》全英文译本 The Peony Pavilion 在外文出版社再版。张译本初版于1994年，是中国学者的首个《牡丹亭》译本，其唱词和诗句翻译均采用莎士比亚无韵体（blank verse）。新版译本并非简单的重印，而是经译者重新修订而成的。2002年，印第安纳大学出版社（Indiana University Press）推出白之的第二版《牡丹亭》（The Peony Pavilion, Mudan Ting）。译者不仅修订了原译本，还重新为译本撰写了前言，并邀请加拿大英属哥伦比亚大学亚洲研究系史恺悌（Catherine C. Swatek）为译本作序。

新时代《牡丹亭》的复译本主要有四个。2000年，汪榕培《牡丹亭》英文全译本问世。译者以"传神达意"为总原则，在不影响英语读者理解的前提下尽量保留了原有意象，准确再现了原作的风采。他在诗体和唱词的音韵、节奏方面用力最勤，翻译尤为独到。其译本当年即被收入"大中华文库"再版发行。2009年，许渊冲、许明合译《牡丹亭》。译者遵循其"三美"原则，对与剧情矛盾无关的人物、情节和唱词等进行了大刀阔斧的删减，"精简后的内容和主旨变得异常单纯，即专门描写杜丽娘为追求爱情出生入死的艰难历程"（赵征军，2013：167）。2010年，"青春绣像版"《牡丹亭》出版，该本由李真瑜和邓凌源改编、李子亮翻译。2012年，五洲传播出版社的《牡丹亭故事》（The Peony Pavilion）出版，该本由滕建民改编、顾伟光和美国学者马洛甫（S. Marloff）合译。

3.《桃花扇》英译

新时代《桃花扇》的复译较为普遍，21世纪以来的重要译本有三个。2009年，许渊冲、许明的合译本在中国对外翻译出版公司出版。许译本后被收入国内各种丛书系列多次再版。同年出版的还有"大中华文库"

版《桃花扇》(*The Peach Blossom Fan*)，该译本以陈美林点校本为底本，尚荣光担任翻译，加拿大专家 Jane Levin 对译本进行了校订。2012 年，佘坤珊和王倞中的全英文译本 *The Peach Blossom Fan* 问世。佘坤珊于 20 世纪 50 年代初开始翻译《桃花扇》剧本。他认为需以十四行诗的诗体语言翻译剧本台词，这样才有可能引发外国读者的兴趣，从而品味"借离合之情，写兴亡之感"的意境，欣赏中国文化之精髓。然而，他译志未酬却不幸因病辞世。他的学生王倞中主动将其未尽的《桃花扇》剧本译制完成并交由外文出版社出版。

近十年来，出现了三个《桃花扇》编译本。2010 年，高教社"青春绣像版"《桃花扇》译本由黄云生改编，李子亮担纲翻译。2012 年五洲传播出版社的《〈桃花扇〉故事》(*Peach Blossom Fan*) 由滕建民改编，顾伟光、陶文和英国学者德雷克（H. Drake）共同担纲翻译。2019 年，湖南美术出版社出版的《桃花扇》(*A Peach Blossom Fan*) 由汤素兰改编，谢敏敏翻译。该书将极具东方艺术特色的中国传统工笔人物重彩连环画与《桃花扇》故事融为一体，突出了艺术性与趣味性，有利于激发读者的阅读兴趣。

2015 年，《纽约书评》(*New York Review of Books*) 再版了哈罗德·阿克顿（Harold Acton）、陈世骧（Chen Shih-hsiang）与白之的《桃花扇》英文全译本。美国芝加哥大学汉学家蔡九迪（Judith T. Zeitlin）为再版本撰写序言，介绍了《桃花扇》作者孔尚任的生平、剧本创作过程及所反映的社会政治环境。蔡九迪的主要研究领域为明清文学和文化史，在明清小说与戏剧方面用力尤深。他的序言为新译本增添了更多学术价值。

此外，还有一个《桃花扇》英译的典型案例值得一提。2006 年 3 月 17 日，由著名导演田沁鑫执导的昆曲《1699·桃花扇》在北京保利剧院首演。与中文唱词同时出现在屏幕上的英文版唱词由加拿大人石俊山（Josh Stenherg）翻译。译者当时还是南京大学的留学生，他翻译的唱词简练优美又不失其古典韵味。该剧在世界各地多次巡演，也带动了《桃花扇》在英语世界的传播。

4.《长生殿》英译

21 世纪以来，杨宪益、戴乃迭的《长生殿》译本多次由外文出版社再版，并于 2004 年收入"大中华文库"。此外，还有五个较具代表性的再版和复译本。

2004 年，贺淯滨《长生殿》英译本 *The Palace of Eternal Youth* 在中央编译出版社再版。该译本为译者在苏格兰访学期间所译，于 1999 年在英国 Caledonian Publishing Company 初版，是首个《长生殿》英文全译本。该本表意准确，行文流畅，传达出原作的美感和韵味，展示出中国古典戏曲深厚的语言底蕴。译者还提供了富有创见的注解，提升了译本的学术价值。

2008年，上海文艺出版社出版了一个《长生殿》中英文演出本。中文部分由唐斯复根据剧情和演出需要调整结构、删繁就简，将原剧压缩成36出。英文部分由吴沙参照杨、戴译本整理而成。

2009年，许渊冲、许明的《长生殿》舞台本由中国对外翻译出版公司出版。许译本最大限度地实现了"优化"，再现了原文的意美、音美、形美，是其"美化之艺术，创优似竞赛"（许渊冲，1998）的一个有力佐证。该译本也被收入各种丛书系列多次再版。

另外两个编译本分别是2010年黄云生改编、李子亮翻译的"青春绣像版"《长生殿》和2012年滕建民改编，顾伟光、李尚杰与马洛甫合译的《〈长生殿〉故事》(The Palace of Eternal Youth)。

5. 其他古典戏剧英译

21世纪以来，四大名剧的复译与再版带动了其他古典戏剧和地方戏曲的英译，共同推动了中国戏曲文化的对外传播。

2003—2007年，由汪榕培领衔的苏州大学翻译团队出版了《吴歌精华》(Gems of the Wu Ballads)、《评弹精华——弹词开篇选》(Gems of Suzhou Pingtan—Selections of Tanci Arias)、《昆曲精华》(Gems of Kunqu Opera)和《苏剧精华》(Gems of Suzhou Opera)。这些地方剧本的翻译出版向英语世界展现了苏州地方文化的魅力。

2008年，美国贝特林阁出版社（Better Link Press）推出了"中国经典戏剧悲剧爱情故事"（"Love Stories and Tragedies from Chinese Classic Operas"）系列。该丛书共四本，是根据中国古典戏剧改编的英文版故事集，涵括的故事有《西厢记》(The Romance of the Western Bower)、《赵氏孤儿》(Zhao the Orphan)、《窦娥冤》(Snow in Summer)、《凤求凰》(The Phoenix Seeks a Mate)、《孔雀东南飞》(The Peacock Flies Southeast)、《长生殿》(The Palace of Eternal Youth)、《牡丹亭》(The Peony Pavilion)和《桃花扇》(The Peach Blossom Fan)、《白蛇传》(The Legend of White Snake)、《梁山伯与祝英台》(Liang Shanbo and Zhu Yingtai the Butterfly Lovers)等，是中国戏剧故事首次在国外系列出版。

2009年，华裔学者汪班（Ben Wang）编译的昆曲选剧英译本《悲欢集》(Laughters and Tears)在外文出版社出版。书中收录了国外经常上演的九种昆曲剧目,包括《玉簪记》《烂柯山》《狮吼记》《昭君出塞》《孽海记》《虎囊弹》《牡丹亭》《钟馗嫁妹》和《长生殿》。该本译语流畅,文字优美,向读者展现了昆曲的经典魅力。译者汪班常年在美国讲授中国诗词书画,对中诗英译十分在行。白先勇认为汪班的译文生动活泼,趣味盎然,处处透漏巧思,很容易引起观众和读者的共鸣。(汪班,2009)同年,汪榕培、朱源与张玲合译的《紫钗记》入选"大中华文库"出版,实现了《紫钗记》的首译。

2011年,五洲传播出版社出版英文版《中国戏剧故事》(*Classic Stories of China: Drama Stories*)。该书收入《西厢记》《牡丹亭》《桃花扇》《长生殿》《窦娥冤》和《赵氏孤儿》六个经典戏剧故事,由王国振和汉定合作翻译,译本语言较为简单,适合普通读者阅读。

汪榕培领衔翻译的《英译〈南柯记〉》(*The Nanke Dream*)和《英译紫箫记》(*The Purple Jade Flute*)分别于2012年和2013年在上海外语教育出版社出版。2014年,该社推出汪榕培与张玲合作翻译的英文版《汤显祖戏剧全集》(*The Complete Dramatic Works of Tang Xianzu*)。该本全书近180万字,包括《紫箫记》《紫钗记》《牡丹亭》《南柯记》《邯郸记》五部戏剧,是目前唯一一部完整的英文版汤显祖戏剧集。2017年8月,英国布鲁姆斯伯里出版公司(Bloomsbury Publishing PLC)引进该书版权,以纸质图书和电子书两种形式在英国、美国和印度同时出版发行,并把该译本收录其"在线戏剧图书馆"网站。布鲁姆斯伯里出版公司是国际知名的出版公司,借助其营销渠道和影响力可以更好地推动《汤显祖戏剧全集》的国际传播。

此外,中国人民大学2008年启动了"国剧海外传播工程",并于2011年底推出英文版"国剧英译"系列《大闹天宫》《曹操与杨修》和《天仙配》。2013年以来,中国人民大学又与外研社共同推出"中国戏曲海外传播工程"丛书,以英文图书介绍中国戏曲文化。截至2019年10月,已出版14部,包括京剧《白蛇传》《杜十娘》《秦香莲》《窦娥冤》《穆桂英挂帅》《廉吏于成龙》、昆曲《西厢记》《潘金莲》《十五贯》《玉簪记》、京藏剧《文成公主》、越剧《梁山伯与祝英台》、河北梆子《钟馗嫁妹》、川剧《变脸》。这种翻译模式给中国古典戏剧的翻译和对外推广带来了新的启示。

11.2.4 古典散文英译

新时代古典散文的英译也取得了一定进展。"大中华文库"收入了

第 11 章　典籍英译实践概览

《颜氏家训》《唐宋文选》《菜根谭》《明清小品文》《明清文选》和《浮生六记》等经典散文著作。很多短小精悍的散文名篇也被辑集成册翻译出版，出现了一些代表性译本。

1.《菜根谭》英译

2000 年，英国学者保罗·怀特（Paul White）翻译的《菜根谭》(*Tending the Roots of Wisdom*) 在新世界出版社出版。译者现为外文出版社英文专家，曾翻译和润色过大量的中国文化典籍。其译本于 2003 年被选入"大中华文库"再版。

2001 年，中国学者蒋坚松翻译的《菜根谭》(*Cai Gen Tan: My Crude Philosophy of Life*) 出版。该译本是首个由中国学者翻译的译本，前言中介绍了《菜根谭》的作者、书名由来、主要内容、语录文体及通行版本等，正文包括修省、应酬、评议、闲适和概论五部分。王永真、顾怡燕（2017）指出，译者对典籍英译问题的思考和感悟对典籍英译的实践和研究都颇具启示意义。

2002 年，上海古籍出版社发行"英译珍藏本"《绘画菜根谭》(*Zen of Vegetable Roots in Chinese Painting*)。该本由赵昌平释读原文、傅益瑶配绘水墨画、美籍华裔学者李兆良担纲书法与英译。全书融中国书法、绘画与《菜根谭》哲理性思想于一体，是多模态传播中国文化的新尝试。此本出版当年即重印一次，2004 年再版。

2006 年，罗伯特·艾特肯（Robert Aitken）与郭颖颐（Daniel W. Y. Kwok）合作推出《菜根谭》英译本 *Vegetable Roots Discourse: Wisdom from Ming China on Life and Living*。罗伯特·艾特肯是美国著名的佛教禅师，曾在日本生活多年，其译本主要以日文版为底本，体例为繁体中文与英译并列，书后列有拼音、简体、繁体和威妥玛拼音对照表。译者对《菜根谭》的流传版本、传播历史、相关译本及批评等进行了较为详尽地梳理，还剖析了作者在撰写《菜根谭》过程中的思想变化，丰富的副文本增添了译本的学术气息。

其他比较重要的译本还包括蔡志忠、柏啸虎译本（2006）和周文标译本（2009）。此外，宋德利于 2014 年 5 月 8 日至 5 月 28 日在其新浪博客上连载《菜根谭》汉英对照博文，将原文 360 个条目悉数译出。但目前尚未见其正式出版译本。

2.《浮生六记》英译

新时代《浮生六记》的复译式微，仅有一个复译本正式出版发行。该译本于 2011 年由美国哈克特出版有限公司（Hackett Publishing Company, Inc.）出版，书名为 *Six Records of a Life Adrift*。译者是加拿大华裔汉学家孙广仁（Graham Sanders）。他于 1996 年获哈佛大学东亚语言与人文方向博士学位，现为加拿大多伦多大学东亚研究系中国古典文学研究专家，是当代加拿大汉学的代表人物。

虽然《浮生六记》的复译本稀少，但经典译本的再版不断。21 世纪之前出现的三个译本，即中国学者林语堂译本（1939）、英国汉学家马士李（Shirley M. Black）译本（1960）以及美国学者白伦（Leonard Pratt）与江素惠（Chiang Suhui）夫妇的合译本（1983）都多次再版重印，彰显出该书在新时代的文学价值和艺术魅力。2006 年，中国译林出版社引进版权，再版了白伦与江素惠译本。2015 年，该社又推出汉英对照本，汉语部分除沈复原文，还添加了汪洋海翻译的现代汉语。2008 年，美国丝塔出版社再版马士李译本。2012 年，美国马提诺好书出版社（Martino Fine Books）也推出马士李译本的再版。2009 年，外研社再版林语堂译本。2019 年，湖南文艺出版社推出一个汉英双语版《浮生六记》，英文也选用林语堂译本。

此外，《浮生六记》也出现了经典的字幕翻译形式。2018 年七夕，园林版昆曲《浮生六记》在苏州首演，英文字由英国汉学家郭冉（Kim H. Gordon）翻译。郭冉翻译过十多部昆曲作品，他对原作的专业性审视和在译作中的独特表达令其字幕译文别具风貌，助力昆曲《浮生六记》走上国际舞台。

3. 明清小品文英译

明清小品在中国文学典籍英译中处于边缘位置，21 世纪之前，仅有林语堂的《古文小品译英》(*The Importance of Understanding*) 一书中收录了一些明清时期的小品文，可视为明清小品文英译之滥觞。21 世纪以来，明清小品的译介成果仍然稀少，只有王宏、张顺生《明清小品文》(*The Short Essays of the Ming and Qing Dynasties*) 一个译本，于 2011 年入选"大中华文库"出版。译者按作家年代先后顺序，选译了明清两代百余位作家的各类名篇佳作 127 篇，较全面地反映了明清小品文的总体成就及发展历程。2013 年，该译本全英文版由英国帕斯国际出版社全球发行。

此外，国内还出版了几个林语堂译本的再版本。2009 年，外研社推出"林语堂英文作品集"丛书系列，再版了《古文小品译英》。2015 年，该社再次推出"林语堂英译诗文选"，共出版六册图书，其中包括《明清小品》上、中、下三册。

4. 其他古典散文英译

21世纪初，美国哥伦比亚大学出版社（Columbia University Press）发行了 *The Chinese Essay*（《古今散文英译集》）的再版本。该书于1999年在香港中文大学出版社初版，译者是英国著名汉学家卜立德（David E. Pollard），书中涵括了29篇古典散文名作。

2005年，罗经国的汉英对照版《〈古文观止〉精选》由外研社出版。译者精心选译了32个经典篇目，其译笔流畅，字斟句酌，受到了译文读者好评。

2011年，徐英才《英译唐宋八大家散文精选》(*A Selection from the Eight Great Prose Masters of the Tang and Song Dynasties*) 入选"外教社中国文化汉外对照丛书"出版。译者精选唐宋八大家最具代表性的散文37篇，翻译时力求准确再现原作的意蕴、美感与神采，向英语读者展现中国古典散文的艺术风采。习近平主席2015年访美期间曾向美国林肯中学图书馆赠送此书。

2015年，商务印书馆出版了一套汉英对照版"中国古典游记选译"，包括《唐代游记选译》（马静译）、《宋代游记选译》（李明媚译）、《明代游记选译》（吴卫译）、《清代游记选译》（张丽妹译）四册。该套丛书由汪榕培审译，是游记散文的首次规模译介。

2018年，五洲传播出版社出版了《汉英对照中国古代散文选》，该译本由旅居澳大利亚的学者郑苏苏与扬州大学周向勤合作翻译，收录了我国古代金、元、明、清以来52位名家的散文名作63篇。书后还有52位散文名家的中英文简介。

11.3　哲学典籍英译实践

随着中国综合国力的不断增强和国际影响力的不断提升，越来越多的外国学者希望从中国哲学典籍中寻找中华文明蕴含的丰富智慧。新时代中国哲学典籍英译展现出强劲的发展势头。"大中华文库"收录哲学思想类典籍译本多达21部，国内各大出版机构也相继推出哲学典籍英译丛书系列。在国内外学者的共同努力下，儒家、道家、墨家及其他诸家的哲学典籍译本迭出不穷，哲学典籍英译呈现出繁盛的气象。

11.3.1 儒家典籍英译

新时代儒家典籍英译本复译较多。本节主要以《易经》和"四书"为例考察儒学典籍在 2000—2019 年的英译情况。

1.《易经》英译

21 世纪以来,《易经》经典英译本的再版或重印不断,如美国香巴拉出版社(Shambhala Publications, Inc.)于 2003 年、2005 年先后重印托马斯·柯立瑞的各种《易经》译本,包括《易经》(*I Ching: The Book of Change*)和《道家易经》(*The Taoist I Ching*)等。上海外语教育出版社于 2007 年再版汪榕培、任秀桦合译的《英译易经》(*Book of Change*)。

数据显示,新时代《易经》代表性英译复译本有 13 种,包括傅惠生译本(2000)、卡赫(Stephen Karcher)译本(2000、2002、2003、2009)、巴金(Jack M. Balkin)译本(2002)、法内尔(Kim Farnell)译本(2008)、保罗·怀特译本(2010)、皮尔森(Margaret J. Pearson)译本(2011)、巴雷特(Hilary Barrett)译本(2011)、夏含夷译本(2014)、闵福德译本(2014)、鲍威尔和康诺利(Neil Powell & Kieron Connolly)译本(2019)等。傅惠生的《周易》汉英对照本(*The Zhou Book of Change*)于 2000 年正式出版,2008 年被收入"大中华文库"再版。加拿大学者卡赫是《易经》研究专家,其译本《易大传》(*Ta Chuan, the Great Treatise*)于 2000 年问世。据杨平(2015)介绍,2002 年,卡赫再次推出《易经:变化之典籍》(*I Ching: The Classic Chinese Oracle of Change*)。该译本是对原典的逐字翻译,译者匠心独妙,每个字词始终用同一个英语单词对译。2004 年、2009 年,卡赫分别翻译出版《易经全解:变革的神话》(*Total I Ching: Myths for Change*)和《简易易经》(*I Ching Plain and Simple*)。这些译本特色鲜明,是卡赫译研并举的典范之作。闵福德译本也是新时代《易经》英译的代表性成果之一。该本"一本双译"(王晓农,2017:48),分为"智慧之书"和"卜卦"两部分。译者耗时 12 年,参引历代中国文人的评注,尽量不涉及西方人对《易经》的点评和解析,使译本更加"中国化"[1],并以详尽的注释反映《易经》在中国文化语境中的意义嬗变(卢玉卿、张凤华,2017)。

---

[1] 信息来自腾讯文化专访闵福德的文稿"英国学者 12 年译完《易经》"。

2.《论语》英译

新时代国内外《论语》英译盛况依旧，代表性英译复译本迭出。2003 年，美国当代汉学家森舸澜的《论语》英译本 Confucius Analects: With Selections from Traditional Commentaries 在美国出版。为了传递原作思想精髓，译者采用"厚重翻译"策略，对儒家哲学核心词汇进行"意译＋音译＋汉语原文＋注释"四重翻译。每篇译文前有简要的篇解，每段译文后附有历代注疏和译者本人的注释，文后还列出了大量的参考文献。Littlejohn（2005）将其与安乐哲与罗思文合译的《论语》并举，视其为前所未有的两部《论语》佳译之一。张德福认为，译本"评论以博采百家、现代诠释和阐发儒见为特色；篇解和注释形式多样、补义助释"（张德福，2017：111）。虽然其译本具有学术派翻译的特质，但译者的翻译目的是服务"普通读者"（Slingerland，2003：xxv），因此其译文语言通俗，语感流畅，具有较高的可读性。

2005 年，许渊冲英译《论语》（Thus Spoke the Master）问世。译者巧妙仿用了英语世界家喻户晓的哲学译著 Thus Spoke Zarathustra 的书名，体现了创译风格。有评论认为，许译本对原文解读深刻，押韵工整，富有意境，"传神表达了中国传统知识分子的精神追求，展演了现代英语与中国传统文化融合之美"（崔怡清，2018：734）。

2007 年，著名汉学家、翻译家华兹生的《论语》英译本问世，该译本为美国哥伦比亚大学出版社推出的"亚洲经典译丛"系列之一。译文采用口语式英语，语言通俗自然，体现了译者一贯的翻译风格。复旦大学刘敬国称该译本"简洁平易，形神俱肖"（刘敬国，2015：23）。

2010 年，林戊荪推出《论语新译》（Getting to Know Confucius: A New Translation of The Analects）。林译本史、评、译、注相结合，着眼于融通古今中外，"重点关注新时代孔子及其思想的价值与指导意义，具有清晰的思想脉络"（许雷，2013：33）。

同年，宋德利的节译本《论语》（The Analects of Confucius）出版。该本共 20 篇，每篇各取语录前两个字为标题。译者的目标读者是古汉语学习者、英语学习者，尤其是双向翻译的爱好者（宋德利，2010），因此译本采用四合一体例，即原文、注释、白话、英译。李钢、李金姝（2013b：131）认为，宋德利在翻译过程中"不断挖掘中国经典哲学的特质，这在很大程度上补充和修正了西方人对中国古代儒家思想的认识，进一步丰富了西方人对中国古代典籍在海外传播与接受的意义"。

2014 年，美籍华人金安平（Chin Annping）的英文译评本《论语》（The Analects）由企鹅出版社（Penguin Books）出版。译者是执教于耶鲁大学的历史学家，著有《孔子：喧嚣时代的孤独哲人》(*The Authentic Confucius: A Life of Thought and Politics*)。她以清代刘宝楠《论语正义》为底本，把《论语》置于广阔的思想历史背景之中，反映历代注疏探讨的主要议题。译者在每篇译文后附以详细的评论，展现出独特的跨文化认知。2019 年，广西师范大学出版社再版该本，评注部分由香港城市大学鄢秀翻译成中文。

2017 年，林戊荪编译出版《〈论语〉新解全译》(*Confucius Says The Analects: Contents Rearranged According to Subject Matter*)。新译本以主题为线索，重新编排了《论语》内容，比较了孔子与西方哲人，如柏拉图、苏格拉底等人的命运和思想主张，同时还整理出中西方思想家和学者对孔子的评价，比较全面、立体地展示了孔子思想。

2019 年，赵彦春的《论语英译》(*Analects*) 出版。该译本为《论语》全文英译，译者遵循其一贯的趋同原则，紧扣原文，力求语义相等、文体相谐、语效相当。

这一时期的《论语》译本还有马德五译本（2004），洪青皎译本（2006），日本学者古学的中、英、日三语对照本（2007），孙志斋译本（2008），吴国珍译本（2012），覃秀红译本（2016），蔡志忠、柏啸虎译本（2018）等。

《论语》旧译再版中有两个译本颇值得关注。一是 2001 年美国哥伦比亚大学出版社出版的《〈论语〉辩》(*The Original Analects: Sayings of Confucius and His Successors*)。该书是美国汉学家白牧之、白妙子夫妇（E. Bruce Brooks & A. Taeko Brooks）对《论语》翻译和研究的一部著作，初版于 1998 年。译本首次区分了孔子的真实言论和其弟子的语录。另一个是 2017 年中华书局推出的中英双语评述本《论语》(*The Discourses and Sayings of Confucius*)。该本收录了《论语》原文、辜鸿铭译文及其全部注释。该本最大的特点是添加了王京涛对译本注释的回译和评述，有助于国人了解辜鸿铭的独特思想及其对儒家经典的体悟。

3.《孟子》英译

进入 21 世纪，海内外学者对《孟子》英译表现出极大的热情，各种英译复译本多达 35 部，呈现出丰富性和多样性特征。国内出版的译本以节译或编译居多，大多数为合作翻译，体现出新时期典籍译介的新模式，如何祚康、郁苓合译的《孟子名言录》(2002)，蔡志忠编著、柏啸虎翻译的漫画版《孟子说：乱世的哲思》(2005)，金沛霖、李亚斯编译的《孟子语录》(2006)，汉佳、王国振合译的《亚圣孟子》(2007)，王天星、贺大卫合译的《孟子名言精选》(2008)等。其他代表性复译本还包括郁苓的《孟子的故事》(2002)、王晓伟的《孟子智慧故事》(2011)等。

这一时期，国外译者对《孟子》的英译多结合孟子或儒家思想研究，代表性译本分别来自华霭仁（Irene Bloom）、华道安（Donald B. Wagner）和万白安（Bryan W. V. Norden）。哥伦比亚大学东方研究所华霭仁的译本 Mencius 于2003年问世。该译本语言准确流畅，简洁优雅，保留了原文的语体风格。美国学者艾文贺（Philip J. Ivanhoe）为其撰写序言，并附加了人物索引。该译本多次再版，广受学界好评。丹麦学者华道安的《孟子》译本 A Mencius Reader: For Beginning and Advanced Students of Classical Chinese 为教材体例，读者定位为英语国家古汉语专业的学生。该书于2004年由北欧亚洲研究所出版。美国瓦萨尔学院哲学教授万白安于2008年出版了《孟子》英译本 The Essential Mengzi: Selected Passages with Traditional Commentary。该本共有7章、14卷，主要参考了朱熹的《四书集注》，并以《孟子》的核心思想为中心展开翻译。万白安译本语言生动活泼，整部译本颇具现代风格，艾文贺评论此书是"最精确、可读性最强、哲学韵味最浓的译本"（转引自陈琳琳，2013：121）。

4.《大学》《中庸》英译

新时代《大学》和《中庸》译介规模虽不及《论语》《孟子》二书，但也不乏一些经典英译复译本问世。美国汉学界在21世纪初期出版了三个较为典型的译本。2001年，安乐哲与郝大维合作出版《中庸》英译本 Focusing the Familiar: A Translation and Philosophical Interpretation of the Zhongyong。2003年，美国汉学家浦安迪出版 Ta Hsueh and Chung Yung: The Highest Order of the Cultivation and on the Practice of the Mean。该书为《大学》《中庸》的英译，由企鹅经典出版发行，中国人民大学哲学院姚新中为译本作序。2007年，斯密斯大学历史学教授伽德纳（Daniel K. Gardner）的"四书"英译本在美国出版。伽德纳译本定位为大学通识课教材，目标读者是对中国文化没有多少接触的美国普通大学生。其译文语言简练自然，有利于读者的阅读和接受。

《大学》英译单行本较少，国内正式出版的译本多是与《中庸》的合集本，如2006年蔡志忠与柏啸虎合作出版的汉英对照本《〈大学〉〈中庸〉》。2009年，江绍伦（Shiu L. Kong）在香港出版了《二十一世纪的儒家智慧》(Confucian Wisdom for the 21st Century: A Selected Rendition)，该译本内容除《大学》《中庸》之外，还有《论语》和《孟子》的内容，实际上是"四书"的英译节译本。2015年，吴国珍的《〈大学〉〈中庸〉最新英文全译全注本》在福建教育出版社出版。该书主体部分是对《大学》《中庸》全部篇章的英文翻译，另有朱熹原序、《大学》《中庸》的汉语今译、重点词句的详细注释以及索引等。吴国珍还先后出版了《〈论语〉：平解·英译》和《〈孟子〉〈大学〉〈中庸〉：平解·英译》，推动了儒家经典的传播和普及。2016年，广西师范大学出版社发行了《〈大学〉〈中庸〉选译》。2017年，中华书局推出辜鸿铭经典译本《〈大学〉〈中庸〉》("Higher Education", "The Universal Order or Conduct of Life")的中英双语评述本。该书也添加了王京涛的回译和评述，有助于读者更好地理解原典及辜鸿铭对《大学》《中庸》的独到阐释。

其他儒家经典也相继出现了英译本，如《三字经》崔丽译本（2003）、赵彦春译本（2014、2019），《孝经》冯欣明译本（2008）、罗思文与安乐哲重译本（2009）、顾丹柯译本（2010），还有郭丹、程小青《左传》译本（2010）、王晓农《朱子语类选》译本（2014）等，不一而足。尤为令人瞩目的是，宁波大学学子组成的"阳明文化海外传播"团队完成了包含近500幅漫画、长达近千页的《心学智慧——〈传习录〉中英文双语漫画读本》。该读本一改传统的纯文字传播模态，将王阳明思想以多模态立体化方式传播呈现。这是对中国文化对外传播创新路径的有益探索。

11.3.2　道家典籍英译

21世纪以来，《道德经》和《庄子》英译取得了丰硕成果，也带动了其他道家典籍英译的发展。

1.《道德经》英译

据美国学者邰谧侠（2019）统计，新时代《道德经》英译本有250余种，译者文化身份不同，译本也各具特色。

西方学者仍然是《道德经》英译的主要力量。平均每年有十余个译本产生，闵福德的英译《道德经》(*Tao Te Ching: The Essential Translation of the Ancient Chinese Book of the Tao*)最具代表性。该英译本于2018年在维京出版社正式发行。译者以河上公《老子章句》以及清代刘一明的注本为底本，同时参阅不同版本、注本和中外学者的研究著作。译本包括译者前言、拓展阅读建议、译文和评注，最后附有"悟道集"("Florilegium")，归纳了书中的道家概念术语及主要意象。译文每章后

第 11 章　典籍英译实践概览

还附有蕴含道家思想的中国古诗或文段，有助于读者更深刻地体会道家思想与中华文化的密切关系。

海外华人学者也贡献了很多代表性译本，如华人译者黄继忠（Chichung Huang）2003 年出版的 *Tao Te Ching: A Literal Translation with an Introduction, Notes, and Commentary*。黄继忠于 1983 年应邀到美国讲授《论语》，在美期间先后翻译了《论语》《道德经》等汉语典籍。海外旅居经历使译者在翻译中特别注重民族文化身份的表达，体现出华人离散译者在多元文化体系中对本族文化身份的坚守。黄译本含有丰厚的副文本，包括中国朝代纪年表、发音凡例、《老子传》、导论、老子马王堆帛书本简介、注和评论、附录等，有助于目标读者加深对原典的理解。

国内本土译者的译介成果渐丰。许渊冲译本（2003）体现了他一贯的翻译理念，在尽力保持原文"三美"的前提下展示中华文化的精髓和传统哲学思想的底蕴。顾丹柯译本《老子说》（2006）对原典内涵作了充分的阐解、辩证和引述，具有深入浅出、明白通畅的特点。此外，还有辜正坤译本（2005）、马德五译本（2008）、任继愈和任远译本（2009）、赵彦春译本（2016）、居延安译本（2019）等。诸多经典译本也多次再版，推动了《道德经》英译的快速发展。

2.《庄子》英译

据徐坤（2020）统计，2000—2019 年，《庄子》英译主要版本有 27 种。这些译本对原典哲理思想和文学艺术兼而顾之，展现出多样化特征，体现了新时代《庄子》英译的新趋向。

2000 年，心理学家施耐沃夫（Gerald Schoenewolf）翻译出版《道：老子、庄子和曾璨》（*The Way: According to Lao Tzu, Chuang Tzu, and Seng Tsan*），其中精选了 37 个庄子故事和寓言，重点探索了《庄子》的思想文化内涵对人心理健康的指导意义。2006 年，美国学者科里亚在名为 "Dao Is Open" 的网站上发表了《〈庄子〉：无限境界》（*Zhuangzi: Being Boundless*）。该译本为《庄子》的英文全译本，也是最新的网页电子版本。同年，美国学者霍斯曼（Hyun Hochsmann）和中国学者杨国荣合译的《庄子》（*Zhuangzi*）译本在泰勒-弗朗西斯出版集团（Taylor & Francis Inc.）出版。2009 年，美国学者任博克出版 *Zhuangzi: The Essential Writings with Selections from Traditional Commentaries*。据任博克等介绍，该本英译了近"三分之二"的《庄子》原文。2019 年，赵彦春的全译本《〈庄子〉英译》（*Sir Lush*）出版。译文遵循趋同原则，直译尽其可能，意译按其所需，兼顾原典哲学、文化、美学、史学等维度，是

《庄子》英译的又一精湛译本。同年，普林斯顿大学出版社推出蔡志忠、柏啸虎的漫画本 The Way of Nature，该本是对 Zhuangzi Speaks: The Music of Nature 的再版，受到海外评论家的热情推荐。

新时期道家典籍的英译仍以老庄之作为核心，但"大中华文库"也收入了一些其他的道家典籍英译本，如《列子》（2005）、《黄帝四经》（2006）、《太白阴经》（2007）、《淮南子》（2010）和《周易参同契》（2012）等。此外，美国学者马绛（John Major）领衔翻译出版了《淮南子》（2010）。

11.3.3　墨家典籍英译

墨家典籍英译在新时代取得了较大进展，《墨子》常译常新，出现了七个代表性译本，其中包含三个全译本。

《墨子》第一个英文全译本由中国学者汪榕培和王宏联袂翻译。该译本被收入"大中华文库"，于 2006 年正式出版发行。译者以孙诒让《墨子闲诂》为底本，参阅了十余种《墨子》版本和西方学者关于墨子的研究成果，结合自己的考证和研究，耗时两年半才完成。2011 年，上海外语教育出版社出版了汪榕培、王宏翻译的《英译〈墨经〉》，并将其收入"外教社中国文化汉外对照丛书"。

美籍华人李绍崑于 2009 年推出的《英译〈墨子〉全书》(The Complete Works of Motzu in English) 是《墨子》第二个英译全译本。李绍崑译本注重展现《墨子》原貌，多采用直译，每章译文开头有一段导读性文字，为读者提供宏观性的提示。

澳大利亚汉学家艾乔恩先后翻译出版了三个《墨子》英译本。2000 年，他在《中国哲学杂志》(Journal of Chinese Philosophy) 第四期上发表了《墨子》的《大取》《小取》两章译文"Choosing the Greater and Choosing the Lesser: A Translation and Analysis of the Daqu and Xiaoqu Chapters of Mozi"。2010 年，他的《〈墨子〉全译》(The Mozi: A Complete Translation) 分别在香港中文大学出版社和哥伦比亚大学出版社出版。该译本是首个由西方学者完成的《墨子》英文全译本。有评论家认为，艾乔恩对译文的注释和对文本的解释"让该译本更具有历史性和解释性的作用"（邓春，2015：70），不失为一本严谨的学术性译作。刘松、朱健平（2010：135）也给予了高度评价，认为该译本"无论是副文本还是译文本身都具有较高的学术价值"。2013 年，艾乔恩出版重译本《墨子》(The Book of Master Mo)，该译本经"企鹅经典"推出后广受好评，被誉为"里程碑式的壮举""译文保留了原文的用词和修辞风格""兼具可读性和准确性，在今后相当长的时间内将会成为标准译本"（转引自朱健平、刘松，2019：199）。

《墨子》的另外两个英译节译本皆出自国外译者。一个是 2001 年艾文贺与万白安主编的《中国古典哲学读本》（*Readings in Chinese Classical Philosophy*）中选译了《墨子》的 10 个章节。另一个是 2013 年约翰·诺布诺克（John Knoblock）与王安国（Jeffrey Riegel）出版的《墨子伦理及政治著作研究与翻译》（*Mozi: A Study and Translation of the Ethical and Political Writings*）。

11.3.4 其他哲学典籍英译

21 世纪以来，国内外学者开始关注其他各家哲学思想的翻译和研究，哲学典籍的英译范围进一步扩大。例如，2001 年，美国汉学家李克（Walter A. Rickett）出版了《管子》英译本第三卷，完成了这一法家经典的全文翻译。2005 年，"大中华文库"版《管子》问世，中国学者完成了第一个《管子》英译本。博取各家之长的《吕氏春秋》也出现了四个代表性译本，分别是约翰·诺布诺克与王安国合译本（2000）、翟江月译本（2005）、汤博文译本（2008；2012 年于美国出版）和王国振编译本（2017）。此外，还有孙启勤的《公孙龙子》译本（2014）和香港城市大学郝令喆（Eirik L. Harris）的《慎子》译本（2016）等。

11.4 科技典籍英译实践

21 世纪以来，科技典籍英译日趋引起重视。"大中华文库"陆续推出 20 余种科技典籍英译作品，涵盖了医学、军事、农学、地理学、数学及其他综合类典籍。中国科技典籍英译进入了继往开来的新时代。

11.4.1 中医药典籍英译

随着中国文化"走出去"战略的推进，中医英译与传播工作取得了显著进展。罗希文完成《伤寒论》《金匮要略》《本草纲目》《东医宝鉴》

《医方类聚》《黄帝内经》《千金方》《医心方》等多部医典名著的英译。李照国先后翻译出版《黄帝内经》《难经》《神农本草经》《伤寒论》等多部重要中医药典籍。在国内外专家学者的不懈努力下，新时代中医药典籍的译介范围和规模均呈现出全新景象，产生了一大批代表性成果。

1.《黄帝内经》英译

21世纪以来，《黄帝内经》英译呈现出多样化特征，译者的文化身份和专业背景不同，翻译目的各异，其译本也各具特色。

具有从业背景的译者侧重《黄帝内经》不同内容的翻译。例如，2001年，国内中医专家朱明翻译出版《黄帝内经》节译本 The Medical Classic of the Yellow Emperor。2002年，美国华人医师吴景暖翻译《黄帝内经·灵枢》(Ling Shu or the Spiritual Pivot)，完成首个《灵枢》英文全译本。2007年，美国灵枢针灸诊所的王钊、王军二人翻译了《灵枢》和《素问》中有关针灸的内容，在灵枢出版社 (Ling Shu Press) 发行。2015年，针灸医疗从业者理查德·伯茨辛格 (Richard Bertschinger) 结合临床实践，依据《内经知要》和《黄帝内经》编译出版 Essential Texts in Chinese Medicine: The Single Idea in the Mind of the Yellow Emperor (《中医经典:〈黄帝内经〉》)，其翻译主旨是"为中医经典提供一个易于理解的角度，并呈现出中国独有的思想与情感"(杨莉等，2016：141)。

德国的中医史学家、汉学家文树德主持了《黄帝内经·素问》研究与译注课题，并取得了重要成果。2003年，其《素问》评述性译本 Huang Di Nei Jing Su Wen: Nature, Knowledge, Imagery in an Ancient Chinese Medical Text (《〈黄帝内经·素问〉：古代中医文本中的自然、智慧与譬喻》) 出版。2011年，他与田和曼 (Hermann Tessenow) 合译的《〈黄帝内经·素问〉译注》(Huang Di Nei Jing Su Wen: An Annotated Translation of Huang Di's Inner Classic-Basic Questions) 问世。译者注重考究语源与语境，利用脚注列举历代研究成果，引用内容有5 700多处，是一部典型的学术型译本，全面再现了《素问》的文化、历史和医学价值。

中国学者对《黄帝内经》的英译也取得了显著成就。刘希茹今译、李照国英译的《黄帝内经·素问》(2005) 和《黄帝内经·灵枢》(2008) 皆被列入"大中华文库"，其中《灵枢》译本后还附有《难经》的英译。译者遵循"译古如古，文不加饰"(李照国，2005：19) 的基本翻译原则，在翻译基本概念时以音译为主、释译为辅，翻译篇章时则以直译为主，意译为辅，旨在最大限度地贴近原作的风格、思维方式和主旨。罗希文英译了《素问》前22章并于2009年出版。据罗希文 (2009) 介绍，

第 11 章　典籍英译实践概览

其翻译目的是为那些对中医感兴趣却不懂中文的人提供一个了解《黄帝内经》的途径，因此其译本翻译与注释结合，文末附有中英术语对照表。读者通过此本可以对《黄帝内经》有一个较为全面的认识，以便进一步深入研究。杨明山主持英译的《〈黄帝内经·素问〉新译》（*New English Version of Essential Questions in Yellow Emperor's Inner Canon*）于 2015 年在复旦大学出版社出版。译者的翻译初衷是求古代东西方医学之六大趋同。（杨明山，2015）该英译本以王琦《〈素问〉今译》为底本，翻译时以形式等效为基本原则，词句和语序上尽量尊重古文，便于读者进行比较。

这一时期，国内外还出现了一些旧译再版本，如吴连胜和吴奇译本（2002）、艾尔萨·威斯译本（2002、2015）、吕聪明译本（2004）。吴连胜、吴奇译本是《黄帝内经》全译本，1997 年问世后多次重印。美国医史学家艾尔萨·威斯的译本为节译，选择内容为《素问》前 34 章，译者在简介部分着重介绍《素问》所蕴含的道、阴、阳、五行等哲学基础，并附有 24 幅插图，方便译文读者研读和理解。加州大学出版社两次再版该译本。吕聪明是加拿大华裔中医师，其译本初版于 1978 年，是《黄帝内经》和《难经》的合译本。再版本由温哥华中医药国际学院（International College of TCM of Vancouver）发行。

2.《金匮要略》英译

2007 年，"大中华文库"推出了《金匮要略》（*Synopsis of Prescriptions of the Golden Chamber: Jingui Yaolue*）汉英对照本。该本为罗希文英译本的再版，收录时删除了译者的注释、评论和附录，仅保留了正文部分。这一时期，除了这个经典再版本，还有四个代表性英译本问世。2003 年，阮继源、张光霁合作编译出版《金匮要略》（*Synopsis of Prescriptions of the Golden Chamber*）。两位译者具有中医教学和临床专业背景，其译文渗透着专业视角的诠释。译本封面上印有"Chinese-English Textbook"字样，说明该译本主要是作为中医教材使用。2009 年，宋旭明（Sung Yuk-Ming）编著的英文版《金匮要略》教材 *Understanding the Jin Gui Yao Lue: A Practical Textbook* 出版。据胡丽萍、赵霞（2019）介绍，该本被美国国家针灸及中医（东方医学）资格审议委员会（National Certification Commission for Acupuncture and Oriental Medicine）列为美国针灸和东方医学全国考试（2011 年）的参考书，也被澳大利亚的一些大学收藏。2013 年，魏迺杰与 Sabine Wilms 合译的 *Jin Gui Yao Lue: Essential Prescriptions of the Golden Cabinet* 在大型中医文献出版社 Paradigm

Publications 出版。魏迺杰是英国著名中医翻译专家，编译出版了大量中医教科书，制定了一套中医名词术语英译的标准化方案。合译者 Sabine Wilms 任教于美国国立自然医学大学中医学院，翻译了大量中医经典著作，如《备急千金要方》(2008)、《针灸大成》(2010)、《金匮方歌括》(2010) 和《神农本草经》(2017) 等。2017 年，李照国翻译出版二卷本《金匮要略》(Essentials of the Golden Cabinet)。该译本以《伤寒论译释》为底本，包含原文、今译和英译三部分。译者注重基本概念、术语、中药和方剂名称的准确解读和释义，体现了中医术语国际化、标准化的发展趋势。

3.《伤寒论》英译

除了"大中华文库"再版本，这一时期的《伤寒论》代表性英译本主要有两个。2005 年，黄海的《伤寒论入门》(Introduction to Treatise on Exogenous Febrile Disease) 全英文本在上海中医药大学出版社出版。该译本是在中文版教材的基础上编译而成，前言介绍了《伤寒论》及作者张仲景的成就，正文后附有适用于伤寒症的中草药名录。2009 年，杨洁德 (Greta Yang) 与罗宾 (Robin) 译著的《伤寒论讲解与临床心得》(Shang Han Lun Explained) 在澳大利亚发行。译者主要采用音译与注释结合、直译等方法，翻译了《伤寒论》398 条原文，同时结合临床经验，"用中医概念解释术语"(赵霞，2015：150)，传达出中医文化的特质。

4.《本草纲目》英译

罗希文翻译的《本草纲目》(Compendium of Materia Medica—Bencao Gangmu) 是首个英文全译本，也是 21 世纪以来唯一正式出版的英译本。该译本于 2003 年在外文出版社发行，全书共 6 册，计 600 余万字。该书一方面完全依照原书内容翻译，以保留其原貌；另一方面，又对一些不符合现代科学的内容进行考证说明。译者采用"汉语拼音—拉丁文—英文"对照方式翻译中草药名，避免中药名称混乱问题。该英译本于 2012 年入选"大中华文库"再版发行。

此外，文树德与中医专家郑金生、张志斌、华林甫合作出版了三册《本草纲目大词典》，对《本草纲目》中涉及的疾病名称、地名、书名和人物等进行识别、收录和说明。据文树德[1]介绍，他目前正以欧洲语言标准翻译《本草纲目》，旨在完成一个具有科学实用性的英译本。

---

1 信息来自健康界网。

5. 其他中医典籍英译

21 世纪以来，中医药典籍英译的繁荣不仅表现为经典医书的复译和再版，还表现在译介种类的不断增加。《饮膳正要》《敦煌医学卷》等实现了英译首译，《汪机和石山医案》也出现了首个英译本。2008 年，天津中医药大学刘公望将《伤寒论》《金匮要略》和《温病学》三部经典合编为一，由刘长林英译出版。2014 年，英法双语版《全图神农本草经》在第二届中国国际中药植物药博览会开幕式上全球首发。该本所据底本是中医专家、书画家刘景曾创作的《全图神农本草经》。译注者杜博礼（Dubreuil）夫妇不仅翻译了书中的 365 种药用植物，还介绍了欧洲古代药学知识。该英译本融医药科学知识与诗词、书法以及花鸟画等艺术形式于一体，堪称多语种、多模态译介中医药类典籍的典范之作。2019 年，山东中医药大学"中医英译及中医文化对外传播研究"科研创新团队推出《救荒本草》（*Materia Medica for Famine Relief*）英译本。这是该团队"中医经典译丛"的首发之作，由范延妮主译、苏州大学出版社出版发行。

11.4.2 军事典籍英译

军事典籍承载着丰富的军事思想，在哲学、科学史、天文学、气象学、文学、历史学等方面都有重要价值，在政治、外交、商业等领域也有重要指导意义。21 世纪以来，军事科技典籍的英译仍以《孙子兵法》为主，其他军事典籍也有一些零星译介。

1.《孙子兵法》英译

在新时代，《孙子兵法》英译仍以国外译者为译介主体，海外出版为主要发行渠道。国内译者和海外华人译者也贡献了经典译本，为推动《孙子兵法》的译介和传播发挥了重要作用。译者的专业背景呈现多样性，汉学家、文学家、军人、剧作家、商界人士和国际关系工作者都参与了这一兵书的译介，对《孙子兵法》做出多重维度的解读和阐发。据郑建宁（2019b）统计，这一时期的各种复译本多达 37 部，代表性译本有闵福德译本（2002）、丹马翻译小组（Denma Translation Group）译本（2002）、加葛里亚蒂译本（2003）、梅维恒译本（2007）、托马斯·黄（Thomas Huynh）译本（2008）、蒲华杰（James Trapp）译本（2011）、克里斯托弗·麦克唐纳（Christopher MacDonald）译本（2017）、彼得·哈里斯（Peter Harris）译本（2018）以及杰夫·佩珀（Jeff Pepper）与王晓辉合译本（2019）等。

西方汉学界对《孙子兵法》的翻译多注重学术性和文学性的传达。例如，闵福德译本的底本和注释主要采用《十一家注孙子》，同时参阅了银雀山出土的汉简，其译本语言凝练，意义阐释完整，反映出译者认真细致的学术态度和深厚的汉学功底。梅维恒译本 The Art of War: Sun Zi's Military Methods 所据底本是《〈孙子兵法〉新注》附录的《宋本十一家注孙子》，译文高度忠于原文结构和风格，被美国《孙子兵法》研究网站 sonshi 推荐为最佳英译本。英国汉学家蒲华杰的译本 The Art of War: New Translation 为汉英对照本，由伦敦琥珀图书（Amber Books）出版，所据底本为《宋本十一家注孙子》。美国丹马翻译小组译本是参照杨炳安 1986 年的《孙子会笺》与吴九龙 1990 年的《孙子校释》翻译而成。译者采用典型的异化翻译策略，力求保留原本的风貌和韵律，文后附有长达百页的注释，为目标读者提供重要参考。新西兰汉学家彼得·哈里斯译本在美国、加拿大和英国同时发行，美国军界高官大卫·彼得雷乌斯（David H. Petraeus）为该本作序。译者以《宋本十一家注孙子》《孙子校释》与《兵书四种逐字索引》为底本，运用现代英语散文体翻译，满足了普通读者需求。美国译者杰夫·佩珀与中国译者王晓辉合译的《孙子兵法》（The Art of War: A Step-by-Step Translation）由 Imaging Press 出版。该译本参照了诸多译本，尤其是闵福德译本，是《孙子兵法》的最新英译本。

加葛里亚蒂是一位美国企业家，他的译本 The Art of War plus the Ancient Chinese Revealed 由美国 Clearbridge Publishing 出版。同样具有商业背景的译者还有托马斯·黄和克里斯托弗·麦克唐纳。前者拥有经济硕士学位，多年来一直在商界推广《孙子兵法》，sonshi 网站就是由其在 1999 年创建而成。其译本 The Art of War: Spirituality for Conflict 为译注本，由美国企业家作序、汉学家柯立瑞撰写译本前言。后者是英国人，曾在中国大陆（或内地）和台湾、香港等地工作和生活 20 余载，从事翻译和贸易投资顾问等工作。他的译本 The Science of War—Sun Tzu's Art of War Re-translated and Re-considered 由两部分组成：第一部分介绍孙子其人和《孙子兵法》；第二部分首先按照主题列出《孙子兵法》中的 33 个英汉对照名句，便于读者理解兵法谋略中蕴含的哲学智慧。译文后还附有《孙子兵法》原文，便于读者参照阅读。MacDonald（2018）认为，《孙子兵法》是战争科学，故将其译本定名为《战争科学》。

其他译本也各具特色，反映出译者不同的专业背景和翻译目的，主

第 11 章 典籍英译实践概览

要包括美籍华裔学者李大卫（David Li）译本（2000）、英国剧作家乔纳森·克莱门茨（Jonathan Clements）译本（2012）、印度军人达尔维·维奈（Dalvi Vinay）译本（2012）、杰西·塔姆布里诺（Jesse Tamburino）的幼儿绘本（2014）以及蔡志忠、柏啸虎的漫画译本（2018）等。

《孙子兵法》经典英译本的再版或重印也较为繁盛。中国译者林戊荪译本不仅多次在国内再版，还于 2003 年在美国旧金山长河出版社（Long River Press）发行。翟林奈译本自 1910 年问世至今，仍不断翻印。2003 年，美国 Barnes & Noble Classics 的再版本添加了达拉斯·加文（Dallas Gavin）的译本介绍；2008 年，塔托出版社的再版本新增了闵福德对《孙子兵法》当代价值的精深解读；2012 年，国内线装书局和中州古籍出版社各自发行一个翟译本；2018 年，亚马逊自助出版平台也推出一个翟译本。此外，罗志野译本和柯立瑞译本也出现了再版本。这些再版本使经典译本以崭新的面貌呈现在当代读者面前，有力推动了新时代《孙子兵法》在海外的传播。

2. 其他军事典籍英译

我国古代的军事著述颇丰。据《汉书·艺文志》记载，凡兵书 53 家，790 篇，图 40 卷，汉以后至明清时期的知名兵书也有 30 多部。21 世纪以前，除了《孙膑兵法》有零星的译介，其他军事典籍鲜有译介。2004 年，中国军事科学出版社推出了《六韬》《吴子·司马法·尉缭子》和《黄石公三略·唐太宗李卫公问对》三个军事典籍英译本。这三个译本涵括了《武经七书》中除《孙子兵法》之外的其他六部兵书。2007 年，该社又出版了道家兵书《太白阴经》（Tai Bai Yin Jing）。这些军事典籍译本同属"大中华文库"系列，是中国首次向世界推介《孙子兵法》和《孙膑兵法》以外的军事典籍。

11.4.3 农学典籍英译

相对于医学、军事等典籍译介的繁荣局面，新时代农学典籍的英译仍处于萌发阶段。新时代（2000—2019 年）国内外出版的三个农学典籍英译本都限于对茶典籍的译介。2001 年，"美国茶圣" James Pratt 在其茶专著《茶的艺术》（The Art of Tea）第一章中对《茶经》作了详尽的翻译和评述。2009 年，姜欣、姜怡"大中华文库"版《茶经》和《续茶经》问世，这是首个中国学者翻译的英文全译本，也是《续茶经》的首译本。该本的翻译目的是促进"与其他民族进行平等的文化交流"(姜欣、姜怡，2009：25)。两位译者在原作理解上具有天然的优势，她们基于对文化平等对话意识的思辨，对中国的古典茶文化进行了更为精深地阐释，在翻译时多采取"异化"翻译策略，使译作尽可能保持异域性，使目标语读者"了解、品赏、学习纯美的中国茶文化"(同上)。2015年，为纪念世界首部茶著传世1 235年，湖南省天门市聘请了16位国内外一流翻译专家学者将《茶经》翻译成英、俄、西、葡、阿五种语言，其中英文译本即采用姜欣、姜怡的翻译。

11.4.4 综合类科技典籍英译

中国古代科技类著作往往涵盖多种学科知识，呈现出综合性特征。这些综合类科技典籍英译在新时代也产生了一些重要成果。

1.《梦溪笔谈》英译

2008年，王宏主持英译的《梦溪笔谈》(*Brush Talks from Dream Brooks*)入选"大中华文库"，在四川人民出版社出版。这是国内外首个《梦溪笔谈》英文全译本。译者以胡道静《〈梦溪笔谈〉校证》和《〈梦溪笔谈〉全译》为蓝本，同时参阅了十余种注解和现代汉语今译本，历时三年半译制完成。翻译时，遵循"明白、通畅、简洁"(王宏、赵峥，2008：24)的总原则，为方便西方读者理解，对疑难之处均进行了认真考辩。2011年，英国帕斯国际出版社引进该书版权，在全球发行了全英文版《梦溪笔谈》。目前，《梦溪笔谈》英文全译本已被收入牛津大学、剑桥大学、哈佛大学、耶鲁大学、哥伦比亚大学、斯坦福大学等几十所英美著名大学的图书馆。

2.《山海经》英译

21世纪以来，出现了两个《山海经》代表性英译本。一个是石听泉(Richare E. Strassberg)编译的《中国动物神话——〈山海经〉里的奇异生物》(*A Chinese Bestiary: Strange Creatures from the Guideways Through Mountains and Seas*)。该本于2002年在加州大学出版社发行，所据底本是郝懿行1809年的《山海经笺疏》。正文部分配有明代蒋应镐绘制的76幅木刻插图影印品，译文后加注简短评述，融汇了译者的理解和思考。

另一个译本由中国学者王宏、赵峥翻译，于2010年入选"大中华文库"出版。译者以英语国家的普通读者为目标读者，对技术性强的条目采用解释性译法，对叙事性条目则采用直译法，力求再现原文风格。原文涉及的人名、地名等大都采取音译法，以求统一。对中药、植物、动物、矿物的译名则采用通用名称，以方便读者辨识。

3.《徐霞客游记》英译

《徐霞客游记》在地理学、史学、文学、文化、社会、宗教等方面都具有重要的价值，被学术界列为中国最具影响力的20部著作之一。2011年，卢长怀与贾秀海合译的《英译〈徐霞客游记〉》(*The Travels of Xu Xiake*) 在上海外语教育出版社出版。该译本涵括《徐霞客游记》名山游17篇，正文前言简述了徐霞客其人、其事、原作及其在国内外的流传情况。该译本对地名、人名及一些疑难词句进行了详细地注释，有助于读者理解原文和译文。2016年，朱惠荣、李伟荣、卢长怀等的节译本《徐霞客游记》(*The Travel Diaries of Xu Xiake*) 入选"大中华文库"。译者以朱惠荣译注《徐霞客游记》为底本，纠正了之前译本的一些讹误，使新译本"内容更加精准、文字更加接近原著原貌"（李海军、由晓晨，2018：94）。该本共有39个选篇，较为全面地反映了徐霞客在文学、史学、地理学等方面的成就。

21世纪以来出版的科技典籍英译本还包括数学典籍《四元玉鉴》(*Jade Mirror of the Four Unknowns*, 2006)、《九章算术》(*Nine Chapters on the Art of Mathematics*, 2013) 以及综合类科技典籍《洛阳伽蓝记》(*A Record of Buddhist Monasteries in Luo-Yang*, 2007) 和《天工开物》(*Tian Gong Kai Wu*, 2011)，这些译本均被收入"大中华文库"系列。2013年，国外还出版了一个《考工记》(*Ancient Chinese Encyclopedia of Technology: Translation and Annotation of Kaogong Ji, the Artificers' Record*) 译本。译者闻人军是《考工记》研究专家，于2009年开始译注《考工记》，对书中的诸多内容都做了详细考证。译本图文并重，还有序言、注释、附录等副文本供读者参考。

11.5 少数民族典籍英译实践

全球化的发展趋势使维护世界文化多样性成为人类共同关注的主题，中国少数民族文化也吸引了众多西方学者的目光。21世纪以来，国家越来越重视民族文化的保护和传承。2005年，文化部原副部长周和平指出，少数民族的典籍也是中华民族文化的一个重要组成部分，所以对于传承中华文明也发挥着重要的作用。《国务院关于进一步繁荣发展少数民族文化事业若干意见》中明确指出，要切实增加少数民族文化在国家对外文化交流中的比重，进一步提升少数民族文化的国际影响力。为此，中国少数民族典籍英译迎来了前所未有的机遇和挑战。汪榕培、王宏印、李正栓等成为21世纪中国少数民族典籍英译的发起者和领路人。一大批国内高校学者依托课题资助和文化资源优势，积极参与少数民族经典作品的译介，使少数民族典籍英译从藏族、蒙古族逐渐扩展到东北地区的柯尔克孜族、赫哲族、达斡尔族、鄂伦春族以及西南地区的壮族、苗族、彝族、土家族等。这一时期，国内外少数民族典籍英译本层出不穷，正式出版的译本数量多达75种，开创了新时代中国少数民族典籍英译的新局面。

11.5.1 藏族典籍英译

"藏学"研究的不断深入让藏族的经典文学作品越来越引起国内外藏学家和普通读者的关注。藏族典籍英译在新时代呈现出繁荣景象。

1. 史诗《格萨尔》英译

藏族史诗《格萨尔》经典英译本再版频繁。弗兰克（A. H. Franecke）译本 A Lower Ladakhi Version of the Kesar Sage 于2000年在印度 Asian Educational Service 再版。达维·妮尔和永登喇嘛（Lama Yongden）译本 The Superhuman Life of Gesar of Ling 分别于2001年和2010年在美国香巴拉出版社和基辛格出版社（Kessinger Publishing）再版。道格拉斯·潘尼克译本于2009年在美国磨坊城（Mill City）和山库（Mountain Treasury）再版。《格萨尔》英译本在国外的密集再版和重印反映出西方学界对这一史诗的高度关注。

21世纪，美国出现了两个《格萨尔》英文复译本。2013年，香巴拉出版社出版了罗宾·考恩曼（Robin Kornman）的《格萨尔》译本 The Epic of King Gesar: Gesar's Magical Birth, Early Years, and Coronation as King（《岭格萨尔史诗：格萨尔的神奇诞生、早年经历和加冕为王》）。该译本是译者与邱纳姆喇嘛（Lama Chonam）和桑杰康卓（Sangye Khandro）合作，直接从藏语英译而成。译者罗宾·考恩曼是知名的藏传佛教学者、那烂陀翻译委员会创始成员，生前从事《格萨尔》史诗的翻译工作多年。邱纳姆喇嘛曾在西藏持戒修行20年，是藏族文献译者协会"毗卢遮那之光"（Light of Berotsana）的创始人之一。桑杰康卓也是"毗卢遮那之光"合伙创始人，翻译过大量的藏教文献。他们的译本在美国藏学界流传较广。2019年，美国Balboa出版了 *Gesar of Ling: A Bardic Tale from the Snow Land of Tibet*。译者David Shapiro也是"毗卢遮那之光"翻译组成员。其译本是基于罗宾·考恩曼译本改编而成，主要面向普通读者，注重译文故事性的传达，具有较高的可读性。

中国学者翻译的《格萨尔》第一个译本由王国振、朱咏梅与汉佳合译，于2009年出版发行。该译本以降边嘉措与吴伟的《格萨尔王》汉语精简本为底本，浓缩了《格萨尔》史诗中最精彩的部分。译本高度还原了汉语底本的编排形式，对原文诗行进行了创造性重构，力求准确传达原文史诗的整体意义，并尽力保留藏族特色文化词汇，体现了本土译者的文化输出意识。此外，国内还出现了一些图文版《格萨尔》英文图书，如中国画报出版社出版的 *Thangka Paintings: An Illustrated Manual of the Tibetan Epic* Gesar（《藏族英雄史诗〈格萨尔〉唐卡》）和五洲传播出版社发行的 *Thangka Paintings of the Tibetan Oral Epic* King Gesar（《藏族口传史诗〈格萨尔王〉唐卡》）。这些图书将唐卡这种独具民族特色的绘画形式与《格萨尔》史诗融为一体，使其在世界文化语境中彰显出民族文化的异质性。中国海豚出版社还于2012年推出了英文漫画本《格萨尔王》。唐卡本和英文漫画本的发行是多方位、多模态传播《格萨尔》史诗和藏族文化的创新性探索。

2. 藏族格言诗英译

藏族最著名的格言诗有《萨迦格言》《格丹格言》《水树格言》。21世纪以来，藏族格言诗引起了国内外学者的高度关注，出现了一些代表性英译本。

2000年，美国波士顿智慧出版社（Wisdom Publications）出版了《萨迦格言》的英文版 *Ordinary Wisdom: Sakya Pandita's Treasury of Good Advice*（《普通智慧：萨迦·班智达劝善宝库》）。该译本是约翰·达文波特、萨利·达文波特（Sallie D. Davenport）与洛桑·松顿（Losang Thonden）的合译之作。据黄信（2017）考证，译者以仁增才让和才公太的汉文版《萨迦格言》为底本，共选译格言诗458首。译本序言强调了《萨迦格言》在藏族文学史上的重要地位，并指出该书对现代西方读者的指导意义。结语中附有赞扬释迦牟尼和文殊菩萨的祈祷词，为译本增添了浓厚的佛教色彩。李正栓（2016）认为该译本有五大特色：深厚翻译、注释详尽、以诗译诗、注重宗教教义宣传、"指示"型情态动词活跃。2009年，中国藏学出版社引进该译本并以藏、汉、英三语对照形式出版且多次重印，推动了译本在海内外的传播。

据李正栓、李子馨（2017）考证发现，2012年，美国出现了一本题为 The Water and Wood Shastras 的书。该书由 Karuna Publications 出版，译者是益西·克珠（Yeshe Khedrup）和威尔森·赫利（Wilson Hurley）。据相关文字描述和文献资料推断，该书为《水树格言》英译本，应该是由一位藏族学者和美国学者合作翻译而成。这是迄今为止发现的最早的《水树格言》英译本。

2013年，李正栓编译出版了《藏族格言诗英译》（Tibetan Gnomic Verses Translated into English）。译本包括"萨迦格言"（"Sakya Gnomic Verses"）、"格丹格言"（"Dgeldan Gnomic Verses"）、"水的格言"（"Gnomic Verses About Water"）和"树的格言"（"Gnomic Verses About Tree"）四部分，其底本采用次旦多吉、耿予芳的汉语译本。李正栓、解倩（2015）认为，藏族格言诗集文学性与宗教性于一体，体现了藏族佛哲的思想与智慧，因此其翻译目的是"传播藏族文学，与世人沟通，通过文学翻译形成国际交流，让更多英语世界的读者读懂《萨迦格言》，学习其智慧，增长才干，让文学翻译成为东西方沟通的一种软外交"（李正栓，2016：20）。译者坚持以诗译诗，翻译过程中秉持"能押韵时则押韵，不能押时不强求"（同上：20）的原则，在充分考虑英语读者接受的前提下，尽力保持译文的文学性和文化独特性。该译本一问世，便引起学界广泛关注。王治国（2013：281）称其为"藏族诗性智慧跨文化传播的新拓展"。赵长江（2013：2）称之为"藏族文化对外传播的杰出译作"。北塔（2014：62）誉之为"少数民族典籍翻译的一颗硕果"。

2017—2019年，李正栓领衔翻译的《国王修身论》《萨迦格言》《格丹格言》和《水树格言》四部藏族格言诗以英、汉、藏三语形式在尼泊尔出版发行。其中，《国王修身论》是国内外首个英译本，具有开创性意义。三语对照的形式扩大了目标读者群体，为其在藏语、汉语和英语世界的传播提供可能。

3. 仓央嘉措诗歌英译

经典旧译再版是新时代仓央嘉措诗歌在英语世界传播的重要路径。21世纪以来，国内外出版机构再版了各种仓央嘉措诗歌英译本，如西藏文献图书馆2003年发行的藏族学者格桑顿珠（K. Dhondup）的 Songs of the Sixth Dalai Lama。2004年，印度 Pilgrims Publishing 再版科尔曼·巴克斯(Coleman Barks)的译诗 *Stallion on a Frozen Lake—Love Songs of the Sixth Dalai Lama*。2008年,印度Motilal Banarsidass再版美国学者休斯敦英译的仓央嘉措诗歌 *Wings of the White Crane—Poems of Tsangs Dbyangs Rgyamtsho*。2011年,中国藏学出版社发行黄颢、吴碧云编纂的《六世达赖喇嘛仓央嘉措诗意三百年》,其中收录两种仓央嘉措诗歌的英译本:一种是于道泉译本;另一种是藏族译者W. 泰霖(旺秋多吉)译本《仓央嘉措情歌》。

除了旧译再版,新时代仓央嘉措诗歌英译复译也取得了显著成绩,国外翻译出版的译本中有四个较具代表性。2004年,英国I. B. Tauris出版 *Songs of Love, Poems of Sadness: The Erotic Verse of the Sixth Dalai Lama*(《情爱之歌,悲伤之诗:六世达赖喇嘛的艳情诗》)。该译本收录仓央嘉措诗歌凡66首,译者是布里斯托尔大学(University of Bristol)的威廉姆斯(Paul Williams)。据荣立宇(2015a)介绍,该译本正文前介绍了仓央嘉措生平以及达赖喇嘛和大乘佛教等相关内容。译诗按照英文与藏文拉丁字母转写对照的形式编排。译文后对诗歌的各种可能性解读和相关的历史、文化、文学等背景知识进行了注解。译本还附有参考文献、藏英双语目录、人名索引和主题索引等,具有重要的研究价值。2007年,美国诗人杰弗里·沃特斯(Geoffrey R. Waters)的英文译作 *White Crane: Love Songs of the Sixth Dalai Lama*(《白鹤:六世达赖喇嘛情歌》)在白松出版社(White Pine Press)出版。译者曾主修过古典汉学和藏学,在中国古典诗歌英译方面造诣颇深。他选译了仓央嘉措诗歌120首,译文基本保持了源诗四行诗格式。2008年,美国文学杂志《哈佛之声》(*The Harvard Advocate*)刊登了内森·希尔(Nathan Hill)和托比·费(Toby Fee)合译的仓央嘉措诗歌凡12首。2009年,印度Rupa & Co.发行了一个单行节译本 *Ocean of Melody: Songs of the Sixth Dalai Lama*(《妙音之海:六世达赖喇嘛诗歌》),译者为藏族诗人洛桑次仁(Lhasang Tsering)。另据荣立宇(2015a)考证,英国学者史密斯(Simon Wickham-Smith)也于21世纪初两度翻译仓央嘉措诗歌。

中国学者对仓央嘉措诗歌的翻译以李正栓、王密卿为代表。2015年,两位译者以于道泉汉译本为底本,翻译出版了汉英对照版《仓央嘉措诗集》(*The Poems of Tsangyang Gyatso*)。译者充分发挥了诗人译诗的优势,用自然、简洁、流畅的语言传递出源诗的韵律和节奏,既传达出了源诗的主题思想和情感意境,又保留了藏族文化的异域特质。译者还通过注释解读原诗或补充文化知识,增强了译本的学术价值。王宏印和荣立宇给予译者高度评价,认为"他以诗人的视角切入诗歌,以学者的严谨从事翻译,以敬业的精神邀请两位英国教授对译文进行润色修订,这些无疑都是该译本质量上的有力保证"（转引自李正栓、王密卿，2015：4）。2018年，西藏藏文古籍出版社再版该本，以藏、汉、英三语呈现给读者，每首诗歌后还配有赏析文字，读者在诵读美妙的诗文时可以赏析对诗文的各种解读。

11.5.2　北方少数民族典籍英译

21世纪以来，随着少数民族典籍翻译研究的不断深入，中国北方少数民族典籍英译取得了重要进展，《蒙古秘史》《江格尔》《玛纳斯》等少数民族典籍先后被译成英文。

1.《蒙古秘史》英译

《蒙古秘史》是一部记述蒙古民族历史的典籍，其语言典雅、散韵结合、意境深邃，受到了海内外学者的高度关注。21世纪以来，出现了三个代表性英文全译本。

2001年，英国劳特利奇-寇松出版社（Routledge Curzon Press）推出了 *The Secret History of the Mongols—The Life and Times of Chingjis Khan*（《蒙古秘史：成吉思汗的生活和时代》）。据邢力（2010c：76–77）介绍，译者乌尔贡格·奥侬是蒙古族人，他的译本"以其史传翻译和文化阐扬合一的特征而成为一个极具民族文化特色的文本……在民族语言和民族文化的挖掘阐释方面获得了空前的张力"。译者用相当篇幅的注释融入了自己对蒙古民族文化的精当见解和深度解读，提升了译文的学术研究价值和文化负载功能。译者还对原文的深奥难懂之处作了浅化处理，采用"松散的释译法"（同上：79），赋予这部编年史以诗意表达和文学特质。该本多次再版，流传甚广，2012年还出现了一个为纪念成吉思汗诞辰850周年的再版本，书中仅保留了正文12个章节，配有彩色插图。

2004年，布里尔学术出版商（Brill Academic Publishers）出版了罗依果译本 *The Secret History of the Mongols—A Mongolian Epic Chronicle of the Thirteenth Centry*（《蒙古秘史：13世纪的蒙古史诗编年史》）。译者罗依果是澳大利亚蒙古学及元史学家，为了给读者提供一个"准确同时又相当流利的现代英语译本"（Rachewitlz，2004：ixxx），他在翻译策略上进行了一系列"以读者为指归的通俗化调控""在忠实于蒙语原文和可读性之间不断寻求妥协"（邢力，2010a：153），从而实现这一蒙古民族经典著作在英语世界的广泛传播。译文除了添加大量的注释，还附设了学术性导言、评论、附录、书目、索引等，增强了译本的学术研究价值。2013年，译者对译本进行了增补和修订，使其译本成为一部长达1 700多页的英文全译本。2015年，约翰·斯特里特（John C. Street）将罗氏译本缩减为不足300页的单卷本并采用知识共享署名–非商业性使用–禁止演绎4.0国际许可授权，增加了译本的流通可及性，推动了《蒙古秘史》在英语世界的广泛传播。

另据汪雨（2017）介绍，蒙古国的Monsudar于2006年发行了一个《蒙古秘史》英译本 The Secret History of the Mongols: Translated from Mongolian into English，该本由多里各托夫（N. Dorjgotov）与易仁铎（Z. Erendo）合译。两位译者皆可以阅读蒙古语，在理解原文上具有天然的优势。该本最大的特点是未加任何注释，适合普通读者阅读。

2. 史诗《江格尔》英译

蒙古族英雄史诗《江格尔》英译发端于21世纪初期，迄今只有四个代表性译本。2005年，贾木查主编了《史诗〈江格尔〉校勘新译》。该书包括蒙古文、汉文、拉丁文和英文四种文字，其中英文部分是关于故事梗概的介绍，属译述范畴，可被看作《江格尔》英译的滥觞。2010年，新疆大学出版社精心打造的《江格尔》蒙古文版、汉文版和英文版问世。其中，英文版由湖南大学吴扬才主笔翻译，是首个单独发行的英文译本。2011年，五洲传播出版社推出了"聆听史诗丛书"，出版了英文版 The Epic of Jangar。该本是由潘忠明依据何德修编撰的小说体《江格尔》翻译而成。2012年，吉林大学出版社出版了英汉对照版《江格尔》。该本由吴松林主编，刘兰、林阳英译，宝成关和汪榕培审订。书内配有生动的插图，语言通俗易懂，更适合普通读者的阅读趣味。

另据人民网国际频道报道，2013年5月13日，中美联合出版大型工程书库"中国·新疆丛书"英文版在耶鲁举行首发仪式。该套丛书共30卷，其中包括《江格尔传奇》的英文版。

3. 史诗《玛纳斯》英译

《玛纳斯》英译始于20世纪70年代，21世纪以来的代表性译本有两个。第一个是张天心于2011年翻译出版的英文本 Legend of Manas。该本也是"聆听史诗丛书"之一，所据底本是贺继宏、纯懿的汉文版《玛纳斯故事》。译文既保持了英雄史诗固有的风格和神韵，又注重故事的可读性，对于《玛纳斯》史诗在英语国家的传播和少数民族文化的传承具有重要意义。第二个译本是 2013 年李红燕领衔翻译的《玛纳斯》，所据底本是阿地里·居玛吐尔地的汉译本。该译本共四卷，是该史诗目前规模最大的英译本。

随着国内少数民族典籍英译的兴起，大连民族大学于 2010 年成立了东北少数民族史诗翻译研究团队，产出了一系列重要成果，如张志刚领衔翻译的达斡尔民族民间叙事长诗《少郎和岱夫》（2012）、赫哲族史诗《满都莫日根》（2017）、《东巴舞蹈传人：习阿牛 阿明东奇》（2018）、《东北少数民族口头文学经典》（2018）、《达斡尔族乌钦》（2019）、《黑龙江流域赫哲族伊玛堪》（2019）等。此外，还有王维波等翻译的《中国赫哲族史诗伊玛堪》（*The Yimakan Epics of Hezhe Ethic Minority in China*，2014）和常芳译著的《鄂伦春族摩苏昆经典英译：英雄格帕欠》（*Elunchun Mosukun Classics*，2019）。

11.5.3　西南少数民族典籍英译

我国西南地区是少数民族的聚居地，拥有丰富多样的少数民族文化资源和各具民族特性的少数民族典籍。21 世纪以来，随着中国文化对外交流的不断拓展和深入，西南地区壮族、苗族、土家族、彝族等少数民族典籍也陆续被译介到英语中。近十年来，西南少数民族典籍由零散译介到渐成规模，出现了一些代表性的英译成果。

1. 壮族典籍英译

壮族是我国古老的民族之一，在中国的历史长河中创造了丰富多彩的文化，嘹歌、布洛陀史诗和壮剧是其重要的文学文化样式，也是新时代少数民族典籍英译的重要内容。

2011 年，百色学院翻译团队编译出版了《平果壮族嘹歌》英文版 *Liao Songs of Pingguo Zhuang*，译本以罗汉田的《平果壮族嘹歌》为蓝本，包括 5 部民间长诗，共计 24 000 多行。嘹歌一般为五言四句，具有独特的韵律格式，译者"采用英语中的尾韵、头韵等押韵方式以及有规律的抑扬格节奏"（周艳鲜，2012b：135），再现了嘹歌意美、音美和形美的和谐统一。该译本共 5 卷，是壮族民歌英译的发轫之作，对推动壮族文化传承和海外传播具有重要意义。

2012 年，壮、汉、英三语对照版《布洛陀史诗》（*The Epic of Baeuqloxgdoh*）问世，这是少数民族典籍英译史上的重要成果。译者"以翻译的可读性为中心取向"(黄中习、陆勇，2010：124)，采用半自由半格律体，既再现了原文的诗歌性，又增加了译文的可读性。译者采用民族志诗学翻译方法，对这一壮族史诗进行了深度文化阐释，"为民族典籍翻译实践提供了一个理论新视角"(言志峰、黄中习，2014：99)。

2014 年，周秀苗编译出版了《北路壮剧传统剧目精选》(壮、汉、英对照)。译者以"文化传真"(周秀苗，2012a：286)和"传神达意"为基本翻译原则，采取适度异化的翻译方法，使译文保持民族文化特质。壮学专家梁庭望认为，译本中的古壮语原文能够使读者"看到壮族民间戏剧的原汁原味"(转引自周秀苗，2014：1)，有利于壮族文化的传承和传播。

2. 苗族典籍英译

2006 年，美国学者马克·本德尔出版了英文译著 Butterfly Mother: Miao (Hmong) Creation Epics from Guizhou, China (《蝴蝶妈妈：中国贵州苗族的创世史诗》)。该译本是苗族史诗的首个英文译本，所据底本为马学良、今旦译注的《苗族史诗》。译文采用苗族古歌传统对答结构，每组史诗前附有导读性题解，有助于读者理解苗族文化内涵。

2012 年，苗、汉、英三语对照版《苗族史诗》(Hmong Oral Epics) 在贵州民族出版社出版。书中英文部分由马克·本德尔领衔翻译，其翻译目的是让未来几代人都能延续苗族语言文化所呈现的艺术和美学的力量(马克·本德尔，2014)。该书出版后广受学界好评，被誉为苗族文化史上一个标志性经典文献，为逐渐成为国际显学的苗族古歌学搭建了一座文化交流的桥梁(余学军，2013)。

3. 其他少数民族典籍英译

21 世纪以来，彝族典籍英译出现了一些代表性成果。潘智丹翻译出版了叙事长诗《阿诗玛》。马克·本德尔与西南民族大学阿库乌雾(罗庆春)一起收集了叙事长诗《甘嫫阿妞》并将其翻译成英文，引起了国内外学者对彝族文化的关注。马克·本德尔在接受马晶晶(2019)访谈时介绍，他与阿库乌雾合作翻译的创世史诗《勒俄特依》已成稿并交由美国的出版社付印。这将是该史诗的首个英文译本。

少数民族典籍英译在 2018 年取得丰硕成果。土家族典籍《梯玛歌》(Tima Songs) 和《摆手歌》(Sheba Songs) 的英译本陆续问世。云南人民出版社也于同年发行"云南少数民族经典作品英译文库"系列，出版了苗族长诗《金笛》(The Gold Flute)、傣族长诗《召树屯》(Zhaoshutun)、白族神话《白国因由》(Legends of the Creation of the Bai Kingdom)、纳西族祭祀经诗《古歌》(Old Folk Song of the Dai and the Naxi)、哈尼族创世史诗《十二奴局》(Twelve Nujus)、景颇族创世史诗《目瑙斋瓦》(Manau Zhaiwa)、彝族创世史诗《查姆》(Chamu)、彝族说唱史诗《梅葛》(Meige)、普米族创世史诗《帕米查哩》(Zhisa Jiabu)及普米族英雄古歌《支萨甲布》(Zhisa Jiabu)共10册汉英对照图书,对少数民族典籍的传承和国际传播具有重要的推动作用,同时也为民族典籍翻译研究提供了认识基础。

此外,卓振英编译的《古今越歌英译与评注》(An Annotated Anthology of Yue Songs Ancient and Modern)于2018年在商务印书馆问世。喻锋平的专著《畲族史诗高皇歌英译研究》选译了112首高皇歌。中南民族大学张立玉主持的"中国南方民间文学典籍英译丛书"项目初见成效,率先完成的两部译著《黑暗传》(The Legend of Darkness)和《金笛》(Magic Flute)已于2019年正式出版并入选"十三五"国家重点图书。

11.6 小结

21世纪以来,中国典籍英译实践呈现出更加多元化的发展趋势。文学典籍和哲学典籍英译以复译和再版为主要特征,科技典籍和少数民族典籍英译取得了较大进展,大量经典作品实现了首次译介。国内本土译者主动服务国家文化"走出去"战略,逐渐成为典籍英译的主要力量。一些专业领域的从业者参与相关译介活动,凸显出典籍翻译的社会应用价值。译本形态呈现多样性,漫画、绘本甚至多模态数字化模式逐渐流行,为中国典籍的海外传播提供了多种可能性。译本发行以国内出版机构为主,近年来逐渐开拓出海外渠道,"借船出海"模式已付诸实践并取得良好成效。未来应继续丰富翻译选题,鼓励相关领域的学者和典籍译者构建翻译共同体,凝聚优势力量,提高典籍翻译质量,继续探索科学有效的出版发行模式,推动中国典籍的国际传播。

第四部分
典籍英译学术会议
（2000—2019年）

第12章
典籍英译学术会议概览

12.1 引言

21世纪以来,中国典籍英译实践不断发展,相关理论思考和探索不断推进,以典籍英译研究为主题的学术会议相继召开。2002年,"全国典籍英译研讨会"首次举办。随后在"中国英汉语比较研究会典籍英译专业委员会"的指导下,"全国典籍英译研讨会"每两年召开一次。2011年,会议更名为"全国典籍翻译研讨会",现已成为全国典籍翻译界进行学术交流的重要平台。近年来,"全国少数民族典籍翻译学术研讨会""全国典籍翻译高层论坛""典籍翻译与海外汉学研究高层论坛"等相继创办,并发展成为常规性学术会议,在促进典籍英译学科发展、学术交流和课题研究等方面发挥了重要作用。本部分主要介绍代表性典籍翻译学术会议的议题流变及会议成果。

12.2 全国典籍翻译研讨会

12.2.1 会议简介

首届"全国典籍英译研讨会"于2002年5月23日至24日在河北师范大学召开。杨自俭、潘文国、汪榕培、张后尘、张春柏、卓振英、朱曼华、蒋坚松、王宏印、李正栓、杨成虎等外语界知名专家学者汇聚一堂,开启了典籍英译者聚而论道的传统。前六届会议基本上是每一年半举办一届,到2011年,经典籍英译专业委员会决议,会议名称变更为"全国典籍翻译研讨会",每两年举办一届。截至2019年10月,研讨会已成功举办十一届。历届会议的举办时间和承办单位等信息见表 12-1。

表 12-1 历届"全国典籍翻译研讨会"举办信息

届　数	举办时间	承办单位	地　点
第一届	2002.05.23—24	河北师范大学	河北　石家庄
第二届	2003.10.18—19	苏州大学	江苏　苏州
第三届	2005.05.30—31	大连理工大学	辽宁　大连
第四届	2007.04.21—23	广东金融学院	广东　广州
第五届	2008.10.17—20	大连大学	辽宁　大连
第六届	2010.05.08—09	河南大学	河南　开封
第七届	2011.10.27—30	湖南大学	湖南　长沙
第八届	2013.09.20—23	河北师范大学	河北　石家庄
第九届	2015.11.13—15	江南大学	江苏　无锡
第十届	2017.11.24—26	上海师范大学	上海　徐汇区
第十一届	2019.10.25—27	西安理工大学	陕西　西安

承办会议的单位既有综合类高校，也有师范类、理工类和金融类院校，会议举办地点贯穿南北，分布广泛。论文提交数量总体连续增长，第一届会议参会代表不足 40 人，到第十一届会议时，参会代表增至 300 多人，提交论文 200 余篇，会议规模不断扩大，影响力不断增强。全国典籍翻译研讨会已成为"国内高校从事翻译工作的同行及翻译家相互交流和学习的盛会"（汪榕培、门顺德，2010：552）。

12.2.2　议题流变

前两届研讨会主要关注典籍英译的意义、典籍英译理论与实践、典籍英译与中国传统文化等宏观议题以及译作比较、翻译技巧方法和风格再现等中观和微观层面。诗歌英译研究是会议研讨的焦点。根据第一辑会议论文集（收录第一、第二届会议优秀论文）统计，所收录的 34 篇论文中，诗歌翻译研究论文 21 篇，占总量的 61.8%，可见对古典诗歌英译的普遍关注。第四、第五两届研讨会将"诗词曲联翻译研究"列为会议的研讨议题，从会议所收论文来看，诗歌英译研究已从单纯关注翻译实践的技巧方法上升到理论自觉，更加重视理论对实践的阐释和指导作用。

典籍英译研究的学科自觉意识不断增强。自第三届会议起，学科建设成为会议研讨的热点议题。述往思来是学科构建的基础，对"典籍英译历史、现状和未来"的广泛讨论体现出典籍英译界在学科建设中的历史思维和反思意识。

本土理论构建为学界所普遍关注。构建符合典籍英译研究自身规律性特征的理论体系，是典籍英译研究的主要任务之一。第六届研讨会首次将"中国典籍英译的理论建构"列为会议议题，反映出典籍英译研究在理论创新和学术话语创新方面的进展。

跨学科交叉逐渐成为典籍英译研究的重要特征。自第六届会议开始，跨文化传播模式、译本的传播与接受、典籍英译传播与国家发展战略的对接等成为热点议题，典籍英译研究延展到传播学领域，在学科交汇融合中找到新的学术增长点。近年来，学界对典籍英译跨学科属性的认识更加深刻，跨学科研究成为会议研讨的重要议题，传播学、社会学、历史学、人类文化学等多学科视角的典籍翻译研究方兴未艾。

国家文化发展战略成为会议研讨的时代语境。王宏印指出，"如何在新形势下阐释好、翻译好、传播好我国各民族文化典籍，以此来促进世界多元文化的互动交流……提升我国的文化软实力，这是摆在中国典籍翻译界面前极为重要的大事"（王宏印、朱义华，2017：378）。近几届会议增列"中国文化'走出去'""文化软实力的提升""中国文化的对外传播"等议题，反映出典籍英译研究主动对接国家文化发展战略，对典籍英译的社会价值和时代意义有了更深刻的认知。

典籍翻译研究范围不断扩展。第十届研讨会首次细分民族典籍、科技典籍、文学典籍等翻译研究议题。第十一届研讨会又增列"丝路文化典籍、敦煌文化典籍的翻译与传播"议题，反映出典籍英译实践和研究的范围不断拓展，也体现出典籍翻译界对国家"一带一路"倡议的积极回应。

此外，典籍翻译队伍建设、人才培养等议题反映出学界对典籍翻译事业可持续发展的前瞻性思考。典籍译本的汇释汇校和历届研讨会成果研究等议题反映出典籍翻译研究者注重总结和反思的学术风尚。典籍翻译与新技术的应用研究等议题体现出典籍英译与时俱进的开放性特征。

12.2.3 成果述评

"全国典籍英译研讨会"自2002年创办以来，吸引了一大批中青年学者，在引领队伍建设、促进学术交流等方面发挥了重要作用。

第一,成立了典籍英译专业委员会,为研讨会的有序召开提供了组织保障,对典籍英译事业的发展起到了引领作用。历届会议邀请典籍英译界知名专家作主题报告,自第八届研讨会以来,梅丹理、马克·本德尔、包琼(Joan C. Boulerice)和哈维尔(Andrea M. Harwell)等国际著名学者也应邀作大会主旨发言,使典籍英译研讨会呈现出国际化走向。各位专家学者从不同视角、不同层面探讨典籍英译的理论和实践问题,引发了与会学者的广泛讨论和交流,推动了典籍英译实践和研究的发展。

第二,提供了总结和展示成果的机会。第四届会议期间举办了"全国典籍英译研究成果展",据刘迎春、黄中习(2007)统计,参展的典籍英译研究专著和译著多达200余种、334部,展示了我国典籍英译事业取得的新成果。第八辑《典籍翻译研究》文集收录了汪榕培、林戊荪、王宏印、王宏、李正栓和郭尚兴等部分学会领导在典籍英译领域的成果,列出了学会成员在2014—2016年的部分翻译和研究著作,对这一时期的典籍英译研究做了一次较为全面的总结。

第三,带动了一批综述性学术成果的产生。例如,王宏和束慧娟(2004)、王义静(2005)、霍跃红和孙颖轶(2013)、孙燕和李正栓(2014)、张斌和朱伊革(2018)等对会议代表发言和会议内容进行了梳理和点评,对未来典籍英译研究做了前瞻性展望。

第四,辑集出版了优秀论文集。第一、第二届研讨会优秀论文被收入第一辑《典籍英译研究》并正式出版。此后,每届会议都从所提交的论文中择优出版一辑《典籍英译研究》。从第六辑起,论文集更名为《典籍翻译研究》。文集出版信息见表12-2。

表12-2 "全国典籍翻译研讨会"论文集出版信息

序 号	论文集名称	编 者	论文数	出版时间	出版社
1	《典籍英译研究》(第一辑)	汪榕培、李正栓	34	2005.05	河北大学出版社
2	《典籍英译研究》(第二辑)	汪榕培、李秀华	46	2006.01	大连理工大学出版社
3	《典籍英译研究》(第三辑)	汪榕培、关兴华	77	2007.10	吉林大学出版社
4	《典籍英译研究》(第四辑)	汪榕培、门顺德	69	2010.04	外语教学与研究出版社

第12章 典籍英译学术会议概览

（续表）

序号	论文集名称	编　者	论文数	出版时间	出版社
5	《典籍英译研究》（第五辑）	汪榕培、郭尚兴	87	2011.10	外语教学与研究出版社
6	《典籍翻译研究》（第六辑）	王宏印、朱健平、李伟荣	21	2013.08	外语教学与研究出版社
7	《典籍翻译研究》（第七辑）	王宏印、李正栓	40	2015.10	外语教学与研究出版社
8	《典籍翻译研究》（第八辑）	王宏印、朱义华	37	2017.08	外语教学与研究出版社
9	《典籍翻译研究》（第九辑）	王宏印、朱伊革、李照国	39	2019.08	外语教学与研究出版社

12.3　全国民族典籍翻译研讨会

12.3.1　会议简介

"全国民族典籍翻译研讨会"由广西民族大学于2012年创办。自第二届会议起，由典籍英译专业委员会承担主办工作。会议每两年召开一届，至今已成功举办四届。历届会议举办时间和承办单位等信息见表12-3。

表12-3　历届"全国民族典籍翻译研讨会"举办信息

届　数	举办时间	承办单位	地　点
第一届	2012.10.26—27	广西民族大学	广西　南宁
第二届	2014.11.07—09	大连民族大学	辽宁　大连
第三届	2016.10.28—30	中南民族大学	湖北　武汉
第四届	2018.10.26—28	西藏民族大学	陕西　咸阳

"全国民族典籍翻译研讨会"与"全国典籍翻译研讨会"隔年交替召开，为学界搭建起了常规性的学术交流平台。四届研讨会全部由民族高校承办，突出了会议主题，反映出民族院校在少数民族典籍翻译领域的文化资源优势以及民族院校学者在传译民族文化中的自觉担当意识。

四届研讨会的参会人数和提交论文数均呈显著增长态势,表明民族典籍翻译研究队伍不断壮大,研讨会的影响力不断提升。

12.3.2　议题流变

"全国民族典籍翻译研讨会"自创会起就表现出开放性特征,研讨内容既包括少数民族典籍汉译和外译研究,也包括汉族典籍民译和外译研究。第三、第四届研讨会将民族典籍翻译的标准、策略、方法和批评等列为重要研讨议题,反映出民族典籍翻译研究宏观视阈与微观操作之间的互动关系,少数民族典籍翻译研究逐渐走向全面化和体系化。

跨学科研究是会议研讨的热点问题。少数民族史志文献、文化风俗等成为民族典籍翻译研究的重要内容。传播学视阈的民族典籍英译研究成为重要议题,反映出民族典籍翻译研究路径的拓展和对中国文化"走出去"战略的积极回应。

民族典籍翻译人才培养与学科建设受到关注。广西民族大学、百色学院、中南民族大学、西藏民族大学、大连民族大学、河北师范大学和云南师范大学等高校已形成民族典籍翻译研究的重要力量。

第四届研讨会增列"藏民族典籍翻译与传播研究"议题。藏学在国内外已发展为一门重要的显学,大会特别邀请了著名藏学家、佛学翻译家向红笳,《格萨尔》研究专家杨恩洪和著名藏学家、翻译家索南才让为大会作主旨发言,体现出西藏民族大学的学科特色和学术优势。

12.3.3　成果述评

"全国民族典籍翻译研讨会"广泛团结民族学专家、外语界同仁和典籍翻译界学者,定期就少数民族典籍翻译研究的基本问题进行研讨。与会学者在中国少数民族典籍翻译研究的基本任务和基本思路等方面达成了共识,就具体的翻译传播问题进行深入地对话与探讨,推动了少数民族典籍英译实践和研究的发展。

第二届研讨会期间举办了中南民族大学、西南民族大学、大连民族学院和百色学院四所高校少数民族典籍英译成果联展。第三届会议期间对"中华民族典籍翻译研究丛书"进行推介。这些活动有利于民族典籍翻译成果的展示和经验的推广。李敏杰(2014)、王维波等(2015)、赵长江和齐乐(2018)对研讨会进行了总结和提炼,阐发了对民族典籍翻译研究的新认识。

研讨会的定期召开扩大了学术影响力和号召力，各民族高校充分发挥学科和资源优势，形成了具有地域特色和文化特色的翻译研究群体，推动了少数民族典籍翻译事业的发展。

12.4 其他典籍翻译学术会议

典籍英译专业委员会创办的"全国典籍翻译高层论坛"目前已召开两届，第一届由西北师范大学承办，于 2016 年 11 月 11 日至 12 日召开，会议主题为"'一带一路'倡议背景下的中国典籍外译：传承与创新"。第二届由南京航空航天大学承办，于 2018 年 11 月 23 日至 25 日召开，会议主题为"民族典籍翻译与江南文化对外传播"。两届论坛以中国典籍英译的时代性和地域性特征为关注对象，就不同内容和题材进行了广泛讨论，为典籍英译实践和研究提供了新的思路和启发。"全国典籍翻译高层论坛"每两年召开一届，对"全国典籍翻译研讨会"和"全国民族典籍翻译研讨会"形成了有益补充。

"典籍翻译与海外汉学研究高层论坛"由南京农业大学承办，迄今已召开三届。首届会议暨南京翻译家协会 2015 年年会以"典籍翻译与海外汉学研究"为主题，黄友义、张西平、王宏印和美国汉学家 Kate Rose 博士为大会作了主旨报告。第二届论坛于 2016 年 11 月 11 日至 13 日召开，主要研讨话题涉及"西学东渐"与"中学西传"、汉学家、传教士与中国典籍翻译、典籍翻译史、典籍翻译与对外话语体系构建、典籍翻译的海外接受与影响等。第三届论坛举办时间为 2018 年 11 月 2 日至 4 日，该届论坛聚焦中学西传与翻译史，重点审视传教士汉学家在中西文化交流史上的地位和作用，探索中国文化"走出去"的有效模式。"典籍翻译与海外汉学研究高层论坛"由地方性翻译家协会年会发展成为全国性的专题学术会议，在典籍翻译研究和海外汉学研究领域产生了较大影响，促进了两个研究领域之间的融合，开拓了中国典籍翻译研究的国际视野。

其他以典籍翻译研究为主题的学术会议还包括"首届全国'传神达意'翻译理论研讨会"（大连大学，2011）、"首届少数民族文库外译全国高层论坛"（西南民族大学，2013）、"中国典籍外译高层论坛"（浙江师范大学，2015）、"全国民族典籍翻译与西南少数民族文化研究高层论坛"（百色学院，2017）、"汪榕培典籍翻译研究学术研讨会"（大连民族大学，2017；沈阳师范大学，2019）等。

12.5 小结

21世纪以来,"全国典籍翻译研讨会""全国民族典籍翻译研讨会""全国典籍翻译高层论坛""典籍翻译与海外汉学研究高层论坛"等相继举办。典籍英译形成多元互补、齐头并进的大好局面。随着国家文化战略和"一带一路"倡议的推进实施,典籍英译的重要性日益凸显。相关学术会议承前启后,搭建起多元交流平台,在传播学术思想、推动学科建设、汇聚人才队伍等方面发挥着重要作用。

第五部分
典籍英译课题立项
（2000—2019年）

第 13 章
典籍英译课题立项概览

13.1 引言

国家社会科学基金于 1986 年由国务院批准设立、全国哲学社会科学规划工作办公室负责管理。目前设有 23 个学科规划评审小组以及教育学、艺术学、军事学三个单列学科，已形成包括重大项目、重点项目、一般项目、青年项目、西部项目、后期资助项目和中华学术外译项目等类别的立项资助体系。国家社科基金设立以来，基金总量不断增加，覆盖面和影响力不断扩大，推出了一大批有分量、有深度、有效用的研究成果，已成为我国人文社会科学研究领域最权威的资助基金，越来越彰显出其导向性、权威性和示范性作用。

教育部人文社会科学研究项目由教育部社会科学司社会科学规划处负责管理，面向全国普通高等学校设立，该项目是教育部哲学社会科学项目资助体系中层次最高、权威性最强、影响力最广的项目类别，"在一定程度上反映高校学者的研究水平及动向，也能预见某一研究领域未来一段时间的发展趋势"（郑周林、黄勤，2017：9）。

当前，推动中华优秀传统文化走向世界、提高中国文化软实力和国际影响力已成为新时代国家文化发展战略的核心内容之一，中华典籍作为传统文化的核心内容，其英译和传播为翻译研究领域所普遍关注，各类课题研究带动典籍英译研究向新发展。本部分以国家社科基金和教育部人文社科基金中典籍英译类立项课题为研究对象，采用网络调查和统计分析方法对课题进行主题分析和关键词分析，梳理 21 世纪以来典籍英译类课题的立项情况，力求对新时代中国典籍英译研究的发展轨迹和热点问题形成较为客观的认识，以探析当前典籍英译研究现状，展望发展趋势和走向。

13.2　项目数据统计与分析

本部分所采用的国家社科项目数据来自国家社科基金项目数据库，教育部人文社科项目数据主要来自教育部社会科学司所公布的立项名单。数据筛选采用词频统计和内容分析相结合的方式，首先以"译""传播"为关键词进行初步筛查，选出立项名单中的翻译类项目，然后对筛选出的项目逐一鉴别，析出典籍英译研究相关项目。在此需做两点说明：一是在检索国家社科基金项目时，将重大项目、重点项目、一般项目、青年项目、西部项目和后期资助项目皆统计在内。鉴于中华学术外译项目2010年才开始设立，而且主要资助对象是我国哲学社会科学研究优秀成果在国外权威出版机构外文出版，项目选题多为当代学术著作，故不列入统计范围。二是在进行数量统计时，与典籍英译相关的课题，如中医英译研究、单部典籍在海外的传播研究或以典籍英译本为语料进行的其他相关研究也统计在内。采取此种统计方式便于我们掌握新时代典籍英译研究课题的立项总量，进而全面了解典籍英译研究的发展态势以及与其他学科领域交叉融合的概况。

13.2.1　项目类别统计

据统计数据显示，2000—2019年，与典籍英译相关的国家社科基金和教育部人文社科基金课题立项总量为300项，其中国家社科项目139项，教育部人文社科项目161项，各年份立项数量见表13-1。

表13-1　国家社科与教育部人文社科典籍英译类立项数量（2000—2019年）

立项时间	国家社科	教育部人文社科	立项时间	国家社科	教育部人文社科
2000	0	0	2010	4	13
2001	0	0	2011	6	12
2002	0	0	2012	7	21
2003	0	0	2013	16	12
2004	0	0	2014	17	12
2005	1	1	2015	19	14
2006	0	3	2016	16	12
2007	1	1	2017	14	25

第13章 典籍英译课题立项概览

（续表）

立项时间	国家社科	教育部人文社科	立项时间	国家社科	教育部人文社科
2008	3	0	2018	14	18
2009	2	5	2019	19	12

　　由统计数据可见，2005年是典籍英译研究的一个标志性年份。国家社科基金重大项目"中医典籍研究与英译工程"立项成功，教育部人文社科项目"中医英译研究"也于该年获批立项。这是典籍英译类高层次研究课题首次获批立项。2005—2009年，国家社科基金典籍英译类项目获批7项，占总量的5%；教育部人文社科典籍英译类项目获批10项，占总量的6.2%。2010年以来，两类基金对典籍英译研究项目的资助整体呈增长态势。据立项数量及趋势图（见图13-1）显示，国家社科基金典籍英译类项目在2010—2012年这三年间增幅较小，2013年是突增期，立项数量比前一年增长129%，增长幅度显著。自2013年起，各年度数量有一定起伏，但整体呈上升态势。教育部人文社科基金典籍英译类项目突增期出现在2010年，该年度立项数量为13项，与前一年相比涨幅高达160%。2012年和2017年出现两个小高峰，立项数量均在20项以上。两类基金年度立项数量所呈现的态势基本一致，2000—2009年，典籍英译研究课题从无到有，涨势缓慢。2010—2019年，各年度立项数量虽有起伏，但整体上升明显，反映出近十年典籍英译研究的繁荣景象。

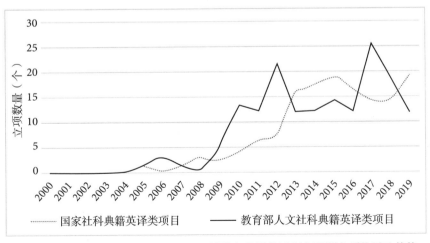

图13-1　国家社科基金与教育部人文社科基金典籍英译研究课题立项数量及趋势图（2000—2019年）

笔者对两类基金中典籍英译研究项目类别进行统计，相关统计数据见图13-2和图13-3。

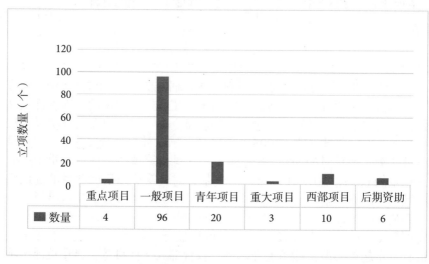

图13-2　国家社科基金典籍英译项目类别统计（2000—2019年）

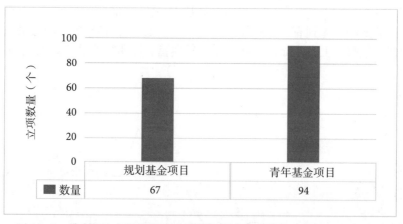

图13-3　教育部人文社科基金典籍英译项目类别统计（2000—2019年）

在国家社科基金典籍英译项目中，一般项目比重最大，占立项总量的69.1%，青年项目数量位居第二，占总量的14.4%。教育部人文社科相关项目中，规划基金项目占总量的41.6%，青年基金项目占总量的58.4%。青年项目的统计数据反映出国家对年轻学者的政策支持和对典籍英译人才培养的高度重视，也表明典籍英译领域的青年学者逐渐成长为典籍英译研究可持续发展的重要力量。国家社科基金作为我国人文社科研究的最高层次，对项目的选题论证和项目申请者的综合研究能力都有更高要求，其青年项目占比仍小于一般项目，这从侧面反映出青年学者在典籍英译课题论证和综合研究方面仍有较大提升空间。国家社科基金重大项目、后期资助项目和西部项目均于2004年设立。重大项目主要资助具有战略意义的重大科学问题的学科交叉研究和多学科综合研究，典籍英译研究获批重大项目，这反映出国家对典籍英译实践和研究的高度重视。目前，典籍英译研究课题申报主要集中在一般项目和青年项目两类，后期资助项目和西部项目典籍英译研究课题立项较少。

13.2.2 项目学科分布

本节将对2000—2019年两类基金典籍英译研究项目分别进行学科分布统计。就国家社科基金项目而言，我们拟分析其中的136项（另外获得的2项国家重大社科项目和1项国家社科重点项目由于未标记学科，就没有进入分类统计）。教育部人文社科项目总量为161项，我们拟全部进行学科分布统计。统计数据分为2000—2009年和2010—2019年两个时段，旨在通过前后10年的数据对比窥探新时代典籍英译跨学科研究的发展态势。

国家社科基项目学科分布数据显示，2000—2009年的6项课题皆分布在翻译研究的传统学科语言学中。2010—2019年的130项课题中，语言学、中国文学和外国文学位列前三甲，分别占该时段立项总量的65.4%、15.4%和11.5%。除了这三个传统学科，立项课题还涉及宗教学、哲学、国际问题研究、中国历史和新闻学与传播五个学科。教育部人文社科项目的学科分布情况与国家社科基金项目基本一致。统计数据显示，2000—2009年的10个项目全部分布在语言学、交叉学科/综合研究和中国文学三个学科。2010—2019年的相关立项也主要分布在这三类，分别占该时段立项总量的64.9%、22.5%和7.9%。宗教学、历史学、民族学与文化学等学科也出现了典籍英译类研究课题。具体学科分布统计数据见图13-4和图13-5。

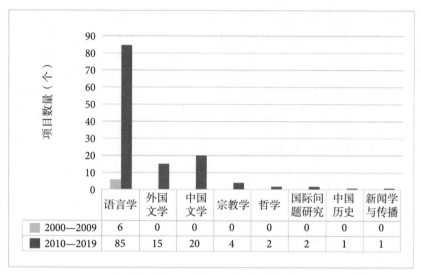

图 13-4　国家社科典籍英译项目学科分布（2000—2019 年）

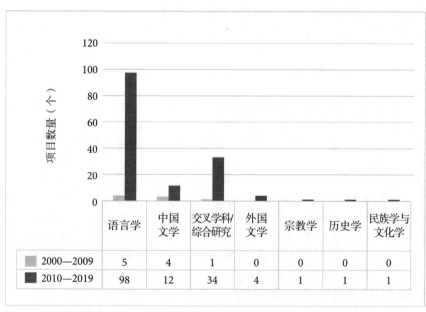

图 13-5　教育部人文社科典籍英译项目学科分布（2000—2019 年）

学科分布统计数据显示，2010 年以来，典籍英译研究学科范畴不断拓展，跨学科研究趋多、趋强。这一跨学科走向是新时代学科发展和交叉融合的必然趋势，也是典籍英译研究跨学科属性的必然表现。跨学科申报的典籍英译类课题均与相关学科典籍或文献的英译研究有关，申报者一般具有专业的学科背景，在文献的解读和阐释上具备更多学科优势。英语或翻译学科专业的学者虽长于语言和翻译研究，但典籍英译研究的跨学科性是这类学者面临的挑战。未来典籍英译研究应构建学术共同体，凝聚多学科交叉学术团队，合作共赢，进一步提升典籍英译研究的深度与广度，推动典籍英译研究不断实现新突破。

13.2.3 研究热点分析

为了从整体上把握典籍英译立项课题的研究热点，本节对两类基金项目作合并分析。笔者使用 Tagxedo 词云分析软件对统计出的 300 项典籍英译类项目标题进行词频分析，所析取文本数据中的高频词汇如图 13-6 所示。

图 13-6　典籍英译研究项目词频分析图（2000—2019 年）

可以看出，除了"中国""英译研究""典籍英译""翻译研究"等主题词汇外，出现频率较高的词汇还有"传播"（词频：318）、"文化"（词频：297）等。为进一步了解典籍英译类研究项目的热点范畴和主题，笔者参照年晓萍（2013）、张威（2015）、张梓辰和张政（2018）、马晶晶和穆雷（2019）等关于翻译研究主题的分类方法，对立项题名逐一筛查,提取题名中的关键词并进行归类分析。所有数据按 2000—2009 年和 2010—2019 年两个时段分别统计,旨在探析典籍英译研究在发展期和繁荣期的热点演变和发展走向。

通过对课题研究所涉典籍的类别统计发现,2000—2009 年的 17 项课题中,涉及文学与文论典籍 6 项、哲学典籍 5 项、科技典籍 4 项、少数民族典籍 2 项。2010—2019 年的 283 项课题中,涉及文学与文论典籍 87 项、哲学典籍 56 项、科技典籍 27 项、少数民族典籍 27 项,未涵括在内的 86 项课题归入其他类别。具体数据统计和对比如图 13-7 所示。

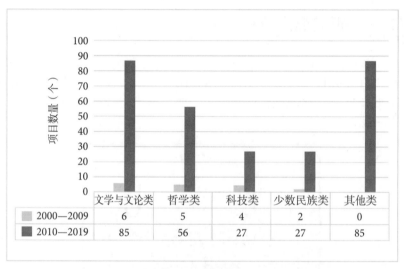

图 13-7 立项课题所涉典籍类别(2000—2019 年)

对典籍子类项目进一步甄别发现,在典籍英译发展期内,文学典籍英译课题研究对象全部是古典诗歌和小说,涉及作品有《楚辞》和《西游记》,古典文论研究课题仅有一项,研究对象为《文心雕龙》。哲学典籍英译研究项目中,河南大学郭尚兴主持的国家社科项目"中国哲学典籍英译研究"为宏观视角研究,其他四项的研究对象皆为儒家典籍,其他哲学流派,如道家、墨家、法家等的经典著作均未见课题立项。科技典籍英译研究课题全部与中医及中医药典籍相关,继 2005 年两项课题立项之后,又有两项国家社科基金课题于 2008 年和 2009 年连续立项,这一方面说明了国家对中医文化国际传播的高度重视和大力支持;另一方面也反映出中医典籍英译研究取得的最新进展。

在国家政策引导和支持下,少数民族典籍英译研究开始受到关注,"壮族典籍英译研究——以布洛陀史诗为例"和"《蒙古秘史》的多维翻

第13章 典籍英译课题立项概览

译研究——民族典籍的复原、转译与异域传播"分别于2008年和2009年获批立项,对少数民族典籍英译研究具有开创性意义。其中,"壮族典籍英译研究——以布洛陀史诗为例"是首个国家级少数民族典籍英译研究项目。卓振英对此给予高度评价,认为这项翻译和研究工作"将填补我国民族典籍英译研究的空白。它必将带动其他兄弟民族典籍的英译与研究,必将带动壮、英两种语言文化的比较研究和对于壮族典籍英译的规律和方法的探索与研究,以壮族典籍英译的特殊性揭示译学的普遍性,为翻译学科的建设作出贡献,它将有助于使我国的典籍英译研究成为更加丰满、更加成熟的学术领域"(卓振英、李贵苍,2008:167)。该项目的重要成果《布洛陀史诗》(汉、壮、英对照)荣获"第十一届中国民间文艺山花奖民间文学作品奖",对典籍英译,尤其是少数民族典籍英译及研究起到较大的辐射带动作用。

2010—2019年,典籍英译研究进入繁荣期,相关研究立项数量大增,文学与文论典籍英译研究课题增至87项,其中古典诗词英译研究35项,但研究内容更加丰富多元,既有宏观整体视角的研究,也有集中于具体子类的研究,如按时期、诗体、诗人分类或对某一诗集的英译研究。古典小说英译研究课题25项,研究对象以"四大名著"为主,共16项。《金瓶梅》和《聊斋志异》等经典作品也颇受关注,其他相关立项或为中国古典小说英译的宏观研究,或为断代小说译介和传播的专题研究,如唐代小说、明代小说、清代小说皆有相关立项。古典戏剧英译研究课题11项,涵括对戏剧体裁的宏观英译研究和对具体剧作或地方戏曲英译的专题研究。此外,有关古代神话、古典散文和民间文学的英译研究也各有立项,但寥寥无几,未成气候。古代文论类英译研究课题增至10项,除了2项宏观研究,其余8项皆以《文心雕龙》为研究对象,其他文论典籍尚未有涉及。

哲学典籍英译研究课题增至56项,研究对象从儒家经典拓展到以儒家典籍为主,还包括道家、墨家、法家等先秦名学典籍以及宋代朱子学、明代王阳明等思想经籍,研究作品广泛涉及《论语》《中庸》"四书"《孟子》《春秋左传》《孔子家语》《道德经》《周易》《庄子》《墨子》《传习录》等。此外,还有佛教经籍英译传播研究课题10项,涉及经籍以《六祖坛经》和《关尹子》为主。

近年来,科技典籍英译成为新的研究热点。在获批的27项相关课题中,与中医和中医药典籍相关的课题17项,占总量的63%,说明中医典籍依然是科技典籍英译研究领域关注度最高的子类。其他课题分别涉及军事典籍3项、茶典籍2项、数学典籍1项、技术类典籍1项、古代航海文献1项,另有2项为宏观的科技典籍英译研究,分别是刘迎春主持的国家社科基金一般项目"中国古代自然科学类典籍翻译研究"（2014）与刘性峰主持的教育部人文社科青年基金项目"中国古代科技典籍英译的诠释学研究"（2017）。以上数据表明，在典籍英译研究繁荣期内，科技典籍英译研究领域不断拓宽，研究语料日趋丰富，《黄帝内经》《孙子兵法》《天工开物》《九章算术》《算经十书》等各类科技典籍的英译研究正日益受到青睐。

近10年来，少数民族典籍英译研究课题共27项，包括国家社科项目16项、教育部人文社科项目11项，涉及藏族、维吾尔族、彝族、纳西族、壮族、苗族、瑶族、土家族、达斡尔族、锡伯族和蒙古族等12个少数民族。研究内容以各个少数民族的史诗英译为主，如藏族活态史诗《格萨尔》、壮族创世史诗《布洛陀》、柯尔克孜族英雄史诗《玛纳斯》、苗族英雄史诗《亚鲁王》、彝族英雄史诗《支格阿鲁》、达斡尔族史诗《少郎和岱夫》、锡伯族史诗《西迁之歌》等，其他立项课题也以少数民族的诗歌、经文、民间文献以及医药文化为主要研究对象。

我们发现，在典籍英译研究繁荣期，研究重心仍在文学典籍和哲学典籍领域，与这两类典籍英译实践的繁盛图景相互映照。随着典籍英译研究领域不断拓展，科技典籍和少数民族典籍英译的关注度逐日攀升，相关研究取得了突破性进展。各个典籍子类的英译研究范围也得到了极大开拓，文学典籍由古典诗歌、小说拓展到戏剧、散文等各类文体。哲学典籍英译研究不再囿于儒家经典，已扩展到中国传统哲学多家学派的经典著作及重要思想。科技典籍英译研究实现了从中医典籍到军事、农学、数学、技术、自然科学以及综合类典籍的拓展。少数民族典籍英译研究涉及的地域、民族和典籍类型均取得新突破。除此之外，在86项其他类别项目中，史学、法律、音乐等典籍以及政治文本和教育文献等也多有涉及，典籍英译研究在深度和广度上皆取得长足发展。

根据项目题名中核心主题词及内涵倾向性辨析，典籍英译类立项课题研究主题涵括典籍英译实践与产品研究、典籍的译介与传播研究、译者研究、典籍英译的数字人文研究、典籍英译史研究、典籍英译理论研究、英文期刊与典籍译介研究、术语翻译与话语体系构建研究、典籍翻译与国家形象研究等主要类别。

据统计分析，典籍英译实践与产品研究课题共有128项，其中前10年8项，后10年120项。近10年来，国家社科基金和教育部人文社科基金对典籍英译实践给予大力支持。课题研究项目多为译研结合，关注翻译对象的本体特征及其翻译实践的操作规范、翻译原则、翻译策略等中微观层面。少数民族典籍英译占这类项目的比重较大，由于起步较晚，民族典籍英译实践相对匮乏，课题研究多以民族典籍原本整理、

第13章 典籍英译课题立项概览

校注、阐释和英译为主。基于英译实践开展相关研究是这类课题的普遍性特征。典籍英译产品研究包括译本汇释汇校、对比分析、副文本研究以及翻译活动与产品的社会功用研究等。据相关项目题名分析,此类研究视角多元、层次多面,既有对文本微观层面的内部研究,也有对服务国家战略、关注典籍英译社会功用的外部研究,是所有立项课题中占比最大的一类。随着课题研究的推进,一大批典籍译著作为项目研究成果陆续问世,既推动了中国典籍英译实践的发展,也为典籍英译研究提供了更广阔的领域和更丰富的语料。

进入21世纪,典籍文本的译介与传播成为翻译研究考察的热点,前10年相关立项课题有6项,后10年增至92项。这类研究契合国家鼓励优秀传统文化"走出去"以及"一带一路"倡议的时代精神,多从文化传播与交流的意义出发,重点考察典籍英译活动和译本在英语世界的传播、接受及相关典籍的海外研究情况,旨在归结典籍译介和传播的有效模式,为新时代语境下各类典籍的海外传播提供有益启示。2015年,由罗选民申报的"中国典籍英译的传播与评价机制研究"获批国家社科基金重点项目。该课题研究融合了社会学、传播学、跨文化人类学以及海外汉学等多学科视角,体现出典籍英译研究的跨学科特征,其中海外汉学视角尤为值得关注。有学者指出,"海外汉学典籍翻译的深度化发展对于中国文化精神、文化形象与文化传统的海外传播和接受意义重大,也为制定和实施全方位、具体化、有效化的中国文化走出去发展战略和传播途径提供省思"(刘晓晖、朱源,2018:32)。从海外汉学视角考察中国典籍的英译传播与影响必将成为典籍英译研究新的增长点,能够推进典籍英译研究的国际化走向。

译者研究属于翻译主体性研究的范畴,"重点分析知名译者翻译活动与产品的特殊性与效果"(张威,2015:111)。译者作为翻译主体,是民族文化建构的重要参与者。自20世纪70年代出现翻译"文化转向"以来,长期被遮蔽和边缘化的译者逐渐进入译学研究的视野,译者主体性研究随之兴起。近10年的立项课题中,译者研究项目共32项,在数量上实现了新突破。研究内容主要是个体译者行为研究,包括译者的翻译模式、思想、风格、策略等。另有9项以译者群体为研究对象,主要考察传教士、华裔学者或本土译者在特定时期的翻译活动中所呈现出的群体性特征及其对中西文化交流所产生的影响。个体译者研究以海外译者为主,包括理雅各、华兹生、亚瑟·韦利、庞德、陈荣捷、弗朗茨·库恩、艾克墩、大卫·霍克斯、安乐哲、罗慕士、威廉·琼斯和宇文所安,其中以理雅各为研究对象的课题有5项。

相较而言,中国译者研究偏少,相关课题只有7项,而且均以第一代典籍翻译家林语堂、辜鸿铭和杨宪益为研究对象。究其原因，海外译者自18世纪起一直是中国典籍英译的主要力量，为"中学西传"做出了重要贡献，其翻译活动和翻译思想值得深入研究。从另一方面看，学界对当代典籍译者研究的关注度有待提高。自20世纪中后期以来，以许渊冲、汪榕培、王宏印、卓振英等为代表的典籍翻译家引领着一大批本土译者投入典籍英译实践，国内典籍英译事业发展渐成规模，名家名作层出，译言译论迭现。无论是作为个体译者，还是新时期典籍英译者群体，他们的翻译活动、翻译思想和翻译理论都具有重要的研究价值和指导意义，是典籍英译研究领域中一座亟待开采的富矿。此外，随着典籍英译不断深入细化，科技典籍和少数民族典籍译者已崭露头角，在翻译实践和理论建构方面建树颇丰，为译者研究提供了更多选择。

典籍英译的数字人文研究是指将数字技术融入典籍英译研究。就其本质而言，这是典籍英译研究的数字化路径与方法，主要表现为语料库技术的应用。2009年，上海中医药大学兰凤利主持的"基于语料库的中医典籍英译研究"获批国家社科青年基金项目，成为首个从数字技术路径研究典籍英译的立项课题，标志着典籍英译数字人文研究的突破。随着现代信息与语料加工技术的成熟和普及，数字人文研究迅猛发展，语料库、云平台等的创用成为典籍英译领域新的研究增长点。2010—2019年，相关课题立项多达18项，涵括文学、哲学、科技等典籍英译的文本研究。典籍英译的数字人文研究在课题数量和研究领域上皆取得显著成绩，反映出新时代典籍英译研究方法和路径的创新发展。

翻译史研究是译学研究的基本任务之一。系统研究中国典籍英译的发生、发展及其传播进程，是当前典籍英译史研究的一项紧迫课题。2000—2009年，关于典籍英译史研究的课题只有2项，均侧重对具体典籍英译的史实钩沉。2010—2019年，相关课题有15项，研究内容既有对具体典籍译史的考察，也有对典籍子类的译史梳理；既有断代史研究，也有通史研究。研究领域涉及文化典籍、文学典籍、哲学典籍、中医药典籍和古代法律文本等。多元的研究视角和丰富的研究领域彰显出典籍英译史研究的新进展。另有两项课题关涉典籍西译书目编撰研究，我们将其归入典籍英译史研究范畴。我们认为，典籍英译书目编撰与研究是考镜典籍英译源流之本，也是书写典籍英译史的基础和前提，与此相关的研究和实践值得更多关注。

除以上五大研究主题外，新时代典籍英译研究课题还涉及典籍英译理论、英文期刊与典籍译介、"大中华文库"丛书、术语翻译与话语体系构建、典籍翻译与国家形象等研究课题。这些研究主题主要分布在近十年的立项课题中，呈现出多元化、多层次、多视角、多维度的特征。

第13章　典籍英译课题立项概览

典籍英译理论研究一直都是业界关注的重点，相关研究课题虽然数量不多，但理论视角日趋丰富，尤其是近十年来，译介学、阐释学、系统功能语言学、修辞学、传播学、社会学、生态翻译学、接受美学、诗学等理论被广泛应用于典籍英译研究。

典籍英译的出版发行是确保中国文化"走出去"的重要环节，有关英文期刊与典籍英译的研究课题有六项，主要侧重近代在华英文期刊对中国典籍译介传播的作用，旨在从其成功的译介模式中为新时代典籍英译传播寻找启示。由原新闻出版总署立项支持的"大中华文库"是我国历史上首次系统、全面地向世界推出中国文化典籍的国家出版重大工程。任继愈曾盛赞"大中华文库"因整体筹划周全、版本选择权威、英译准确传神、体例妥当完善，代表了中国的学术、出版和翻译水平，浓缩了中华文明 5 000 年，可以向世界说明中国[1]。高质量、规模性的典籍英译出版工程为典籍英译研究打造了一座富矿，目前已有两项国家社科基金课题和一项教育部人文社科基金课题，分别是"基于'大中华文库'的中国典籍英译翻译策略研究"（2013）、"'大中华文库'外译典籍的汉英对照匹配研究"（2016）和"'大中华文库'在英国的传播、接受调研及外译机理创新研究"（2018）。根据项目题名分析，前两项课题侧重文本细读和微观分析的内部研究，后一项侧重实证调研的外部研究。其他有关话语体系构建和国家形象等研究课题的数量虽少，但作为高层次基金课题，相关研究主题也反映出新时代国家政策导向和典籍英译研究的发展趋向。

13.2.4　未来展望

在中国全面对外开放格局和中国文化"走出去"战略背景下，典籍英译活动在服务国家战略、弘扬民族文化、提升中国文化影响力等方面所扮演的角色日益突出，典籍英译研究成为翻译研究领域的重要一隅，整体成就斐然，发展势头良好。从学科分布看，与典籍英译研究关系最为紧密的仍然是语言本体研究，表明典籍英译研究者对学科本位的坚守。当前学科交叉融合的研究趋向将促使典籍英译研究走向多元化，在与其他学科的相互借鉴、融合中不断开拓出新的研究领域和视野。我们认为，未来的典籍英译研究将呈现以下几种态势：

第一，科技典籍英译研究纵深细化。近年来，中国科技典籍英译研

1　信息来自中国网："向世界说明中国汉英对照'大中华文库'全球首发"。

究获得较高关注度。传统中医药典籍英译研究方兴未艾，尤其是在当前全球化背景和构建人类命运共同体理念下，中医药的海外需求和关注度与日俱增，中医药典籍的译介与传播关系到中医药理念和文化的国际认同，进而关系到中医药产品在海外的落地生根。因此，中医药典籍仍是科技典籍英译研究领域的重心。如何在保持独特的民族性与赢得国际认同之间寻得平衡，使中医药文化在推动人类命运共同体构建中真正发挥作用，这是相关研究者仍需思考的重要课题。据任继愈"通汇"分类，科技典籍分自然科学典籍和工程技术典籍两大类。其中，自然科学典籍包括数学、天文、物理、化学、地学、生物、农学、医学八个分支；工程技术典籍涵盖技术和综合两类。由此可见，科技类典籍英译研究是一片待开发的富矿区，除了中医药典籍英译研究，其他类型的科技典籍英译和研究仍有纵深拓展的空间。《梦溪笔谈》《山海经》《茶经》《续茶经》《算数书》《徐霞客游记》等各类科技典籍英译成果为研究的精细化发展提供了可能，其中特别值得关注的是，"中国农学典籍外译、传播及其新时代价值研究"入选2019年国家社科基金重大项目招标选题，成为科技典籍英译研究发展的风向标，农业科技典籍英译未来会成为典籍英译研究领域的一个重要学术增长点。

第二，少数民族典籍英译空间广阔。少数民族典籍的翻译和传播有利于维护祖国统一、促进民族团结、增进多元一体的国家认同和民族认同，对推动中国文化全面"走出去"、提升中华文化国际影响力具有重要意义。在国家政策支持和典籍翻译界的努力下，少数民族典籍英译取得显著成绩。自2008年首个课题立项以来，少数民族典籍英译研究发展势头良好，形成了以河北师范大学、大连民族大学、百色学院、云南师范大学、中南民族大学等为代表的一批高校中坚力量，产出了一大批少数民族史诗、诗歌、神话等典籍译本和研究著作。少数民族典籍英译研究开局良好，亮点颇多，但由于起步较晚，当前的研究视点仍集中于几个少数民族，尚未真正形成"百花齐放"的格局，少数民族深厚的文化和典籍资源仍有待探索和开发。少数民族典籍英译与民族学、宗教学、历史学、人类文化学等学科的相关性可以衍生出丰富的研究空间，为典籍英译研究开拓出更广阔的天地。

第三，典籍英译的数字人文研究前景广阔。近年来，语料库技术在典籍英译研究中的应用愈加广泛。数字人文研究的快速发展催生了译学研究的崭新理念和视野，文本的深度挖掘和数字化处理使翻译研究趋于实证的理性分析，与思辨研究形成优势互补，实现微观描写和宏观阐释并重，进而实现翻译研究的创新发展。随着大数据的广泛应用，与之相关的数据库、云计算、可视化技术等为典籍英译研究提供了新的方法和视角,实现了数据规模化、时空扁平化、媒介融通化,从而使典籍英译研究进入更宏大的视野,研究过程和结论更具科学理性。数字人文研究将为典籍英译的理论研究、文本研究、译者行为或译者群体研究、译本出版发行与传播接受研究、典籍英译史学研究以及翻译英译批评和教学研究等领域提供方法论启示。

第四,典籍英译人才培养研究亟待加强。后备人才培养是保障典籍英译事业永续发展的根本所在。综观 21 世纪以来的国家社科和教育部人文社科基金项目,尚未见典籍翻译人才培养研究课题立项。相较于其他领域如火如荼的研究盛况,典籍英译人才培养研究较为薄弱。未来可在典籍英译人才培养理论与实践研究、教材研究、教学研究等系统整合方面做实文章,探索完善有效的典籍英译人才培养模式和体系,真正解决典籍英译事业人才后继乏力的问题。

此外,典籍英译本土理论的构建、服务国家战略的主导咨询研究、典籍英译史的续写、当代典籍英译翻译家研究、海外汉学视阈的典籍英译研究、典籍英译批评研究以及典籍英译出版与传播接受等,都是未来的研究前沿和热点课题。

13.3 小结

典籍英译研究课题立项经历了从无到有、从有到多的发展过程。学科分布、研究领域和研究主题也从肇始之初的单一集中逐渐演变为多点开花、多方拓展、多层分布的多元化态势,此中变化映射出新时代典籍英译研究经历成长期、逐渐走向繁荣的发展图景。传统文、史、哲典籍的英译和研究呈纵深走向。科技典籍和少数民族典籍英译研究不断拓展,激发出新的学术活力。然而,从立项课题中可以窥见典籍英译研究的一些短板问题,如实践研究多,基础理论创新和本土理论构建研究不足;服务国家战略的意识高涨,但研究前瞻性不强;典籍英译批评、典籍英译教学和教材研究关注不足等。典籍英译研究需以问题为导向,坚持开放性思考与交叉性研究,不断探索新的研究视角、范式和方法,丰富研究课题,适应新时代的新需要。

第六部分
典籍英译人才培养
(2000—2019年)

第 14 章
典籍英译人才培养概览

14.1 引言

21世纪以来，中国与世界各国在政治、经济、文化、科技、教育等各个领域的交流与合作日益深入，高水平翻译人才需求不断增长，翻译专业人才队伍建设引起国家的高度重视。至2019年，全国已设立翻译本科专业的高校多达254所[1]，设置翻译硕士（MTI）专业学位点的高校252所，翻译学（或翻译研究方向）博士点增至44个[2]，翻译教学呈现专业化发展趋势。在全国翻译硕士专业学位教育指导委员会出台的《翻译硕士专业学位研究生教育指导性培养方案》（2007）中，"中国典籍外译"被列为MTI专业学位选修课程，在很大程度上推动了中国典籍英译教学的发展。本部分主要梳理国内典籍英译教学实践、教材建设和教学研究情况，并对典籍英译人才培养问题进行总结与反思。

14.2 教学实践

随着翻译教学专业化发展，国内很多高校都开设了典籍英译类课程。北京外国语大学面向英语翻译专业本科生开设了"国粹文化英译"和"国学经典英译"两门专业必修课程，上海外国语大学为翻译专业本科生开设了"国学典籍翻译"。南开大学、苏州大学、湖南师范大学、华东师范大学等众多高校同时面向本科和MTI专业硕士或学术硕士开设出各种典籍英译类课程，其中苏州大学、南开大学、湖南师范大学还开设了典籍翻译研究型博士课程，实现了典籍英译人才本科、硕士、博

---

[1] 信息来自大学生必备网："开设翻译专业的大学名单一览表"。
[2] 信息来自会道网人文社科学术信息平台。

士"一条龙"培养。各大高校的典籍英译类课程在教学内容方面本同末异,体现出各自的办学特色和学科资源优势。以苏州大学为例,目前面向本科生开设的"中国典籍英译"属于"苏州大学本科新生研讨课程",面向 MTI 专业的"中国典籍英译"和学术型硕士的"中国戏剧典籍英译"为专业选修课程,同时还为翻译学博士研究生开设了专业核心课程"中国典籍英译研究"。课程层级不同,理论和实践的比重也不同,教学内容的难度和深度层层递进,形成了相对完整的典籍英译教学体系,具有层级性、连续性和专业性特点。

21 世纪以来,国内典籍英译教学由个体自觉逐渐发展到有制度保障和政策支持的良好局面。典籍英译教学既顺应翻译教学专业化和方向化发展趋势,又承载着弘扬中国优秀传统文化、提升学生人文素养和文化自信的使命。面向英语或翻译专业本科生开展典籍英译教学,不仅能够弥补英语教学中的中国文化失语(从丛,2000)问题,同时还能使"有志于从事典籍英译事业的本科生在高年级阶段就接触典籍英译的基本理论和知识,了解典籍英译的特点,掌握典籍英译的基本策略和标准并进行一定的翻译实践,为今后阶段进一步学习和实践打下坚实基础"(王宏,2012d:13)。

硕士层面的典籍英译教学取得了一定进展。笔者以"典籍英译"和"典籍翻译"为主题词检索中国知网硕士学位论文库,共检索到相关主题的硕士学位论文 180 篇(含 MTI 专业翻译实践报告)。年度发文量及总体趋势如图 14-1 所示。

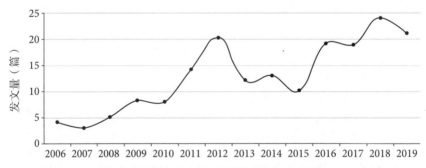

图 14-1 典籍英译研究硕士学位论文数量趋势图(2006—2019 年)

数据显示,以典籍英译为主题的硕士学位论文最早出现在 2006 年,一共有 4 篇。自 2011 年起,年度论文数量皆在 10 篇以上,2012 年有 20 篇,出现第一个波峰,2018 年有 24 篇,达到最高值。年度论文数量虽有波动,但整体上升趋势明显。论文涉及相关学位授予高校 82 所,

第 14 章　典籍英译人才培养概览

包括外语类院校、师范类院校、理工类院校、中医药院校及综合类院校等，分布较为广泛，反映出典籍英译教学不断发展的良好局面。

典籍英译博士人才培养在国内翻译教学领域独树一帜。南开大学、苏州大学、大连理工大学、河南大学、华东师范大学、湖南师范大学、上海外国语大学、南京大学、复旦大学等多所高校培养了一大批典籍英译方向博士研究生。这些专业人才逐渐成长为典籍英译实践和研究的主要力量，而且大都在高校从事教学工作。

中国典籍英译教学发展到今天已初具规模，渐成体系，在典籍英译人才培养方面取得了一定成果。但当前的人才培养，尤其是实践型人才培养远不能满足我国典籍英译事业对翻译人才的迫切需求。随着教学实践的发展，教学过程中存在的问题也开始显现，主要表现为以下三个方面：

第一，缺乏统一纲领性指导，教学目标层级模糊。教学大纲是根据学科内容体系和培养计划编写的教学指导文件，对教学实践的顺利开展具有纲领性作用。教学目标是教学活动的出发点和最终归宿，科学、明确的教学目标是教学成功的先决条件。当前，国内典籍英译教学尚未形成独立的教学体系，《高等学校翻译专业本科教学要求》和《翻译硕士专业学位研究生教育指导性培养方案》也未对典籍英译教学作出统一明确的规定。当前的教学大多由课程主讲教师自行拟定教学计划，课程内容多以教师的研究专长或兴趣为出发点，带有一定的随意性。教学目标的层级性不明晰，本科阶段和研究生阶段的典籍英译教学带有同质化倾向。

第二，课程体系化不足，实践教学效果不明显。当前的典籍英译教学课程设置相对单一，缺乏以典籍翻译知识和能力提高为导向的课程体系，先修课程和后续课程缺位，无法保证教学的有效性和可持续性。典籍英译教学的实践能力目标导向性不强，教学效果差强人意，典籍英译人才队伍中专营学术研究者多，躬耕翻译实践者寡。

第三，专业教师总量不足，师资队伍不稳定。教师的专业素质是人才培养质量的保证。从事典籍英语教学的教师应具备较高的专业水平，包括教育教学水平、典籍英译研究水平和典籍英译实践水平。当下既能胜任理论教学又能指导学生实践的专业教师寥寥可数，远不能满足典籍英译教学的规模和需求。鉴于高校人才流动性不断增强，师资队伍也面临窘境，典籍英译教学常因教师的调离而无法开展，致使人才培养方案中的课程设置流于形式。

概而言之，国内典籍英译教学在教学方法、课程考核、课外训练体系构建以及教学质量评估等方面都有待改进。同时，我们应以发展的眼光看待典籍英译教学中存在的问题，不断进行教学反思，优化教学实践，使典籍英译教学精准对接国家人才需求，为典籍英译事业输送高质量专业化人才。

14.3 教材建设

教材建设是专业建设和人才培养的核心任务之一。近代教育家、中华书局创始人陆费逵在《中华书局宣言书》中有言：国立根本，在乎教育，教育根本，实在教科书。张柏然曾强调指出，教材乃教学之本和知识之源，亦即体现课程教学理念、教学内容、教学要求，甚至教学模式的知识载体，在教学过程中起着引导教学方向、保证教学质量的作用。（转引自刘华文，2012）为满足典籍英译教学需要，一些典籍英译界专家学者筚路蓝缕，编著了几部典籍英译教材。本节主要介绍新时代国内典籍英译教材建设情况，重点评介几部代表性教材，并针对教材建设现状发表看法。

国内最早面世的两部典籍英译教材是《中国典籍英译》和《中国文化典籍英译》。这两部教材分别适用于翻译专业本科教学和MTI专业教学，对我国典籍英译教材建设具有开创性意义。此后又有五种典籍英译类教材陆续问世，相关出版信息见表14-1。

表14-1 新时代典籍英译教材出版情况

序 号	编著者	教材名称	出 版 社	出版时间
1	汪榕培、王 宏	《中国典籍英译》	上海外语教育出版社	2009
2	王宏印	《中国文化典籍英译》	外语教学与研究出版社	2009
3	陈 琦	《国学经典英译》	上海外语教育出版社	2010
4	李照国	《国学典籍英译教程》	苏州大学出版社	2012
5	刘华文	《汉语典籍英译研究导引》	南京大学出版社	2012
6	李正栓、王 燕	《典籍英译简明教程》	上海交通大学出版社	2016
7	李芝等	《中国典籍英译析读》	知识产权出版社	2017

14.4 教学研究

笔者在 CNKI 中以"典籍英译教学"为主题词进行检索，获得与典籍英译教学研究相关的期刊论文和学位论文共 53 篇。据 CNKI 计量可视化总体趋势图（见图 14-2）显示，典籍英译教学研究最早发文出现在 2003 年，之后一度沉寂，直到 2007 年才表现出相对的连续性，但年度发文量波动明显，增势缓慢。这反映出目前国内典籍英译教学研究尚未受到持续关注。

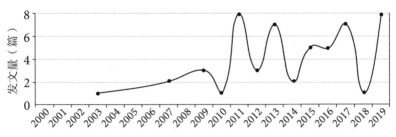

图 14-2　典籍英译教学研究发文数量趋势图（2000—2019 年）

据 CNKI 关键词共现网络分析图谱（图 14-3）显示，除了"典籍翻译""中国典籍""文化典籍"等几个研究场域的限定性关键词，出现频次较高的是"翻译专业"（11 次）、"中国文化"（10 次）、"翻译能力"（9 次）、"翻译理论"（8 次）、"课程设置"（7 次）、"母语文化"（6 次）、"文化知识"（6 次）、英语专业（6 次）。

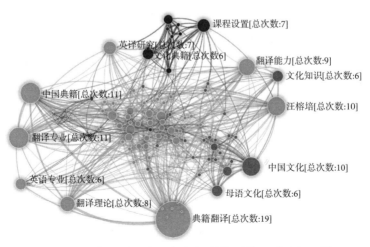

图 14-3　典籍英译教学研究发文关键词共现网络分析图谱

"翻译专业"和"英语专业"作为热频词，说明典籍英译教学与这两个专业的高度相关性，研究主要集中于典籍英译课程建设与翻译、英语专业人才培养问题，"课程设置"因而成为热频词汇之一。典籍英译教学具有实践性和学术性相统一的特点，虽然二者在不同层次教学中所占比重不同，但热频词"翻译能力""翻译理论""文化知识"都是典籍英译教学目标的重要维度。在中国典籍英译教学研究场域中，"中国文化"和"母语文化"为同义关键词，合并后的总频次高达16次，说明"中国文化"是典籍英译教学研究最为关注的热点。典籍英译教学研究者所秉持的理念基本一致，即典籍英译是中国文化"走出去"的重要途径，谙熟中国文化是对典籍英译人才最重要的素质要求。

从历时角度看，典籍英译教学研究在21世纪前10年内相对沉寂，相关研究多为散点式或体悟式经验总结。但值得注意的是，被引频次在前五位的文章有三篇出自这一时段，反映出相关研究成果对典籍英译教学研究的示范和引领价值。王宏印（2003）关于博士培养的论述对文化典籍翻译、译论研究、治学方法以及博士生课程设置等具有指导和借鉴意义。黄中习（2007）关于苏州大学典籍英译课程的介绍为其他高校开设相关课程提供了借鉴和样板。王宏（2009）基于《中国典籍英译》编写实践介绍教材编写理念、基本内容和教材特点，在教材推介方面发挥了重要作用。文中对教材编写的反思和改进设想体现出对典籍英译教材建设的自觉和关切，为同类教材编写提供了重要参考。2010年以来，随着典籍英译教学实践的发展，相关研究呈现出多样化态势，既有对典籍英译人才培养的宏观思考，如李延林和刘明景（2013）、曹秀萍和肖家燕（2013），也有对典籍英译教学的专题研究，如姜欣（2013）、蒋云斗（2019）；既有对典籍英译与专业翻译教学关系的讨论，如韩子满（2012）、戴拥军（2019），也有对典籍英译融入其他课程的论证与实践研究，如张玲（2013）；既有对具体教学方法和过程的探索，如许雷（2012），也有对当前中国典籍英译教学存在问题的整体反思，如刘性峰（2019）。另有五篇书评文章发挥了较好的导读功能，同时也提出了一些教材改进建议，为今后典籍英译教材建设提供了有益参考。

总而观之，在教学实践的推动下，典籍英译教学研究取得了一定进展，研究主题逐渐呈现多样化态势，但仍存在诸多薄弱环节。今后应加大研究力度，对典籍英译人才培养的可持续发展作出深层次思考，对典籍英译人文教育内涵、人才培养模式、教学规律、原则、方法以及教材建设等问题进行系统、深入地研究，注重与先进教学理念和技术的融合，产出更具指导意义的研究成果。

14.5 小结

国内典籍英译人才培养由萌发到初具规模,在教学实践、教材建设和教学研究等方面取得了一定成效,但教学过程中显现的各种问题已成为制约典籍英译人才培养的瓶颈。未来应坚持问题导向,不断探索教学改革,加强对典籍英译教学实践的反思与研究,形成教学和科研的良好互动,实现典籍英译教学从规模发展到以质量提升为核心的内涵式发展的转变。当前国家文化"走出去"战略不断推进,典籍英译学科建设也进入快速发展期,新的社会历史语境对典籍英译人才培养提出了更高要求。我们应不断探索新时代教育教学方法,融汇典籍英译中的历史文化资源与社会现实需求,拓展教学视野,更新教学内容,厚实教学底蕴,突出育人理念,唤起典籍英译教学背后的文化意识,让学生在提升翻译技能的同时,领会优秀传统文化中的中国精神,坚定文化自信,达到知识与能力并重、视野与素养共育的教学目的。在科技信息时代,典籍英译教学应深度融合教育技术与翻译技术,突出典籍英译的专业化特色,找准提高教学质量的现实着力点,注重教学理念的前瞻性、教学目标的多元性、课程设计的系统性、教材建设的时代性、课程内容的多样性和教学手段的创新性,培养更多国际化、人文化、专业化人才,为典籍英译事业的持续发展提供保障。

结　　语

　　本书分上篇和下篇，对 21 世纪头 20 年中国典籍英译在理论和实践方面取得的新进展进行了全方位梳理和深入研究。

　　上篇部分通过分析新时代头 10 年（2000—2009 年）"理论发展期"和近 10 年（2010—2019 年）"理论繁荣期"的相关学术资源数据，搜集了相关热点议题，分别考察了新时代"文学典籍英译""哲学典籍英译""科技典籍英译""少数民族典籍英译"在理论研究领域取得的重要成果，总结了典籍英译研究的阶段性特征。

　　研究发现，新时代头 10 年，随着中国文化"走出去"上升为国家工程，国内相关高校在典籍英译人才培养方面加大力度，全国典籍英译学术会议定期召开，会议论文集及时出版。越来越多的本土译者加入中国典籍英译事业中来，越来越多的国内学者从理论角度思考和探索与典籍英译相关的核心问题。与典籍英译相关的元理论研究取得诸多进展，基于理论开展的典籍英译研究数量逐年递增，研究内容不断丰富，疆域也在不断拓宽。具体而言，在新时代的头 10 年，典籍英译研究的热点依然是文学作品。在国内外具有一定知名度的、拥有经典化地位的、英译版本较多的古典文学著作最受关注。与此同时，哲学、科技、民族等其他种类的典籍也正在引起学者的注意。同时，得益于本土译论的发展，文学典籍英译的元理论建构在这一阶段取得了新进展，为新时代典籍英译研究提供了更为适切的理论工具。简而言之，新时代头 10 年，中国典籍英译研究队伍不断扩大，研究内容日益多元，理论工具逐渐丰富，研究的系统性逐步增强，为下一阶段进一步发展和完善系统性理论研究打下了坚实的基础。

　　2010—2019 年，典籍英译理论研究迎来了繁荣期。此时期的典籍英译研究理论视角更为多元。研究者围绕典籍英译特征鲜明的翻译现象，或与译者对话，或开展文本批评，或探讨翻译策略，或分析接受效果，在理论应用中既注意深化和吸收西方译学研究成果，也致力于继承和发展中国传统译论精华；既能大胆拓展跨学科研究思路，也尝试构建符合典籍英译需求的理论体系，在争鸣中不断深化认识，有意识地形成学科理论中西互补、整体圆融的研究趋势。此时期，典籍英译研究的内容也更加丰富。这具体体现在研究文体愈发多样、涉及典籍英译各个环节，并将海外汉学研究纳入视野。进入新时代的后 10 年，典籍英译研究逐渐覆盖整个翻译流程的各个环节，包括语内翻译阶段的原文选择和理解、语际翻译阶段的策略制定和评价,以及译后阶段的译本出版和海外传播。研究者逐渐意识到,译文忠实于原文且语言质量上乘并不必然意味着在国外接受程度高。只有当译文在目的语文化中拥有较为广泛或专业的读者群体,获得目的语文化的接受和尊重,典籍英译才能真正完成其跨文化交际的目的。从近十年的研究现状来看,学者们在文学典籍、哲学典籍、科技典籍和民族典籍四大类别中齐头并进,重点突破,取得了较为丰硕的研究成果。尤其是"民族典籍"英译研究近十年来以蓬勃之势快速发展,已经形成了覆盖东北、西北、西南地区共计十余个少数民族的英译研究队伍。同时,典籍英译的传播研究受到了更多重视。学者们普遍认同以一种更为实用的眼光重新审视典籍英译的全过程。

下篇部分讨论了进入新时代(2000—2019年)中国典籍英译在译本出版、学术会议、课题立项、人才培养等方面取得的新进展。研究发现,新时代典籍英译的译本形态和发行方式呈现出多元化特征:既有适合专业学者研究的学术型译本,也有适合一般读者品读的普通型译本,更有各式各样的编译本;联合发行、版权转让等"借船出海"模式也初见成效。文学典籍和哲学典籍的英译以经典复译和旧译再版为主要特征,科技典籍和少数民族典籍英译取得了长足发展,大量经典作品实现了首次译介。译者文化身份更加多元化,海外译者依然在场,国内本土译者逐渐成为典籍英译的主要力量。除了传统译本,还出现了教材、画本、漫画甚至多模态的网络数字化模式。学术会议的定期举办是促使一门学科走向成熟的重要抓手。自2002年第一届"全国典籍英译研讨会"召开至今,"全国典籍英译研讨会"已成功举办11届。随着典籍英译实践和研究的不断深入和细化,2010—2019年的10年间,典籍英译界还陆续举办了一些主题丰富、形式多样的学术研讨会,如"民族典籍翻译学术研讨会""全国典籍英译高层论坛""典籍翻译与海外汉学研究高层论坛"等。这些以探讨典籍翻译为主题的学术会议,为繁荣典籍英译事业搭建起学术交流平台,对传播前沿思想、集结科研成果、推动学术争鸣、激发创新思维、汇聚人才队伍发挥了重要作用,也为国内典籍英译界同仁提供了相互切磋、相互学习的机会。课题立项方面的统计数据显示,2000—2019年的20年间,与典籍英译相关的国家社科基金和教育部人文社科基金课题立项总量为300项,其中国家社科项目139项,教育部人文社科项目161项。本书还对国内典籍英译人才培养、教学实践、教材建设和教学研究概况进行了考察。

通过总结、梳理新时代中国典籍英译在理论研究和译本出版、人才培养等方面所取得的成绩,我们很受鼓舞。我们欣喜地发现,多年来困扰中国典籍英译理论和实践的一些问题已经得到解决,如中国典籍的英译到底应该由谁来翻译？是由中英双语俱佳的汉学家，还是母语为汉语的英语专家，或者中外合作翻译？对此，学界已达成共识，认为由谁来译不是问题，关键是需要在翻译时全方位、多角度、多渠道地加强合作与交流。

然而，进入新时代，中国典籍英译仍然面临一些亟待解决的问题，如缺少致力于典籍英译实践的高级翻译人才。反观国外，很多西方汉学家同时又是翻译家，做着中外文化的解读、研究、阐释、沟通和传播工作。国内典籍英译界，典籍英译"研究者众，翻译者寡"，同时既做研究又做实践者更是少之又少！投身于中国典籍英译实践的人员多不搞理论研究，而擅长理论研究的人员则基本不从事翻译实践。这直接导致典籍英译理论研究与典籍英译实践彼此脱节。进入新时代，中国典籍英译译本数量虽大有可观，但能经久传世的经典译本依然有限，究其原因是翻译质量仍然有待提高，对国内外典籍英译读者的真实需求了解不够，国内典籍英译界对国内外汉学界同行的工作也不够了解，彼此互动与交流较少，形成国内和国外"两张皮"的现象。

以上问题的确很棘手，但并非难以克服。我们特提出以下对策：

（1）典籍英译实践是一项高投入、低产出的工作。有关部门亟须采取具体措施，制定典籍英译成果价值认定和稿酬支付标准方案，以吸引更多的年轻学子投入这一崇高的事业之中。黄友义（2011：6）曾提出："要重视翻译，尊重翻译的规律。要认识到翻译不仅是语言的转换，而且是在两种文化之中进行交流的深层次思想转换，是高层次的智力再创作。翻译不是可以召之即来，挥之即去的一个语言工具，需要合理的时间和合理的报酬以确保高质量的工作成果。"此外，需要制定切实可行的典籍英译人才培养方案。典籍英译人才成长过程与一般翻译人才有明显差别。不能把翻译专业等同于典籍英译专业，把翻译人才误认为典籍英译人才，忽视典籍英译专业人才的专门性和特殊性。有必要制定本科、硕士、博士"一条龙"典籍英译人才培养体系。此外，还需加强国际合作，拓展海外资源，尽早建设全球典籍英译后备人才库，加强大陆研究者和海外研究者的交流与沟通，及时掌握彼此研究的最新动态和最新成果。

（2）中国典籍的对外传播与接受涉及不同文化体系的个人、组织、国家等社会群体，不同的文化背景会造就不同的行为准则和价值判断。目标文化中，不同的人处于不同的文化背景，对事物的判断往往表现出不同的价值取向；传播与接受过程中因为语言、文化习惯不同，往往带来表现方式和风格不同的认知偏差；要研究接收心理的差异带来的主观评价的多义性等。与此同时，还要关注西方国家近年来推行其文化价值观念的方式，借鉴其好的方法，在文化的相互碰撞中寻找典籍对外传播与接受的规律，研究测定传播与接受效果的客观指标，作为指导优秀典籍传播与接受的标尺。因此，我们需要以弘扬中国文化为己任，以文化传播的基本规律为探索视角，来研究典籍对外传播中的原理和规律，中国优秀文化典籍的遴选标准和传播次序，中国典籍英译的标准策略、队伍建设、国际市场的开拓等课题，从理论上唤起中外人士对中国优秀文化典籍的认同，从策略上探索传播中国典籍的最佳途径，在实践中找到译介中国优秀典籍的国际市场，这样才能最终实现在国际上成功地传播中国优秀文化的目标。

（3）建议开展读者文化心态与读者分类研究，了解译文读者是国内读者还是国外读者，是普通读者还是从事中国文化研究的特殊读者。典籍英译可采取两种基本选择。一是学术性的全文翻译。此类翻译讲究"信"度，与原文在长度、内容、文体、风格等方面高度一致，其读者对象是少数汉学研究者。在翻译此类典籍时，需旁征博引，解释典故，考释出处，突出译文的归属价值和文化价值。另一种翻译方法是属于普及性翻译的节译、摘译和编译等。此类翻译讲究"效"度，与原文在长度、内容、文体、风格等方面有明显差异，其读者对象是普通读者。在翻译此类典籍时，需注重译文的生动传神、可读性和创造性。译文读者所处的社会环境、其意识形态、价值观、文化传统，以及受教育程度、兴趣爱好等往往会影响他们对信息的解读。为此，典籍的现代诠释必须考虑诠释的可行性与有效性。

展望21世纪中国典籍英译理论和实践的新课题，我们认为，新时代典籍英译研究的重点应该是"为何译""译何为""怎么评""为何这样评"以及"怎么有效传播"。典籍英译理论与实践应该从以文学典籍为中心转向多中心，突出科技典籍、哲学典籍、少数民族典籍应该拥有的重要地位。只有如此，新时代的典籍英译理论研究和翻译实践才能在广度与深度上齐头并进，路径和方法日趋多元。作为一门独立学科，新时代中国典籍英译要顺应新形势，打造新气象，拓展新领域，打造新品，适应新需求，构建一个互为依赖、互为制约、内外兼容的整体系统。同时，要更为重视传播效果，重视并重新评估其文化窗口作用，瞄准并适应西方社会文化思想发展的动向，翻译选材应兼顾目标读者市场，提倡中外译者合作，借鉴先进翻译技术，重视数字时代的受众需求，革新传播模式，同海外出版机构合作，推动更多优秀典籍走进域外读者。译介内容形式应从传统上单纯的"语际翻译"转向多模态的"符际翻译"。要坚持文化交流和贸易两个渠道并重的传播方针，建立多元化的传播模式，打造以市场为主要导向，政府赞助、商业营销、文化推广、数字传播相结合的多渠道传播机制,使中国典籍英译产品从"送出去"到"走出去",最后到真正"融进去",让中国典籍记忆成为世界人民共同的典籍记忆,成为世界典籍不可或缺的一部分。

新时代中国典籍英译理论与实践还应该走出二元对立的思维模式,更为重视对翻译人才的培养。典籍英译理论研究者要投入翻译实践活动,从事典籍英译实践的翻译人员也要加强自身的理论修养。中国典籍英译事业关系到国家文化发展战略推进和国家对外话语体系建设。典籍英译研究者需以问题为导向,回应新时代翻译命题,坚持开放性思考与交叉性研究,不断探索新的研究视角、范式和方法,开展有广度、有深度、有角度、有高度的课题研究。随着互联网的发展,我们已进入数字化时代,数字新媒体技术的发展带来信息传播方式的变革,为翻译跨文化传播提供了新契机,为典籍翻译打开了一扇新大门。因此,我们应该与时俱进,充分利用技术优势,借助新媒体技术,构建融合文字、图片、视频和动画的多层级、多模态的电子典籍译本,为大众带来更生动、直观、更富趣味性的阅读体验和信息获取过程。此外,数字人文研究的引入有可能实现典籍英译研究路径的开拓和方法的革新,丰富典籍英译的研究层面和观察维度。大数据、云计算、文本探勘、数位制图等各种新兴技术手段的发展和广泛应用也必将驱动典籍英译研究步入范式创新的快车道,释放出更大的发展潜力。展望未来,中国典籍英译理论与实践的前途一片光明。对于该领域未来可期的成果,我们充满信心。

最后需要说明的是,由于水平有限,再加上撰写时间也有限,本书对进入新时代头20年(2000—2019年)典籍英译作为一门独立学科,在理论和实践方面取得新进展的梳理、总结和点评上肯定有疏漏、有不足,还望读者朋友不吝赐教。

参考文献

阿莎茹，文军. 2014.《蒙古秘史》文化专有项的翻译研究. 民族翻译，(2): 40–46.
安红. 2011. 茶典籍英译中的语篇衔接研究. 大连：大连理工大学硕士学位论文.
白玉杰. 2014. 中国哲学典籍英译语境本体性研究. 开封：河南大学博士学位论文.
班荣学，梁婧. 2008. 从英译《道德经》看典籍翻译中的文化传真. 西北大学学报（哲学社会科学版），(4): 162–166.
包通法. 2001. 古诗词的翻译. 无锡轻工大学学报（社会科学版），(2): 193–197.
包通法. 2003a. 汉诗英译中"疑"符号的文化信息解读与传递. 湘潭大学社会科学学报，(4): 134–137.
包通法. 2003b. 汉英诗歌音韵美的相异性及翻译. 燕山大学学报（哲学社会科学版），(3): 55–58.
包通法. 2005a. 宋诗学观照下白居易诗歌"浅、清、切"诗性体认与翻译. 外语与外语教学，(12): 40–43.
包通法. 2005b. 文化全球化及"异化"翻译的范式研究. 长沙理工大学学报（社会科学版），(3): 118–120.
包通法. 2007. 文化自主意识观照下的汉典籍外译哲学思辨——论汉古典籍的哲学伦理思想跨文化哲学对话. 外语与外语教学，(5): 60–65.
包通法. 2008. 论汉典籍哲学形态身份标识的跨文化传输. 外语学刊，(2): 120–126.
包通法. 2014. "道"与中华典籍外译. 北京：中国财富出版社.
包通法. 2015. 论"象思维"样式与汉典籍外译. 外语学刊，(6): 89–94.
包通法. 2017. 从"象思维"认识进，由"象思维"表征出——"象思维"与《道德经》英译的思考. 中华文化论坛，(8): 5–15, 191.
包通法. 2018a. 再论翻译的诗性思维——答何霖生先生之质疑. 上海翻译，(4): 88–93.
包通法. 2018b. 中华典籍外译与精神构式体系建构关怀——从语言本体论路径进与出. 外国语文，(6): 127–137.
包通法，陈洁. 2012.《浪淘沙词·九首之六》英译的主体间性理论评析. 外语学刊，(5): 113–116.
包通法，刘正清. 2010. 文学翻译中意境的伪证性认识范式研究. 外语学刊，(3): 155–160.
包通法，杨莉. 2010. 古诗歌"意境"翻译的可证性研究. 中国翻译，(5): 34–38, 95.
包玉慧，方廷钰，陈绍红. 2014. 论《红楼梦》英译本中的中医文化误读. 中国翻译，

(5): 87–90.

鲍倩. 2017. 基于翻译选择适应理论的少数民族典籍翻译研究. 贵州民族研究,（4）: 152–155.

北塔. 2014. 间接忠实：少数民族典籍翻译的一颗硕果——评李正栓新著《藏族格言诗英译》. 燕山大学学报（哲学社会科学版）,（1）: 62–66.

蔡桂成. 2014. 论文本功能视域下许渊冲唐诗英译的策略——以相思和别离诗为例. 湖北函授大学学报,（11）: 172–173.

蔡华. 2009. 传神达意——读汪榕培英译陶渊明《形影神》. 大连大学学报,（4）: 138–140.

蔡华. 2019. 理雅各《诗经》译介副文本的变化探究. 西安外国语大学学报,（2）: 81–85.

蔡觉敏, 孔艳. 2012. 反"西方文化中心主义"的《道德经》译本——论安乐哲《道德经》英译的哲学阐释. 云梦学刊,（5）: 21–24.

蔡蕾. 2010. 从许渊冲的"三美"原则解读英译唐诗《游子吟》. 北方文学（下半月）,（8）: 130–131.

蔡新乐. 2015. "石头"的故事：霍克思英译《红楼梦》开卷的跨文化处理. 外国语文,（5）: 94–102.

蔡新乐. 2017. 《论语·八佾》第八章的解经方法论的初步探讨——与鄢秀、郑培凯商榷. 东方翻译,（5）: 10–20, 46.

蔡新乐. 2018. 中庸解《论语》及其跨文化问题：以"端"为例. 解放军外国语学院学报,（5）: 101–109, 160.

蔡永贵, 余星. 2018. 基于语料库的《论语》两个英译本的翻译风格研究. 外国语文,（5）: 127–136.

曹广涛. 2011a. 传统戏曲英译的翻译规范刍议. 译林（学术版）,（10）: 141–152.

曹广涛. 2011b. 英语世界的中国传统戏剧研究与翻译. 2版. 广州：广东高等教育出版社.

曹灵美, 柳超健. 2018. "草"隐喻的英译认知研究——以《水浒传》四个译本为例. 中国翻译,（6）: 94–99.

曹灵芝, 赵征军. 2018. 《牡丹亭》副文本比对研究——以白之译本与汪榕培译本为例. 外文研究,（2）: 70–74, 108–109.

曹思佳. 2019. 功能对等理论在《伤寒论》英译中的应用. 湖南中医杂志,（12）: 82–84.

曹秀萍, 肖家燕. 2013. 试论典籍英译人才的培养. 燕山大学学报（哲学社会科学版）,（4）: 56–60.

曹迎春. 2016. 异曲同工：古典戏剧音韵翻译研究——以《牡丹亭》英译对比分析为例. 中国翻译,（1）: 95–99.

曹迎春, 叶张煌. 2011. 牡丹花开异域——《牡丹亭》海外传播综述. 东华理工大学学报（社会科学版），（3）：201-205.

柴卉，吴承艳. 2010. 浅谈《伤寒论》方名翻译. 光明中医，（4）：703-704.

常青. 2015. 安乐哲、郝大维英译《道德经》的哲学释义与翻译. 鞍山师范学院学报，（5）：36-39.

常青，安乐哲. 2016. 安乐哲中国古代哲学典籍英译观——从《道德经》的翻译谈起. 中国翻译，（4）：87-92.

陈诚，涂育珍. 2014. 1983—2013年《水浒传》英译研究综述. 东华理工大学学报（社会科学版），（4）：341-344.

陈东成. 2018.《易经》古歌翻译的审美再现. 中国翻译，（3）：101-107.

陈福康. 2000. 中国译学理论史稿（修订本）. 上海：上海外语教育出版社.

陈福宇. 2017. 晚明工程技术典籍的传播与翻译——基于《园冶》与《天工开物》的共性考察. 重庆交通大学学报（社会科学版），（6）：130-133.

陈国兴. 2010. 论安乐哲《论语》翻译的哲学思想. 中国比较文学，（1）：24-33，157.

陈宏薇，江帆. 2003. 难忘的历程——《红楼梦》英译事业的描述性研究. 中国翻译，（5）：46-52.

陈骥，何姗，唐路. 2019. 中医典籍《伤寒论》英译历程回顾与思考. 中国中西医结合杂志，（11）：1400-1403.

陈建生，刘刚. 2013. 基于语料库的译者风格研究——以《牡丹亭》的两个英译本为例. 天津外国语大学学报，（6）：45-51.

陈科龙. 2014. 阿瑟·韦利（Arthur Waley）唐诗英译新探——从唐诗内质及文化传播角度考察. 重庆：西南大学硕士学位论文.

陈琳. 2012. 基于语料库的《红楼梦》说书套语英译研究. 上海：上海外国语大学博士学位论文.

陈琳琳. 2013.《孟子》外译本概况探析. 重庆三峡学院学报，（2）：103-106，121.

陈令君，王丽静. 2019. 系统功能视阈下乐府诗及其英译的及物性研究——以曹操《短歌行》为例. 通化师范学院学报，（1）：103-109.

陈梅，文军. 2011. 中国典籍英译国外阅读市场研究及启示——亚马逊（Amazon）图书网上中国典籍英译本的调查. 外语教学，（4）：96-100.

陈梅，文军. 2013.《中庸》英译研究在中国. 上海翻译，（1）：21-25.

陈宁，黄秀云. 2016.《景德镇陶录》塞义英译本评析——以厚重翻译理论为视角. 景德镇陶瓷，（2）：9-12.

陈倩. 2014.《茶经》的跨文化传播及其影响. 中国文化研究，（1）：133-139.

陈巧玲. 2011.《道德经》翻译传播及其效应的多维考察. 集美大学学报（哲学社会科学版），（4）：88-93.

陈巧玲. 2013. 浅析《道德经》外译与"和谐世界"理念的跨文化传播. 沈阳大学学报，（6）：55-58，62.

陈树坤, 黄中习. 2019. 再实例化视角下民族志多模态译注研究——以《回招亡魂：布洛陀经文》为例. 西藏民族大学学报（哲学社会科学版）,（2）: 96–102, 119.
陈树千. 2015. 十九世纪"四书"在欧洲的传播研究. 哈尔滨：黑龙江大学博士学位论文.
陈甜. 2014.《三国演义》中文化专有项英译研究. 长沙：湖南师范大学博士学位论文.
陈卫斌. 2018. 纵向翻译单位与《红楼梦》人名英译解析. 合肥工业大学学报（社会科学版）,（5）: 63–70.
陈小慰. 2010.《于丹〈论语〉心得》英译本的修辞解读. 福州大学学报（哲学社会科学版）,（6）: 78–83.
陈亚君. 2014. 传播学与林语堂《论语》英译中的孔子形象研究. 长沙铁道学院学报（社会科学版）,（4）: 61–62.
陈亚君, 陈永进. 2011.《论语》英译与传播三原则. 广东海洋大学学报,（2）: 74–78.
陈燕钦, 王绍祥. 2010.《孝经》英译版本比较. 郑州航空工业管理学院学报（社会科学版）,（3）: 92–95.
陈旸. 2011.《论语》英译误读误译问题的功能语言学研究. 广东技术师范学院学报,（8）: 70–74.
陈月红. 2015. 生态翻译学研究的新视角——论汉诗英译中的生态翻译转向. 外语教学,（3）: 101–104.
程颜, 李在斯. 2018. 国际化视阈下中医典籍翻译与传播发展研究. 世界中西医结合杂志,（10）: 1466–1469.
迟庆立. 2007. 文化翻译策略的多样性与多译本互补研究——以《红楼梦》和《聊斋志异》的英译为例. 上海：上海外国语大学博士学位论文.
从丛. 2000. 中国文化失语：我国英语教学的缺陷. 光明日报, 10–19.
从玉珠. 2014.《茶经》中修辞手段翻译研究. 大连：大连理工大学硕士学位论文.
崔艳嫣, 李晶玉. 2015. 基于语料库的《孙子兵法》英译本对比研究. 外语与翻译,（3）: 12–16.
崔怡清. 2018. 许渊冲《论语》英译本的翻译风格赏析. 沈阳农业大学学报,（6）: 732–736.
戴静. 2017. 基于语料库的《桃花扇》小说化和音乐化叙事的翻译探究. 镇江：江苏大学硕士学位论文.
戴抗. 2008. 中国历代散文选：汉英对照. 谢百魁, 译. 北京：中国对外翻译出版公司.
戴拥军. 2019. 典籍翻译在翻译实践教学中的示范作用研究. 安徽工业大学学报（社会科学版）,（1）: 43–46.
邓春. 2015. 从深度翻译的视角对比分析《墨子》六部英译本——以"兼爱（上、中、下）"的英译为例. 外语教育研究,（2）: 64–71.
邓梦寒. 2018. 读者意识在戏剧翻译中的体现——以熊式一中英对照本《王宝川》为

例. 外语与翻译, (3): 28–32.

邸爱英. 2009. 对汉语的痴迷, 对孔子的信仰——庞德的《论语》翻译. 电子科技大学学报(社科版), (6): 19–22.

丁爱华. 2016. 梅贻宝英译《墨子》: 背景、特色与传播. 滁州学院学报, (4): 44–47.

丁水芳, 杜泉贵. 2018.《牡丹亭》英译研究述评——基于 CNKI 2000—2017 年期刊文献的共词可视化分析. 上海翻译, (6): 40–44.

董辉. 2014. 全球语境下少数民族典籍英译研究: 回顾与展望. 贵州民族研究, (8): 217–220.

董莉. 2017.《茶经》中修辞手法翻译研究. 福建茶叶, (1): 374–375.

董明伟. 2016. 近年国内典籍翻译研究的新进展及其走向. 语言教育, (2): 65–69, 85.

董娜. 2014.《道德经》英译史的描写性研究. 广东外语外贸大学学报, (5): 36–41, 51.

董书婷. 2013. 论《茶经》中的禅宗思想及其英译再现. 赤峰学院学报(汉文哲学社会科学版), (4): 44–46.

董琇. 2009. 译者风格形成的立体多元辩证观——赛珍珠翻译风格探源. 上海: 上海外国语大学博士学位论文.

董琇. 2016a. 布迪厄理论视角下翻译审美再现研究——以罗慕士、赛珍珠的汉语典籍英译为例. 同济大学学报(社会科学版), (4): 107–116.

董琇. 2016b. 罗慕士英译《三国演义》风格之探析——以邓罗译本为对比参照. 中国翻译, (4): 93–99.

杜丽娟. 2016. 基于语料库的《红楼梦》判词英译研究. 渭南师范学院学报, (1): 46–58, 133.

杜明甫. 2016. 藏族诗人仓央嘉措诗歌英译发展研究. 贵州民族研究, (3): 133–136.

端木敏静. 2015. 融通中西, 守望记忆——英国传教士、汉学家苏慧廉研究. 杭州: 浙江大学博士学位论文.

段聪丽, 王静, 冯云菊. 2017. 民族志背景下阿昌族创世史诗《遮帕麻和遮米麻》外译的有效途径. 考试与评价(大学英语教研版), (2): 55–58.

段慧玉, 赵新林. 2014.《论语》核心概念词"信"的英译对比研究. 宁波广播电视大学学报, (4): 30–33.

段彦艳, 张虹. 2016. 厚重翻译:《孝经》误读的历史性纠正与重构. 河北学刊, (5): 207–211.

范春祥. 2012. 隐喻视角下中医典籍语言特点及其翻译研究. 时珍国医国药, (11): 2875–2876.

范敏. 2016.《论语》五译本译者风格研究——基于语料库的统计与分析. 北京航空航天大学学报(社会科学版), (6): 81–88.

范敏. 2017. 基于语料库的《论语》五译本文化高频词翻译研究. 外语教学, (6): 80–83.

范文君，彭石玉. 2017. 基于翻译转换理论的《桃花源记》罗译本研究. 湖北师范大学学报（哲学社会科学版），（4）：76–80.

方梦之. 2002. 翻译新论与实践. 青岛：青岛出版社.

冯海霞. 2017. 丝绸之路文化背景下蒙古族史诗《江格尔》的对外传播. 三峡大学学报（人文社会科学版），（S1）：135–138.

冯庆华. 2002. 实用翻译教程. 上海：上海外语教育出版社.

冯全功. 2011. 新世纪《红楼》译学的发展现状及未来展望——基于国内学术期刊的数据分析（2000—2010）. 红楼梦学刊，（4）：135–154.

冯全功. 2012a. 广义修辞学视域下的《红楼梦》英译研究. 天津：南开大学博士学位论文.

冯全功. 2012b.《红楼梦》书名中的修辞原型及其英译. 红楼梦学刊，（4）：237–252.

冯全功. 2015. 霍克斯英译《红楼梦》中诗体押韵策略研究. 外语与翻译，（4）：17–24.

冯全功. 2016a.《红楼梦》回目中人物评价词英译探析. 外国语文研究，（3）：96–103.

冯全功. 2016b. 麦克休姐妹《红楼梦》回目英译研究. 外国语文，（5）：137–142.

冯晓黎. 2007. 帛书本《老子》四英译本的三维审视. 上海：上海外国语大学博士学位论文.

冯雪红. 2013. "文化走出去"战略背景下的英译策略——以《论语》中"君子""小人"为例. 中国科技术语，（1）：46–49，51.

付璐，肖永芝. 2019. 浅谈《中华帝国全志》对《本草纲目》的翻译与传播. 中医杂志，（15）：1265–1269，1276.

付明明. 2016. 中医英译史梳理与存在问题研究. 哈尔滨：黑龙江中医药大学博士学位论文.

付正玲. 2009. 翻译中的模糊语言——《道德经》第一章的英译分析. 西南农业大学学报（社会科学版），（1）：168–172.

傅灵婴，施蕴中. 2008.《黄帝内经》虚指数词的英译. 中西医结合学报，（12）：1318–1320.

傅灵婴，施蕴中. 2009. 中医语言的模糊性及其英译. 中国科技信息，（2）：248–249.

高博. 2013. 基于语料库的艾兹拉·庞德《诗经》英译研究. 外国语言文学，（3）：173–180.

高博. 2016. 中国诗歌典籍英译语言特征的历时性考察——以《诗经》三个英译本为例. 西华大学学报（哲学社会科学版），（6）：79–85.

高超. 2012. 宇文所安唐诗研究及其诗学思想的建构. 天津：天津师范大学博士学位论文.

高合顺. 2017. 英语习语文化溯源. 青岛：中国石油大学出版社.

高璐夷，储常胜. 2018. 文学经典译介中的出版机构影响：以《红楼梦》英译为例. 遵义师范学院学报，（2）：72–74，83.

高思文. 2017. 基于语料库的《岳阳楼记》英译本译者风格分析. 现代语文（学术综合版），（1）: 157–158.

高巍，武晓娜，张松. 2009.《西游记》文化内容的翻译. 攀枝花学院学报，（2）: 79–81.

高玉兰. 2010. 解构主义视阈下的文化翻译研究. 上海：上海外国语大学博士学位论文.

郜菊，杨柳. 2016. 比勒尔翻译思想研究——以《山海经》英译为例. 外语教学理论与实践，（3）: 72–77.

葛厚伟. 2016. 基于语料库的《尚书》英译本词汇特征研究. 青海师范大学学报（哲学社会科学版），（6）: 121–127.

葛厚伟. 2017. 传神达意传播儒学——Martin Palmer《尚书》英译本介评. 重庆第二师范学院学报，（2）: 40–43，127–128.

葛厚伟. 2018.《尚书》汉英平行语料库的创建与应用. 阜阳师范学院学报（社会科学版），（4）: 66–70.

葛文峰. 2014a. 唐诗选集的最早译介：弗莱彻《英译唐诗选》（Ⅰ&Ⅱ）研究. 安康学院学报，（6）: 22–24，28.

葛文峰. 2014b. 维特·宾纳英译唐诗《玉山诗集》及其仿中国诗研究. 大理学院学报，（11）: 36–39.

葛文峰. 2015. 美国李清照文学作品英译的女性形象探析. 北京第二外国语学院学报，（2）: 28–33.

葛校琴. 2006. 后现代语境下的译者主体性研究. 上海：上海译文出版社.

葛永海. 2008. 营建"金学"巴比塔——域外《金瓶梅》研究的学术理路与发展走向. 文艺研究，（7）: 67–76.

耿利娟，李正栓. 2015. 塔尔库《萨迦格言》漏译原因探析. 燕山大学学报（哲学社会科学版），（1）: 103–106.

耿良凤. 2015. 红楼珍馐美，十里译文香——从文化角度比较《红楼梦》菜肴名称英译. 福建师大福清分校学报，（3）: 89–95.

耿良凤，王绍祥. 2017. 源语文化意识与《红楼梦》中的茶食名称英译. 华北理工大学学报（社会科学版），（6）: 105–110.

耿良凤，王绍祥. 2019.《红楼梦》中药膳名称的文化信息英译. 集美大学学报（哲学社会科学版），（1）: 130–136.

龚景浩. 2000. 英译中国古词精选. 北京：商务印书馆.

龚景浩. 2006. 英译唐诗名作选. 北京：商务印书馆.

辜鸿铭. 1996. 辜鸿铭文集（下卷）. 海口：海南出版社.

辜正坤. 1998. 中西诗鉴赏与翻译. 长沙：湖南人民出版社.

谷峰. 2019.《黄帝内经》中"气"系词语的类型及英译. 中国科技翻译，（4）: 55–58.

顾春江. 2018. 基于语料库的许渊冲唐诗英译研究. 科技视界，（29）: 43–46.

顾毅, 张雪. 2015. 小议词牌名的英译. 沈阳大学学报 (社会科学版), (5): 704–708.
郭晨. 2015.《庄子》内篇寓言故事在英语世界的翻译与阐释. 北京: 北京外国语大学博士学位论文.
郭晨. 2019. 比较哲学视域下古典汉语特征及对典籍英译的思考——美国汉学家任博克教授访谈录. 燕山大学学报 (哲学社会科学版), (6): 8–13.
郭恒. 2018. 英语世界《山海经》译介研究. 绵阳师范学院学报, (10): 9–17.
郭建勋, 冯俊. 2015.《离骚》英译视阈下的宇文所安译文初探. 中南大学学报 (社会科学版), (5): 182–189.
郭建中. 2000. 文化与翻译. 北京: 中国对外翻译出版公司.
郭晶萍. 2010.《西厢记》七个英译本的传播与比较——《西厢记》英译本研究之一. 2010年中国文学传播与接受国际学术研讨会论文汇编 (中国古代文学部分). 武汉: 武汉大学中国文学传播与接受研究中心.
郭磊. 2014. 新教传教士柯大卫英译"四书"之研究. 北京: 北京外国语大学博士学位论文.
郭尚兴. 2005. 中国文化现代化轨迹比较及其影响. 河南大学学报 (社科版), (6): 113–117.
郭尚兴. 2006. 汉英文化类辞典编纂要端举论——以《汉英中国哲学辞典》为例. 上海翻译, (3): 49–53.
郭尚兴. 2010a. 汉英中国哲学辞典. 上海: 上海外语教育出版社.
郭尚兴. 2010b. 论中国典籍英译的几个基本问题. 安阳师范学院学报, (1): 1–5.
郭尚兴. 2010c. 论中国哲学典籍英译认知的多重历史视域融合. 大连大学学报, (1): 138–142.
郭尚兴. 2011. *A history of Chinese Confucianism.* 上海: 上海外语教育出版社.
郭尚兴. 2013a. 论中国哲学典籍英译的目的与性质. 语言教育, (1): 58–63.
郭尚兴. 2013b. 试论中国哲学典籍的英译原则. 外文研究, (3): 77–84, 107.
郭尚兴. 2014a. 试论中国宗教典籍的译介原则. 中国外语研究, (1): 98–102.
郭尚兴. 2014b. 中国传统哲学典籍英译范式初论. 中国翻译, (3): 30–35, 128.
郭尚兴. 2015. 论中国传统哲学整体性观照下术语英译的意义相契性. 中国文化研究, (4): 148–156.
郭尚兴. 2019. 论中国思想文化术语翻译的历史文化语用学视角. 中国外语研究, (1): 84–91.
郭晓春. 2015. 英语世界的《楚辞》传播: 现状、困境与出路. 云梦学刊, (2): 29–33.
郭昱. 2016. 清末民初《三国演义》英译研究. 外语与外语教学, (3): 136–143, 149.
郭昱, 罗选民. 2015. 学术性翻译的典范——《三国演义》罗慕士译本的诞生与接受. 外语学刊, (1): 101–104.
郭著章. 1999. 翻译名家研究. 武汉: 湖北教育出版社.

郭著章. 2002. 谈汪译《牡丹亭》. 外语与外语教学,（8）: 56-59.

海霞, 丁东. 2018. 基于《伤寒论》双语平行语料库的中医方剂名称翻译方法探析. 南阳理工学院学报,（5）: 102-107.

韩家权, 黄国芳. 2014. "总体审度"与"微观分析"：论壮族典籍《布洛陀史诗》翻译策略. 百色学院学报,（1）: 100-105.

韩星, 韩秋宇. 2016. 儒家"君子"概念英译浅析——以理雅各、韦利英译《论语》为例. 外语学刊,（1）: 94-97.

韩子满. 2012. 典籍英译与专业翻译教学. 解放军外国语学院学报,（2）: 76-80, 85, 128.

郝会肖, 任佳佳. 2019. 读者接受视域下傣族叙事诗《召树屯》英译与传播研究. 大理大学学报,（9）: 45-50.

何芳, 谭晓丽. 2017. 汉语哲学典籍翻译的文化自觉探究——以陈荣捷英译《道德经》为例. 牡丹江大学学报,（10）: 140-142.

何广军, 柯文礼. 2003. 文化融合视域下《红楼梦》的英译. 南开学报（哲学社会科学版）,（4）: 118-124.

何航, 王银泉. 2019. 国家叙事和译介传播：《黄帝内经》译本研究. 中医药文化,（5）: 56-63.

何琼. 2013.《茶经》英译的几个问题——以 Francis Ross Carpenter 和姜欣等英译本为例. 农业考古,（5）: 201-205.

何姗, 唐小云, 陈骥. 2019. 生态翻译学视域下中医典籍《伤寒论》的译本研究. 中医药导报,（14）: 138-141.

何伟, 张娇. 2012. 古诗英译的意境传递：概念隐喻分析. 当代外语研究,（3）: 34-37.

何伟, 张娇. 2013.《论语》疑难章句的语内翻译模式. 外语教学,（6）: 95-98.

何伟, 张娇. 2014. 典籍英译中的"显性语旨"和"隐性语旨"——以《论语·为政篇第六》为例. 中国外语,（1）: 78-84.

何文静. 2010.《楚辞》在欧美世界的译介与传播. 三峡论坛,（5）: 42-49, 147-148.

何晓花. 2012.《道德经》在英国汉学界的译介历史和问题探究. 内蒙古农业大学学报（社会科学版）,（6）: 342-344.

何晓花. 2014. 从读者反应论看历史典籍翻译现代重构的可行性——以斯蒂芬·米歇尔《道德经》译本为例. 沈阳农业大学学报（社会科学版）,（3）: 366-369.

何燕, 赵谦. 2018. 从接受美学角度看《道德经》意象翻译——以阿瑟·威利译本为例. 南京航空航天大学学报（社会科学版）,（4）: 75-79.

何英. 2017. 论《西游记》英译本的宗教文化缺失现象. 辽宁经济职业技术学院学报,（3）: 53-55.

何中坚. 2012. 全新英译唐宋诗词选. 香港：商务印书馆（香港）有限公司.

和亚楠. 2016a. 文化"软实力"视角下的中国哲学典籍英译史研究——以《英国的中国哲学典籍英译史》撰写为例. 语文学刊,（9）: 4-7.

和亚楠. 2016b. 中国哲学典籍英译史研究现状及思考. 海南师范大学学报（社会科学版），（10）：123–128.
贺显斌. 2003. 文化翻译策略归因新解——以《三国演义》Roberts 全译本为例. 天津外国语学院学报，（6）：1–6.
贺显斌. 2017. 古典小说英译中的人物形象建构——《三国演义》两个英译本中的貂蝉形象比较. 外国语文研究，（5）：50–57.
洪梅. 2008. 近 30 年中医名词术语英译标准化的历程. 北京：中国中医科学院中国医史文献研究所博士学位论文.
洪涛. 2003.《孟子》辩辞的英译. 聊城大学学报（社会科学版），（3）：41–44.
胡海峰. 2016. 典籍英译的语篇性探讨——以《岳阳楼记》3 个英译文为例. 长春大学学报，（1）：57–61.
胡丽萍，赵霞. 2019.《金匮要略》英译现状研究. 继续医学教育，（11）：30–33.
胡玲. 2015. 海外陶渊明诗文英译研究. 武汉：武汉大学博士学位论文.
胡美馨. 2014. 西儒经注中的经义重构——理雅各《诗经》注疏话语研究. 杭州：浙江大学博士学位论文.
胡天赋. 2006. 从人物的再现看赛译《水浒传》的后殖民主义色彩. 河南大学学报（社会科学版），（5）：79–83.
胡鑫，龚小萍. 2016.《茶经》中的"天人合一"思想之英译研究——以姜欣、姜怡译本为例. 焦作大学学报，（3）：31–33.
黄国文. 2002. 功能语言学分析对翻译研究的启示——《清明》英译文的经验功能分析. 外语与外语教学，（5）：1–6，11.
黄国文. 2011.《论语》的篇章结构及英语翻译的几个问题. 中国外语，（6）：88–95.
黄国文. 2012. 典籍翻译：从语内翻译到语际翻译——以《论语》英译为例. 中国外语，（6）：64–71.
黄国文，陈莹. 2014. 从变异看《论语》的英语翻译. 外语与外语教学，（3）：61–65.
黄海翔. 2011a. 当"诡道"遭遇 Deception 的时候——一部意识形态误读史的产生. 大庆师范学院学报，（5）：97–102.
黄海翔. 2011b. 规范伦理学视角下典籍英译异化策略的再审视——兼评《孙子兵法》Mair 英译本的杂合伦理观. 湖北大学学报（哲学社会科学版），（2）：118–125.
黄海翔. 2013. 论翻译文体学视域下典籍英译的文体选择与翻译策略. 北京化工大学学报（社会科学版），（4）：63–69.
黄海翔. 2014a. 差异比较与沟通理解：《孙子兵法》英译中的杂合与文化心理. 东华大学学报（社会科学版），（2）：74–80.
黄海翔. 2014b. 典籍英译中的深度翻译质疑——以《孙子兵法》中的文化空缺的英译为例. 洛阳师范学院学报，（9）：85–89.
黄海翔. 2014c. 高低文化语境下典籍英译的语境重构与文化误读——以《孙子兵

法·九地篇》Mair 英译本的语境重构方式为例. 东北农业大学学报（社会科学版），（2）：59–69.

黄海翔. 2014d. 论典籍翻译中的文化杂合与译者的自我建构——以《孙子兵法》英译的经验分析为例. 疯狂英语（教师版），（4）：165–171，227.

黄海翔. 2014e. 求同与存异：文化认同视域下《孙子兵法》英译中的两种翻译观述评. 燕山大学学报（哲学社会科学版），（2）：83–90.

黄海翔. 2015a. 论典籍英译的意识形态与典籍中意识形态的翻译——基于《孙子兵法》英译的文化心理分析. 语文学刊（外语教育教学），（1）：64–68.

黄海翔. 2015b. 论《孙子兵法》英译的文化心理与文化逻辑. 浙江工商大学学报,（2）：24–31.

黄海翔. 2015c. 体用合一：加葛里亚蒂的文化资本运作观管窥. 学理论,（3）：113–117.

黄海翔. 2015d. 文化翻译中的文化逻辑：以《孙子兵法》文化专有项英译的经验分析为例. 西安外国语大学学报,（1）：113–119.

黄剑. 2015. 少数民族典籍英译：现状和对策. 江西师范大学学报（哲学社会科学版），（4）：141–144.

黄进, 冯文坤. 2007. 从《西游记》中"缘"的翻译现象看文本误读和文化迁移. 四川外语学院学报,（6）：106–110.

黄敏. 2011. 儒道释文化与《西游记》中的称谓词语英译. 莆田学院学报,（1）：63–67.

黄培希. 2018. 副文本与翻译文化建构——以艾尔萨·威斯《黄帝内经·素问》英译为例. 上海翻译,（3）：73–79, 95.

黄勤, 陈蕾. 2015.《红楼梦》中养生膳食品名英译探析——基于霍克斯与杨宪益译本的对比. 中国科技翻译,（3）：39–42.

黄琼英. 2016a.《阿诗玛》英译本夸张修辞翻译研究. 海外英语,（18）：3–4.

黄琼英. 2016b. 基于语料库的《阿诗玛》比喻修辞英译研究. 曲靖师范学院学报,（5）：47–52.

黄琼英, 李睿祺. 2018. 彝族叙事长诗《阿诗玛》翻译类型研究. 民族翻译,（3）：35–43.

黄琼英, 李睿祺. 2019a.《阿诗玛》英译本社会民俗文化翻译研究. 曲靖师范学院学报,（1）：16–20.

黄琼英, 李睿祺. 2019b. 意识形态与翻译：彝族叙事长诗《阿诗玛》经典身份建构研究. 燕山大学学报（哲学社会科学版），（1）：19–25.

黄生太. 2011.《红楼梦》拟声词及其英译研究. 上海：上海外国语大学博士学位论文.

黄新渠. 2008. 红楼梦汉英双语精简本. 北京：外语教学与研究出版社.

黄信. 2014. 民族典籍外译比较研究——以藏族《萨迦格言》英译本为例. 外国语文,（1）：204–211.

黄信. 2017. 藏族典籍《萨迦格言》英译研究评述. 四川民族学院学报,（5）：83–91.

黄信，颜晓英. 2018.《萨迦格言》英译本比较研究——传播学视阈下文化负载词的翻译. 西藏研究，（3）: 152–160.

黄琰. 2018. 基于英国民谣诗歌传统风格的少数民族诗歌翻译——以《阿诗玛》为例. 贵州民族研究，（2）: 111–114.

黄勇. 2012. 基于语料库的亚瑟·韦利《论语》译本的翻译风格研究. 武汉：华中师范大学硕士学位论文.

黄友义. 2011. 中国特色中译外及其面临的挑战与对策建议——在第二届中译外高层论坛上的主旨发言. 中国翻译，（6）: 5–6.

黄朝阳. 2010. 文本旅行与文化语境——华兹生英译《史记》与倪豪士英译《史记》的比较研究. 湖北民族学院学报（哲学社会科学版），（3）: 152–155.

黄中习. 2007. 文化典籍英译与苏州大学翻译方向研究生教学. 上海翻译，（1）: 56–58.

黄中习. 2009. 典籍英译标准的整体论研究——以《庄子》英译为例. 苏州：苏州大学博士学位论文.

黄中习. 2010.《庄子》英译的历史特点及当代发展. 内蒙古农业大学学报（社会科学版），（5）: 373–374.

黄中习. 2016. 贺大卫：壮民族志研究型译者. 桂林师范高等专科学校学报，（5）: 62–66.

黄中习. 2017. 壮族布洛陀文化典籍整理翻译的又一巨作——简评三卷本《壮族麽经布洛陀遗本影印译注》. 桂林师范高等专科学校学报，（5）: 46–49.

黄中习，陆勇. 2010. 壮族复式思维句式英译研究——以壮族创世史诗《布洛陀》为例. 广西民族研究，（4）: 121–125.

黄中习，陆勇，韩家权. 2008. 英译《麽经布洛陀》的策略选择. 广西民族研究，（4）: 169–173.

黄中习，蒙柱环. 2018. 我国西南少数民族典籍翻译研究的开拓力作——《西南诸民族典籍翻译研究》介评. 燕山大学学报（哲学社会科学版），（1）: 45–49.

霍跃红，孙颖轶. 2013. 六届全国典籍英译研讨会成果研究. 大连民族学院学报，（4）: 358–363.

姬岳江. 2013.《论语》概念词英译之道——和谐翻译. 西南科技大学学报（哲学社会科学版），（1）: 52–55, 66.

季红琴. 2011a.《孟子》及其英译. 外语学刊，（1）: 113–116.

季红琴. 2011b.《孟子》英译方法解读——全译与变译. 湖南师范大学社会科学学报，（4）: 139–141.

季红琴. 2016. 基于读者接受的《孟子》英译与传播研究. 长沙：湖南师范大学博士学位论文.

季淑凤. 2019a. H. B. 乔利与《红楼梦》翻译——一位晚清英国外交官的文学英译. 中国文化研究，（2）: 151–160.

季淑凤. 2019b. 乔利《红楼梦》英译探微. 辽东学院学报（社会科学版），（2）：123–129.
季淑凤，葛文峰. 2013. 彼岸的易安居士踪迹：美国李清照诗词英译与研究. 南京航空航天大学学报（社会科学版），（2）：78–82.
贾福相. 2008.《诗经·国风》：英文白话新译. 台北：书林出版有限公司.
贾福相. 2010.《诗经·国风》：英文白话新译. 北京：北京大学出版社.
贾晓英，李正栓. 2010. 乐府诗英译文化取向与翻译策略研究. 外语教学，（4）：91–95.
江帆. 2007. 他乡的石头记：《红楼梦》百年英译史研究. 上海：复旦大学博士学位论文.
江棘. 2012. 1919—1937：海外推介与中外对话中的戏曲艺术. 北京：中国艺术研究院博士学位论文.
江楠. 2015. 中医典籍英译策略的探讨和研究. 广州：广州中医药大学博士学位论文.
江楠，吴伟. 2013. 奈达"逆转换理论"在《伤寒论》心系疾病条文翻译中的应用. 环球中医药，（7）：548–551.
姜莉. 2010. 冯友兰英译《庄子》之义理源流——以《逍遥游》为例. 内蒙古民族大学学报（社会科学版），（1）：108–112.
姜莉. 2017. 译介的文化选择与思想典籍的世界价值——《庄子》英译者任博克教授访谈录. 中国翻译，（5）：62–66.
姜莉. 2018. 孔丽维的《庄子》译释思考：语境重构与宗教之维. 上海翻译，（6）：34–39，93.
姜晓杰，姜怡. 2014.《茶经》里的中庸思想及其翻译策略探讨. 语言教育，（3）：61–66.
姜欣. 2010. 古茶诗的跨语际符号转换与机辅翻译研究. 大连：大连理工大学博士学位论文.
姜欣. 2013. 本科教学中如何开设典籍英译课程. 沈阳师范大学学报（社会科学版），（5）：122–124.
姜欣，姜怡. 2009. 茶经续茶经：汉英对照. 长沙：湖南人民出版社.
姜欣，姜怡. 2016. 茶典籍翻译中的互文关联与模因传承——以《荈赋》与《茶经》的翻译为例. 北京航空航天大学学报（社会科学版），（4）：88–92.
姜欣，姜怡，赵国栋. 2019. 传统茶文化翻译中的汉藏同源模因探究. 西藏民族大学学报（哲学社会科学版），（2）：82–88，156.
姜欣，刘晓雪，王冰. 2009. 茶典籍翻译障碍点的互文性解析. 农业考古，（5）：291–296.
姜欣，吴琴. 2008. 论典籍《茶经》《续茶经》中彩色用语的翻译策略. 语文学刊，（23）：93–95，99.
姜欣，吴琴. 2010. 茶文化典籍中的通感现象及其翻译探析. 贵州民族学院学报（哲学社会科学版），（6）：152–155.
姜欣，杨德宏. 2009.《续茶经》翻译中的互文关照. 辽宁师范大学学报（社会科学版），（3）：92–95.

姜燕. 2010. 理雅各《诗经》英译. 济南：山东大学博士学位论文.

姜怡. 2010. 基于文本互文性分析计算的典籍翻译研究. 大连：大连理工大学博士学位论文.

姜怡，姜欣. 2006. 从《茶经》章节的翻译谈典籍英译中的意形整合. 大连理工大学学报（社会科学版），（3）：80-85.

姜怡，姜欣. 2012. 异质文体互文交叉与茶典籍译文风格调整. 大连理工大学学报（社会科学版），（1）：133-136.

姜怡，姜欣，包纯睿，开蓉. 2014.《茶经》与《续茶经》的模因母本效应与对外传播现状. 辽宁师范大学学报（社会科学版），（1）：119-124.

姜怡，王慧，林萌. 2009. 茶典籍的对外译介与文化传播. 农业考古，（5）：288-290.

蒋辰雪. 2019. 文树德《黄帝内经》英译本的"厚重翻译"探究. 中国翻译，（5）：112-120，190.

蒋基昌，文娟. 2013.《黄帝内经》四个英译本的对比研究——基于广西中医药大学短期留学生调查问卷的统计学分析. 学术论坛，（1）：197-200，210.

蒋继彪. 2015. 文化翻译观下的《伤寒论》文化负载词英译研究. 中国中西医结合杂志，（7）：877-881.

蒋佳丽，龙明慧. 2014. 接受理论视角下《茶经》英译中茶文化的遗失和变形. 语文学刊（外语教育教学），（4）：46-48，54.

蒋坚松. 2002. 英汉对比与汉译英研究. 长沙：湖南人民出版社.

蒋坚松，彭利元. 2006. 文化语境与中国典籍翻译——关于一个研究课题的思考. 中国外语，（2）：72-75.

蒋婷婷. 2013. 操控理论视阈下的《史记》两英译文本分析. 文教资料，（24）：31-33.

蒋骁华. 2003. 意识形态对翻译的影响：阐发与新思考. 中国翻译，（6）：24-29.

蒋骁华. 2008a. 东方学对翻译的影响. 中国翻译，（5）：11-18.

蒋骁华. 2008b. 译者的选择性适应与适应性选择——评《牡丹亭》的三个英译本. 上海翻译，（4）：11-15.

蒋骁华. 2010. 典籍英译中的"东方情调化翻译倾向"研究——以英美翻译家的汉籍英译为例. 中国翻译，（4）：40-45.

蒋学军. 2010. 中医典籍中的文化图式及其翻译. 中国科技翻译，（1）：34-38.

蒋云斗. 2019. MTI"典籍翻译"课程构建探究. 河北广播电视大学学报，（2）：64-67.

金倩，姚伟. 2017.《洛阳伽蓝记》中古代城市形态要素类地名英译策略研究——王伊同个案考察. 陇东学院学报，（6）：34-38.

金永平. 2016. 论《道德经》中"神"之英译. 燕山大学学报（哲学社会科学版），（4）：28-32.

金珍珍，龙明慧. 2014. 信息论视角下的《茶经》英译与茶文化传播. 宁波教育学院学报，（2）：65-69.

孔令翠，刘芹利. 2019. 中国农学典籍译介梳理与简析. 当代外语研究，（4）: 106–114.

孔令翠，周鹤. 2019. 农学典籍《氾胜之书》的辑佚、今译与自译"三位一体"模式研究. 外语与翻译，（3）: 47–52.

兰凤利. 2004a.《黄帝内经·素问》翻译实例分析. 中国翻译，（4）: 73–76.

兰凤利. 2004b.《黄帝内经·素问》英译事业的描写性研究（1）. 中国中西医结合杂志，（10）: 947–950.

兰凤利. 2005. 论译者主体性对《黄帝内经·素问》英译的影响. 中华医史杂志，（2）: 74–78.

兰凤利，梁国庆，张苇航. 2011. 中医学中"脉"与"经络"概念的源流与翻译. 中国科技术语，（1）: 54–58.

蓝艳芳，顾亚娟. 2016. 话语语言学视域下少数民族典籍英译探讨. 佛山科学技术学院学报（社会科学版），（1）: 92–96.

雷静. 2016. 从认知视域论《庄子》隐喻英译. 湘南学院学报，（6）: 68–73.

黎难秋. 2006. 中国科学翻译史. 合肥：中国科学技术大学出版社.

李冰梅. 2009. 冲突与融合：阿瑟·韦利的文化身份与《论语》翻译研究. 北京：首都师范大学博士学位论文.

李丹. 2016. 茶文化翻译中通感现象的有效翻译策略研究. 福建茶叶，（4）: 365–366.

李粉华. 2016. 亚瑟·哈图与《玛纳斯》史诗的英译. 西北民族研究，（4）: 45–54.

李凤红. 2016.《茶经》中的茶文化用语翻译研究. 福建茶叶，（12）: 310–311.

李钢，李金姝. 2013a.《论语》英译研究综述. 湖南师范大学社会科学学报，（1）: 131–137.

李钢，李金姝. 2013b. 描述翻译学视域中的《论语》英译研究. 外语学刊，（1）: 127–131.

李广伟，戈玲玲. 2018. 基于汉英平行语料库的《论语》中本源概念英译策略研究. 外语教学，（1）: 87–91.

李海军. 2011. 从跨文化操纵到文化合和. 上海：上海外国语大学博士学位论文.

李海军. 2014.《聊斋志异》英译：从跨文化操纵到文化合和. 外语学刊，（5）: 85–89.

李海军，蒋凤美. 2017.《聊斋志异》英译史上的一座里程碑——宋贤德全译本 Strange tales from Liaozhai 述评. 中国文化研究，（4）: 126–135.

李海军，由晓晨. 2018. 推陈出新，精益求精——"大中华文库"版《徐霞客游记》英译本介评. 外语与翻译，（3）: 94–96.

李洁. 2008. 琴声何处不悠扬——中国古典艺术散文英译的审美沟通研究. 苏州：苏州大学博士学位论文.

李洁. 2015. 接受理论视角下《黄帝内经》3 个英译本的问卷调查分析研究. 中医药导报，（7）: 106–109.

李洁，葛新. 2009. 古典艺术散文英译文的读者研究. 东北大学学报（社会科学版），

（3）：74-77.

李洁，杨彬. 2007. 中国古典艺术散文意境的传译. 山东外语教学，（1）：100-104.

李静文. 2016.《庄子》成语的隐喻转喻特点及其变体的认知构式研究. 济源职业技术学院学报，（2）：121-124.

李丽. 2014. 英语世界的《红楼梦》研究——以成长、大观园、女性话题为例. 北京：北京外国语大学博士学位论文.

李林，李伟荣. 2017.《徐霞客游记》的翻译和海外传播探析. 外语与翻译，（4）：32-37.

李咪. 2015. 接受美学视域下戏剧台词英译研究. 南宁：广西民族大学硕士学位论文.

李敏杰. 2014. 第三届全国少数民族典籍英译学术研讨会综述. 外国语文研究，（6）：107-108.

李敏杰，朱薇. 2017. 民族志诗学与少数民族典籍英译. 山东外语教学，（2）：98-105.

李明. 2006. 操纵与翻译策略之选择——《红楼梦》两个英译本的对比研究. 广东外语外贸大学学报，（2）：9-14，89.

李明. 2015a. 汉语文学作品英译的信息布局对语篇建构的作用——以《醉翁亭记》第一段的三个英译文为例. 当代外语研究，（12）：60-64，78.

李明. 2015b. 论少数民族典籍外译的伦理原则. 青海民族研究，（3）：88-92.

李宁. 2007. 跨越疆界 双向构建——《福乐智慧》英译研究. 天津：南开大学博士学位论文.

李宁. 2010.《福乐智慧》中柔巴依的英译——兼与菲茨杰拉德之柔巴依英译比较. 民族文学研究，（1）：116-122.

李宁. 2015. "大中华文库"国人英译本海外接受状况调查——以《孙子兵法》为例. 上海翻译，（2）：77-82.

李宁，吕洁. 2009. 民俗事象翻译的文化改写与顺应——《福乐智慧》英译本中的民俗文化翻译探讨. 民族翻译，（3）：85-91.

李宁，王宏印. 2006.《福乐智慧》英译本特点分析. 民族文学研究，（2）：171-176.

李苹，施蕴中. 2009.《黄帝内经》对偶词英译研究. 中西医结合学报，（1）：85-88.

李气纠，李世琴. 2009. 文化翻译观下中国古典诗歌中"玉"意象的英译. 外语与外语教学，（9）：58-61.

李庆明，习萌. 2018. 文化负载词英译策略探索——以邦斯尔与杨宪益《红楼梦》英译本. 海外英语，（9）：29-31.

李秋畹，张舒. 2018. 操纵论视角下庞德《大学》英译本的译者主体性研究. 济宁学院学报，（2）：87-92.

李汝幸. 2015. 从语义翻译和交际翻译角度谈《醉翁亭记》两英译本的翻译. 海外英语，（13）：134-135.

李瑞. 2014. 文本世界理论视阈下的《西游记》专名英译研究. 上海：上海外国语大

学博士学位论文.

李睿祺. 2019a.《阿诗玛》英译本生态民俗文化翻译研究. 海外英语,（5）: 136–138.

李睿祺. 2019b. 彝族叙事长诗《阿诗玛》英译本物质民俗文化翻译研究. 英语广场,（5）: 13–15.

李睿祺, 黄琼英. 2019. 诗学与《阿诗玛》翻译文本的经典化. 民族翻译,（2）: 50–56.

李四清, 陈树, 陈玺强. 2014. 中国京剧在海外的传播与影响——翻译与传播京剧跨文化交流的对策研究. 理论与现代化,（1）: 106–110.

李婷玉. 2018.《论语》译本中核心词和文化特色词的归化与异化——以理雅各和辜鸿铭的译本为例. 开封教育学院学报,（12）: 58–59.

李伟荣. 2016a. 20 世纪中期以来《易经》在英语世界的译介与传播. 燕山大学学报（哲学社会科学版）,（3）: 87–95.

李伟荣. 2016b. 汉学家闵福德与《易经》研究. 中国文化研究,（2）: 150–162.

李伟荣, 姜再吾, 胡祎萌. 2014. 中国典籍翻译的实践及策略——以"大中华文库"版《徐霞客游记》英译的译审为例. 燕山大学学报（哲学社会科学版）,（4）: 66–71.

李欣. 2007. 从《红楼梦》英译看文化翻译的可译性限度. 北京第二外国语学院学报,（12）: 11, 20–24.

李新德. 2016. 晚清时期新教传教士对《论语》的英译与诠释. 温州大学学报（社会科学版）,（2）: 69–77.

李延林, 季淑凤. 2014. 李清照词在美国的英译方法及启示. 中州学刊,（1）: 161–166.

李延林, 刘明景. 2013. 典籍英译人才培养的三点思考. 文史博览（理论）,（3）: 68–69.

李艳玲. 2013. 生态翻译学视角下霍译《红楼梦》人名英译研究. 海外英语,（7）: 113–114.

李英垣, 杨锦宇, 汪静. 2016. 从辜氏《〈论语〉英译》中"君子"译文论译者主体性. 龙岩学院学报,（1）: 52–57.

李英照, 施蕴中. 2008. 回译性与魏迺杰的中医术语翻译模式. 辽宁中医药大学学报,（11）: 208–211.

李英照, 施蕴中. 2009.《内经·痹论篇》中含"痹"病名的英译——翻译适应选择论观照下的翻译解读. 中国科技信息,（1）: 221–223.

李颖. 2011. 从文化影响看译者对唐诗意象的英译——以庞德、韦利和许渊冲的译作为例. 中南林业科技大学学报,（3）: 81–84.

李玉良. 2014.《诗经》名物翻译偏离及其诗学功能演变——以《关雎》英译为例. 山东外语教学,（1）: 91–96.

李玉良. 2017.《诗经》翻译探微. 北京: 商务印书馆.

李玉良, 祝婷婷. 2015. 理雅各《孝经》翻译研究——以训诂学为视角. 青岛科技大学学报（社会科学版），（2）：92–95.

李约瑟. 1976. 中国科学技术史（第5卷：地学）.《中国科学技术史》翻译小组，译. 北京：科学出版社.

李约瑟. 1990a. 中国科学技术史（第1卷：导论）. 北京：科学出版社 & 上海：上海古籍出版社.

李约瑟. 1990b. 中国科学技术史（第2卷：科学思想史）. 北京：科学出版社 & 上海：上海古籍出版社.

李约瑟. 2013. 李约瑟中国科学技术史（第6卷：生物学及相关技术第6分册：医学）. 刘巍，译. 北京：科学出版社.

李照国. 2005. 黄帝内经·素问. 北京：世界图书出版公司.

李照国. 2008. 论中医名词术语英译国际标准化的概念、原则与方法. 中国翻译，（4）：63–70，96.

李照国. 2009.《黄帝内经》英译得失谈. 中国科技翻译，（4）：3–7.

李照国. 2011.《黄帝内经》的修辞特点及其英译研究. 中国翻译，（5）：69–73.

李振. 2017. 权力话语理论操控下《本草纲目》英译的文化诠释. 中华中医药杂志，（7）：2888–2890.

李正栓. 2004. 忠实对等：汉诗英译的一条重要原则. 外语与外语教学，（8）：36–40.

李正栓. 2013. 藏族格言诗翻译史略. 燕山大学学报（哲学社会科学版），（3）：9–12.

李正栓. 2016.《萨迦格言》英译简史及英译特色研究. 民族翻译，（4）：14–21.

李正栓. 2017a. 典籍英译与民族典籍英译研究新成就. 外语与翻译，（3）：8–12，98.

李正栓. 2017b. 毛泽东长征题材诗歌翻译策略研究. 外语研究，（6）：71–75，112.

李正栓. 2019. 新中国成立70年以来藏族格言诗翻译. 上海交通大学学报（哲学社会科学版），（4）：15–25.

李正栓，崔佳灿. 2014. 后殖民主义视角下的翻译——以达文波特英译《萨迦格言》为例. 河北工程大学学报（社会科学版），（1）：85–88.

李正栓，贾晓英. 2010. 乐府诗英译综述. 保定学院学报，（4）：64–68.

李正栓，贾晓英. 2011. 归化也能高效地传递文化——以乐府英译为例. 中国翻译，（4）：51–53.

李正栓，李子馨. 2017.《水树格言》翻译与传播研究. 译苑新谭，（9）：16–21.

李正栓，刘姣. 2014. 目的论视阈下的《萨迦格言》英译研究. 社会科学论坛，（6）：98–103.

李正栓，任婷. 2017. 汪榕培英译《乐府诗》的"传神达意"研究. 上海翻译，（6）：48–52，94.

李正栓，王密卿. 2015. 仓央嘉措诗歌英译. 长沙：湖南人民出版社.

李正栓，王心. 2019. 民族典籍翻译70年. 民族翻译，（3）：5–33.

李正栓，解倩. 2014. 民族典籍翻译与研究：回顾与展望. 湛江师范学院学报，（1）：

72–77.

李正栓, 解倩. 2015.《萨迦格言》英译译本印象研究. 中国翻译,（4）: 98–103.

李正栓, 于阳. 2017. 仓央嘉措诗歌英译原则探析. 山西大同大学学报（社会科学版）,（6）: 1–4.

李舟. 2014a. 从文化层面探析湛约翰对《道德经》的诠释. 贵州民族大学学报（哲学社会科学版）,（5）: 97–99.

李舟. 2014b. 从语言层面探析湛约翰对《道德经》的诠释. 新疆职业大学学报,（4）: 35–37.

理雅各. 2011. 诗经. 北京：外语教学与研究出版社.

郦青. 2011. 论韵体译诗之可行性. 外语教学,（4）: 106–110.

梁高燕. 2011.《诗经·国风》中的植物英译及中国文化意象的传达. 南华大学学报（社会科学版）,（1）: 97–100.

梁丽娜. 2014. 中国传统哲学概念英译模型初探——以《道德经》之"道"的英文翻译模型为例. 云南农业大学学报（社会科学版）,（3）: 85–89.

梁勇. 2017.《道德经》翻译与中国古典文学走出去策略探究. 成都工业学院学报,（3）: 88–90, 96.

梁真惠. 2015. 史诗《玛纳斯》的文学译本研究——从文化翻译理论看瓦尔特·梅依的英译. 外语教学,（2）: 105–108.

梁真惠, 陈卫国. 2012. 史诗《玛纳斯》的域外翻译传播. 民族翻译,（4）: 45–50.

梁真惠, 陈卫国. 2017.《玛纳斯》英译本中"克塔依"与"别依京"误译探析. 西域研究,（3）: 120–126.

梁真惠, 陈卫国. 2018a. "活态"史诗《玛纳斯》的翻译与传播. 中国翻译,（5）: 36–42.

梁真惠, 陈卫国. 2018b.《玛纳斯》阔曲姆库勒克孜译本翻译策略探析. 译苑新谭,（1）: 80–85.

梁真惠, 杨玲. 2015.《玛纳斯》史诗早期英译本的学术特色评析. 民族翻译,（2）: 24–31.

廖志阳. 2013.《墨子》英译概观. 中南大学学报（社会科学版）,（2）: 232–236.

林煌天. 1997. 中国翻译词典. 武汉：湖北教育出版社.

林亭秀, 孙燕. 2010.《伤寒论》的英译发展与思考. 中医教育,（3）: 29–31.

林晓敏, 赵海萍. 2018. 世界英语理论观照下的唐诗《古风·天津三月时》庞德英译. 戏剧之家,（29）: 226–227.

林语堂. 2012. 林语堂英译精品:《扬州瘦马》(英汉对照). 合肥：安徽科学技术出版社.

凌来芳. 2017. 中国戏曲"走出去"译介模式探析——以"百部中国京剧经典剧目外译工程"丛书译介为例. 戏剧文学,（8）: 117–124.

刘白玉, 扈珺, 刘夏青. 2011. 中国传统文化元素翻译策略探讨——以《论语》核心词"仁"英译为例. 山东外语教学,（1）: 96–100.

刘单平. 2010.《孟子》西译史述评. 理论学刊,（8）: 105–108.

刘单平. 2011.《孟子》三种英译本比较研究. 济南: 山东大学博士学位论文.

刘方俊, 高洁. 2014. 许渊冲英译唐诗地名文化负载词的策略与方法研究. 内蒙古农业大学学报（社会科学版）,（2）: 110–114.

刘海玲, 张树彬. 2006. 文化空白与《红楼梦》佛教用语翻译. 社会科学论坛,（6）: 170–173.

刘华文. 2012. 汉语典籍英译研究导引. 南京: 南京大学出版社.

刘继才, 郭爱民. 2015. 中国当代名家学术精品文库汉语言文学类（傅璇琮卷）. 沈阳: 东北大学出版社.

刘佳. 2018a.《萨迦格言》达文波特译本隐喻翻译研究. 民族翻译,（4）: 31–37.

刘佳. 2018b. 生态翻译学视角下民族典籍的翻译伦理研究. 贵州民族研究,（1）: 164–167.

刘杰辉. 2016.《建国后我国中国文化典籍英译发展史》编撰. 边疆经济与文化,（1）: 123–125.

刘瑾. 2016. 翻译家沙博理研究. 武汉: 华中师范大学博士学位论文.

刘敬国. 2015. 简洁平易, 形神俱肖——华兹生《论语》英译本评鉴. 天津外国语大学学报,（1）: 23–28.

刘克强. 2013.《水浒传》四英译本翻译特征多维度对比研究——基于平行语料库的研究范式. 上海: 上海外国语大学博士学位论文.

刘孔喜. 2012. 小型《楚辞》汉英平行语料库的创建与应用. 湖北民族学院学报（哲学社会科学版）,（1）: 122–125.

刘立辉, 罗旋. 2019. 典籍翻译中的等值效应原则——以李正栓《乐府诗选》（汉英对照）为例. 外国语言文学,（2）: 178–187.

刘立胜. 2017.《墨子》复译与译者话语权建构策略比较研究. 浙江外国语学院学报,（1）: 75–81.

刘丽娟. 2005.《红楼梦》中文化性比喻的翻译. 山东外语教学,（3）: 94–97.

刘玲娣. 2016. 陈荣捷与《道德经》英译. 华中师范大学学报（人文社会科学版）,（6）: 136–149.

刘明玉. 2010. 探索中医经典书籍名称英译的原则. 中医学报,（6）: 1228–1229.

刘松, 朱健平. 2010. 艾乔恩《墨子》译介研究. 国际汉学,（2）: 134–141, 204.

刘献鹏. 2015. 关联顺应论视阈下《黄帝内经》模糊修辞英译研究. 南京: 南京中医药大学硕士学位论文.

刘晓晖, 朱源. 2018. 20世纪汉语文学典籍海外英译的百年流变. 燕山大学学报（哲学社会科学版）,（1）: 26–32.

刘晓梅, 李林波. 2016. 庞德英译《诗经》植物意象研究. 外语教学,（6）: 101–104.

刘晓天，孙瑜. 2018.《红楼梦》霍克思译本中习语英译的跨文化阐释. 红楼梦学刊，（5）：236–253.

刘晓霞. 2014. 描写翻译学视角下《孙子兵法》百年英译本的历时性研究. 管子学刊，（3）：110–112.

刘性峰. 2015. 中国典籍英译批评范式研究综述. 燕山大学学报（哲学社会科学版），（1）：107–111.

刘性峰. 2018. 诠释学视域下的中国古代科技典籍英译研究. 苏州：苏州大学博士学位论文.

刘性峰. 2019. 中国典籍翻译教学：问题与对策. 南京工程学院学报（社会科学版），（3）：77–80.

刘性峰，王宏. 2016. 中国古典科技翻译研究框架构建. 上海翻译，（4）：72，77–81，94.

刘性峰，王宏. 2017.《茶经》整体翻译策略研究——以姜欣、姜怡英译《茶经》为例. 外文研究，（1）：88–93，109–110.

刘妍. 2011. 梅维恒及其英译《庄子》研究. 当代外语研究，（9）：42–47，61.

刘彦妗. 2019. 基于语料库的《道德经》多模态翻译研究. 智库时代，（5）：292–294.

刘艳. 2015. 从《茶经》章节标题的翻译看文化传播中的适应选择——兼评大中华文库《茶经》《续茶经》. 民族翻译，（1）：53–57.

刘艳春，赵长江. 2015.《赵氏孤儿》在海外的传播及影响. 河北学刊，（1）：95–99.

刘艳春，赵长江. 2017. 国内民族典籍英译现状、成就、问题与对策. 西藏民族大学学报（哲学社会科学版），（2）：140–145.

刘艳红，张丹丹. 2014. 邦斯尔译本及之前的《红楼梦》译本. 红楼梦学刊，（3）：291–315.

刘阳春. 2008. 理雅各与辜鸿铭《论语》翻译策略. 北京航空航天大学学报（社会科学版），（4）：66–69.

刘毅. 2017. 基于语料库的典籍译本词汇操作规范对比研究. 齐齐哈尔大学学报（哲学社会科学版），（6）：130–132.

刘毅，魏俊彦，张春凤. 2019. 中医典籍深度翻译的方法、类型与文化功能：以罗希文英译《黄帝内经》为例. 时珍国医国药，（5）：1179–1181.

刘迎春，黄中习. 2007. 典籍英译任重道远——来自"全国典籍英译新作展"的报道. 中国外语，（5）：105–106.

刘迎春，王海燕. 2017. 关于近20年中国科技典籍译介研究的几点思考——传播学的理论视角. 燕山大学学报（哲学社会科学版），（6）：24–32.

刘永亮，刘泽青. 2016. 宇文所安唐诗英译的模糊表现形式及传译策略. 名作欣赏，（8）：48–50.

刘泽青，刘永亮. 2016. 宇文所安唐诗英译中留白手法的使用研究. 名作欣赏，（11）：25–26，45.

刘泽权, 刘艳红. 2011. 初识庐山真面目——邦斯尔英译《红楼梦》研究（之一）. 红楼梦学刊,（4）: 30–52.

刘泽权, 刘艳红. 2013. 典籍外译"走出去"的思考与对策——以《红楼梦》为例. 中国矿业大学学报（社会科学版）,（1）: 127–131.

刘泽权, 石高原. 2018. 林语堂《红楼梦》节译本的情节建构方法. 红楼梦学刊,（2）: 231–259.

刘泽权, 王若涵. 2014. 王际真《红楼梦》节译本回目研究. 红楼梦学刊,（1）: 306–323.

刘泽权, 闫继苗. 2010. 基于语料库的译者风格与翻译策略研究——以《红楼梦》中报道动词及英译为例. 解放军外国语学院学报,（4）: 87–92, 128.

刘泽权, 张丹丹. 2012. 基于平行语料库的汉英文学翻译研究与词典编纂——以《红楼梦》"吃"熟语及其英译为例. 中国翻译,（6）: 18–22.

刘正光, 陈弋, 徐皓琪. 2016. 亚瑟·韦利《论语》英译"偏离"的认知解释. 外国语,（2）: 89–96.

龙绍赟, 苏帆. 2015. 中国文化典籍在美国的翻译与传播——以《孙子兵法》为例. 江西社会科学,（12）: 252–256.

龙翔. 2019. 少数民族文化典籍翻译之研究——以跨文化语用学为视角. 社会科学家,（7）: 136–141.

卢冰. 2013. 译者的选择与适应——以《红楼梦》中官职英译为例. 长春理工大学学报（社会科学版）,（1）: 51–152.

卢长怀. 2014. 论中国典籍英译的三个取向——以译《徐霞客游记》为例. 辽宁师范大学学报（社会科学版）,（6）: 862–867.

卢静. 2013. 基于语料库的译者风格综合研究模式探索——以《聊斋志异》译本为例. 外语电化教学,（2）: 53–58.

卢静. 2014. 历时视阈下的译者风格研究——语料库辅助下的《聊斋志异》英译本调查. 外国语,（4）: 20–31.

卢军羽. 2016a. 中国科技典籍文本特点及外国译者的翻译策略研究——以《景德镇陶录》及其英译本为例. 北京第二外国语学院学报,（6）: 81–91, 132.

卢军羽. 2016b. 中国陶瓷典籍中"青"的内涵源流及英译. 中国翻译,（4）: 105–109.

卢军羽, 刘宝才. 2017. 中国陶瓷典籍中窑名的分类及英译. 长江大学学报（社科版）,（2）: 93–97, 101.

卢军羽, 汪国萍. 2017. 中国陶瓷典籍中官窑与御窑的概念内涵及英译. 牡丹江师范学院学报（哲学社会科学版）,（2）: 113–117.

卢艳春. 2005. 语用学与翻译——《水浒传》中粗俗俚语的翻译之管见. 内蒙古师范大学学报（社会科学版）,（3）: 32–35.

卢颖. 2014. 从中西戏剧思维差异看《赵氏孤儿》英译本之变译策略. 四川戏剧,（6）: 61–63.

卢玉卿，张凤华. 2017. 闵福德《易经》英译述评. 中国翻译，（2）：79–86.
陆莲枝. 2010.《壮族创世史诗·布洛陀》的解读及英译原则. 百色学院学报，（5）：23–26.
陆莲枝. 2011a. 思维视角下的壮族典籍英译探讨——以布洛陀史诗为例. 百色学院学报，（2）：94–97.
陆莲枝. 2011b. 壮族典籍英译的缺失现象探讨——以布洛陀史诗为例. 海外英语，（2）：110–111.
陆莲枝. 2017. 贺大卫《布洛陀》英译本的民族志阐释. 翻译界，（2）：82–92，162.
陆莲枝. 2019. 壮族麽经布洛陀民间信仰解读及英译策略. 民族翻译，（1）：25–32.
陆颖瑶. 2017.《秋兴八首》的英译策略——以柳无忌、葛瑞汉、宇文所安译本为例. 杜甫研究学刊，（3）：48–53.
陆勇. 2011. 论《布洛陀经诗》英译版本与翻译策略. 广西民族研究，（3）：111–115.
陆振慧. 2010. 跨文化传播语境下的理雅各《尚书》译本研究. 扬州：扬州大学博士学位论文.
吕爱军. 2013. 社会符号学视角下的少数民族典籍翻译策略. 大连民族学院学报，（4）：373–376.
吕俊. 2001. 跨越文化障碍——巴比塔的重建. 南京：东南大学出版社.
吕俊. 2009. 翻译批评学引论. 上海：上海外语教育出版社.
吕世生. 2012. 元剧《赵氏孤儿》翻译与改写的文化调适. 中国翻译，（4）：65–69.
罗枫. 2007. 中医术语翻译的"归化"和"异化". 成都中医药大学学报，（2）：62–64.
罗红玲. 2004. 论诗歌的模糊性及其翻译中的模糊处理. 延安大学学报（社会科学版），（1）：122–124.
罗健，陈晓. 2019. 中医术语"精"的几种概念及其英译研究——以罗希文《大中华文库:〈本草纲目〉选》(汉英对照本)为例. 开封教育学院学报，（1）：53–54.
罗经国. 2005.《古文观止》精选. 北京：外语教学与研究出版社.
罗天. 2015. 翟林奈译《孙子兵法》与军事典籍翻译中的文化聚合. 外国语文，（4）：72–77.
罗希文. 2009. Introductory study of Huangdi Neijing. 北京：中医药出版社.
罗选民. 2019. 典籍翻译的历史维度——评《翻译研究的多维视角：1691年以来的〈中庸〉英译研究》. 上海翻译，（6）：86，93–94.
罗珠珠. 2019. 翻译质量评估模式下《黄帝内经》英译本个案对比研究. 南昌：江西中医药大学硕士学位论文.
骆海辉. 2011. 论典籍英译的译者素质——罗慕士个案研究. 攀枝花学院学报，（1）：70–75.
马凤华. 2014. 译者主体性与古典诗歌修辞翻译——以《红楼梦·金陵判词》四种英译为例. 现代语文（语言研究版），（6）：150–152.

马红军. 2003a. 翻译补偿手段的分类与应用——兼评 Hawkes《红楼梦》英译本的补偿策略. 外语与外语教学,（10）: 37–39.

马红军. 2003b. 为赛珍珠的"误译"正名. 四川外语学院学报,（3）: 122–126.

马宏. 2013. 译者主体视角的文化传播策略——以许渊冲译《西厢记》为例. 赤峰学院学报（汉文哲学社会科学版）,（5）: 213–215.

马会娟. 2017. 熊式一与中国京剧《王宝川》的文化翻译. 外语学刊,（2）: 85–91.

马会娟, 张奂瑶. 2016. 被遗忘的戏剧翻译家：熊式一翻译研究. 解放军外国语学院学报,（1）: 1–8, 158.

马嘉欣, 吕长竑. 2019. 从语义韵看《道德经》中"玄"之英译——基于《道德经》英译本语料库和美国当代英语语料库的分析. 西南交通大学学报（社会科学版）,（1）: 71–80.

马晶晶. 2019. 彝族创世史诗《勒俄特依》的十年翻译旅程——马克·本德尔与阿库乌雾谈合作翻译的经历. 民族翻译,（1）: 88–92.

马晶晶, 穆雷. 2019. 我国少数民族翻译研究的现状与展望——基于国家社科基金项目的立项分析（1997—2019）. 民族翻译,（4）: 27–37.

马克·本德尔. 2014. 一个美国人与三语版《苗族史诗》的故事. 中国社会科学报,（673）: 11–28.

马克·本德尔, 吴姗, 巴莫曲布嫫. 2005. 略论中国少数民族口头文学的翻译. 民族文学研究,（2）: 141–144.

马宁. 2011. 从图里翻译规范理论看《于丹〈论语〉心得》英译本. 江苏技术师范学院学报,（12）: 78–81.

马玉梅, 刘静静. 2011. 从图式理论看中国典籍英译者的跨文化交际能力——以《论语》中"仁"的英译为例. 社科纵横,（10）: 170–171.

马祖毅, 任荣珍. 1997. 汉籍外译史. 武汉：湖北教育出版社.

马祖毅, 任荣珍. 2003. 汉籍外译史（修订本）. 武汉：湖北教育出版社.

梅阳春. 2014. 古代科技典籍英译——文本、文体与翻译方法的选择. 上海翻译,（3）: 70–74.

孟建钢. 2018.《道德经》英译的关联性研究——以亚瑟·威利的翻译为例. 外语学刊,（4）: 84–89.

孟健, 曲涛, 夏洋. 2012. 文化顺应理论视阈下的典籍英译——以辜鸿铭《论语》英译为例. 外语学刊,（3）: 104–108.

苗玲玲. 2002. 译可译, 无常译——谈《道德经》翻译中的译者主体性. 学术研究,（8）: 134–137.

倪蓓锋. 2015. 国内《论语》翻译研究：述评与前瞻——基于全国硕士翻译研究论文（2000—2014）. 扬州大学学报（人文社会科学版）,（5）: 122–128.

年晓萍. 2013. 国家社会科学基金翻译研究立项 10 年观——基于翻译研究分类的统

计分析. 上海翻译, (4): 64–68.

牛百文, 李依畅. 2016. 关联理论视角下的中国文化负载词英译策略研究——以《三国演义》罗慕士译本为例. 现代语文(语言研究版), (7): 144–147.

牛喘月. 2004. 千岩万转路不定, 烟涛微茫信难求——谈《黄帝内经》英语翻译的原则与方法. 中西医结合学报, (5): 396–399.

欧秋耘, 刘莹. 2014. 词牌汉英翻译统一性研究. 湖北第二师范学院学报, (12): 121–124.

潘吉星. 1984. 徐光启著《农政全书》在国外的传播. 情报学刊, (3): 94–96.

潘文国. 2004. 译入与译出——谈中国译者从事汉籍英译的意义. 中国翻译, (2): 40–43.

潘文国. 2007. 中籍外译, 此其时也——关于中译外问题的宏观思考. 杭州师范学院学报(社会科学版), (6): 30–36.

潘文国. 2012. 典籍英译心里要有读者——序吴国珍《〈论语〉最新英文全译全注本》. 吉林师范大学学报(人文社会科学版), (1): 16–19.

潘智丹. 2009. 淡妆浓抹总相宜, 明清传奇的英译. 苏州: 苏州大学博士学位论文.

潘智丹. 2013. 论古典戏剧中集唐诗的英译. 中国翻译, (1): 103–106.

潘智丹, 杨俊峰. 2017. 论中国古典戏剧中定场诗的翻译——以《牡丹亭》为例. 中国翻译, (6): 86–91.

彭金玲. 2013. 许渊冲"三美论"视角下的壮族嘹歌翻译探析. 安徽文学(下半月), (6): 22–23, 67.

彭祺, 潘建虎, 刘玲. 2016. 典籍英译中的厚重翻译与文化传递——以格里菲斯《孙子兵法·计篇》英译本为例. 疯狂英语(理论版), (1): 140–142, 145.

彭祺, 张兰琴. 2012. 从《孙子兵法》英译看译者身份对译文的影响. 海外英语, (1): 167–168.

彭清. 2012. 传播视角下的民族典籍英译研究. 安徽理工大学学报(社会科学版), (2): 83–86.

彭清. 2014. 文化视域下的民族典籍英译主张——宁信而不顺. 社会科学论坛, (12): 64–69.

彭清. 2015. 瑶族典籍《盘王大歌》翻译与研究. 长沙: 湖南师范大学博士学位论文.

彭文青, 冯庆华. 2016. 从褒贬词语英译探究文学人物形象重塑. 外语电化教学, (2): 28–34.

蒲璞, 胡显耀. 2012. 从文本特征定量分析看《桃花源记》英译本的词语操作常规. 重庆交通大学学报(社会科学版), (2): 122–126.

齐林涛. 2015.《金瓶梅》西游记——第一奇书英语世界传播史. 明清小说研究, (2): 233–246.

钱灵杰, 操萍. 2016. 马礼逊《大学》英译的文化资本解读. 成都师范学院学报, (12)

71–74.

钱亚旭, 纪墨芳. 2013. 《论语》英译之差异的定量研究——以威利英译本和安乐哲、罗思文英译本中的"仁"为例. 山西大学学报（哲学社会科学版）,（2）: 83–87.

乔媛. 2018. 当代飞散译者宋德利《聊斋志异》英译与中国文化的联系和疏离. 中国比较文学,（3）: 66–83.

秦芳芳. 2017. 《论语》中西英译本对比研究——以理雅各、辜鸿铭为中心. 海外华文教育,（9）: 1267–1275.

覃芙蓉. 2007. 认知语境对中诗英译中意象再现的制约. 广东外语外贸大学学报,（2）: 36–39.

邱慧. 2014. 典籍《茶经》及其英译本词汇衔接对比研究. 大连: 大连理工大学硕士学位论文.

邱靖娜. 2018. 《孙子兵法》英译文功能语境重构研究. 北京: 北京科技大学博士学位论文.

邱靖娜, 张敬源. 2015. 语境关照下的《孙子兵法》通俗化英译研究——兼评加葛里亚蒂译本. 中南大学学报（社会科学版）,（3）: 267–273.

邱玏. 2011. 中医古籍英译历史的初步研究. 北京: 中国中医科学院博士学位论文.

邱玏. 2019. 《本草纲目》最早英文节译本及其英译特色探析. 中国中西医结合杂志,（5）: 618–620.

裘禾敏. 2011. 《孙子兵法》英译研究. 杭州: 浙江大学博士学位论文.

裘禾敏. 2012. 《孙子兵法》在英语世界的传播. 浙江社会科学,（6）: 134–138, 161.

裘禾敏. 2015. 国内《孙子兵法》英译研究综述. 孙子研究,（6）: 76–81.

权继振. 2017a. 论阿瑟·韦利英译《西游记》对中国语言、文化的传递策略. 常州工学院学报（社科版）,（3）: 70–73, 89.

权继振. 2017b. 文学翻译中的"陌生化"风格取向——以阿瑟·韦利英译《西游记》为例. 淮海工学院学报（人文社会科学版）,（7）: 69–72.

权继振. 2018. 《三国演义》中英雄人物所用兵器的文化解读与翻译探究. 重庆交通大学学报（社会科学版）,（2）: 140–144.

冉诗洋, 郑尧. 2015. 中西文化差异视域下的文学翻译批评——以《红楼梦》的英译为例. 长江师范学院学报,（5）: 83–87.

任博克, 林明照, 赖锡三. 2019. 任博克的译庄偶奇:《庄子》五则英译的讨论与评论. 商丘师范学院学报,（5）: 1–22.

任继愈. 2015. 中国科学技术典籍通汇. 北京: 大象出版社.

任强. 2019. 千年文化文本《茶经》的翻译修辞手法诠释. 福建茶叶,（1）: 304–305.

任运忠. 2016. 《周易》理雅各译本"厚翻译"分析. 浙江外国语学院学报,（6）: 53–59.

任增强. 2019. 美国汉学家宋贤德《聊斋志异》全英译本序言系列译文（一）. 蒲松龄

研究,(1): 90–97.

任治稷, 余正. 2006. 从诗到诗: 中国古诗词英译. 北京: 外语教学与研究出版社.

荣立宇. 2013. 仓央嘉措诗歌翻译与传播研究. 天津: 南开大学博士学位论文.

荣立宇. 2015a. 仓央嘉措诗歌在英语世界的译介（1906—2012）. 西藏研究,(2): 110–120.

荣立宇. 2015b. 创作与翻译之间——惠格姆的仓央嘉措诗歌英译. 民族翻译,(2): 14–23.

荣立宇. 2015c. 邓肯与仓央嘉措诗歌海外首个英语全译本. 民族翻译,(1): 33–39.

荣立宇. 2015d. 中国民族典籍英译研究三十五年（1979—2014）——基于文献计量学的分析. 民族翻译,(3): 28–37.

荣立宇. 2016. 英语主流诗学与仓央嘉措诗歌英译——基于韵律的考察. 山东外语教学,(3): 101–107.

儒风. 2008.《论语》的文化翻译策略研究. 中国翻译,(5): 50–54, 96.

桑颖颖. 2015. 中国戏曲的翻译和海外传播策略研究. 北京: 北京外国语大学硕士学位论文.

单雪梅. 2011. 史诗《江格尔》在英语世界的推介与英译本特色. 新疆师范大学学报（哲学社会科学版）,(1): 98–103.

单谊. 2004. 文化因素与翻译——从跨文化角度看《红楼梦》中习语的翻译. 同济大学学报（社会科学版）,(4): 113–118.

商海燕, 高润浩. 2014. 近百年美国《孙子兵法》研究述评. 滨州学院学报,(5): 58–66.

尚延延. 2016.《论语》马士曼英译本中副文本与正文本的意义关系探索. 中国海洋大学学报（社会科学版）,(6): 102–108.

申光. 2009. 中医学典籍的隐喻特征与厚重翻译法. 河南中医学院学报,(4): 20–22.

申蕾, 李晓霞, 赵莉. 2013. 基于语料库研究方法对《孙子兵法》中外两个英译本的分析. 长春师范学院学报（人文社会科学版）,(9): 81–83.

沈洁. 2019. 实践哲学视域下的中国科技典籍翻译研究. 南京工程学院学报（社会科学版）,(4): 13–17.

沈晓华. 2018. 论少数民族史诗翻译中的文学要素再现——以土家族《摆手歌》为例. 民族翻译,(4): 60–68.

盛洁, 姚欣. 2013. 功能翻译理论视域下的中医典籍英译本比较研究——以《伤寒论》译本为例. 时珍国医国药,(2): 464–467.

施云峰. 2017. 系统功能语言学视阈下《道德经》英译中的视点研究. 重庆: 西南大学博士学位论文.

施蕴中, 马冀明, 徐征. 2002.《黄帝内经》首部英译本述评. 上海科技翻译,(2): 46–49.

石英，翟江月. 2019. 从王宏印对"信达雅"的现代诠释看《易经》古歌英译——以第十四卦"大有"为例. 燕山大学学报（哲学社会科学版），(6)：36–40, 47.

时宇娇. 2019.《道德经》在海外译介的原因、历史和启示. 出版发行研究,（3）：108–111.

舒章燕. 2018. 顺应论视角下《易经》中文化负载词的翻译——以理雅各和汪榕培、任秀桦的两个英译本为例. 安徽文学（下半月）,（1）：47–49.

宋聪慧，姚欣. 2016. 生态翻译学视角下《伤寒论》文化负载词探析. 中医药导报,(9)：120–123.

宋德利. 2008. 西游记. 北京：中国书籍出版社.

宋德利. 2010.《论语》汉英对照. 北京：对外经济贸易大学出版社.

宋鹏. 2017. 从误译现象考证邦斯尔神父英译《红楼梦》之底本. 文化学刊,（1）：182–185.

宋婷，王治国. 2015.《格萨尔》史诗在北美的跨界传播——以 Douglas Penick 英译本为例. 西北民族大学学报（哲学社会科学版），(6)：164–168, 172.

宋晓春. 2013. 比较哲学视阈下安乐哲《中庸》翻译研究. 外语与外语教学,（2）：77–80.

宋晓春. 2014a. 阐释人类学视阈下的《中庸》英译研究. 长沙：湖南师范大学博士学位论文.

宋晓春. 2014b. 论典籍翻译中的"深度翻译"倾向——以 21 世纪初三种《中庸》英译本为例. 外语教学与研究,（6）：939–948, 961.

宋晓春. 2014c. 新柏拉图之光与庞德的《中庸》翻译. 中国比较文学,（2）：127–137.

宋晓春. 2017. 论辜鸿铭《中庸》英译本中道德哲学的建构. 湖南大学学报（社会科学版），(1)：97–102.

宋钟秀. 2012a. 从目的论视角管窥中国神秘文化的译介——以理雅各的《礼记》英译本为例. 合肥学院学报（社会科学版），(1)：56–59, 108.

宋钟秀. 2012b. 从目的论视角看中国典籍中文化负载词的英译——以理雅各的《礼记》英译本为例. 长沙大学学报,（1）：102–104.

宋钟秀. 2012c. 析论理雅各对中国神秘文化的处理方式——以理雅各的《礼记》英译本为例. 乐山师范学院学报,（1）：68–71.

宋钟秀. 2014a. 从纽马克语义翻译论视角探究中国古代经典的英译——以理雅各《礼记》英译本为例. 佳木斯职业学院学报,（12）：149–150.

宋钟秀. 2014b. 意识形态操纵视角下的理雅各《礼记》译本探究. 开封教育学院学报,（11）：265–267.

苏桂亮. 2011.《孙子兵法》英文译著版本考察. 滨州学院学报,（5）：149–156.

苏桂亮. 2014.《孙子兵法》域外千年传播概说. 滨州学院学报,（5）：92–101.

苏艳. 2009.《西游记》余国藩英译本中诗词全译的策略及意义. 外语研究,（2）：

82–86.

隋妍. 2013. 词牌的文化特征与英译策略. 科技信息，（5）: 228–229.

孙大雨. 2007. 英译屈原诗选. 上海：上海外语教育出版社.

孙凤兰. 2016. 概念隐喻视角下的《黄帝内经》英译. 上海翻译，（2）: 84–88.

孙际惠. 2010. 从翻译存异伦理探讨儒家概念词英译——以"仁"为例. 焦作大学学报，（4）: 80–83.

孙际惠. 2011. 阐释学视域下《论语》中哲学词汇的零翻译——以安乐哲英译本为例. 湖南科技学院学报，（7）: 146–148.

孙静艺，王伦. 2007. 异化策略在文化翻译中的成功应用——以《三国演义》Roberts 全译本中尊谦语的翻译为例. 重庆交通大学学报（社科版），（3）: 114–115, 129.

孙李丽. 2016. 文化阐释与定位视角下评析《红楼梦》官职名称英译. 商洛学院学报，（1）: 73–76.

孙乃荣. 2017. 国内典籍英译研究综述（2012—2016）. 浙江外国语学院学报，（4）: 96–102.

孙晓红. 2017.《茶经》英译中中国美学的传承与发扬. 福建茶叶，（4）: 283–284.

孙秀丽，王敏，贺薪颖. 2019. 从《茶经》英译本看茶文化传播中词汇空缺及其对策. 茶叶通讯，（3）: 365–369.

孙燕，李正栓. 2014. 中国典籍翻译发展的方向和趋势——以第八届全国典籍翻译学术研讨会为例. 燕山大学学报（哲学社会科学版），（2）: 95–98.

孙雨竹. 2016. 形式主义诗学与许渊冲英译唐诗中的节奏与声韵. 成都理工大学学报（社会科学版），（4）: 103–107.

索朗旺姆. 2012. 译者与译文：斋林·旺多、于道泉、G. W. Houston 与《仓央嘉措诗歌》. 西藏大学学报（社会科学版），（3）: 118–122.

索朗旺姆，格桑平措. 2015. 外国译者翻译藏族文学典籍的策略与方法分析——一项基于《萨迦格言》英译的研究. 西藏大学学报（社会科学版），（4）: 104–108.

邰谧侠. 2018.《老子》的全球化和新老学的成立. 中国哲学史，（2）: 122–129.

邰谧侠. 2019.《老子》译本总目（2019）. 国际汉学，（增刊1）: 7–18.

谭菁. 2013. 严谨细致准确统一——评刘殿爵《孟子》英译本中的哲学术语翻译. 语文学刊（外语教育教学），（2）: 45–48.

谭晓丽. 2011. 和而不同——安乐哲儒学典籍合作英译研究. 上海：复旦大学博士学位论文.

谭晓丽. 2012a. 安乐哲、郝大维《中庸》译本与美国实用主义. 中国翻译，（4）: 75–79.

谭晓丽. 2012b. 会通中西的文化阐释——以安乐哲、罗思文英译《论语》为例. 上海翻译，（1）: 61–65.

谭晓丽. 2013. 原作思维与译作语言——安乐哲、罗思文《论语》哲学英译的陈述方式.解放军外国语学院学报,(5):92–96.

谭晓丽,吕剑兰.2016.安乐哲中国哲学典籍英译的国际译评反思.南通大学学报(社会科学版),(6):81–87.

汤金霞,梅阳春,黄文.2015.《水浒传》英译研究:成绩、问题与对策.南京师大学报(社会科学版),(3):119–125.

唐艳芳.2009.赛珍珠《水浒传》翻译研究.上海:华东师范大学博士学位论文.

唐艳芳.2010.赛珍珠《水浒传》翻译研究:后殖民理论的视角.上海:复旦大学出版社.

陶友兰.2015.兼容不同视阈,逼近经典内涵——刘殿爵先生《论语》三个英译本的诠释学视角研究.当代外语研究,(3):44–51,62,78.

陶子凤.2015.乔治·斯坦纳阐释学翻译观下平果壮族嘹歌意象英译分析——以英文版《平果壮族嘹歌·贼歌篇》为例.广西教育学院学报,(5):31–34,59.

滕雄,文军.2017.理雅各《诗经》三种英译版本的副文本研究.外语教学,(3):79–85.

田晋芳.2010.中外现代陶渊明接受之研究.上海:复旦大学博士学位论文.

田霞.2018.论国学翻译之"道"——赵彦春教授访谈录.浙江外国语学院学报,(4):41–44.

屠国元,吴莎.2011.《孙子兵法》英译本的历时性描写研究.中南大学学报(社会科学版),(4):187–191.

屠国元,吴莎.2012.从语言顺应论看《孙子兵法》辞格的翻译策略选择——基于两个英译本的比较研究.中南大学学报(社会科学版),(3):135–139.

屠国元,许雷.2012.立足于民族文化的彰显——转喻视角下辜鸿铭英译《论语》策略研究.中南大学学报(社会科学版),(6):211–215.

屠国元,许雷.2013.译在家国之外——黄继忠《论语》英译的策略选择.中南大学学报(社会科学版),(4):215–220.

屠国元,章国军.2013.同根相煎急——试析贾尔斯对卡尔斯罗普《孙子》译本的误读.中南大学学报(社会科学版),(1):166–169.

屠国元,周慧.2008.文化专有项翻译与译者的文化选择——以《红楼梦》英译本"红"字的翻译为例.中南大学学报(社会科学版),(6):891–894.

万青,蒋显文.2017.《西游记》中主要人物的别名与英译.英语广场,(12):26–27.

汪班.2009.悲欢集.北京:外文出版社.

汪宝荣,姚伟,金倩.2017.《洛阳伽蓝记》中的民俗事象英译策略——以王伊同译本为中心的考察.语言与翻译,(3):50–56.

汪庆华.2015.传播学视域下中国文化走出去与翻译策略选择——以《红楼梦》英译为例.外语教学,(3):100–104.

汪榕培.1997.对比与翻译.上海:上海外语教育出版社.

汪榕培. 1999. 陶渊明诗歌英译比较研究. 北京：外语教学与研究出版社.
汪榕培. 2003. 英译《邯郸记》研究. 锦州师范学院学报（哲学社会科学版），（1）：109–117.
汪榕培. 2006. 为中国典籍英译呐喊——在第三届全国典籍英译研讨会上的发言. 中国外语，（1）：66.
汪榕培. 2007.《诗经》的英译——写在"大中华文库"版《诗经》即将出版之际. 中国翻译，（6）：33–35.
汪榕培. 2008a. 大中华文库·《诗经》. 长沙：湖南人民出版社.
汪榕培. 2008b. 英译乐府诗精华. 上海：上海外语教育出版社.
汪榕培. 2011. 译可译，非常译——英汉对照《水浒传》出版. 文汇报，03–04．
汪榕培，关兴华. 2007. 典籍英译研究（第3辑）. 长春：吉林大学出版社.
汪榕培，郭尚兴. 2011. 典籍英译研究（第5辑）. 北京：外语教学与研究出版社.
汪榕培，李秀英. 2006. 典籍英译研究（第2辑）. 大连：大连理工大学出版社.
汪榕培，李正栓. 2005. 典籍英译研究（第1辑）. 保定：河北大学出版社.
汪榕培，门顺德. 2010. 典籍英译研究（第4辑）. 北京：外语教学与研究出版社.
汪榕培，王宏. 2009. 中国典籍英译. 上海：上海外语教育出版社.
汪世蓉. 2013.《三国演义》文化专有项的描述性英译研究. 武汉：武汉大学博士学位论文.
汪世蓉. 2015. 翻译伦理视阈下汉语典籍的文化英译与域外传播——以《三国演义》的译介为例. 学术论坛，（1）：144–147.
汪田田，杨姗姗. 2019. 中医药文化"走出去"政府译介模式探索及启示——以"大中华文库"《〈本草纲目〉选》为例. 锦州医科大学学报（社会科学版），（1）：49–52.
汪艳. 2014. 论典籍文本译语文化空白的处理策略. 大连：大连理工大学硕士学位论文.
汪艳，姜欣. 2014. 浅谈《茶经》中生态文化的英译策略. 教育教学论坛，（15）：143–144.
汪雨. 2017.《蒙古秘史》英译本深度翻译比较研究. 北京：中央民族大学硕士学位论文.
王彬. 2014. 构建中国出版物"走出去"的赞助人体系——以中医典籍《黄帝内经》"走出去"为例. 出版发行研究，（12）：32–34.
王彬，叶小宝. 2014. 中医典籍中"气"的源流与翻译探析. 中国翻译，（2）：107–110.
王才英，侯国金. 2019. 红楼药方杨－霍译：语用翻译观. 中国科技翻译，（2）：44–47.
王长羽. 2014. 我国少数民族典籍英译现状与展望. 玉林师范学院学报，（1）：80–83.
王晨. 2011. 以奈达的"对等"理论比较《醉翁亭记》两个译本. 哈尔滨学院学报，（11）：88–92.
王成秀. 2016.《红楼梦》中的官称英译研究——基于《红楼梦》汉英平行语料库的考察. 现代语文（语言研究版），（2）：156–160.

王翠. 2019. 论新时代中国农学典籍的翻译与传播. 南京工程学院学报（社会科学版），(4): 18–23.

王丹，单军娜，姚壮，刘海洋. 2017.《伤寒论》两英文译本翻译方法的对比分析. 西部中医药，(7): 142–145.

王东波. 2008.《论语》英译比较研究——以理雅各译本和辜鸿铭译本为案例. 济南：山东大学博士学位论文.

王东波. 2011. 辜鸿铭《论语》翻译思想探析——文化翻译的范例. 孔子研究，(2): 121–126.

王尔亮，陈晓. 2017. 20世纪中期以来《黄帝内经·素问》英译本研究史述. 燕山大学学报（哲学社会科学版），(6): 38–43.

王尔亮，陈晓. 2019. 中国文化"走出去"视域下中医药典籍在海外的译介研究. 中国出版史研究，(3): 22–31.

王方路. 2007. 中国古诗英译的女性隐喻视角. 重庆工商大学学报（社会科学版），(6): 127–132.

王福祥，徐庆利. 2013. 民族文化身份嬗变与古代典籍核心词汇翻译——以《论语》中的"仁"为例. 西安外国语大学学报，(2): 98–102.

王海燕，刘欣，刘迎春. 2019. 多模态翻译视角下中国古代科技文明的国际传播. 燕山大学学报（哲学社会科学版），(2): 49–55.

王宏. 2006.《墨子》英译对比研究. 解放军外国语学院学报，(6): 55–60.

王宏. 2007. 翻译研究新论. 哈尔滨：黑龙江人民出版社.

王宏. 2009. 典籍英译教材建设的新尝试——介绍本科翻译专业教材《中国典籍英译》的编写. 上海翻译，(1): 41–44.

王宏. 2010.《梦溪笔谈》译本翻译策略研究. 上海翻译，(1): 18–22.

王宏. 2011a. 翻译研究新视角. 上海：上海外语教育出版社.

王宏. 2011b.《论语》英译考辨. 东方翻译，(6): 57–63.

王宏. 2011c. 怎么译：是操控还是投降. 外国语，(2): 84–89.

王宏. 2012a.《道德经》及其英译. 东方翻译，(1): 55–61.

王宏. 2012b.《诗经》及其英译. 东方翻译，(6): 50–57.

王宏. 2012c. "天下奇书"《山海经》及其英译——写在大中华文库《山海经》英译本出版之际. 上海翻译，(2): 74–77.

王宏. 2012d. 中国典籍英译：成绩、问题与对策. 外语教学理论与实践，(3): 9–14.

王宏. 2012e.《庄子》英译考辨. 东方翻译，(3): 50–55.

王宏. 2012f. 走进绚丽多彩的翻译世界. 北京：外语教学与研究出版社.

王宏. 2013a. 翻译研究新思路——2012年全国翻译高层研讨会论文集. 北京：国防工业出版社.

王宏. 2013b.《墨子》英译比读及复译说明. 上海翻译，(2): 57–61.

王宏. 2014a.《牡丹亭》英译考辨. 外文研究,（1）: 84–92.
王宏. 2014b.《西厢记》英译考辨. 广译,（8）: 47–74.
王宏，曹灵美. 2017. 图式理论视阈下的少数民族典籍英译研究. 解放军外国语学院学报,（6）: 45–52.
王宏，付瑛瑛. 2009. 试论典籍英译教材的编写. 中国外语,（2）: 105–108.
王宏，林宗豪. 2018.《楚辞》英译研究在中国三十年（1988—2017）. 外国语文研究,（2）: 54–65.
王宏，刘性峰. 2015. 当代语境下的中国典籍英译研究. 中国文化研究,（2）: 69–79.
王宏，刘性峰. 2018. 中国古代科技典籍翻译的传播学路径. 当代外语研究,（3）: 64–67, 109.
王宏，梅阳春. 2017. 走向西方世界的汉语典籍英译研究. 外国语文研究,（1）: 78–84.
王宏，束慧娟. 2004. 理论与实践紧密结合, 广度与深度齐头并进——第二届全国典籍英译研讨会评述. 中国翻译,（1）: 35–38.
王宏，张其海. 2019. 试论中华民族典籍传播的翻译学路径. 民族翻译,（1）: 18–26.
王宏，赵峥. 2008. 梦溪笔谈：汉英对照. 成都：四川人民出版社.
王宏等. 2019. 基于"大中华文库"的中国典籍英译翻译策略研究. 杭州：浙江大学出版社.
王宏印. 2001. 红楼梦诗词曲赋英译比较研究. 西安：陕西师范大学出版社.
王宏印. 2003. 探索典籍翻译及其翻译理论的教学与研究规律. 中国翻译,（3）: 48–49.
王宏印. 2007. 民族典籍翻译的文化人类学解读——《福乐智慧》中的民俗文化意蕴及翻译策略研究. 民族文学研究,（2）: 115–122.
王宏印. 2009. 中国文化典籍英译. 北京：外语教学与研究出版社.
王宏印. 2010. 中国文化典籍翻译——概念、理论与技巧. 大连大学学报,（1）: 127–133.
王宏印. 2015. 关于中国文化典籍翻译的若干问题与思考. 中国文化研究,（夏之卷）: 59–68.
王宏印. 2017. 中国传统译论经典诠释——从道安到傅雷. 大连：大连海事大学出版社.
王宏印，崔晓霞. 2011. 论戴乃迭英译《阿诗玛》的可贵探索. 西南民族大学学报（人文社会科学版）,（12）: 202–206.
王宏印，陈珞瑜. 2019. 梯玛神歌传世界, 摆手歌舞复摇摆——读《梯玛歌》与《摆手歌》两部英语译著有感. 中南民族大学学报（人文社会科学版）,（5）: 181.
王宏印，李宁. 2007. 民族典籍翻译的文化人类学解读——《福乐智慧》中的民俗文化意蕴及翻译策略研究. 民族文学研究,（2）: 115–122.
王宏印，李绍青. 2015. 翻译中华典籍传播神州文化——全国典籍翻译研究会会长王宏印访谈录. 当代外语研究,（3）: 1–7.
王宏印，李正栓. 2015. 典籍翻译研究（第 7 辑）. 北京：外语教学与研究出版社.
王宏印，王治国. 2011. 集体记忆的千年传唱：藏蒙史诗《格萨尔》的翻译与传播研究. 中国翻译, (2): 16–22, 95.

王宏印, 邢力. 2006. 追寻远逝的草原记忆:《蒙古秘史》的复原、转译及传播研究. 中国翻译, (6): 24–29.

王宏印, 朱健平, 李伟荣. 2013. 典籍翻译研究（第6辑）. 北京: 外语教学与研究出版社.

王宏印, 朱伊革, 李照国. 2019. 典籍翻译研究（第9辑）. 北京: 外语教学与研究出版社.

王宏印, 朱义华. 2017. 典籍英译研究（第8辑）. 北京: 外语教学与研究出版社.

王辉. 2007. 后殖民视域下的辜鸿铭《中庸》译本. 解放军外国语学院学报, (1): 62–68.

王慧宇. 2019. 罗明坚对《中庸》道德哲学概念的释译. 现代哲学, (3): 156–160.

王继慧. 2011. 中医药典籍《黄帝内经》书名英译探讨. 辽宁中医药大学学报, (9): 161–165.

王建. 2012. 权力话语视角下《论语》英译本的对比解读——以辜鸿铭和理雅各的译本为例. 山东外语教学, (4): 97–103.

王建平. 2005. 汉诗英译中的格式塔艺术空白处理. 外语学刊, (4): 84–90.

王劼, 温筱青. 2017. 翻译美学视角下译本的审美再现——以林语堂译《庄子》为例. 内蒙古财经大学学报, (4): 148–152.

王金波. 2013.《红楼梦》早期英译补遗之一——艾约瑟对《红楼梦》的译介. 红楼梦学刊, (4): 243–269.

王金波. 2018.《红楼梦》早期英译补遗之三——务谨顺对《红楼梦》的译介. 红楼梦学刊, (3): 285–302.

王金波, 王燕. 2010. 被忽视的第一个《红楼梦》120回英文全译本——邦斯尔神父《红楼梦》英译文简介. 红楼梦学刊, (1): 195–209.

王金波, 王燕. 2014.《红楼梦》早期英译补遗之二——梅辉立对《红楼梦》的译介. 红楼梦学刊, (2): 250–271.

王军. 2014. 民族志翻译——少数民族典籍外译的有效途径. 贵州民族研究, (11): 161–164.

王克友, 任东升. 2005. 叙述方式的转换与小说翻译效果——以《水浒传》第47回三个译文为例. 外语教学, (4): 77–80.

王坤. 2014. 庞德《诗经》英译中叠咏体的翻译策略. 山东外语教学, (6): 102–106.

王坤. 2017. 基于平行双语库《茶经》中的茶文化通用术语翻译. 福建茶叶, (7): 397–398.

王琨双. 2011. 译者的文化调节与历史典籍英译. 剑南文学（经典教苑）, (12): 117–118, 120.

王立欣, 吕琴. 2014. 基于语料库的译者风格研究——以《醉翁亭记》三个英译本为例. 绥化学院学报，（11）：67–70.

王丽耘，朱珺，姜武有. 2013. 霍克斯的翻译思想及其经典译作的生成——以《楚辞》英译全本为例. 燕山大学学报（哲学社会科学版），（4）：31–38.

王玲. 2016.《黄帝内经》中颜色词的英译研究——以颜色词"青"为例. 中国科技翻译，（2）：53–56.

王玲. 2017. 中医翻译教学中的典籍英译——以《黄帝内经》中颜色词的英译为例. 高教探索，（S1）：70–71.

王玲. 2018.《黄帝内经》中"红"系颜色词的英译. 中国科技翻译，（4）：52–54.

王密卿，王治江，赵亮. 2009. 汉诗英译中认知语境的构建. 河北师范大学学报（哲学社会科学版），（6）：117–121.

王敏，罗选民. 2017. 文化预设与中国神话的多模态互文重构——以《山海经》英译为例. 中国外语，（3）：92–100.

王倩. 2009. 罗经国《滕王阁序》英译技巧研究. 西北成人教育学报，（5）：65–68.

王若婷. 2019.《桃花扇》在英语世界的翻译与研究. 北京：北京外国语大学硕士学位论文.

王维波，王宏印，李正栓. 2015. 全国第二届少数民族典籍英译学术研讨会综述. 上海翻译，（1）：41.

王文强，单君. 2019. 跨洋出海记——海伦·海耶斯《西游记》英译本探析. 中国文化研究，（2）：141–150.

王文强，汪田田. 2017. 译者翻译倾向研究——以邓罗和罗慕士英译《三国演义》为例. 燕山大学学报（哲学社会科学版），（2）：54–59.

王汐. 2016. 实现化、示例化和个体化三维翻译模型. 重庆：西南大学博士学位论文.

王汐. 2018. 语料库批评译学视阈下的《道德经》英译本性别意识研究——以人称代词的显化为例. 重庆理工大学学报（社会科学），（4）：142–152.

王晓军，王翠. 2019. 国内《文心雕龙》英译研究再审视. 山东外语教学，（4）：104–113.

王晓农. 2016. 朝向民族典籍翻译多元共生、色彩斑斓的图景——《中华民族典籍翻译研究概论》述评. 民族翻译，（3）：85–90.

王晓农. 2017. 闵福德《易经》英译与《易经》外译的两个系统——兼论中华古籍外译的当代化取向. 燕山大学学报（哲学社会科学版），（2）：48–53.

王心，王密卿. 2019.《格丹格言》文化负载词英译研究. 东北亚语言学文学和教学国际论坛组委会. 东北亚外语论坛，（4）：91–101.

王亚光. 2015. 刘殿爵典籍英译述评. 上海翻译，（3）：85–90.

王烟朦，王海燕，王义静，刘迎春. 2019.《大中华文库》（汉英对照）之《天工开物》英译者访谈录. 外国语文研究，（1）：1–8.

王烟朦，许明武. 2018.《天工开物》大中华文库译本中"天"的翻译策略研究. 西安外国语大学学报，（2）：94–98.

王琰. 2010.《论语》英译与西方汉学的当代发展. 中国翻译,（3）: 24–32, 95–96.

王燕. 2018. 德庇时英译《红楼梦》研究——从约翰·巴罗书评谈起. 红楼梦学刊,（5）: 208–235.

王义静. 2005. 追求创新与多元——第三届全国典籍英译研讨会评述. 中国翻译,（5）: 66–68.

王寅. 2019. 体认语言学视野下的汉语成语英译——基于《红楼梦》三个英译本的对比研究. 中国翻译,（4）: 156–164, 190.

王银泉, 杨乐. 2014.《红楼梦》英译与中医文化西传. 中国翻译,（4）: 108–111.

王永真, 顾怡燕. 2017.《菜根谭》译史初探. 上海翻译,（3）: 62–68.

王勇. 2009.《论语》英译的转喻视角研究. 上海: 上海交通大学博士学位论文.

王宇弘. 2019. 传神达意古韵悠扬——论汪榕培英译乐府诗的翻译修辞策略. 沈阳师范大学学报（社会科学版）,（2）: 28–33.

王玉书. 2004. 王译唐诗三百首. 北京: 五洲传播出版社.

王钰, 姜怡. 2014.《茶经》的美学价值及其在翻译中的美学重构. 外语教育研究,（3）: 51–55.

王赟. 2011. 从后殖民视角对比研究理雅各和辜鸿铭的《论语》译本. 赤峰学院学报（汉文哲学社会科学版）,（3）: 117–119.

王运鸿. 2019. 形象学视角下的沙博理英译《水浒传》研究. 外国语（上海外国语大学学报）,（3）: 83–93.

王振平, 姜丽晶. 2017. 戴乃迭的文化身份与《阿诗玛》的翻译. 浙江树人大学学报（人文社会科学）,（4）: 63–67.

王镇. 2018.《西游记》英译本在英美的文化传播. 淮海工学院学报（人文社会科学版）,（1）: 31–33.

王志伟, 程璐. 2020. MTI 专业现状分析与特色发展. 洛阳师范学院学报,（3）: 76–80.

王治国. 2010. 民族志视野中的《格萨尔》史诗英译研究. 西北民族大学学报（哲学社会科学版）,（5）: 56–62.

王治国. 2011.《格萨尔》史诗民译与汉译述要. 民族翻译,（4）: 33–38.

王治国. 2013. 藏族诗性智慧跨文化传播的新拓展——《藏族格言诗英译》评介. 社会科学战线,（10）: 281–282.

王治国. 2015. 口传史诗《格萨尔》对外传播的翻译中介模式探析. 贵州民族大学学报（哲学社会科学版）,（3）: 77–82.

王治国. 2016a. 北美藏学与《格萨尔》域外传播的语境解析. 西藏研究,（4）: 83–88.

王治国. 2016b.《格萨尔》域外传播的翻译转换与话语体系. 青海社会科学,（4）: 170–174, 189.

王治国. 2016c. 双重书写: 非母语再创与译入语创译——以葛浩文英译阿来《格萨尔王》为例. 北京第二外国语学院学报,（2）: 59–67, 135.

王治国. 2016d. 西方藏学对《格萨尔》的深度描写与文化翻译——达维·妮尔英译本的民族志阐释. 民族翻译,（2）: 30–34.

王治梅, 张斌. 2010. 从阐释翻译论看《黄帝内经》省略辞格的英译. 中西医结合学报,（11）: 1097–1100.

魏泓. 2019.《左传》《史记》等中国典籍在西方的翻译与研究——美国著名汉学家杜润德教授访谈录. 外国语,（3）: 94–101.

魏家海. 2010. 伯顿·沃森英译《楚辞》的描写研究. 北京航空航天大学学报（社会科学版）,（1）: 103–107.

魏家海. 2013. 宇文所安唐诗英译诗学三层次. 天津外国语大学学报,（3）: 36–41.

魏家海. 2014.《楚辞》英译及其研究述评. 民族翻译,（1）: 89–96.

魏家海. 2017. 宇文所安唐诗翻译研究. 武汉: 华中师范大学博士学位论文.

魏家海, 赵海莹. 2011. 宇文所安英译唐诗空白的翻译策略——以孟郊诗歌的翻译为例. 天津外国语大学学报,（5）: 24–29.

魏迺杰, 许权维. 2004. 中医名词英译: 应用系统化原则的翻译模式. 科技术语研究,（4）: 30–34.

魏全凤. 2007. 诗歌意象美的传递——以唐诗英译为例看诗歌翻译. 电子科技大学学报,（6）: 80–83.

魏望东. 2013. 刘殿爵的《论语》翻译策略. 当代外语研究,（6）: 50–55.

魏薇. 2014. 翻译生态环境的规约性——以中医典籍英译的历时性研究为例. 南华大学学报（社会科学版）,（5）: 123–126.

温军超. 2012. 老子文化海外传播的现状及对策. 河南科技大学学报（社会科学版）,（1）: 12–15.

温军超. 2013a. 刘殿爵《道德经》译本中的"天下"概念. 当代外语研究,（6）: 46–49.

温军超. 2013b. 刘殿爵《道德经》英译本研究——以"天下"一词为例. 湖南工业大学学报（社会科学版）,（6）: 129–134.

温军超. 2013c. 吴经熊《道德经》译本中的"天下"观念剖析. 译苑新谭,（1）: 20–26.

温军超. 2014a. 陈荣捷与《道德经》翻译. 阜阳师范学院学报（社会科学版）,（5）: 12–15.

温军超. 2014b. 初大告与《道德经》翻译. 阜阳师范学院学报（社会科学版）,（2）: 22–26.

温军超. 2014c. 郑麐翻译思想研究. 英语教师,（10）: 66–72.

温军超. 2015a. 何处是"家国"？——黄继忠与《道德经》英译. 周口师范学院学报,（4）: 48–52.

温军超. 2015b. 寻找欧阳心农: 华人《道德经》英译第三人. 阜阳师范学院学报（社

会科学版),(5):28–32.

温军超. 2016. 华人《道德经》重译:"误读"还是"进化". 阜阳师范学院学报(社会科学版),(6):26–30.

温军超. 2017. 华人《道德经》中英平行语料库的构建分析. 淮北师范大学学报(哲学社会科学版),(1):115–119.

温巧枝,柴国喜. 2017. 论修辞手段的运用——以《茶经》的翻译为例. 福建茶叶,(7):358–359.

文婧. 2013. 帕尔默文化语言学视域下许渊冲英译边塞诗意象翻译研究. 长沙:湖南大学硕士学位论文.

文娟,蒋基昌. 2013.《黄帝内经》英译研究进展. 辽宁中医药大学学报,(7):260–262.

文军. 2013. 汉语古诗英译的描写模式研究——以杜甫诗歌英译的个案为例. 外国语,(5):72–81.

文军. 2019. 汉语古诗英译策略体系再论. 外语教育研究,(1):61–65.

文军,陈梅. 2016. 汉语古诗英译策略体系研究. 中国翻译,(6):92–98.

文军,邓春. 2012. 国内陶渊明诗文英译研究:回顾与展望. 民族翻译,(2):58–64.

文军,冯丹丹. 2011. 国内《聊斋志异》英译研究:评述与建议. 蒲松龄研究,(3):72–84.

文军,郝淑杰. 2011. 国内《诗经》英译研究二十年. 外国语言文学,(2):93–98.

文军,李培甲. 2012. 国内《孙子兵法》英译研究:评述与建议. 英语教师,(7):2–9.

文军,刘瑾. 2013. 国内《楚辞》英译研究综述(1992—2012). 外文研究,(1):84–88.

文军,罗张. 2011. 国内《水浒传》英译研究三十年. 民族翻译,(1):39–45.

文军,任艳. 2012. 国内《红楼梦》英译研究回眸(1979—2010). 中国外语,(1):84–93.

闻白. 2016. 西游记之西游. 人民日报,02-16,第24版.

乌斯嘎拉,宋文娟. 2014. 文化语言学视阈下"马"意象的翻译——基于《蒙古秘史》的个案分析. 内蒙古民族大学学报(社会科学版),(6):33–36.

巫元琼,刘晓民,吴庆晏. 2009. 论传统戏曲的翻译标准——简评杨宪益、戴乃迭《长生殿》英译本. 四川戏剧,(4):48–50.

吴冰. 2013a. 斯蒂芬·米切尔《道德经》英译通俗性研究. 青岛农业大学学报(社会科学版),(1):88–92.

吴冰. 2013b. 虚拟空间里的真实声音——斯蒂芬·米切尔《道德经》英译本读者网络评论研究. 北京化工大学学报(社会科学版),(1):65–69,98.

吴冰. 2014. 译随境变:社会历史语境下的《老子》英译研究. 长沙:湖南师范大学博士学位论文.

吴纯瑜,王银泉. 2015. 生态翻译学视阈下《黄帝内经》文化负载词英译研究. 中华中医药学刊, (1): 61-64.
吴伏生. 2012. 汉诗英译研究: 理雅各、翟理斯、韦利、庞德. 北京: 学苑出版社.
吴钧. 2011. 论《易经》的英译与世界传播. 周易研究, (1): 89-95.
吴礼敬. 2017. 英语世界《易经》诠释的范式转变. 北京: 北京外国语大学博士学位论文.
吴丽萍, 王岩. 2016.《墨子》中哲学术语的翻译研究. 海外英语, (3): 124-125.
吴莎. 2012. 跨文化传播学视角下的《孙子兵法》英译研究. 长沙: 中南大学博士学位论文.
吴涛. 2010. 勒菲弗尔"重写"理论视域下的华兹生《史记》英译. 昆明理工大学学报 (社会科学版), (5): 104-108.
吴涛. 2018. 读者接受力与忠信原则: 华兹生英译《史记》的双重限阈. 外语学刊, (4): 102-110.
吴涛, 杨翔鸥. 2012. 中西语境下华兹生对《史记》"文化万象"词的英译. 昆明理工大学学报 (社会科学版), (3): 102-108.
吴小芳. 2016. 认知语言学意义观关照下的《醉翁亭记》句式英译比析研究. 滁州学院学报, (1): 65-69.
吴欣. 2012. 韦利唐诗翻译之我见——以英译白诗《买花》为例. 长春理工大学学报 (社会科学版), (3): 79-81.
吴玥璠, 刘军平. 2017. 翻译传播学视域下《礼记》英译海外传播. 对外传播, (9): 53-55.
吴志萌. 2009. 斯坦纳阐释学翻译模式关照下的三个《庄子》译本的比较研究. 西南民族大学学报 (人文社科版), (3): 147-150.
伍小君. 2007. 诗歌翻译的接受美学观——兼评王维诗《送元二使安西》的四种英译文. 外语与外语教学, (10): 56-58.
武守信. 2013. 梅贻宝英译《墨子·卷一》中的文化流失问题. 郑州航空工业管理学院学报 (社会科学版), (2): 140-142.
武咏梅, 吴祥云, 朱娥. 2011. 唐宋词词牌名的英译探究. 云南财经大学学报 (社会科学版), (3): 159-160.
奚飞飞. 2012. 多元系统理论视角下《伤寒论》英译的比较研究. 南京: 南京中医药大学博士学位论文.
夏廷德, 夏飞. 2009. 论典籍翻译古雅韵味的补偿——以《三国演义》罗慕士译本为例. 辽宁大学学报 (哲学社会科学版), (4): 71-75.
夏歆东. 2014.《道德经》译者理雅各的理解前结构探析. 外国语文, (2): 152-157.
夏征农. 2000. 辞海. 上海: 上海辞书出版社.
向红. 2011. 互文翻译的语境重构. 上海: 上海交通大学.
向鹏. 2014.《周易》三个英译本中吉凶判词的翻译研究. 中国翻译, (5): 106-111.

向平. 2018. 基于语料库的裴松梅《易经》英译本的女性主义研究. 外语电化教学, (4): 91-96.
向士旭. 2017. 孙子兵法汉英平行语料库的建设及其应用. 外语与翻译, (3): 31-36.
向士旭. 2018a. 基于语料库的《孙子兵法》兵学术语英译研究——以 Griffith 译本和林戊荪译本为例. 柳州职业技术学院学报, (4): 90-97.
向士旭. 2018b. 生态翻译学视角下《孙子兵法》中文化负载词的英译——基于平行语料库的对比研究. 柳州职业技术学院学报, (2): 109-115.
肖家燕. 2007.《红楼梦》概念隐喻的英译研究. 杭州: 浙江大学博士学位论文.
肖开容. 2011. 从京剧到话剧: 熊式一英译《王宝川》与中国戏剧西传. 西南大学学报（社会科学版）, (3): 149-152.
肖水来, 孙洪卫. 2009. 释"道"有道,"道"亦可道——从斯坦纳阐释翻译学的角度看《道德经》中"道"的翻译. 湖北社会科学, (6): 138-143.
肖娴. 2018. 建筑典籍术语英译撷议——以《园冶》为例. 中国科技翻译, (2): 51-54.
肖娴. 2019. 科技典籍英译之文化迻译——以《园冶》为例. 上海翻译, (3): 55-60.
肖志兵. 2008. 亚瑟·韦利英译《道德经》的文化解读——以"天下"一词为例. 湖南第一师范学报, (1): 134-136.
肖志兵, 孙芳. 2015. 亚瑟·韦利英译《道德经》之"德". 译苑新谭, (1): 207-214.
谢朝龙. 2018a.《洛阳伽蓝记》外译考察. 淮海工学院学报（人文社会科学版）, (4): 68-71.
谢朝龙. 2018b.《洛阳伽蓝记》英译的译者认知与翻译处理. 语言教育, (1): 76-81.
谢道挺. 2010a. 功能主义视角下四部英文版《孙子兵法》译者主体性解析. 福州: 福建师范大学硕士学位论文.
谢道挺. 2010b.《孙子兵法》英译本译者主体性蠡测——以翟林奈、闵福德二译本为中心. 宁德师专学报（哲学社会科学版）, (1): 84-88.
谢辉. 2005. 语气隐喻与古汉诗英译. 安徽大学学报（哲学社会科学版）, (3): 54-56.
谢柯. 2013. 模因论视阈下《孙子兵法》的英译及其在英语世界的影响. 重庆广播电视大学学报, (4): 68-75.
谢舒婷. 2012.《黄帝内经》英译事业及其研究综述. 云南中医学院学报, (5): 67-70.
谢天振. 1999. 译介学. 上海: 上海外语教育出版社.
谢天振. 2003. 翻译研究新视野. 青岛: 青岛出版社.
谢怡. 2016.《论语》中重复的衔接功能和翻译. 浙江理工大学学报（社会科学版）, (4): 378-381.
谢云开. 2018. 宇文所安英译《杜甫诗》之格律. 山西大同大学学报（社会科学版）, (4): 62-65, 83.
辛红娟. 2009. "文化软实力"与《道德经》英译. 外语与外语教学, (11): 50-52.
辛红娟. 2011.《道德经》英译文本的另类阐释. 中国外语, (2): 93-97.

辛红娟. 2016. 中国之"道"在英语世界的阐释与翻译. 对外传播,（2）: 56–58.
辛红娟, 高圣兵. 2008. 追寻老子的踪迹——《道德经》英语译本的历时描述. 南京农业大学学报（社会科学版）,（1）: 79–84.
邢力. 2007a.《蒙古秘史》的多维翻译研究——民族典籍的复原、转译与异域传播. 天津：南开大学博士学位论文.
邢力. 2007b. 蒙古族历史文学名著《蒙古秘史》的英译研究. 民族文学研究,（1）: 160–166.
邢力. 2010a. 民族文学文化典籍的通俗经典化传播——评《蒙古秘史》罗依果英译. 民族文学研究,（3）: 151–159.
邢力. 2010b. 评阿瑟·韦利的蒙古族典籍《蒙古秘史》英译本——兼谈民族典籍翻译研究的学科定位. 解放军外国语学院学报,（2）: 78–82.
邢力. 2010c. 评奥侬的蒙古族典籍《蒙古秘史》英译本——兼谈民族典籍的民族性翻译. 民族翻译,（1）: 76–82.
熊俊. 2018. 布迪厄"资本"论下的理雅各《孝经》深度翻译. 翻译界,（1）: 41–52, 142.
徐珺. 2010. 汉文化经典误读误译现象解析：以威利《论语》译本为例. 外国语,（6）: 61–69.
徐坤. 2020. 二十一世纪以来《庄子》英译现状研究. 下一代,（1）: 50–51.
徐来. 2005.《庄子》英译研究. 上海：复旦大学博士学位论文.
徐伟儒. 2001. 音形义在别样美——评汪榕培《英译陶诗》. 外语与外语教学,（8）: 48–51.
徐学平. 2001. 试谈沙译《水浒传》中英雄绰号的英译. 湛江师范学院学报,（5）: 96–99.
徐玉娟, 束金星. 2007. 译者主体性与唐诗英译——李商隐诗作英译的个案分析. 江苏科技大学学报（社会科学版）,（4）: 54–61.
许多. 2017. 译者身份、文本选择与传播路径——关于《三国演义》英译的思考. 中国翻译,（5）: 40–45.
许多, 许钧. 2015. 中华文化典籍的对外译介与传播——关于"大中华文库"的评价与思考. 外语教学理论与实践,（3）: 13–17.
许钧. 2002. 译事探索与译学思考. 北京：外语教学与研究出版社.
许钧. 2018. 改革开放以来中国翻译研究概论（1978—2018）. 武汉：湖北教育出版社.
许雷. 2012. 典籍英译教学过程中的图式渗透. 教育文化论坛,（3）: 86–91.
许雷. 2013. 孔子新时代——《论语新译》评介. 求索,（11）: 33, 265.
许雷, 宋畅. 2010. 翻译过程中文化图式建构与文化传递——以林语堂《桃花源记》英译本为例. 湖南农业大学学报（社会科学版）,（5）: 79–83.
许雷, 屠国元, 曹剑. 2010. 后现代语境下跨文化传播的"图像转向"——蔡志忠漫画中英文版《论语》的启示. 贵州大学学报（社会科学版）,（2）: 132–135.

许敏. 2016. 卫礼贤/贝恩斯《周易》英译本的厚重翻译研究. 外语教学理论与实践，（3）：78–85.

许明武，罗鹏. 2019. 古代手工业术语英译探究——以《考工记》为例. 中国翻译，（3）：161–167.

许明武，王烟朦. 2016. 翟楚与翟文伯父子对《红楼梦》的译介研究. 红楼梦学刊，（6）：209–225.

许明武，王烟朦. 2017a. 傅斯年翻译观对科技典籍英译的启示. 中国科技翻译，（1）：40–42，39.

许明武，王烟朦. 2017b. 基于《天工开物》英译本的科技典籍重译研究. 语言与翻译，（2）：64–69.

许明武，王烟朦. 2017c. 任译《天工开物》深度翻译的"资本"视角解读. 中国翻译，（1）：92–97.

许明武，王烟朦. 2017d. 中国科技典籍英译研究（1997—2016）：成绩、问题与建议. 中国外语，（2）：96–103.

许明武，赵春龙. 2018. "一带一路"背景下国内少数民族语文翻译研究热点述评——兼论其民译、汉译与外译研究融合路径. 外语电化教学，（6）：58–64.

许文涛. 2015. 词汇视角下目的语文本中的文化融合——基于语料库方法的《道德经》翻译历时研究. 湖北科技学院学报，（3）：8–9.

许渊冲. 1979. "毛主席诗词"译文研究. 外国语，（1）：9–17，39.

许渊冲. 1992. 中诗音韵探胜. 北京：北京大学出版社.

许渊冲. 1998. 美化之艺术——《毛泽东诗词集》译序. 中国翻译，（4）：46–49.

许渊冲. 2003. 文学与翻译. 北京：北京大学出版社.

许渊冲. 2009. 诗经. 北京：中国对外翻译出版公司.

许渊冲. 2012. 再谈中国学派的文学翻译理论. 中国翻译，（4）：83–90，127.

薛凌. 2014. 利科叙事视角下理雅各《左传》译本中的"三重具象"——以齐桓与晋文为个案. 开封：河南大学博士学位论文.

鄢莉. 2010. 从苏珊·巴斯奈特的文化翻译观看《庄子》两英译本中文化负载词翻译. 郑州：郑州大学硕士学位论文.

闫畅，王银泉. 2019. 中国农业典籍英译研究：现状、问题与对策（2009—2018）. 燕山大学学报（哲学社会科学版），（3）：49–58.

闫曼茹. 2016a. 仓央嘉措诗歌两英译本的目的性探析. 湖北第二师范学院学报，（7）：115–120.

闫曼茹. 2016b. 国内仓央嘉措诗歌三家英译及其译论特点. 湖北科技学院学报，（6）：56–60.

严敏芬，闵敏. 2013. 基于语料库的《道德经》核心哲学术语英译研究. 南京航空航天大学学报（社会科学版），（4）：60–65.

严晓江. 2012. 许渊冲《楚辞》英译的"三美论". 南通大学学报（社会科学版），（2）：92–96.

严晓江. 2013a. 孙大雨《屈原诗选英译》的翻译特色. 重庆交通大学学报（社科版），（6）：132–134，139.

严晓江. 2013b. 文化翻译观下的《楚辞》文化负载词的翻译——以孙大雨《屈原诗选英译》为例. 西华大学学报（哲学社会科学版），（6）：65–69.

严晓江. 2015. 发愤抒情，以情译诗——杨宪益、戴乃迭《楚辞选》英译析评. 西南科技大学学报，（1）：16–19，24.

严晓江. 2017.《楚辞》英译的中国传统翻译诗学观研究. 北京：商务印书馆.

严怿洲. 2019. 关联理论视角下显性互文性的英译研究. 广州：广东外语外贸大学硕士学位论文.

言志峰，黄中习. 2014. 中国民间文学创作和民族典籍对外翻译的新纪元——"《布洛陀史诗》（壮汉英照）出版发行座谈会"综述. 百色学院学报，（1）：96–99.

颜静兰，陈逸飞. 2017. 礼貌原则下《红楼梦》敬称的英译——基于语料库的对比研究. 当代外语研究，（4）：81–89，94.

阳琼，黄信. 2017.《萨迦格言》比喻辞格英译比较研究. 四川民族学院学报，（2）：73–79.

杨斌. 2009. 关联论视阈下庞德中诗英译的创造性内涵. 徐州师范大学学报（哲学社会科学版），（6）：57–60.

杨成虎. 2012. 中国诗歌典籍英译散论. 北京：国防工业出版社.

杨德宏，姜欣. 2009. 浅谈典籍翻译中"求异存同"的民族文化重构策略. 鸡西大学学报，（5）：84–85.

杨国强. 2011.《墨子》典籍外译：文化全球化视域下的思考. 廊坊师范学院学报（社会科学版），（1）：63–66.

杨慧林. 2009. 怎一个"道"字了得——《道德经》之"道"的翻译个案. 中国文化研究，（秋之卷）：192–196.

杨慧林. 2011. 中西"经文辩读"的可能性及其价值——以理雅各的中国经典翻译为中心. 中国社会科学，（1）：192–205，224.

杨洁清. 2011a. 基于语料库的《道德经》"象"字翻译研究. 郑州航空工业管理学院学报（社会科学版），（1）：154–157.

杨洁清. 2011b. 译"道"之道——基于语料库的《道德经》"道"字翻译研究. 周口师范学院学报，（3）：68–71.

杨静. 2011. 模因论视阈下的典籍英译研究——以《道德经》为例. 广西社会科学，（4）：141–144.

杨静. 2014a. "和而不同，相得益彰"——中国哲学典籍英译的转换方法. 湖北民族学院学报（哲学社会科学版），（5）：156–159.

杨静. 2014b. 美国二十世纪的中国儒学典籍英译史论. 开封：河南大学博士学位论文.
杨静. 2015. "通其训诂、发其精微"——中国哲学典籍英译的诠释方法. 东疆学刊，（2）：13–15.
杨静. 2016. 从中西翻译史研究现状看中国典籍英译史的研究方向. 外语教学，（3）：109–112.
杨乐. 2014. 生态翻译学视域下多文本中《伤寒论》英译探讨. 南京：南京中医药大学博士学位论文.
杨乐，周春祥. 2013. 基于两个《伤寒论》译本的中医英译方法探析. 时珍国医国药，（8）：2037–2039.
杨丽雯，王银泉. 2015.《黄帝内经》英译研究在中国（2000—2014）. 中医药导报，（12）：11，105–108.
杨丽雯，王银泉. 2016. 中西文化交流视阈下文树德《黄帝内经》英译研究. 中国中医基础医学杂志，（4）：542–544.
杨莉. 2015. 中国哲学典籍《庄子》中的意象转换. 洛阳师范学院学报，（12）：118–120.
杨莉，李昊东，于海兵，耿冬梅. 2016.《黄帝内经》英译本出版情况. 中国出版史研究，（1）：134–144.
杨林. 2017. 直译与意译——理雅各与辜鸿铭《论语》英译本的功能语言学比较与分析. 北方民族大学学报（哲学社会科学版），（6）：136–139.
杨陇，王斌华. 2017. 汤显祖名剧《南柯记》西行东归的文化翻译. 中国翻译，（3）：77–83，128.
杨明山. 2015.《黄帝内经·素问》新译：中英对照. 上海：复旦大学出版社.
杨平. 2008a.《论语》的英译研究：总结与评价. 东方论丛，（2）：129–149.
杨平. 2008b.《论语》核心概念"仁"的英译分析. 外语与外语教学，（2）：61–63.
杨平. 2009a. 20世纪《论语》的英译与诠释. 北京第二外国语学院学报，（10）：21–32.
杨平. 2009b. 评西方传教士《论语》翻译的基督化倾向. 人文杂志，（2）：42–47.
杨平. 2015.《易经》在西方的翻译与传播. 外语教学与研究，（6）：923–934，961.
杨平. 2016. 西方汉学家与中国典籍翻译：成就、问题与对策. 浙江外国语学院学报，（3）：46–50.
杨平. 2017.《易经》在西方翻译与诠释的流派. 外国语，（3）：78–85.
杨文滢. 2009. 英译本比照下的汉语模糊特征——以《道德经》为例. 广州大学学报（社会科学版），（7）：82–85.
杨晓荣. 2005. 翻译批评导论. 北京：中国对外翻译出版公司.
杨颖育. 2010. 百年《孟子》英译研究综述. 西华师范大学学报（哲学社会科学版），（5）：86–90.
杨颖育. 2011. 儒家典籍英译及阐释的转换与失落——以英语世界《孟子》为例. 西

南民族大学学报（人文社会科学版），(3): 194–198.

杨颖育. 2014.《孟子》文学风格翻译研究. 四川师范大学学报（社会科学版），(3): 113–117.

杨颖育. 2015. 意象的转换与失落:《孟子》比喻英译研究. 井冈山大学学报（社会科学版），(6): 99–104.

杨宇婷. 2019. 江格尔中的蒙古族民俗翻译中的概念隐喻研究. 青年时代，(35): 31–32.

杨正军，何娟. 2013. 国内 1990—2012 年《论语》翻译研究现状及不足. 青岛农业大学学报（社会科学版），(1): 83–87.

杨自俭. 2005. 对比语篇学与汉语典籍英译. 外语与外语教学，(7): 60–62.

杨自俭，刘学云. 2003. 翻译新论. 武汉：湖北教育出版社.

姚达兑. 2016. 译玄：最早英译《道德经》(1859) 译文初探. 中国文化研究，(4): 126–136.

姚达兑. 2017.《道德经》最早英译本及其译者初探. 外语教学与研究，(1): 135–143，161.

姚欣，盛洁. 2012. 功能对等理论视角下中医病症名英译探析. 医学与哲学（A），(10): 72–74.

姚欣，王婷婷. 2013.《黄帝内经·素问》排比句英译法探析. 时珍国医国药，(2): 470–472.

姚振军. 2006.《黄帝内经》的"字对字"翻译. 医学与哲学（人文社会医学版），(4): 76–77.

姚振军. 2010. 基于双语领域本体的典籍英译批评研究. 大连：大连理工大学博士学位论文.

姚振军，郑旭红，徐鹏涛，王继升. 2013. 面向《道德经》英译的基于短语的机器翻译探析. 山东外语教学，(3): 109–112.

叶维廉. 2002. 道家美学与西方文化. 北京：北京大学出版社.

叶艳，汪晓莉. 2016.《红楼梦》"一喉二歌"语言现象英译研究. 北京第二外国语学院学报，(1): 46–58，133.

殷丽. 2017a.《黄帝内经》海外译介模式研究与中医药文化"走出去". 解放军外国语学院学报，(6): 53–61.

殷丽. 2017b. 中医药典籍国内英译本海外接收状况调查及启示——以大中华文库《黄帝内经》英译本为例. 外国语，(5): 33–43.

尤赞蕾. 2019. 可表演性视角下青春版《桃花扇》字幕译本浅析. 海外英语，(8): 54–55.

于涤非，赵红梅，翟江月. 2019. 从文学翻译表现手法看《易经》古歌英译——以"大畜"卦古歌为例. 鲁东大学学报（哲学社会科学版），(1): 46–50.

于欢. 2015. 宋朝茶诗互文性在其作者背景英译中的再现. 大连：大连理工大学硕士学位论文.

于培文. 2016. 英语世界的"四书"英译研究——基于 EBOSCO 和 JESTOR 数据库的期刊论文调查. 苏州大学学报（哲学社会科学版），（5）：158-166，192.

于艳华. 2011. 宏观与微观翻译伦理视角下译者的主观和客观操控. 外语与外语教学，（3）：69-72.

余石屹. 2016. 保罗·卡鲁斯的《道德经》英译本研究. 中国翻译，（6）：24-30.

余学军. 2013. 苗族文化史上一个标志性文献. 贵州日报. 05-17，第12版.

俞森林. 2012. 中国道教经籍在十九世纪英语世界的译介与传播. 社会科学研究，（3）：148-153.

俞晓红. 2016. 空间与象喻：《红楼梦》传译的跨文化阐释难题. 曹雪芹研究，（2）：19-29.

原淼，关熔珍. 2018. 从翻译美学角度看壮族典籍英译的形式美——以《北路壮剧传统剧目精选》英译为例. 重庆第二师范学院学报，（4）：47-51，127-128.

袁晓亮. 2015.《大学》英译研究在中国. 语文学刊（外语教育教学），（10）：43-45，79.

袁学良. 2002. 古代书目分类法与文学典籍崖略. 成都：巴蜀书社.

袁媛. 2011. 语境与茶学术语符号意义的英译. 科技信息，（22）：602，604.

袁媛，姜欣. 2009.《续茶经》中茶名英译探析. 孝感学院学报，（1）：70-72.

袁媛，姜欣，姜怡. 2010. 图式理论观照下的茶文化翻译——《续茶经》个案研究. 宜春学院学报，（10）：64-66.

袁媛，姜欣，姜怡. 2011.《茶经》的美学意蕴及英译再现. 湖北经济学院学报（人文社会科学版），（6）：123-125.

袁卓喜，唐舒航. 2016. 壮族嘹歌中的隐喻及其英译策略. 民族翻译，（3）：24-29.

曾春莲. 2013. 罗思文、安乐哲对《孝经》的诠释和翻译. 学术研究，（3）：37-40，45.

曾春莲，张红霞. 2010. 禅治文、理雅各《孝经》英译比较. 西南民族大学学报（人文社会科学版），（S1）：191-195.

曾祥波. 2016. 宇文所安杜诗英文全译本 The poetry of Du Fu 书后. 杜甫研究学刊，（3）：82-87.

曾晓光. 2008. 罗慕士译《三国演义》对容量词的英译及问题. 内蒙古农业大学学报，（1）：323-325.

张保红. 2005. 意象与汉诗英译——以陶渊明诗《归园田居》（其一）英译为例. 解放军外国语学院学报，（4）：51-58.

张保红. 2019. 翟理斯汉诗格律体英译探索. 山东外语教学，（1）：96-107.

张碧云. 2011. 从许渊冲"三美"原则角度论李清照词英译的美感再现. 牡丹江教育学院学报，（4）：59-60.

张斌，李莫南. 2014. 概念整合理论下的《黄帝内经》隐喻翻译实例分析. 时珍国医国药,(1): 159–161.

张斌, 朱伊革. 2018. 深化典籍翻译研究的学理性、民族性、国际性与时代性——"第十届全国典籍翻译学术研讨会"会议综述. 燕山大学学报(哲学社会科学版),(3): 60–65.

张柏然, 许钧. 2008. 译学新论. 上海: 上海外语教育出版社.

张的妮, 廖志勤. 2015. 国内《易经》英译研究综述(1985—2014). 周易研究,(2): 85–91.

张德福. 2014. 四个阶段, 多种取向——海外汉学家《论语》英译探赜. 上海: 复旦大学博士学位论文.

张德福. 2017. 森舸澜《论语》英译本的"丰厚翻译". 外语学刊,(5): 111–116.

张汨, 文军. 2014. 中国科技典籍英译本概况探究: 现状与建议. 语言教育,(4): 57–60.

张广法. 2019. 汉语古诗英译策略体系之节略法研究. 语言教育,(1): 33–39, 58.

张广法, 文军. 2018. 翻译注释对庄子形象的社会建构研究——翻译注释的内容分析. 外语研究,(2): 71–77, 93.

张广法, 文军. 2019. 差异伦理视角下的翻译注释研究:《庄子》翻译注释的内容分析. 外语教学,(3): 86–92.

张海红, 施蕴中. 2006. 论中医脉象术语的翻译. 中国中西医结合杂志,(7): 655–658.

张海燕, 黄伟. 2014. 以赛珍珠英译《水浒传》为例看文学翻译中审美的"陌生化". 湖北科技学院学报,(5): 62–63.

张虹, 段彦艳. 2016. 译者行为批评与《孝经》两译本中评价意义的改变. 解放军外国语学院学报,(4): 151–158.

张洪波, 王春强. 2016. 着力传达"故事"背后的"深层内容"——《聊斋志异》闵福德译本的一个特点. 中国文化研究,(1): 101–106.

张建平, 蔡强. 2013.《红楼梦》丫鬟人物命名艺术探析及其英译对比. 江西理工大学学报,(6): 107–111.

张建英. 2011. 诗歌翻译中文化意象的翻译策略——以古诗英译为例. 长沙民政职业技术学院学报,(2): 123–126.

张金良. 2015.《赵氏孤儿》18世纪在英国的翻译. 河北大学学报(哲学社会科学版),(3): 101–107.

张晶晶, 戴琪. 2006. 中医名词术语翻译"五性"原则. 北京中医药大学学报,(11): 740–742.

张敬源, 邱靖娜. 2016a. 从功能语境重构看译者选择——兼评林戊荪《论语》英译本. 山东外语教学,(6): 86–92.

张敬源, 邱靖娜. 2016b. 后现代语境下民族典籍翻译的通俗化改写——评首个国内《玛纳斯》英译本. 外国语文,(6): 136–142.

张娟. 2014. 从理雅各《孝经》看孝文化典籍英译. 池州学院学报, (2): 115–119.
张俊杰. 2010. 试论中庸诗歌翻译观的建构——以王维诗歌英译为例. 开封: 河南大学博士学位论文.
张俊佩. 2017. 韦努蒂抵抗式翻译理论视域下《三国演义》罗慕士译本中的文化负载词英译研究. 成都: 西华大学硕士学位论文.
张蕾. 2019. 文化图式视域下的《黄帝内经》英译本中文化缺省翻译策略比较研究. 陕西中医药大学学报, (6): 70–74.
张李赢, 任荣政. 2019. 从《本草纲目》罗希文译本探讨语境理论指导下的中医古籍英译策略. 中国中医基础医学杂志, (2): 235–238.
张立玉, 李明. 2015. 少数民族典籍对外译介的翻译生态体系构建——以土家族典籍英译为例. 延边大学学报 (社会科学版), (5): 66–71.
张林影, 樊月圆. 2018. 文化翻译观下《庄子》英译本翻译研究. 牡丹江师范学院学报 (哲学社会科学版), (3): 129–133.
张霖, 文娟, 蒋基昌. 2015.《黄帝内经》书名英译研究. 亚太传统医药, (12): 3–4.
张玲. 2013. 从中国典籍英译视角看跨文化交际教学. 现代传播 (中国传媒大学学报), (7): 155–156.
张玲. 2014. 汤显祖戏剧英译的副文本研究——以汪译《牡丹亭》为例. 中国外语, (3): 106–111.
张曼. 2006. 杨宪益与霍克斯的译者主体性在英译本《红楼梦》中的体现. 四川外语学院学报, (4): 109–113.
张淼, 白合慧子, 潘玥宏. 2017. 关联论视阈下《黄帝内经》文化负载词的翻译研究. 西部中医药, (10): 142–145.
张萍. 2018. 理雅各翻译思想研究. 苏州: 苏州大学博士学位论文.
张萍, 王宏. 2018.《诗经》三译本看理雅各宗教观的转变. 国际汉学, (2): 52–57, 205.
张其海, 王宏. 2016a.《长生殿》英译考辨. 外文研究, (2): 79–85, 107.
张其海, 王宏. 2016b. 基于"大中华文库"的《长生殿》英译翻译策略研究. 外国语文研究, (5): 79–87.
张冉, 姚欣. 2013.《黄帝内经》句式整齐辞格英译研究. 时珍国医国药, (1): 221–223.
张瑞娥, 董杰. 2010. 多维视角下二元翻译因素的并置与转换——以《红楼梦》判词的英译为例. 天津外国语学院学报, (2): 35–41.
张威. 2015. 我国翻译研究现状考察——基于国家社科基金项目(2000—2013)的统计与分析. 外语教学与研究, (1): 106–118.
张薇, 李天贤. 2017. 生态翻译学视角下中国文化典籍英译研究的现状和对策. 广西科技师范学院学报, (1): 95–97.
张文莉. 2017. 中华文化如何走出去——以《道德经》英译史为例. 中国宗教, (9): 66–67.

张西平. 2015a. 传教士汉学家的中国经典外译研究. 中国翻译,（1）: 29–34.

张西平. 2015b. 中国古代文化经典域外传播研究的一个尝试. 国际汉学,（4）: 171–185.

张西平. 2018. 20 世纪中国古代文化经典在域外的传播与影响研究导论（上、下）. 郑州：大象出版社.

张娴. 2013.《楚辞》英译研究——基于文化人类学整体论的视角. 长沙：湖南师范大学博士学位论文.

张晓枚, 陈锋, 陈宁, 沈艺. 2018. 文树德英译本《黄帝内经》文化负载词英译探究. 环球中医药,（7）: 1084–1087.

张晓雪. 2014. 译笔带批判锋芒, 阐述现宗教偏见——柯大卫《论语》英译本特色评析. 上海翻译,（1）: 44–49.

张晓雪. 2018.《论语》英译本海外传播现状与对策探讨——基于亚马逊网上书店以及 Google Scholar 数据统计分析. 湘潭大学学报（哲学社会科学版）,（2）: 157–160.

张晓雪. 2019. 翻译说服论视角下《论语》英译本接受效果分析——以 Google Scholar 被引统计为依据. 出版发行研究,（3）: 70–76, 95.

张笑一. 2016. 试议词牌名的英译技巧. 语文学刊（外语教育教学）,（9）: 93–94.

张新杰, 李燕娟. 2016. 侗族大歌翻译的原生态文化因素分析. 中北大学学报（社会科学版）,（3）: 65–68, 72.

张新民. 2018. 基于符号翻译学的中国典籍英译策略——从语言符号和非语言符号翻译之视角评《周易》三个英译本. 上海翻译,（3）: 67–73, 95.

张雅卿. 2018. 安乐哲学术实践的修辞解读. 福州：福建师范大学博士学位论文.

张琰. 2014. 宋词英译策略探究——以李清照《声声慢》为中心. 中国文化研究,（1）: 140–146.

张焱, 李佳. 2019. 认知翻译学视角下中医典籍英译中的识解研究——以《伤寒论》英译本为例. 长春理工大学学报（社会科学版）,（5）: 168–173.

张焱, 李应存, 张丽, 王巧宁. 2019. 中医典籍文献历史文化探源及其在海外的传播与译介. 中医药文化,（2）: 10–20.

张焱, 王巧宁, 张丽. 2019. 中国文化从"走出去"到"走进去"——海外汉学家文树德《黄帝内经》英译研究. 中国文化研究,（3）: 144–154.

张焱, 张丽, 王巧宁. 2016.《黄帝内经》"五神"概念的英译研究. 中国文化研究,（4）: 144–154.

张阳. 2013. 中华典籍海外读者市场的生态解读及启示——以亚马逊《论语》英译本为例. 浙江理工大学学报,（3）: 410–414.

张瑛. 2016. 民族文化典籍翻译的伦理构建问题研究. 贵州民族研究,（11）: 139–143.

张映先. 2002.《红楼梦》翻译中的文学形象变异与创造式想象. 外语与外语教学,（9）: 47–50.

张映先, 张小波. 2016.《红楼梦》中的"美容之道"及其翻译——以霍克斯与杨宪益英译为印证. 外语与翻译,（4）: 27–31.

张羽. 2013. 壮族嘹歌英译的认知语用框架探析——以《平果壮族嘹歌》为例. 大连民族学院学报,（4）: 386–390.

张媛. 2013.《江格尔》翻译研究综述. 民族翻译,（4）: 52–58.

张政. 2004. 文化与翻译——读汪榕培《牡丹亭》英译本随想. 西安外国语大学学报,（1）: 42–44.

张政, 胡文潇. 2015.《论语》中"天"的英译探析——兼论其对中国文化核心关键词英译的启示. 中国翻译,（6）: 92–96.

张智中. 2006. 许渊冲与翻译艺术. 武汉：湖北长江出版集团.

张智中. 2007a. 汉诗英译的策略. 广西社会科学,（4）: 142–146.

张智中. 2007b. 诗歌形式与汉诗英译. 天津外国语学院学报,（5）: 33–42.

张智中. 2009. 唐人白话绝句百首英译. 北京：国防工业出版社.

张智中. 2014a. 汉诗的朦胧之美及其英译. 山东外语教学,（3）: 92–96.

张智中. 2014b. 汉诗英译的语言之美. 海军工程大学学报（综合版）,（4）: 74–79.

张智中. 2015. 汉诗英译美学研究. 北京：商务印书馆.

张智中. 2019. 唐诗绝句英译800首. 武汉：武汉大学出版社.

张孜婷. 2011. 许渊冲的"三美"理论在李清照词的英译中的再现（英文）. 语文学刊（外语教育与教学）,（7）: 80–82.

张梓辰, 张政. 2018. 翻译研究的热点与展望——基于国家社科基金项目的立项分析. 上海翻译,（1）: 17–21.

章国军. 2013a. 名著复译与误读. 外国语文,（4）: 102–105.

章国军. 2013b. 误读理论视角下的《孙子兵法》复译研究. 长沙：中南大学博士学位论文.

章国军. 2014.《孙子》复译中的实用性改写. 深圳职业技术学院学报,（6）: 45–49.

章媛. 2010.《道德经》首句英译问题研究. 宗教学研究,（4）: 186–190.

章媛. 2012a. 近代以来英译本对《道德经》的哲理化解读. 东岳论丛,（8）: 53–60.

章媛. 2012b. 老子之"德"英译得失考. 学术界,（6）: 104–116, 285.

章媛. 2012c. 西译文本对老子"道法自然"误读考辨. 宗教学研究,（2）: 77–83.

赵长江. 2013. 藏族文化对外传播的杰出译作——评李正栓教授《藏族格言诗英译》. 河北师范大学学报（哲学社会科学版）,（3）: 2.

赵长江. 2014a. 19世纪中国文化典籍英译研究. 天津：南开大学博士学位论文.

赵长江. 2014b. 民族典籍外译研究（1986—2013）. 广西民族大学学报（哲学社会科学版）,（4）: 7–12.

赵长江. 2016.《红楼梦》英译之嚆矢——马礼逊《红楼梦》英译研究. 红楼梦学刊,（5）: 223–237.

赵长江. 2017. 十九世纪中国文化典籍英译史. 上海：上海外语教育出版社.

赵长江, 齐乐. 2018. 民族典籍翻译研究的内容、特点与未来走向——第四届全国民族典籍翻译研讨会综述. 民族翻译, (4): 90–96.

赵常玲. 2017. 功能语境视角下的《中庸》英译本比较研究. 北京：北京科技大学博士学位论文.

赵常玲, 何伟. 2016. 功能语境视角下的《中庸》英译比较研究. 西安外国语大学学报, (4): 113–117.

赵春龙, 许明武. 2019. 小斯当东英译科技典籍《群芳谱》探析. 中国科技翻译, (3): 60–63.

赵桦. 2010. 伯顿·华滋生英译《史记》述评. 科技信息, (17): 180–182.

赵霞. 2015. 杨洁德《伤寒论》英译本翻译策略探究. 西部中医药, (5): 150–153.

赵妍婷. 2013. 辜鸿铭与林语堂《论语》英译策略对比研究. 长春工业大学学报（社会科学版）, (4): 117–119.

赵彦春. 2005. 翻译学归结论. 上海：上海外语教育出版社.

赵彦春, 吴浩浩. 2017. 音译的尴尬——《庄子》英译中专有名词的处理及译学思考. 外语学刊, (6): 100–106.

赵阳, 施蕴中. 2009.《素问》音韵英译研究. 中西医结合学报, (4): 389–391.

赵颖. 2015. 基于语料库的《道德经》两译本的翻译风格研究. 中国翻译, (4): 110–113.

赵颖. 2016. 吴经熊《道德经》译介的转喻视角分析. 上海翻译, (3): 56–61, 94.

赵征军. 2013. 中国戏剧典籍译介研究——以《牡丹亭》的英译与传播为中心. 上海：上海外国语大学博士学位论文.

赵征军. 2018. 汉学家白之英译《牡丹亭》戏剧翻译规范探究. 燕山大学学报（哲学社会科学版）, (2): 62–66, 74.

赵征军, 陈述军. 2018. 基于语料库的《牡丹亭》符号意象英译操作规范研究. 外语电化教学, (1): 32–39.

郑建宁. 2019a. 基于语料库的《孙子兵法》英译比较研究——以郑麐与格里菲斯译本为例. 天津中德应用技术大学学报, (3): 101–108.

郑建宁. 2019b.《孙子兵法》译史钩沉. 西北民族大学学报（哲学社会科学版）, (5): 178–188.

郑锦怀. 2012.《三国演义》早期英译百年（1820—1921）——《〈三国演义〉在国外》订正补遗. 明清代小说研究, (3): 86–95.

郑锦怀. 2019.《三国演义》百年英译（1820—1938）：史实考辨与学理反思. 国际汉学, (4): 146–154, 203.

郑侠, 宋娇. 2015.《墨子》的修辞特点及其英译. 河北联合大学学报（社会科学版）, (1): 104–107, 116.

郑周林, 黄勤. 2017. 我国翻译研究进展管窥——基于教育部人文社会科学研究一般项目立项名单（2005—2016）.外语与翻译,（4）: 9–14.

支羽,朱波. 2013. 阐释学视角下的译者主体性——从汪榕培的《墨子》英译谈起.西北工业大学学报（社会科学版）,（4）: 84–87.

钟明国. 2009. 辜鸿铭《论语》翻译的自我东方化倾向及其对翻译目的的消解.外国语文,（2）: 135.

钟再强. 2010a. 刍议客观定位赛译《水浒传》的原则与前提.聊城大学学报（社会科学版）,（6）: 93–97.

钟再强. 2010b. "名人论断"效应引发的思考——以对赛珍珠英译《水浒传》的评价为例.长沙铁道学院学报（社会科学版）,（4）: 73–74.

钟再强. 2011. 接受理论视域下的赛珍珠英译《水浒传》——赛译本成功原因之探析.兰州学刊,（10）: 106–111.

钟再强. 2013. 论影响赛译《水浒传》译者主体选择的宏观语境.邢台学院学报,（4）: 119–122.

钟再强. 2014a. 刍议赛珍珠英译《水浒传》的翻译目的.盐城师范学院学报（人文社会科学版）,（4）: 49–53.

钟再强. 2014b. 刍议赛珍珠英译《水浒传》的国外影响.外语研究,（3）: 71–75.

钟再强. 2017. 合作翻译视阈中的赛译《水浒传》评价.南通大学学报（社会科学版）,（4）: 86–92.

钟再强. 2019. 论赛珍珠英译《水浒传》的译者主体选择.山东外语教学,（6）: 102–109.

周慧星. 2013. 从译者主体性角度赏析《桃花源记》六种英译文.语文学刊（外语教育教学）,（4）: 57–58.

周建川. 2019. 基于语料库的《孙子兵法》国人译本译文风格研究.淮海工学院学报（人文社会科学版）,（5）: 58–61.

周蓉蓉. 2019.《月下独酌》韦利、宾纳英译本比较研究.安徽工业大学学报（社会科学版）,（2）: 66–68.

周沈艳. 2017. 基于语料库的《孙子兵法》英译本译者风格对比研究.现代语文（语言研究版）,（3）: 148–150.

周卫涛. 2017.《论语》生态与物质文化负载词的英译比较——以辜鸿铭与理雅各的英译版本为例.钦州学院学报,（8）: 55–60.

周小玲. 2011. 基于语料库的译者文体研究——以理雅各英译中国典籍的文体为个案.长沙：湖南师范大学博士学位论文.

周小琴. 2015. 典籍翻译模式的构建与启发.燕山大学学报（哲学社会科学版）,（3）: 89–94.

周新凯,许钧. 2015. 中国文化价值观与中华文化典籍外译.外语与外语教学,（5）: 70–74.

周秀苗. 2012a. 北路壮剧语言特色及英译原则.社科纵横（新理论版）,（3）: 285–287.

周秀苗. 2012b. 从壮剧文化特色看翻译的异化与归化. 佳木斯教育学院学报,(12): 332–333.

周秀苗. 2013. 广西北路壮剧唱词英译策略研究. 广西民族大学学报(哲学社会科学版),(3): 172–175.

周秀苗. 2014. 北路壮剧传统剧目精选. 桂林: 广西人民出版社.

周艳鲜. 2012a. 广西壮族嘹歌壮语英译策略研究. 广西民族大学学报(哲学社会科学版),(3): 164–168.

周艳鲜. 2012b. 壮族嘹歌英译的理据与可译性分析. 湖北经济学院学报(人文社会科学版),(4): 134–136.

周艳鲜. 2012c. 壮族嘹歌韵律英译策略研究. 百色学院学报,(2): 65–69.

周艳鲜. 2016. 依生之美: 少数民族典籍翻译的审美范式——以广西壮族嘹歌英译为例. 民族翻译,(4): 29–35.

朱斌. 2019. 宾纳与江亢虎英译《唐诗三百首》研究. 渭南师范学院学报,(2): 38–45.

朱峰. 2019. 厚重翻译中的译者角色与翻译策略——以金安平《论语》英译本为例. 中国文化研究,(4): 149–159.

朱耕. 2011. 目的论视角下《红楼梦》书名英译解读. 长沙大学学报,(4): 96–97, 104.

朱耕. 2012. 从《红楼梦》书名的英译看民族文化的传承——兼论《红楼梦》书名的含义. 时代文学(上半月),(2): 129–130.

朱虹, 刘泽权. 2011. 四大名著汉英平行语料库的创建: 问题与对策. 当代外语研究,(1): 13–18, 62.

朱健平, 刘松. 2019. 艾乔恩企鹅版《墨子》英译中深度翻译策略研究. 外语教学,(2): 99–103.

朱玲. 2015. 昆剧翻译的多模态视角探索——以《牡丹亭》英译为例. 苏州: 苏州大学博士学位论文.

朱明胜. 2016.《西游记》英译本的传播者及传播内容. 淮海工学院学报(人文社会科学版),(3): 31–33.

朱瑞君. 2009. 从斯坦纳翻译四步理论看译者主体性——以翟理思《聊斋志异》译本为例. 合肥工业大学学报(社会科学版),(6): 92–96.

朱姝. 2013.《赵氏孤儿》外译与"戏剧翻译"界定. 外语学刊,(5): 104–108.

朱舒然. 2019. 论《庄子》的哲学翻译——以《齐物论》为例. 外语教学与研究,(1): 96–108, 160–161.

朱晓轩. 2016.《孙子兵法》华人英译描述性研究. 湖北民族学院学报(哲学社会科学版),(3): 168–172, 185.

朱源. 2006. 从《李笠翁曲话》英译看汉语典籍英译. 外语与外语教学,(4): 48–51.

祝远德, 符霄婷. 2018. 关联理论视角下民族典籍文化意象英译研究——以《平果壮族嘹歌·贼歌篇》为例. 民族翻译,(4): 23–30.

卓振英. 2001. 汉诗英译中的移情. 外语与外语教学,（1）: 53–55.

卓振英. 2003. 汉诗英译论要. 北京：中国科学文化出版社.

卓振英, 李贵苍. 2008. 壮族典籍英译的新纪元——试论壮族《麼经布洛陀》英译研究. 广西民族研究,（4）: 166–168.

卓振英, 杨秋菊. 2005. 典籍英译中的疑难考辨——以《楚辞》为例. 中国翻译,（4）: 66–70.

自正权. 2011. 古代文学作品英译的语料库辅助研究——以《道德经》为例. 海外英语,（2）: 133–134.

邹素. 2016. 社会学视域下《墨子·号令》文化专有项的英译对比——以汪榕培、王宏译本和李绍崑译本为例. 西华大学学报（哲学社会科学版）,（2）: 92–96.

邹素. 2017a.《墨子》宗教观念英译变异研究——以李绍崑英译本为例. 黑龙江生态工程职业学院学报,（2）: 156–158.

邹素. 2017b.《墨子·号令》中称谓词的英译错位研究. 湖北函授大学学报,（2）: 147–148.

邹素. 2019.《墨子》英译现状及存在的问题. 牡丹江教育学院学报,（6）: 11–13, 27.

左岩. 2019. 许渊冲、汪榕培《诗经》英译本比较研究. 语文学刊,（4）: 81–90.

Appiah, K. A. 2000. Thick translation. In L. Venuti. (ed.) *The translation studies reader*. London & New York: Routledge, 331–343.

Baker, M. 2004. *Routledge encyclopedia of translation studies*. Shanghai: Shanghai Foreign Language Education Press.

Bassnett, S. & Lefevere, A. 1998. *Constructing cultures: Essays on literary translation*. Shanghai: Shanghai Foreign Language Education Press.

Halliday, M. A. 2000. *An introduction to functional grammar*. Shanghai: Shanghai Foreign Language Education Press.

Hatim, B. & Mason, I. 1997. *The translator as communicator*. London & New York: Routledge.

Hatim, B. & Mason, I. 2001. *Discourse and the translator*. Shanghai: Shanghai Foreign Language Education Press.

Hermans, T. 1985. *The manipulation of literature: Studies in literary translation*. London: Croom Helm.

Katan, D. 2004. *Translating cultures—An introduction for translators, interpreters and mediators*. Shanghai: Shanghai Foreign Language Education Press.

Lakoff, G. & Johnson, M. 2003. *Metaphors we live by*. Chicago & London: The University of Chicago Press.

Lawrence, V. 2008. *The translator's invisibility: A history of translation*. 2nd ed. London & New York: Routledge.

Lawrence, V. (ed.) 2000. *The translation studies reader.* London & New York: Routledge.

Lefevere, A. 1992. *Translating, rewriting and the manipulation of literary fame.* London & New York: Routledge.

Littlejohn, R. 2005. Recent works on Confucius and *The analects. Philosophy East and West,* (1): 99–109.

Luo, T. & Zhang, M. F. 2018. Reconstructing cultural identity via paratexts: A case study on Lionel Giles' translation of *The art of war. Perspectives,* (4): 1–19.

MacDonald, C. 2018. *The science of war—Sun Tzu's* Art of war *re-translated and reconsidered.* Hong Kong: Earnshaw Books, Ltd.

Martha, P. Y. C. 2014. *An anthology of Chinese discourse on translation* (Vol. 1: From earliest times to the Buddhist project). London & New York: Routledge.

Munday, J. 2001. *Introducing translation studies: Theories and application.* London & New York: Routledge.

Newmark, P. 1987. *A textbook of translation.* Shanghai: Shanghai Foreign Language Education Press.

Newmark, P. 2001. *Approaches to translation.* Shanghai: Shanghai Foreign Language Education Press.

Nida, E. A. 1993. *Language, culture and translation.* Shanghai: Shanghai Foreign Language Education Press.

Nida, E. A. 2001. *Language and culture: Contexts in translating.* Shanghai: Shanghai Foreign Language Education Press.

Nida, E. A. 2004. *Toward a science of translating.* Shanghai: Shanghai Foreign Language Education Press.

Rachewiltz, I. de. 2004. *The secret history of the Mongols: A Mongolian epic chronicle of the thirteenth century.* Boston: Brill.

Reiss, K. 2014. *Translation criticism: The potentials & limitations.* F. R. Erroll. (trans.) London & New York: Routledge.

Schäffner, C. & Kelley-Hoimes, H. (ed.) 1995. *Cultural functions of translation.* Clevedon: Multilingual Matters, Ltd.

Slingerland, E. G. 2003. *Confucius* Analects*: With selections from traditional commentaries.* Cambridge: Haackett Publishing Company, Inc.

Snell-Hornby, M. 2001. *Translation studies: An integrated approach.* Shanghai: Shanghai Foreign Language Education Press.

Sperber, D. & Wilson, D. 2001. *Relevance: Communication and cognition.* Beijing: Foreign Language Teaching and Research Press.

Steiner, G. 2001. *After* Babel: *Aspects of language and translation*. Shanghai: Shanghai Foreign Language Education Press.

Toury, G. 2001. *Descriptive translation studies and beyond*. Shanghai: Shanghai Foreign Language Education Press.

Yu, A. C. 2006. *The monkey & the monk*. Chicago & London: The University of Chicago Press.

附录 I
新时代典籍英译研究代表性著作

1. 文学典籍英译研究

序号	作者	书名	出版社	出版时间
1	汪榕培	《陶渊明诗歌英译比较研究》	外语教学与研究出版社	2000
2	辜正坤	《中西诗比较鉴赏与翻译理论》	清华大学出版社	2003
3	顾正阳	《古诗词曲英译论稿》	上海百家出版	2003
4	李玉良	《〈诗经〉英译研究》	齐鲁出版社	2003
5	张保红	《汉英诗歌翻译与比较研究》	中国地质大学出版社	2003
6	穆诗雄	《跨文化传播：中国古典诗歌英译论》	中国科学技术大学出版社	2004
7	顾正阳	《古诗词曲英译理论探索》	上海交通大学出版社	2004
8	刘华文	《汉诗英译的主体审美论》	上海译文出版社	2005
9	黄中习	《中华对联研究与英译初探》	时代文艺出版社	2005
10	顾正阳	《古诗词曲英译美学研究》	上海大学出版社	2006
11	顾正阳	《古诗词曲英译文化探索》	上海大学出版社	2007
12	丛滋杭	《中国古典诗歌英译理论研究》	国防工业出版社	2007
13	海岸	《中西诗歌翻译百年论集》	上海外语教育出版社	2007
14	李玉良	《〈诗经〉英译研究》	齐鲁书社	2007
15	杨成虎、周洁	《〈楚辞〉传播学与英语语境问题研究》	线装书局	2008
16	朱徽	《中国诗歌在英语世界——英美译家汉诗翻译研究》	上海外语教育出版社	2009

(续表)

序号	作者	书名	出版社	出版时间
17	蔡华	《译逝水而任幽兰汪榕培诗歌翻译纵横谈》	北京师范大学出版社	2010
18	王峰、马琰	《唐诗英译集注、比录、鉴评与索引》	陕西人民出版社	2011
19	卓振英	《汉诗英译论纲》	浙江大学出版社	2011
20	吴伏生	《汉诗英译研究：理雅各、翟理斯、韦利、庞德》	学苑出版社	2012
21	杨成虎	《中国诗歌典籍英译散论》	国防工业出版社	2012
22	张保红	《中外诗人共灵犀——英汉诗歌比读与翻译研究》	上海外语教育出版社	2012
23	洪涛	《从窈窕到苗条：汉学巨擘与〈诗经〉〈楚辞〉的变译》	凤凰出版社	2013
24	梁高燕	《〈诗经〉英译研究》	知识产权出版社	2013
25	陈奇敏	《翻译规范理论观照下的古诗英译研究——以许渊冲英译唐诗为例》	甘肃人民出版社	2014
26	贾卉	《杜甫诗歌在英语国家的译介与传播》	华东理工大学出版社	2015
27	张智中	《汉诗英译美学研究》	商务印书馆	2015
28	宋丽娟	《"中学西传"与中国古典小说的早期翻译（1735—1911）——以英语世界为中心》	上海古籍出版社	2017
29	肖开容	《诗歌翻译中的框架操作——中国古诗英译认知研究》	科学出版社	2017
30	严晓江	《〈楚辞〉英译的中国传统翻译诗学观研究》	商务印书馆	2017
31	郭晓春	《〈楚辞〉在英语世界的译介与研究》	中国社会科学出版社	2018
32	张保红	《古诗英译中西翻译流派比较研究》	人民出版社	2018
33	张娴	《〈楚辞〉英译研究——基于文化人类学整体论的视角》	中国社会科学出版社	2018

附录 I 新时代典籍英译研究代表性著作

(续表)

序号	作者	书名	出版社	出版时间
34	张俊杰	《试论中庸诗歌翻译观的构建——以王维诗歌英译为例》	上海外语教育出版社	2013
35	贾晓英、李正栓	《乐府诗英译研究》	上海交通大学出版社	2019
36	王宏印	《〈红楼梦〉诗词曲赋英译比较研究》	陕西师范大学出版社	2001
37	范圣宇	《〈红楼梦〉管窥——英译、语言与文化》	中国社会科学出版社	2004
38	刘士聪	《红楼译评:〈红楼梦〉翻译研究论文集》	南开大学出版社	2004
39	冯庆华	《红译艺坛:〈红楼梦〉翻译艺术研究》	上海外语教育出版社	2006
40	冯庆华	《母语文化下的译者风格:〈红楼梦〉霍克斯与闵福德译本研究》	上海外语教育出版社	2008
41	洪涛	《女体和国族:从〈红楼梦〉翻译看跨文化移植与学术知识障》	国家图书馆出版社	2010
42	李磊荣	《文化可译性视角下的〈红楼梦〉翻译》	上海译文出版社	2010
43	刘泽权	《〈红楼梦〉中英文语料库的创建及应用研究》	光明日报出版社	2010
44	邱进、周洪亮	《文化视阈及翻译策略:〈红楼梦〉译本的多维研究》	西南师范大学出版社	2011
45	党争胜	《〈红楼梦〉英译艺术比较研究:基于霍克斯和杨宪益译本》	北京大学出版社	2012
46	陈吉荣	《〈海上花列传〉今译与翻译研究》	浙江大学出版社	2013
47	郭昱	《〈三国演义〉英译史研究》	清华大学出版社	2017
48	李海军	《从跨文化操纵到文化和合——〈聊斋志异〉英译研究》	上海交通大学出版社	2014
49	刘婧	《社会符号学视域下〈红楼梦〉文化内容的英译》	中央编译出版社	2014

(续表)

序号	作者	书名	出版社	出版时间
50	刘克强	《〈水浒传〉四英译本翻译特征多维度对比研究：基于平行语料库的研究范式》	中央编译出版社	2014
51	刘克强	《〈三国演义〉诗词英译》	中央编译出版社	2015
52	陈琳	《基于语料库的〈红楼梦〉中的元话语及其英译对比研究》	武汉大学出版社	2015
53	黄勤	《基于语料库的〈红楼梦〉说书套语英译研究：以杨、霍译本为例》	上海外语教育出版社	2015
54	刘克强	《〈儒林外史〉词语典型翻译：基于平行语料库的研究》	光明日报出版社	2015
55	陈琳	《四大古典名著章回标记语及章回体英译研究》	国防工业出版社	2016
56	黄生太	《基于语料库的〈红楼梦〉拟声词英译研究》	西南交通大学出版社	2017
57	曹广涛	《英语世界的中国传统戏剧研究与翻译》	广东高等教育出版社	2011
58	赵征军	《中国戏剧典籍译介研究：以〈牡丹亭〉的英译与传播为中心》	中国社会科学出版社	2015
59	戴俊霞	《诸子散文在英语世界的译介与传播》	安徽大学出版社	2014
60	李洁	《琴声何处不悠扬——中国古典艺术散文英译的审美沟通研究》	东北大学出版社	2008

2. 哲学典籍英译研究

序号	作者	书名	出版社	出版时间
61	任运忠	《易经英译研究与探索》	四川大学出版社	2000
62	郭尚兴	《汉英中国哲学辞典》	河南大学出版社	2002
63	徐来	《英译〈庄子〉研究》	复旦大学出版社	2008

(续表)

序号	作者	书名	出版社	出版时间
64	金学勤	《〈论语〉英译之跨文化阐释——以理雅各、辜鸿铭为例》	四川大学出版社	2009
65	李玉良、罗公利	《儒家思想在西方的翻译与传播》	中国人民大学出版社	2009
66	黄中习	《典籍英译标准的整体论研究——以〈庄子〉英译为例》	华东师范大学出版社	2010
67	王勇	《〈论语〉英译的转喻视角研究》	上海交通大学出版社	2011
68	杨平	《中西文化交流视域下的〈论语〉英译研究》	光明日报出版社	2011
69	谭晓丽	《和而不同——安乐哲儒学典籍合作英译研究》	中央编译出版社	2012
70	王琰	《汉学视域中的〈论语〉英译研究》	上海外语教育出版社	2012
71	杨玉英	《英语世界的〈道德经〉英译研究》	中国社会科学出版社	2013
72	李钢	《历史文化视阈下的〈论语〉英译研究》	湖南人民出版社	2013
73	姜莉	《〈庄子〉英译：审美意象的译者接受研究》	北京师范大学出版社	2014
74	华少庠	《儒学典籍"四书"在欧洲的译介与研究》	四川大学出版社	2015
75	王越西	《译者主体论视角下的〈老子〉英译研究》	外语教学与研究出版社	2015
76	李新德	《明清时期西方传教士中国儒道释典籍之翻译与诠释》	商务印书馆	2016
77	李照国	《〈论语〉英译释难 上》	世界图书出版西安有限公司	2016
78	李照国	《〈论语〉英译释难 中》	世界图书出版西安有限公司	2016
79	李照国	《〈论语〉英译释难 下》	世界图书出版西安有限公司	2016

(续表)

序号	作者	书名	出版社	出版时间
80	何刚强	《〈论语〉海外英译一百八十年微观评鉴与宏观思考》	北京语言大学出版社	2017
81	邹素	《〈墨子〉文化思想研究及英译比较》	吉林大学出版社	2017
82	张德福	《汉学家〈论语〉英译研究》	中国社会科学出版社	2018
83	邸玉敏	《儒家典籍翻译研究》	汕头大学出版社	2019

3. 科技典籍英译研究

序号	作者	书名	出版社	出版时间
84	李亚舒、黎难秋	《中国科学翻译史》	湖南教育出版社	2000
85	李照国	《译海心语——中医药文化翻译别论》	上海第二军医大学出版社	2006
86	李照国	《中医英语翻译技巧问难》	上海第二军医大学出版社	2009
87	唐韧	《中医跨文化传播：中医术语翻译的修辞和语言挑战》	科学出版社	2015
88	黄海翔	《〈孙子兵法〉英译的文化研究》	暨南大学出版社	2018
89	魏倩倩	《典籍英译与传播：以〈孙子兵法〉为例》	人民出版社	2018
90	龙明慧	《传播学视阈下的茶文化典籍英译研究》	浙江大学出版社	2019

4. 少数民族典籍英译研究

序号	作者	书名	出版社	出版时间
91	李宁	《〈福乐智慧〉英译研究》	民族出版社	2010

附录 I　新时代典籍英译研究代表性著作

（续表）

序号	作 者	书 名	出 版 社	出版时间
92	苏 畅	《锡伯族史诗〈西迁之歌〉英译研究》	辽宁人民出版社	2014
93	张志刚	《东北少数民族文化典籍的英译研究》	吉林大学出版社	2015
94	李 宁	《维吾尔族（西域）典籍翻译研究丝路遗珍的言际旅行》	大连海事大学出版社	2016
95	刘雪芹	《西南诸民族典籍翻译研究——她们从远古的歌谣中走来》	大连海事大学出版社	2016
96	王宏印	《中华民族典籍翻译研究概论——朝向人类学翻译诗学的努力 上》	大连海事大学出版社	2016
97	王宏印	《中华民族典籍翻译研究概论——朝向人类学翻译诗学的努力 下》	大连海事大学出版社	2016
98	王治国	《藏族典籍翻译研究——雪域文学与高原文化的域内外传播》	大连海事大学出版社	2016
99	邢 力	《蒙古族典籍翻译研究——从〈蒙古秘史〉复原到〈红楼梦〉新译》	大连海事大学出版社	2016
100	杨 洋	《民族典籍元功能对等英译：英语专业母语文化译介能力培养导论》	广西师范大学出版社	2016
101	王治国	《集体记忆的千年传唱〈格萨尔〉翻译与传播研究》	民族出版社	2017
102	常 芳	《多维视域下的东北少数民族典籍翻译研究》	民族出版社	2018
103	彭 清	《瑶族典籍〈盘王大歌〉翻译与研究》	湖南人民出版社	2018
104	李正栓	《藏族诗歌典籍英译研究》	中国言实出版社	2018
105	喻锋平	《畲族史诗〈高皇歌〉英译研究》	浙江工商大学出版社	2018
106	张立玉	《中国南方文化典籍译介》	武汉大学出版社	2018
107	黄琼英	《〈阿诗玛〉翻译传播研究》	中国社会科学出版社	2019

5. 其他典籍英译研究

序号	作者	书名	出版社	出版时间
108	马祖毅、任荣珍	《汉籍外译史》	湖北教育出版社	2003
109	王宏印	《中国传统译论经典诠释——从道安到傅雷》	湖北教育出版社	2003
110	岳峰	《架设东西方的桥梁——英国汉学家理雅各研究》	福建人民出版社	2004
111	张思洁	《中国传统译论范畴及其体系》	上海译文出版社	2006
112	张智中	《许渊冲与翻译艺术》	湖北教育出版社	2006
113	李照国	《译海心情——中国古典文化翻译别论》	上海中医药大学出版社	2007
114	吴志杰	《传统译论专题研究》	上海译文出版社	2009
115	李砚霞	《原型——模型翻译理论与典籍英译研究》	国防工业出版社	2012
116	朱志瑜、黄立波	《中国传统译论：译名研究》	湖南人民出版社	2013
117	包通法	《"道"与中华典籍外译》	中国财富出版社	2014
118	霍跃红	《译者研究：典籍英译译者的文体分析与文本的译者识别》	中西书局	2014
119	孙轶旻	《近代上海英文出版与中国古典文学的跨文化研究》	上海古籍出版社	2014
120	邓联健	《委曲求传：早期来华新教传教士汉英翻译史论1807—1850》	清华大学出版社	2015
121	符晓晓	《中国文化典籍英译研究》	吉林大学出版社	2016
122	赵长江	《19世纪中国文化典籍英译史》	上海外语教育出版社	2017
123	付瑛瑛	《传神达意——中国典籍英译理论体系的尝试性建构》	吉林人民出版社	2017
124	罗志祥	《典籍英译概论》	长江出版社	2017
125	汪榕培著,潘智丹整理	《汪榕培学术研究文集》	上海外语教育出版社	2017

(续表)

序号	作者	书名	出版社	出版时间
126	夏婉璐	《视角与阐释——林语堂翻译研究》	四川大学出版社	2017
127	尹延安	《汉学家理雅各〈中国经典〉深度翻译模式研究》	广东世界图书出版有限公司	2017
128	朱振武等	《汉学家的中国文学英译历程》	华东理工大学出版社	2017
129	乔小六、王纪红	《汉语典籍英译新思维》	东北大学出版社	2018
130	施莹莹	《典籍英译策略》	中国国际广播出版社	2018
131	魏倩倩	《文化翻译视阈下的中国典籍英译研究》	九州出版社	2018
132	吴涛	《比较诗学与文化下的美国汉学与翻译》	吉林大学出版社	2018
133	岳峰等	《中国文献外译与西传研究》	厦门大学出版社	2018
134	张娴	《英译研究基于文化人类学整体论的视角》	中国社会科学出版社	2018
135	李芳芳、李明心	《西方文论与译本的再创造解读——以安乐哲的中国典籍英译本为个案》	知识产权出版社	2019
136	束慧娟	《基于意义进化论的典籍英译模式研究》	苏州大学出版社	2019
137	王宏	《基于"大中华文库"的中国典籍英译翻译策略研究》	浙江大学出版社	2019
138	杨静	《中国典籍英译与文化传播研究》	新华出版社	2019

附录 II
新时代典籍英译代表性译作

1. 文学典籍

序号	译者	中文书名	英文书名	出版社	出版时间
1	杨宪益、戴乃迭	《诗经》	The Book of Songs	外文出版社	2001
2	许渊冲	《〈诗经〉选》	Selections from The Book of Poetry	河北人民出版社	2005
3	汪榕培	《诗经》	The Book of Poetry	湖南人民出版社	2008
4	汪榕培、潘智丹	《英译〈诗经·国风〉》	Regional Songs from The Book of Poetry	上海外语教育出版社	2008
5	许渊冲、许明	《诗经》	Book of Poetry	中国对外翻译出版社	2009
6	贾福相	《〈诗经·国风〉：英文白话新译》	"Airs of the States" from the Shi Jing: A New Trilingual Translation of the World's Oldest Collection of Lyric Poetry	书林出版有限公司	2008
7	理雅各	《诗经》	The She King	外语教学与研究出版社	2011
8	理雅各	《诗经·国风》	The She King: Lessons from the States	上海三联书店	2014
9	理雅各	《诗经》	The She King	辽宁人民出版社	2018
10	赵彦春	《英韵〈诗经〉》	Book of Songs in English Rhyme	高等教育出版社	2019

(续表)

序号	译者	中文书名	英文书名	出版社	出版时间
11	杨宪益、戴乃迭	《楚辞选》	Selected Elegies of the State of Chu	外文出版社	2001
12	卓振英	《楚辞》	The Verse of Chu	湖南人民出版社	2006
13	孙大雨	《英译屈原诗选》	Selected Poems of Chü Yuan	上海外语教育出版社	2007
14	许渊冲	《楚辞》	Elegies of the South	中译出版社	2009
15	杨宪益、戴乃迭	《乐府》	Yuefu Songs with Regular Five-Syllable Lines	外文出版社	2001
16	汪榕培	《英译乐府诗精华》	Gems of Yuefu Ballads	上海外语教育出版社	2008
17	李正栓	《乐府诗选》	Select Yuefu Poetry	湖南人民出版社	2013
18	杨宪益、戴乃迭	《汉魏六朝诗文选》	Poetry and Prose of the Han, Wei and Six Dynasties	外文出版社	2005
19	汪榕培	《英译陶诗》	The Complete Poetic Works of Tao Yuanming	外语教学与研究出版社	2000
20	汪榕培	《陶渊明集》	The Complete Works of Tao Yuanming	湖南人民出版社、外语教学与研究出版社	2003
21	汪榕培	《汉魏六朝诗三百首》	300 Early Chinese Poems 206 BC–AD 618	湖南人民出版社	2006
22	许渊冲	《汉魏六朝诗》	Golden Treasury of Chinese Poetry in Han, Wei and Six Dynasties	中国对外翻译出版社	2009
23	吴伏生、Graham Hartill	《阮籍诗选》	The Poems of Ruan Ji	中华书局	2006
24	吴伏生、Graham Hartill	《曹植诗歌英译》	Selected Poems of Cao Zhi	商务印书馆	2013
25	吴伏生、Graham Hartill	《三曹诗歌英译》	Selected Poems of the Three Caos: Cao Cao, Cao Pi and Cao Zhi	商务印书馆	2016

(续表)

序号	译者	中文书名	英文书名	出版社	出版时间
26	吴伏生、Graham Hartill	《建安七子诗歌英译》	Selected Poems of the Seven Masters in the Jian'an Era	商务印书馆	2018
27	王志武、梁骁英	《唐宋诗初读》	First Looking into the Tang and Song Poems	北京语言文化大学出版社	2000
28	杨宪益、戴乃迭	《唐诗》	Tang Poems	外文出版社	2001
29	Rewi Alley	《杜甫诗选》	Du Fu Selected Poems	外文出版社	2001
30	王玉书	《王译唐诗三百首》	Wang's Translation of 300 Tang Poems	五洲传播出版社	2004
31	杨宪益、戴乃迭	《唐宋诗文选》	Poetry and Prose of the Tang and Song	外文出版社	2005
32	孙大雨	《英译唐诗选》	An Anthology of the Tang Dynasty Poetry	上海外语教育出版社	2007
33	张智中	《唐人白话绝句百首英译》	100 Vernacular Quatrains by Tang Poets: English Translation and Commentary	国防工业出版社	2009
34	David Young	《杜甫：在诗中度过的一生》	Du Fu: A Life in Poetry	Alfred A. Knopf, Inc.	2010
35	何中坚	《全新英译唐宋诗词选》	Chinese Poetry of Tang and Song Dynasties: A New Translation	商务印书馆	2012
36	何中坚	《一日看尽长安花：英译唐诗之美》	To View All the Flowers of Chang'an in One Day: Tang Poems in Original Rhyme	中信出版社	2017
37	王守义、John Knoepfle	《江雪：中国唐宋诗词选》	Snow on the River: Poems from the Tang and Song Dynasties of China	黑龙江大学出版社	2018
38	杨宪益、戴乃迭	《宋词》	Song Proses	外文出版社	2001

(续表)

序号	译者	中文书名	英文书名	出版社	出版时间
39	卓振英、张若兰	《英译宋词集萃》	Selected Ci-Poems of the Song Dynasty	上海外语教育出版社	2008
40	许渊冲	《苏轼诗词选》	Selected Poems of Su Shi	湖南人民出版社	2007
41	任治稷	《东坡之诗：苏轼诗词文选译》	The Poetry of the Eastern Slope—A Selected Translation of Poems, Ci & Prose Works by Su Shi	复旦大学出版社	2008
42	林语堂	《林语堂中英对照东坡诗文选》	Lin Yutang Chinese-English Bilingual Edition Selected Poems and Prose of Su Tungpo	中正书局股份有限公司	2008
43	林语堂	《东坡诗文选》	Selected Poems and Prose of Su Tungpo	安徽科学技术出版社	2012
44	许渊冲	《新编千家诗》	Gem of Classical Chinese Poetry	中华书局	2000
45	龚景浩	《英译中国古词精选》	Modern Rendition of Selected Old Chinese Ci-Poems	商务印书馆	2000
46	张炳星	《英译中国古典诗词名篇》	100 Best Chinese Classical Poems	中华书局	2001
47	丁祖馨	《中国诗歌集：公元前1000—公元1995年》	An Anthology of Chinese Poetry	辽宁大学出版社	2001
48	丁祖馨	《中国诗萃：公元前1000年—公元2000年》	A Treasury of Chinese Poetry: From 1000 BC to AD 2000	辽宁大学出版社	2004
49	贺清滨	《中国古典诗歌选译》	Classical Chinese Poems Through the Ages	中央编译出版社	2004

附录Ⅱ　新时代典籍英译代表性译作

（续表）

序号	译　者	中文书名	英文书名	出版社	出版时间
50	任治稷、余　正	《从诗到诗：中国古诗词英译》	From Poem to Poem: An English Translation of Classical Chinese Poems	外语教学与研究出版社	2006
51	朱曼华	《中国历代诗词英译集锦》	Chinese Famous Poetry	商务印书馆国际有限公司	2013
52	朱曼华	《李煜诗词英译全集》	Complete Collection of Li Yu's Poetry	商务印书馆国际有限公司	2017
53	朱曼华	《李清照诗词英译全集》	Complete Collection of Li Qingzhao's Poetry	商务印书馆国际有限公司	2018
54	吴钧陶	《古诗英译75首》	A Translation of 75 Chinese Ancient Poems	河南大学出版社	2018
55	尹绍东	《中国经典诗词选英译》	Collection of Chinese poems and lyrics	中国人民大学出版社	2019
56	王晋熙、文　殊	《金元明清绝句英译》	Four-Ling Poems of Jin Yuan Ming and Qing Dynasties	外语教学与研究出版社	2002
57	许渊冲	《元明清诗》	Golden Treasury of Yuan Ming and Qing Poetry	中国对外翻译出版公司	2009
58	The Reverend Bramwell Seaton Bonsall	《红楼梦》	The Red Chamber Dream (Hong Lou Meng)	香港大学图书馆	2004
59	王典戈、含　澹	《清·孙温绘全本〈红楼梦〉》	Picture Book of A Dream of Red Mansion by Sun Wen the Qing Dynasty	作家出版社	2007
60	黄新渠	《红楼梦》	A Dream of Red Mansions	外语教学与研究出版社	2008

(续表)

序号	译者	中文书名	英文书名	出版社	出版时间
61	孙琦、Yang Shuhui、Yang Yunqin	《红楼里的女人们》	Ladies of the Red Mansions: Abridged and Adapted from the Chinese Classic Hong Lou Meng or A Dream of Red Mansions	Better Link Press	2008
62	H. Bencraft Joly	《红楼梦》	The Dream of the Red Chamber	Tuttle Publishing	2010
63	Qian Ren、Dorothy Zhang	《孙温〈红楼梦〉绘本》	A Dream of Red Mansions: As Portrayed Through the Brush of Sun Wen	上海新闻出版发展公司、Better Link Press	2010
64	David Hawkes、John Minford	《红楼梦》	The Story of the Stone	上海外语教育出版社	2012
65	王国振	《〈红楼梦〉故事》	The Dream of Red Chamber	五洲传播出版社	2012
66	Pauline A. Chen	《红楼梦》	The Red Chamber	Alfred A. Knopf, Inc.	2012
67	黄庆荣	《〈水浒传〉：水浒108将》	Water Margin: 108 Heroes of the Marsh	Asiapac Books	2007
68	John & Alex Dent-Young	《水浒传》	The Marshes of Mount Liang	上海外语教育出版社	2008
69	王国振	《〈水浒传〉故事》	Outlaws of the Marsh	五洲传播出版社	2012
70	Moss Roberts	《三国演义》	Three Kingdoms: A Historical Novel	湖南人民出版社、外文出版社	2000
71	王国振	《〈三国演义〉故事》	Romance of the Three Kingdoms	五洲传播出版社	2012
72	Moss Roberts	《三国演义》	Three Kingdoms: A Historical Novel	外文出版社、University of California Press	2014

附录Ⅱ 新时代典籍英译代表性译作

(续表)

序号	译者	中文书名	英文书名	出版社	出版时间
73	虞苏美	《三国演义》	The Three Kingdoms	上海外语教育出版社	2017
74	Martin Palmer	《三国演义》	The Romance of the Three Kingdoms	Penguin Classics	2018
75	W. J. F. Jenner	《西游记》	Journey to the West	外文出版社	2000
76	余国藩	《猴子与僧人》	The Monkey and the Monk	University of Chicago Press	2006
77	宋德利	《西游记》	Journey to the West	中国书籍出版社	2008
78	潘允中	《〈西游记〉故事》	Journey to the West with the Stone Monkey	Bayeux Arts Press	2009
79	潘允中	《〈西游记〉故事》	Journey to the West with the Stone Monkey	五洲传播出版社	2012
80	余国藩	《西游记》	Journey to the West	University of Chicago Press	2012
81	余国藩	《西游记》	Journey to the West	上海外语教育出版社	2015
82	Clement Egerton	《金瓶梅》	The Golden Lotus	人民文学出版社	2008
83	Clement Egerton	《金瓶梅》	The Golden Lotus	Tuttle Publishing	2011
84	David Tod Roy	《金瓶梅》	The Plum in the Golden Vase	Princeton University Press	2013
85	Michael Bedard	《画壁与其他故事》	The Painted Wall and Other Strange Tales	Tundra Books	2003
86	John Minford	《聊斋志异》	Strange Tales from a Chinese Studio	Penguin Classics	2006
87	蔡志忠、Brian Bruya	《聊斋志异》	Ghosts and Wizards	现代出版社	2006
88	宋德利	《聊斋志异》	Strange Tales of a Lonely Studio	中国书籍出版社	2008

(续表)

序号	译者	中文书名	英文书名	出版社	出版时间
89	Sidney L. Sondergard	《聊斋志异》	Strange Tales from Liaozhai	Jain Publishing Company	2008—2014
90	D. C. & V. H. Mair	《聊斋志异》	Strange Tales from Make-Do Studio	University of the Pacific Press	2005
91	黄友义等	《聊斋志异选》	Selections from Strange Tales from the Liaozhai Studio	外文出版社	2007
92	Herbert Allen Giles	《聊斋志异》	Strange Stories from a Chinese Studio	Tuttle Publishing	2010
93	张光前	《太平广记选》	Anthology of Tales from Records of the Taiping Era	外文出版社	2000
94	顾执中	《封神演义》	Creation of the Gods	湖南人民出版社、外文出版社	2000
95	费致德	《儿女英雄传》	The Tale of Heroic Sons and Daughters	新世界出版社	2003
96	丁往道	《搜神记》	Anecdotes About Spirits and Immortals	外文出版社	2004
97	林太乙	《镜花缘》	Flowers in the Mirror	译林出版社	2005
98	哈洛德·谢迪克	《老残游记》	The Travels of Lao Ts'an	译林出版社	2005
99	杨宪益、戴乃迭	《汉魏六朝小说选》	Selected Tales of the Han, Wei and Six Dynasties Periods	外文出版社	2006
100	温晋根、陈海燕	《拍案惊奇》	Amazing Tales	高等教育出版社	2006
101	马瑞志	《世说新语》	A New Account of Tales of the World	中华书局	2007
102	杨宪益、戴乃迭	《唐代传奇选》	Selected Tang Dynasty Stories	外文出版社	2007

附录 Ⅱ 新时代典籍英译代表性译作

(续表)

序号	译者	中文书名	英文书名	出版社	出版时间
103	杨曙辉、杨韵琴	《喻世明言》	Stories Old and New	岳麓书社	2007
104	李子亮	《二刻拍案惊奇》	Amazing Tales: Second Series	高等教育出版社	2008
105	杨曙辉、杨韵琴	《警世通言》	Stories to Caution the World	岳麓书社	2009
106	林语堂	《英译重编传奇小说》	Famous Chinese Short Stories	外语教学与研究出版社	2009
107	阿历斯特·英格尔斯	《夷坚志》	Record of the Listener	外文出版社	2010
108	宋绶荃	《七侠五义》	The Seven Heroes and Five Gallants	外文出版社	2010
109	杨曙辉、杨韵琴	《醒世恒言》	Stories to Awaken the World	岳麓书社	2011
110	王国振	《〈聊斋志异〉故事》	Strange Tales from the Liaozhai Studio	五洲传播出版社	2017
111	王国振	《〈初刻拍案惊奇〉故事》	Amazing Tales	五洲传播出版社	2017
112	王国振	《〈二刻拍案惊奇〉故事》	Amazing Tales	五洲传播出版社	2017
113	王国振	《〈喻世明言〉故事》	Instruction Stories to Enlighten the World	五洲传播出版社	2017
114	王国振	《〈警世通言〉故事》	Stories Enlightening the World	五洲传播出版社	2017
115	王国振	《〈醒世恒言〉故事》	Stories to Awaken the World	五洲传播出版社	2017
116	王国振	《〈儒林外史〉故事》	The Scholars	五洲传播出版社	2017
117	王国振	《〈赵氏孤儿〉的故事》	Zhao the Orphan	五洲传播出版社	2017

(续表)

序号	译者	中文书名	英文书名	出版社	出版时间
118	王国振	《〈史记〉故事》	Records of the Historian	五洲传播出版社	2017
119	汪榕培	《牡丹亭》	The Peony Pavilion	上海外语教育出版社	2000
120	汪榕培	《牡丹亭》	The Peony Pavilion	湖南人民出版社、外文出版社	2000
121	Cyril Birch	《牡丹亭》	The Peony Pavilion, Mudan Ting	Indiana University Press	2002
122	许渊冲、许明	《牡丹亭》	Dream in the Peony Pavilion	中国对外翻译出版公司	2009
123	顾伟光、S. Marloff	《〈牡丹亭〉故事》	The Peony Pavilion	五洲传播出版社	2012
124	李子亮	《牡丹亭》	The Peony Pavilion	高等教育出版社	2010
125	张光前	《牡丹亭》	The Peony Pavilion	外文出版社	2001
126	许渊冲	《西厢记》	Romance of the Western Bower	湖南人民出版社、外文出版社	2000
127	Wayne B. Burr、李子亮	《西厢记》	Romance of the Western Chamber	高等教育出版社	2010
128	顾伟光、李尚杰、亨利	《〈西厢记〉故事》	The Romance of the Western Chamber	五洲传播出版社	2012
129	黄少荣	《昆曲:〈西厢记〉》	The Romance of the Western Chamber: A Kunqu Opera	外语教学与研究出版社	2013
130	William Dolby	《西厢记》	West Wing: China's Most Famous Play	Caledonian Publishing Company	2002
131	许渊冲、许明	《桃花扇》	Peach Blossoms Painted with Blood	中国对外翻译出版公司	2009
132	尚荣光	《桃花扇》	The Peach Blossom Fan	新世界出版社	2009
133	佘坤珊、王僴中	《桃花扇》	The Peach Blossom Fan	外文出版社	2012

附录Ⅱ 新时代典籍英译代表性译作

(续表)

序号	译者	中文书名	英文书名	出版社	出版时间
134	李子亮	《桃花扇》	The Peach Blossom Fan	高等教育出版社	2010
135	顾伟光、陶文、H. Drake	《〈桃花扇〉故事》	Peach Blossom Fan	五洲传播出版社	2012
136	H. Acton、C. Shih-Hsiang、C. Birch	《桃花扇》	The Peach Blossom Fan	New York Review	2015
137	汤素兰、谢敏敏	《桃花扇》	A Peach Blossom Fan	湖南美术出版社	2019
138	杨宪益、戴乃迭	《长生殿》	The Palace of Eternal Youth	外文出版社	2004
139	贺清滨	《长生殿》	The Palace of Eternal Youth	中央编译出版社	2004
140	唐斯复、吴沙	《长生殿》	The Palace of Eternal Youth	上海文艺出版社	2008
141	许渊冲、许明	《长生殿》	Love in the Long-Life Hall	中国对外翻译出版公司	2009
142	李子亮	《长生殿》	The Palace of Eternal Youth	高等教育出版社	2010
143	顾伟光、李尚杰、S. Marloff	《〈长生殿〉故事》	The Palace of Eternal Youth	五洲传播出版社	2012
144	汪榕培	《邯郸记》	The Handan Dream	外语教学与研究出版社	2003
145	杨宪益、戴乃迭	《关汉卿杂剧选》	Selected Plays of Guan Hanqing	外文出版社	2004
146	张光前	《南柯记》	A Dream Under the Southern Bough	外文出版社	2006
147	汪榕培、张玲、霍跃红	《英译〈南柯记〉》	The Nanke Dream	上海外语教育出版社	2012
148	汪班	《悲欢集》	Laughters and Tears	外文出版社	2009

(续表)

序号	译者	中文书名	英文书名	出版社	出版时间
149	汪榕培、朱源、张玲	《紫钗记》	The Purple Hairpins	花城出版社	2009
150	汪榕培、张玲、顾薇	《英译〈紫箫记〉》	The Purple Jade Flute	上海外语教育出版社	2013
151	汪榕培、张玲	《汤显祖戏剧全集》	The Complete Dramatic Works of Tang Xianzu	上海外语教育出版社	2014
152	汪榕培、张玲	《汤显祖戏剧全集》	The Complete Dramatic Works of Tang Xianzu	Bloomsbury Publishing PLC	2017
153	汪榕培等	《吴歌精华》	Gems of the Wu Ballads	苏州大学出版社	2003
154	汪榕培、尤志明、杜争鸣	《评弹精华：弹词开篇选》	Gems of Suzhou Pingtan: Selections of Tanci Arias	苏州大学出版社	2004
155	汪榕培、周秦、王宏	《昆曲精华》	Gems of Kunqu Opera	苏州大学出版社	2006
156	汪榕培、顾克仁、潘智丹	《苏剧精华》	Gems of Suzhou Opera	古吴轩出版社	2007
157	Paul White	《菜根谭》	Tending the Roots of Wisdom	新世界出版社	2000
158	蒋坚松	《菜根谭》	Cai Gen Tan: My Crude Philosophy of Life	湖南人民出版社	2001
159	李兆良	《绘画〈菜根谭〉》	Zen of Vegetable Roots in Chinese Painting	上海古籍出版社	2002
160	Robert Aitken、Daniel W. Y. Kwok	《菜根谭》	Vegetable Roots Discourse: Wisdom from Ming China on Life and Living	上海古籍出版社	2006
161	周文标	《菜根谭》	The Roots of Wisdom	上海人民出版社	2009

附录Ⅱ　新时代典籍英译代表性译作

(续表)

序号	译　者	中文书名	英文书名	出版社	出版时间
162	Graham Sanders	《浮生六记》	Six Records of a Life Adrift	Hackett Publishing Company, Inc.	2011
163	Leonard Pratt、Chiang Suhui	《浮生六记》	Six Records of a Floating Life	译林出版社	2006
164	Shirley M. Black	《浮生六记》	Chapters from a Floating Life: The Autobiography of a Chinese Artist	Silk Pagoda Press	2008
165	林语堂	《浮生六记》	Six Chapters of a Floating Life	外语教学与研究出版社	2009
166	王　宏、张顺生	《明清小品文》	The Short Essays of the Ming and Qing Dynasties	四川人民出版社	2011
167	王　宏、张顺生	《明清小品文》	The Short Essays of the Ming and Qing Dynasties	Paths International, Ltd.	2013
168	David Pollard	《古今散文英译集》	The Chinese Essay	C. Hurst & Co. (Publishers), Ltd.	2000
169	David Pollard	《古今散文英译集》	The Chinese Essay	Columbia University Press	2002
170	罗经国	《〈古文观止〉精选》	A Selection of Classical Chinese Essays from Guwenguanzhi	外语教学与研究出版社	2005
171	徐英才	《英译唐宋八大家散文精选》	A Selection from the Eight Great Prose Masters of the Tang and Song Dynasties	上海外语教育出版社	2011
172	周向勤、郑苏苏	《汉英对照中国古代散文选》	Chinese-English Selections of Ancient Chinese Prose Writings	五洲传播出版社	2019

2. 哲学典籍

序号	译者	中文书名	英文书名	出版社	出版时间
173	傅惠生	《周易》	The Zhou Book of Change	山东友谊出版社	2000
174	Thomas Cleary	《易经》	I Ching: The Book of Change	Shambhala Publications, Inc.	2003
175	Thomas Cleary	《道家〈易经〉》	The Taoist I Ching	Shambhala Publications, Inc.	2005
176	汪榕培、任秀桦	《英译〈易经〉》	Book of Changes	上海外语教育出版社	2007
177	Stephen Karcher	《易大传》	Ta Chuan, the Great Treatise	Carrol & Brown	2000
178	Jack M. Balkin	《变化之道：〈易经〉与生活哲学》	The Law of Change: I Ching and the Philosophy of Life	Schocken Books	2002
179	Stephen Karcher	《〈易经〉：变化之典籍》	I Ching: The Classic Chinese Oracle of Change	Vega Books	2002
180	Stephen Karcher	《〈易经〉全解：变革的神话》	Total I Ching: Myths for Change	Little, Brown Book Group	2004
181	Kim Farnell	《易经》	Simply I Ching	Sterling Publishing Co., Inc.	2008
182	Stephen Karcher	《简易〈易经〉》	I Ching Plain and Simple	Harper Element	2009
183	周春才、Paul White	《〈易经〉图典》	The Illustrated Book of Changes	新世界出版社	2010
184	Margaret J. Pearson	《易经》	The Original I Ching	Tuttle Publishing	2011
185	John Minford	《易经》	I Ching	Viking Press	2014
186	Neil Powell、Kieron Connolly	《易经》	I Ching: The Ancient Chinese Book of Changes	Amber Books	2019

附录 Ⅱ　新时代典籍英译代表性译作

（续表）

序号	译　　者	中文书名	英文书名	出 版 社	出版时间
187	Edward G. Slingerland	《论语》	Confucius Analects: With Selections from Traditional Commentaries	Hackett Publishing Company, Inc.	2003
188	许渊冲	《论语》	Thus Spoke the Master	高等教育出版社	2005
189	Burton Watson	《论语》	The Analects of Confucius	Columbia University Press	2007
190	林戊荪	《〈论语〉新译》	Getting to Know Confucius: A New Translation of The Analects	外文出版社	2010
191	宋德利	《论语》	The Analects of Confucius	对外经济贸易大学出版社	2010
192	吴国珍	《〈论语〉英文全译全注本》	A New Annotated English Version of The Analects of Confucius	福建教育出版社	2012
193	金安平（Chin Annping）	《论语》	The Analects	Penguin Classics	2014
194	林戊荪	《〈论语〉新解全译》	Confucius Says The Analects: Contents Rearranged Accordinng to Subject Matter	外文出版社	2017
195	蔡志忠、Brian Bruya	《论语》	The Analects	Princeton University Press	2018
196	赵彦春	《〈论语〉英译》	Analects	高等教育出版社	2019
197	金安平、鄢　秀	《论语》	The Analects	广西师范大学出版社	2019
198	E. Bruce Brooks、A. Taeko Brooks	《〈论语〉辩》	The Original Analects: Sayings of Confucius and His Successors	Columbia University Press	2001

（续表）

序号	译者	中文书名	英文书名	出版社	出版时间
199	林语堂	《论语》	The Discourses and Sayings of Confucius	中华书局	2017
200	蔡志忠、Brian Bruya	《孟子说：乱世的哲思》	Mencius Speaks: The Cure for Chaos	现代出版社	2005
201	金沛霖、李亚斯	《孟子语录》	The Quotations by Mencius	中国文联出版社	2006
202	王天星、贺大卫	《孟子名言精选》	Quotations from Mencius	上海外语教育出版社	2008
203	郁苓	《孟子的故事》	The Life and Wisdom of Mencius	华语教学出版社	2002
204	何祚康、郁苓	《孟子名言录》	Quotations from Mencius	华语教学出版社	2002
205	汉佳、王国振	《亚圣孟子》	Mencius: A Benevolent Saint for the Ages	五洲传播出版社	2007
206	王晓伟	《孟子智慧故事》	Wisdom of Mencius	上海外语教育出版社	2011
207	Irene Bloom	《孟子》	Mencius	Columbia University Press	2003
208	Donald B. Wagner	《孟子》	A Mencius Reader: For Beginning and Advanced Students of Classical Chinese	Nordic Institute of Asian Studies	2004
209	Bryan W. Van Norden	《孟子》	The Essential Mengzi: Selected Passages with Traditional Commentary	Hackett Publishing Company, Inc.	2008
210	Roger T. Ames、David L. Hall	《中庸》	Focusing the Familiar: A Translation and Philosophical Interpretation of the Zhongyong	University of Hawai'i Press	2001
211	Andrew H. Plaks	《中庸》	Ta Hsueh and Chung Yung: The Highest Order of the Cultivation and on the Practice of the Mean	Penguin Classics	2003

附录 Ⅱ　新时代典籍英译代表性译作

（续表）

序号	译者	中文书名	英文书名	出版社	出版时间
212	Daniel K. Gardner	《四书：后代儒家的基本教义》	The Four Books: The Basic Teachings of the Later Confucian Tradition	Hackett Publishing Company, Inc.	2007
213	吴国珍	《〈大学〉〈中庸〉最新英文全译全注本》	A New Annotated English Verson of "The Great Learning" & "The Doctrine of the Mean"	福建教育出版社	2015
214	张葆全、吴思远	《〈大学〉〈中庸〉选译》	"Higher Education" and "The Universal Order"	广西师范大学出版社	2016
215	辜鸿铭	《〈大学〉〈中庸〉》	"Higher Education", "The Universal Order or Conduct of Life"	中华书局	2017
216	Robert G. Henricks	《老子〈道德经〉：郭店楚简本》	Lao Tzu's Tao Te Ching: A Translation of the Startling New Documents Found at Guodian	Columbia University Press	2000
217	David Hinton	《老子〈道德经〉》	Tao Te Ching, Lao Tzu	Counterpoint	2000
218	John H. McDonald	《道德经》	Tao Te Ching	Counterpoint	2000
219	Mitchell Stephen	《道德经》	Tao Te Ching: A New English Version	Harper Perennial Modern	2000
220	David H. Li	《〈道德经〉：新千禧本》	Dao De Jing: A New-Millennium Translation	Premier Publishing	2001
221	Moss Roberts	《老子〈道德经〉》	Dao De Jing: The Book of the Way; Laozi	University of California Press	2001
222	黄继忠	《道德经》	Tao Te Ching: A Literal Translation with an Introduction, Notes, and Commentary	Asian Humanities Press	2003
223	许渊冲	《道德经》	Laws Divine and Human	高等教育出版社	2003
224	顾丹柯	《老子说》	Tao Te Ching	世界图书出版公司	2006

(续表)

序号	译者	中文书名	英文书名	出版社	出版时间
225	辜正坤	《老子〈道德经〉》	Lao Zi: The Book of Tao and Teh	北京大学出版社	2005
226	辜正坤	《道德经》	The Book of Tao and Teh	中国对外翻译出版公司	2007
227	马德五	《老子〈道德经〉》	Lao Zi Dao De Jing	天津古籍出版社	2008
228	任继愈、任远	《老子绎读》	Lao Zi: An Interpretation and Commentary	商务印书馆	2009
229	赵彦春	《道德经》	The Word and the World	外文出版社	2016
230	John Minford	《道德经》	Tao Te Ching: The Essential Translation of the Ancient Chinese Book of the Tao	Viking Press	2018
231	居延安	《道德经》	Dao De Jing	上海译文出版社	2019
232	Gerald Schoen-Ewolf	《道：老子、庄子和曾璨》	The Way: According to Lao Tzu, Chuang Tzu, and Seng Tsan	Jain Pub Co.	2000
233	王琴、姜防震	《庄子说》	Zhuang Zi Says	华语教学出版社	2006
234	Nina Correa	《庄子：无限境界》	Zhuangzi: Being Boundless	Daoisopen Website	2006
235	Hyun Hochs-Mann、杨国荣	《庄子》	Zhuangzi	Taylor & Francis, Inc.	2006
236	Brook Ziporyn	《庄子》	Zhuangzi: The Essential Writings, with Selections from Traditional Commentaries	Hackett Publishing Company, Inc.	2009
237	赵彦春	《〈庄子〉英译》	Sir Lush	高等教育出版社	2019
238	蔡志忠、Brian Bruya	《庄子说》	The Way of Nature	Princeton University Press	2019
239	蔡志忠、Brian Bruya	《庄子说》	Zhuangzi Speaks	现代出版社	2019

附录Ⅱ 新时代典籍英译代表性译作

(续表)

序号	译者	中文书名	英文书名	出版社	出版时间
240	梁晓鹏	《列子》	Liezi	中华书局	2005
241	张纯、冯禹	《黄帝四经》	The Yellow Emperor's Four Canons	岳麓书社	2006
242	翟江月、牟爱鹏	《淮南子》	Huai Nan Zi	广西师范大学出版社	2010
243	吴鲁强、Tenney L. Davis	《周易参同契》	Zhou Yi Can Tong Qi	岳麓书社	2012
244	John Knoblock、Jeffrey Riegel	《吕氏春秋》	The Annals of Lv Buwei	Standford University Press	2000
245	翟江月	《吕氏春秋》	The Spring and Autumn of Lv Buwei	广西师范大学出版社	2005
246	汤博文	《吕氏春秋》	Lü's Commentaries of History	外文出版社	2008
247	汤博文	《吕氏春秋》	Lü's Commentaries of History	Long River Press	2012
248	王国振	《〈吕氏春秋〉故事》	Selections from Lu's Commentaries of History	五洲传播出版社	2017
249	John S. Major	《淮南子》	The Huainanzi	Columbia University Press	2010
250	John S. Major	《淮南子》	The Essential Huainanzi	Columbia University Press	2012
251	汪榕培、王宏	《墨子》	Mozi	湖南人民出版社	2006
252	汪榕培、王宏	《英译〈墨经〉》	The Mohist Canons	上海外语教育出版社	2011
253	李绍崑	《英译〈墨子〉全书》	The Complete Works of Motzu in English	商务印书馆	2009
254	Ian Johnston	《〈墨子〉全译》	The Mozi: A Complete Translation	Columbia University Press	2010

（续表）

序号	译者	中文书名	英文书名	出版社	出版时间
255	John Knoblock、Jeffrey Riegel	《〈墨子〉伦理及政治著作研究与翻译》	Mozi: A Study and Translation of the Ethical and Political Writings	The Institute of East Asian Studies	2013
256	Ian Johnston	《墨子》	The Book of Master Mo	Penguin Classics	2013
257	Walter Allyn Rickett	《管子》	Kuan Tzu	Cheng & Tsui Company	2001
258	翟江月	《管子》	Guanzi	广西师范大学出版社	2005
259	王宝童、李黎	《英译〈三字经〉〈千字文〉》	The Triword Primer & the Kiloword	上海外语教育出版社	2008
260	孙启勤	《公孙龙子》	The English Version of Gongsunlongzi	浙江工商大学出版社	2014
261	郝令喆（Eirik Lang Harris）	《慎子残篇：哲学分析与翻译》	The Shenzi Fragments: A Philosophical Analysis and Translation	Columbia University Press	2016

3. 科技典籍

序号	译者	中文书名	英文书名	出版社	出版时间
262	朱明	《黄帝内经》	The Medical Classic of the Yellow Emperor	外文出版社	2001
263	吴景暖	《黄帝内经·灵枢》	Ling Shu or the Spiritual Pivot	University of Hawaii Press	2002

附录Ⅱ 新时代典籍英译代表性译作

(续表)

序号	译者	中文书名	英文书名	出版社	出版时间
264	文树德	《黄帝内经·素问》	Huang Di Nei Jing Su Wen: Nature, Knowledge, Imagery in an Ancient Chinese Medical Text	University of California Press	2003
265	李照国	《黄帝内经·素问》	Yellow Emperor's Canon of Medicine: Plain Conversation	世界图书出版公司	2005
266	李照国	《黄帝内经·灵枢》	Yellow Emperor's Canon of Medicine: Spiritual Pivot	世界图书出版公司	2008
267	罗希文	《黄帝内经·素问》	Introductory Study of Huangdi Neijing	中医药出版社	2009
268	文树德、Hermann Tessenow	《〈黄帝内经·素问〉译注》	Huang Di Nei Jing Su Wen: An Annotated Translation of Huang Di's Inner Classic-Basic Questions	University of California Press	2011
269	Richard Bertschinger	《中医经典:〈黄帝内经〉》	Essential Texts in Chinese Medicine: The Single Idea in the Mind of the Yellow Emperor	Jessica Kingsley Publishers	2015
270	杨明山等	《〈黄帝内经·素问〉新译》	New English Version of Essential Questions in Yellow Emperor's Inner Canon	复旦大学出版社	2015
271	闻文军	《考工记》	Ancient Chinese Encyclopedia of Technology: Translation and Annotation of Kaogong Ji, the Artificers' Record	Routledge	2013
272	吴连胜、吴奇	《黄帝内经》	Yellow Emperor's Canon Internal Medicine	中国科学技术出版社	2001
273	Ilza Veith	《黄帝内经》	The Yellow Emperor's Classic of Internal Medicine	University of California Press	2002

(续表)

序号	译者	中文书名	英文书名	出版社	出版时间
274	吕聪明	《〈黄帝内经〉与〈难经〉全集》	A Complete Translation of The Yellow Emperor's Classics of Internal Medicine and a Complete Translation of Nan Ching	International College of TCM of Vancouver	2004
275	卢长怀、贾秀海	《英译〈徐霞客游记〉》	The Travels of Xu Xiake	上海外语教育出版社	2011
276	朱惠荣、李伟荣、卢长怀	《徐霞客游记》	The Travel Diaries of Xu Xiake	湖南人民出版社	2016
277	罗希文	《本草纲目》	Compendium of Materia Medica	外文出版社	2003
278	阮继源、张光霁	《金匮要略》	Synopsis of Prescriptions of the Golden Chamber	上海科学技术出版社	2003
279	宋旭明	《金匮要略》	Understanding the Jin Gui Yao Lue: A Practical Textbook	人民卫生出版社	2009
280	Nigel Wiseman	《金匮要略》	Jin Gui Yao Lue: Essential Prescriptions of the Golden Cabinet	Paradigm Publications	2013
281	李照国	《金匮要略》	Essentials of the Golden Cabinet	上海三联书店	2017
282	罗希文	《金匮要略》	Synopsis of Prescriptions of the Golden Chamber: Jingui Yaolue	新世界出版社	2007
283	黄海	《伤寒论》	Introduction to Treatise on Exogenous Febrile Disease	上海中医药大学出版社	2005
284	Greta Yang、Robin	《〈伤寒论〉讲解与临床心得》	Shang Han Lun Explained	Elsevier Australia	2009
285	罗希文	《本草纲目》	Compendium of Materia Medica—Bencao Gangmu	外文出版社	2003

附录Ⅱ　新时代典籍英译代表性译作

（续表）

序号	译者	中文书名	英文书名	出版社	出版时间
286	Paul Buell、Eugene N. Anderson	《饮膳正要》	Soup for the Qan: Chinese Dietary Medicine in the Mongol Eraas Seen in Hu Szu-Hui's Yin-Shan Cheng-Yao	Kegan Paul	2000
287	Joanna Grant	《汪机和石山医案》	A Chinese Physician: Wang Ji and the "Stone Mountain Medical Case Histories"	Routledge	2003
288	Vivienne Lo、Christopher Cullen	《敦煌医学卷》	Medieval Chinese Medicine—Dunhuang Medical Manuscripts	Routledge	2005
289	刘公望、刘长林	《中医临床基础速览：伤寒·金匮·温病》	Quick Understanding of Clinical Fundamentals of TCM: Studies of Treatise on Exogenous Febrile Diseases, Synopsis of Prescriptions of the Golden Chamber and Doctrine of Epidemic Febrile Diseases	天津科技翻译出版公司	2008
290	安德烈·杜博礼（André Dubreuil）、晓亚·杜博礼（Xiaoya Dubreuil）	《全图〈神农本草经〉》	Divine Farmer's Classic of Materia Medica	外文出版社	2015
291	范延妮	《救荒本草》	Materia Medica for Famine Relief	苏州大学出版社	2019

(续表)

序号	译者	中文书名	英文书名	出版社	出版时间
292	David Li	《〈孙子兵法〉千禧年新译》	The Art of Leadership by Sun Tzu: A New Millennium Translation of Sun Tzu's Art of War	Premier Press	2000
293	John Minford	《孙子兵法》	The Art of War, with an Introduction and Commentary	Viking Press	2002
294	The Denma Translation Group	《孙子兵法》	The Art of War	Shambhala Publication	2002
295	Gary Gagliardi	《孙子兵法》	The Art of War: Plus the Ancient Chinese Revealed	Clearbridge Publishing	2004
296	Victor H. Mair	《孙子兵法》	The Art of War: Sun Zi's Military Methods	Columbia University Press	2007
297	Thomas Huynh	《孙子兵法》	The Art of War: Spirituality for Conflict	SkyLight Paths	2008
298	James Trapp	《〈孙子兵法〉新译》	The Art of War: New Translation	Amber Books	2011
299	Jonathan Clements	《〈孙子兵法〉新译》	Sun Tzu's Art of War: A New Translation	Constable & Robinson	2012
300	Dalvi Vinay	《孙子兵法》	Sun-Tzu the Art of War	Pentagon Press	2012
301	沈 菲	《孙子兵法》	The Art of War	广西师范大学出版社	2016
302	Christopher MacDonald	《孙子兵法》	The Science of War—Sun Tzu's Art of War Re-translated and Re-considered	Eranshaw Books	2017
303	Brian Bruya	《孙子兵法》	The Art of War	Princeton University Press	2018
304	Peter Harris	《孙子兵法》	Sun Tzu: The Art of War	Alfred A. Knopf	2018
305	Jeff Pepper、王晓辉	《孙子兵法》	The Art of War: A Step-by-Step Translation	Imaging Press	2019

附录Ⅱ　新时代典籍英译代表性译作

（续表）

序号	译者	中文书名	英文书名	出版社	出版时间
306	D. C. Lau、Roger T. Ames	《孙膑兵法》	Sun Bin: The Art of Warfare	State University of New York Press	2003
307	聂送来	《六韬》	Six Strategies	军事科学出版社	2004
308	潘嘉玢	《吴子·司马法·尉缭子》	Wuzi; The Methods of the Sima; Liaozi	军事科学出版社	2004
309	何小东	《黄石公三略·唐太宗李卫公问对》	The Three Strategies of Huang Shigong; Questions and Replies Between Tang Taizong and Li Weigong	军事科学出版社	2004
310	朱世达	《太白阴经》	Tai Bai Yin Jing	军事科学出版社	2007
311	姜欣、姜怡	《茶经》《续茶经》	The Classic of Tea; The Sequel to The Classic of Tea	湖南人民出版社	2009
312	王宏、赵峥	《梦溪笔谈》	Brush Talks from Dream Brooks	四川人民出版社	2008
313	王宏、赵峥	《梦溪笔谈》	Brush Talks from Dream Brooks	Paths International, Ltd.	2012
314	Richare E. Strassberg	《山海经》	A Chinese Bestiary: Strange Creatures from the Guideways Through Mountains and Seas	University of California Press	2002
315	王宏、赵峥	《山海经》	The Classic of Mountains and Sea	湖南人民出版社	2010
316	陈在新	《四元玉鉴》	Jade Mirror of the Four Unknowns	辽宁教育出版社	2006
317	道本周、徐义保	《九章算术》	Nine Chapters on the Art of Mathematics	辽宁教育出版社	2013
318	王伊同	《洛阳伽蓝记》	A Record of Buddhist Monasteries in Luo-Yang	中华书局	2007

(续表)

序号	译者	中文书名	英文书名	出版社	出版时间
319	王义静、王海燕、刘迎春	《天工开物》	Tian Gong Kai Wu	广东教育出版社	2011

4. 少数民族典籍

序号	译者	中文书名	英文书名	出版社	出版时间
320	A. H. Franecke	《下拉达克版〈格萨尔王传〉》	A Lower Ladakhi Version of The Kesar Sage	Asian Educational Service	2000
321	Alexandra David-Neel、Lama Yongden	《岭格萨尔超人的一生》	The Superhuman Life of Gesar of Ling	Shambhala Publications, Inc.	2001
322	Douglas J. Penick	《格萨尔王战歌》	The Warrior Song of King Gesar	Mill City	2009
323	Douglas J. Penick	《光之桥上的交错：岭王格萨尔穿越生死去往香巴拉的事迹和颂歌》	Crossings on a Bridge of Light: The Songs and Deeds of GESAR, KING OF LING as He Travels to Shambhala Through the Realms of Life and Death	Mountain Treasure	2009
324	Robin Kornman	《岭格萨尔史诗：格萨尔的神奇诞生、早年经历和加冕为王》	The Epic of King Gesar: Gesar's Magical Birth, Early Years, and Coronation as King	Shambhala Publications, Inc.	2013

(续表)

序号	译者	中文书名	英文书名	出版社	出版时间
325	David Shapiro	《格萨尔王：来自西藏雪域游吟者的故事》	Gesar of Ling: A Bardic Tale from the Snow Land of Tibet	Balboa Press	2019
326	王国振、朱咏梅、汉佳	《格萨尔王》	King Gesar	五洲传播出版社	2009
327	周爱明	《藏族英雄史诗〈格萨尔〉唐卡》	Thangka Paintings: An Illustrated Manual of the Tibetan Epic Gesar	中国画报出版社	2003
328	周爱明	《藏族口传史诗〈格萨尔王〉唐卡》	Thangka Paintings of the Tibetan Oral Epic King Gesar	五洲传播出版社	2013
329	John T. Davenport	《普通智慧：萨迦·班智达劝善宝库》	Ordinary Wisdom: Sakya Pandita's Treasury of Good Advice	Wisdom Publications	2000
330	李正栓	《藏族格言诗英译》	Tibetan Gnomic Verses Translated into English	长春出版社	2013
331	Yeshe Khedrup、Wilson Hurley	《水树格言》	The Water and Wood Shastras	Karuna Publications	2012
332	李正栓、刘娇	《国王修身论》	Moral Cultivation of Kings	Nepal Tianli Publication and Culture Company Pvt., Ltd.	2017
333	李正栓	《萨迦格言》	Sakya Gnomic Verses	Nepal Tianli Publication and Culture Company Pvt., Ltd.	2018

(续表)

序号	译者	中文书名	英文书名	出版社	出版时间
334	李正栓、李圣轩	《水树格言》	Gnomic Verses About Water and Tree	Nepal Tianli Publication and Culture Company Pvt., Ltd.	2018
335	李正栓	《格丹格言》	Dgeldan Gnomic Verses	Nepal Tianli Publication and Culture Company Pvt., Ltd.	2019
336	格桑顿珠（K. Dhondup）	《六世达赖喇嘛诗歌》	Songs of the Sixth Dalai Lama	西藏文献图书馆	2003
337	Coleman Barks	《六世达赖喇嘛情诗》	Stallion on a Frozen Lake-Love Songs of the Sixth Dalai Lama	Pilgrims Publishing	2004
338	Gary Wayne Houston	《白鹤之翼：仓央嘉措诗集》	Wings of the White Crane-Poems of Tsangs Dbyangs Rgyamtsho	Motilal Banarsidass	2008
339	Paul Williams	《情爱之歌，悲伤之诗：六世达赖喇嘛的艳情诗》	Songs of Love, Poems of Sadness: The Erotic Verse of the Sixth Dalai Lama	I. B. Tauris	2004
340	Geoffrey R. Waters	《白鹤：六世达赖喇嘛情歌》	White Crane: Love Songs of the Sixth Dalai Lama	White Pine Press	2007
341	Lhasang Tsering	《妙音之海：六世达赖喇嘛诗歌》	Ocean of Melody: Songs of the Sixth Dalai Lama	Rupa & Co.	2009
342	李正栓、王密卿	《仓央嘉措诗集》	The Poems of Tsangyang Gyatso	湖南人民出版社	2015
343	李正栓、王密卿	《仓央嘉措抒情诗》	Selected Poems of Tsangyang Gyatso	西藏藏文古籍出版社	2018

附录Ⅱ 新时代典籍英译代表性译作

(续表)

序号	译者	中文书名	英文书名	出版社	出版时间
344	Urgunge Onon	《蒙古秘史：成吉思汗的生活和时代》	The Secret History of the Mongols—The Life and Times of Chingjis Khan	Routledge	2001
345	Igor de Rachewiltz	《蒙古秘史：13世纪的蒙古史诗编年史》	The Secret History of the Mongols—A Mongolian Epic Chronicle of the Thirteenth Centry	Brill Academic Publishers	2004
346	N. Dorjgotov、Z. Erendo	《蒙古秘史》	The Secret History of the Mongols: Tanslated from Mongolian into English	Monsudar	2006
347	贾木查	《江格尔》	Jangar	新疆大学出版社	2010
348	潘忠明	《江格尔传奇》	The Epic of Jangar	五洲传播出版社	2011
349	张天心	《玛纳斯故事》	Legend of Manas	五洲传播出版社	2011
350	李红燕、Gary Chou、Grey Meeks	《玛纳斯》	Manas	新疆人民出版社	2013
351	王维波等	《中国赫哲族史诗〈伊玛堪〉》	The Yimakan Epics of Hezhe Ethic Minority in China	辽宁人民出版社	2013
352	张志刚等	《少郎和岱夫》	Shaolang and Daifu	民族出版社	2012
353	常芳	《鄂伦春族摩苏昆经典英译：英雄格帕欠》	Elunchun Mosukun Classics	黑龙江人民出版社	2019
354	韩家权等	《布洛陀史诗》	The Epic of Baeuqloxgdoh	广西人民出版社	2012
355	周艳鲜等	《平果壮族嘹歌》	Liao Songs of Pingguo Zhuang	广西师范大学出版社	2011

(续表)

序号	译者	中文书名	英文书名	出版社	出版时间
356	周秀苗	《北路壮剧传统剧目精选》	Null	广西人民出版社	2014
357	Mark Bender	《蝴蝶妈妈：中国贵州苗族的创世史诗》	Butterfly Mother: Miao (Hmong) Creation Epics from Guizhou, China	Hackett Publishing Company, Inc.	2006
358	马克·本德尔、吴一方、葛融	《苗族史诗》	Hmong Oral Epics	贵州民族出版社	2012
359	张立玉	《摆手歌》	Sheba Songs	外语教学与研究出版社	2018
360	张立玉	《梯玛歌》	Tima Songs	外语教学与研究出版社	2018
361	潘智丹	《阿诗玛》	A Shima	广东教育出版社	2007
362	卓振英	《古今越歌英译与评注》	An Annotated Anthology of Yue Songs Ancient and Modern	商务印书馆	2018
363	尹绍东	《金笛》	The Gold Flute	云南人民出版社	2018
364	王蕾	《十二奴局》	Twelve Nujus	云南人民出版社	2018
365	陈金金	《古歌》	Old Folk Song of the Dai and the Naxi	云南人民出版社	2018
366	李昌银、李秦松	《白国因由》	Legends of the Creation of the Bai Kingdom	云南人民出版社	2018
367	徐蔚、熊莺	《查姆》	Chamu	云南人民出版社	2018
368	刘德周	《支萨甲布》	Zhisa Jiabu	云南人民出版社	2018
369	汤格·萨甲博、刘德周	《帕米查哩》	Pamichali	云南人民出版社	2018

(续表)

序号	译者	中文书名	英文书名	出版社	出版时间
370	陈萍、刘怡	《梅葛》	Meige	云南人民出版社	2018
371	杨慧芳、陈萍、陶玥	《目瑙斋瓦》	Manau Zhaiwa	云南人民出版社	2018
372	吴相如、吴炯	《召树屯》	Zhaoshutun	云南人民出版社	2018
373	张立玉、张扬扬	《金笛》	Magic Flute	武汉大学出版社	2019
374	张立军、臧军娜	《黑暗传》	The Legend of Darkness	武汉大学出版社	2019

附录Ⅲ
新时代典籍英译研究课题

1. 国家社科基金项目

序号	立项年度	项目批准号	学科分类	项目名称	项目类别	项目负责人	工作单位
1	2005	05&ZD003	/	中医典籍研究与英译工程	重大项目	罗希文	中国社会科学院
2	2007	07BYY012	语言学	中国哲学典籍英译研究	一般项目	郭尚兴	河南大学
3	2008	08BYY009	语言学	中医名词术语英语翻译国际标准化研究	一般项目	李照国	上海师范大学
4	2008	08CYY008	语言学	"四书"英译史论	青年项目	王辉	深圳大学
5	2008	08XYY020	语言学	壮族典籍英译研究——以《布洛陀史诗》为例	西部项目	韩家权	百色学院
6	2009	09CYY007	语言学	《蒙古秘史》的多维翻译研究——民族典籍的复原、转译与异域传播	青年项目	邢力	北京航空航天大学
7	2009	09CYY008	语言学	基于语料库的中医典籍英译研究	青年项目	兰凤利	上海中医药大学
8	2010	10BYY012	语言学	平行语料库的诗翻译诗学研究	一般项目	陈琳	湘潭大学

(续表)

序号	立项年度	项目批准号	学科分类	项目名称	项目类别	项目负责人	工作单位
9	2010	10CYY007	语言学	华兹生英译《史记》的翻译诗学生成研究	青年项目	吴涛	昆明理工大学
10	2010	10ZD&108	中国文学	中国古代经典英译本汇释汇校	重大项目	杨慧林	中国人民大学
11	2010	10CZW039	中国文学	"中学西传"与中国古典小说的早期翻译（1735—1911）	青年项目	宋丽娟	上海师范大学
12	2011	11BYY016	语言学	古诗英译中西翻译流派比较研究	一般项目	张保红	广东外语外贸大学
13	2011	11BYY049	语言学	《史记》和《汉书》汉英平行语料库建设与术语英译检索系统的研发	一般项目	李秀英	大连理工大学
14	2011	11CYY008	语言学	《聊斋志异》英译研究	青年项目	李海军	湖南文理学院
15	2011	11BZW020	中国文学	杜诗比较批评史与《杜工部集》英译	一般项目	张思齐	武汉大学
16	2011	11BZW135	中国文学	彝族叙事长诗《阿诗玛》的跨民族翻译与传播研究	一般项目	黄琼英	曲靖师范学院
17	2011	11XZJ008	宗教学	中国道教经籍的译介与传播研究	西部项目	俞森林	西南交通大学
18	2012	12BYY024	语言学	中医英语翻译理论与方法研究	一般项目	李照国	上海师范大学
19	2012	12XYY004	语言学	史诗《玛纳斯》的翻译传播与"玛纳斯学"的发展研究	西部项目	梁真惠	昌吉学院

(续表)

序号	立项年度	项目批准号	学科分类	项目名称	项目类别	项目负责人	工作单位
20	2012	12FWW001	中国文学	明清时期西方传教士中国儒道释典籍之翻译与诠释	后期资助	李新德	温州大学
21	2012	12BZW066	中国文学	儒家经典《春秋左传》的英译与域外左传学研究	一般项目	罗军凤	西安交通大学
22	2012	12BZW146	中国文学	《孟子》的跨文化阐释与传播研究	一般项目	杨颖育	四川师范大学
23	2012	12CZW090	中国文学	《格萨尔》史诗的国外传播研究	青年项目	于静	鲁东大学
24	2012	12CGJ020	国际问题研究	我国典籍翻译与中华文化传播中的战略研究	青年项目	季红琴	长沙理工大学
25	2013	13BYY024	语言学	中国戏剧外译史研究	一般项目	孟伟根	绍兴文理学院
26	2013	13BYY028	语言学	林语堂创作与翻译的互文关系研究	一般项目	李平	南京信息工程大学
27	2013	13BYY030	语言学	《大清律例》英译比较研究	一般项目	熊德米	西南政法大学
28	2013	13BYY031	语言学	《诗经》英译译本分析研究	一般项目	赵彦春	天津外国语大学
29	2013	13BYY032	语言学	茶典籍系列的互文模因追溯及其英译的多维视域融合研究	一般项目	姜怡	大连理工大学
30	2013	13BYY033	语言学	霍克思《红楼梦》英译研究	一般项目	鲍德旺	解放军理工大学

(续表)

序号	立项年度	项目批准号	学科分类	项目名称	项目类别	项目负责人	工作单位
31	2013	13BYY034	语言学	基于"大中华文库"的中国典籍英译翻译策略研究	一般项目	王　宏	苏州大学
32	2013	13BYY035	语言学	基于副文本的中国古典诗歌国外英译新论研究	一般项目	蔡　华	大连大学
33	2013	13BYY036	语言学	儒家经典翻译传播与国家文化软实力建设研究	一般项目	李玉良	青岛科技大学
34	2013	13CYY008	语言学	汉籍外译的价值取向与文化立场研究	青年项目	周晓梅	上海财经大学
35	2013	13CYY009	语言学	中国古典文论在西方的英译与传播研究	青年项目	王洪涛	天津外国语大学
36	2013	13CYY013	语言学	《中庸》英译与中庸翻译思想研究	青年项目	宋晓春	湖南大学
37	2013	13FYY007	语言学	汉诗英译美学研究	后期资助	张智中	天津师范大学
38	2013	13BWW012	外国文学	李渔在英语世界的历时接受与当代传播研究	一般项目	唐艳芳	浙江师范大学
39	2013	13BZW020	中国文学	文学大众化：阿瑟·韦利（ARTHUR WALEY）的中国文学英译研究	一般项目	冀爱莲	福建师范大学
40	2013	13BZW042	中国文学	20世纪《庄子》在英语世界的传播	一般项目	于雪棠	北京师范大学

附录Ⅲ 新时代典籍英译研究课题

(续表)

序号	立项年度	项目批准号	学科分类	项目名称	项目类别	项目负责人	工作单位
41	2014	14BYY015	语言学	中英中美不平等条约翻译史研究（1842—1943）	一般项目	屈文生	华东政法大学
42	2014	14BYY025	语言学	《道德经》在美国的译介与接受研究	一般项目	辛红娟	中南大学
43	2014	14BYY029	语言学	土家族主要典籍英译及研究	一般项目	张立玉	中南民族大学
44	2014	14BYY024	语言学	中华传统服饰文化艺术翻译研究	一般项目	张慧琴	北京服装学院
45	2014	14BYY030	语言学	中国古代自然科学类典籍翻译研究	一般项目	刘迎春	大连海事大学
46	2014	14BYY026	语言学	《红楼梦》英译史研究	一般项目	赵长江	河北师范大学
47	2014	14BYY021	语言学	中国传统哲学术语英译研究	一般项目	郭尚兴	河南大学
48	2014	14BYY013	语言学	中国古代文论英译核心问题研究	一般项目	刘颖	四川大学
49	2014	14BYY020	语言学	全球化语境下中国书法文本的英译研究	一般项目	顾毅	天津科技大学
50	2014	14BYY017	语言学	敦煌古籍医经医理类文献英译及研究	一般项目	张焱	西安理工大学
51	2014	14BYY028	语言学	20世纪《孙子兵法》英译研究	一般项目	裘禾敏	浙江旅游职业学院
52	2014	14BYY023	语言学	中国戏剧走出去的翻译改写研究	一般项目	吕世生	南开大学
53	2014	14BYY012	语言学	林语堂作品的中国文化变译策略研究	一般项目	卞建华	青岛大学

(续表)

序号	立项年度	项目批准号	学科分类	项目名称	项目类别	项目负责人	工作单位
54	2014	14FYY002	语言学	《楚辞》英译的中国传统翻译诗学观	后期资助	严晓江	南通大学
55	2014	14CWW006	外国文学	从《红楼梦》在国外的传播与接受看中国文学走向世界问题研究	青年项目	任显楷	西南交通大学
56	2014	14FWW006	外国文学	宇文所安的唐诗翻译及唐诗史写作研究	后期资助	高超	山西师范大学
57	2014	14BZW103	中国文学	中国戏曲在美国的传播与接受研究	一般项目	陈茂庆	华东师范大学
58	2015	15AYY001	语言学	中国典籍英译的传播与评价机制研究	重点项目	罗选民	清华大学
59	2015	15BYY019	语言学	二战后中国哲学在美国的英译、传播和接受研究	一般项目	谭晓丽	衡阳师范学院
60	2015	15BYY026	语言学	苗族英雄史诗《亚鲁王》英译及研究	一般项目	李敏杰	中南民族大学
61	2015	15BYY027	语言学	《周易》在西方的译介与传播研究	一般项目	任运忠	西南科技大学
62	2015	15BYY028	语言学	典籍英译国外读者网上评论观点挖掘研究	一般项目	祁瑞华	大连外国语大学
63	2015	15BYY029	语言学	二十世纪敦煌汉文叙事文献西方英译活动研究	一般项目	桑仲刚	天水师范学院

附录Ⅲ 新时代典籍英译研究课题

(续表)

序号	立项年度	项目批准号	学科分类	项目名称	项目类别	项目负责人	工作单位
64	2015	15BYY030	语言学	宋词英译的框架赋值与构式配置实证研究	一般项目	李天贤	宁波大学
65	2015	15BYY031	语言学	汤显祖戏剧英译的海外传播研究	一般项目	张 玲	苏州大学
66	2015	15BYY032	语言学	英语世界中《尔雅》译介研究	一般项目	李志强	上海师范大学
67	2015	15BYY033	语言学	中国文化典籍英译史研究	一般项目	范祥涛	南京航空航天大学
68	2015	15XYY002	语言学	南北朝诗歌在英语世界的译介与研究	西部项目	黄 莉	重庆师范大学
69	2015	15XYY004	语言学	南岭走廊瑶族民间手抄文献英译研究	西部项目	范振辉	贺州学院
70	2015	15XYY005	语言学	翻译规范视角下庞德儒家经典翻译在美国的接受与影响研究	西部项目	祝朝伟	四川外国语大学
71	2015	15BZW024	中国文学	美国《文心雕龙》研究史料整理与翻译研究（1951—2010）	一般项目	谷鹏飞	西北大学
72	2015	15BZW061	中国文学	跨文化视阈下唐诗在西方的译介与研究	一般项目	李春蓉	四川大学
73	2015	15BZJ016	宗教学	禅宗隐喻英译研究	一般项目	常焕辉	宜春学院
74	2015	15BZJ024	宗教学	新教传教士《论语》英译版本汇校与翻译研究	一般项目	姜 哲	沈阳师范大学

(续表)

序号	立项年度	项目批准号	学科分类	项目名称	项目类别	项目负责人	工作单位
75	2015	15XZJ012	宗教学	海外道教典籍翻译研究	西部项目	何立芳	电子科技大学
76	2015	15BZX051	哲学	朱子学在英语世界的翻译研究	一般项目	赖文斌	上饶师范学院
77	2016	16ZDA212	/	数学典籍《九章算术》及《算经十书》研究与英译	重大项目	郭书春	中国科学院
78	2016	16BYY013	语言学	艾克敦译中国传统戏曲手稿整理和研究	一般项目	管兴忠	北京语言大学
79	2016	16BYY018	语言学	藏族格言诗翻译史研究	一般项目	李正栓	河北师范大学
80	2016	16BYY025	语言学	"一带一路"倡议下少数民族活态史诗域外传播与翻译转换研究	一般项目	王治国	天津工业大学
81	2016	16BYY030	语言学	"大中华文库"外译典籍的汉英对照匹配研究	一般项目	陈述军	三峡大学
82	2016	16BYY031	语言学	辜鸿铭儒家经典翻译与域外传播研究	一般项目	黄碧蓉	上海海洋大学
83	2016	16BYY032	语言学	基于《天工开物》英译本的科技典籍译者风格研究	一般项目	许明武	华中科技大学
84	2016	16BYY033	语言学	来华新教传教士百年汉籍英译史研究	一般项目	邓联健	中南林业科技大学
85	2016	16BYY034	语言学	纳西族东巴经主要典籍英译及研究	一般项目	李明	中南民族大学

(续表)

序号	立项年度	项目批准号	学科分类	项目名称	项目类别	项目负责人	工作单位
86	2016	16BYY036	语言学	民族志翻译视角下的壮族创世史诗《布洛陀》英译研究	一般项目	黄中习	广东金融学院
87	2016	16BYY060	语言学	十九世纪英文汉学期刊对中国文化典籍的译介研究	一般项目	刘立壹	山东建筑大学
88	2016	16BWW012	外国文学	汉语诗歌在英语世界的译介研究	一般项目	张智中	天津师范大学
89	2016	16BWW017	外国文学	《福乐智慧》诗体英译本研究	一般项目	李英军	新疆师范大学
90	2016	16BWW019	外国文学	唐诗翻译在当代美国的接受和影响研究	一般项目	魏家海	华中师范大学
91	2016	16BZW174	外国文学	英语世界里的《格萨尔》研究	一般项目	吴结评	西华大学
92	2016	16CWW006	外国文学	日藏林语堂《红楼梦》英译原稿整理与研究	青年项目	宋丹	湖南大学
93	2017	17AZD040	/	李白诗歌全集英译及译本对比研究	重点项目	赵彦春	上海大学
94	2017	17AYY001	语言学	汉语古诗英译策略的体系构建与运行机制研究	重点项目	文军	北京航空航天大学
95	2017	17AYY012	语言学	中华典籍英译云平台的构建及应用研究	重点项目	张政	北京师范大学
96	2017	17BYY053	语言学	近代英文期刊对中国经典的译介与传播研究（1800—1949）	一般项目	曾文雄	广东财经大学

(续表)

序号	立项年度	项目批准号	学科分类	项目名称	项目类别	项目负责人	工作单位
97	2017	17BYY057	语言学	茶文化模因的跨时域表征与古今茶著翻译研究	一般项目	姜欣	大连理工大学
98	2017	17BYY061	语言学	《文心雕龙》话语体系英译和中西文论对话研究	一般项目	胡作友	合肥工业大学
99	2017	17BYY062	语言学	《庄子》在英语世界的经典化研究	一般项目	张云	湖南大学
100	2017	17BYY063	语言学	基于《论语》英译的中国典籍对外传播机制创新研究	一般项目	范敏	上海立信会计金融学院
101	2017	17BYY064	语言学	世情小说《金瓶梅》英语世界译介模式研究	一般项目	赵朝永	华东师范大学
102	2017	17BWW024	外国文学	英语世界水浒学史研究	一般项目	谢春平	赣南师范大学
103	2017	17BWW025	外国文学	《西游记》在英语国家的接受与影响研究	一般项目	朱明胜	南通大学
104	2017	17BZW126	中国文学	弗朗茨·库恩中国古典小说翻译、流传与影响研究	一般项目	王金波	上海交通大学
105	2017	17CZW036	中国文学	中国古代神怪小说的近代英译和域外影响研究	青年项目	姚达兑	中山大学
106	2017	17FZS039	中国历史	明清耶稣会士翻译与中西文化科技交流	后期资助	王银泉	南京农业大学

附录Ⅲ　新时代典籍英译研究课题

(续表)

序号	立项年度	项目批准号	学科分类	项目名称	项目类别	项目负责人	工作单位
107	2018	18BYY020	语言学	汉学家陈荣捷的宋明理学英译及著述与20世纪美国的中国哲学研究	一般项目	胡翠娥	南开大学
108	2018	18BYY032	语言学	《楚辞》百年西传得失与中国典籍的译介路径研究	一般项目	田传茂	长江大学
109	2018	18BYY033	语言学	《黄帝内经》英译及译本对比研究	一般项目	李照国	上海师范大学
110	2018	18BYY034	语言学	评价学取向的典籍英译批评研究	一般项目	张志强	河南师范大学
111	2018	18BYY036	语言学	彝族英雄史诗《支格阿鲁》英译及研究	一般项目	沈晓华	中南民族大学
112	2018	18CYY012	语言学	《三国演义》在英语世界的译介研究	青年项目	彭文青	苏州大学
113	2018	18CYY013	语言学	禅文化西渐进程中《六祖坛经》多模态译介研究	青年项目	于海玲	湖南大学
114	2018	18XYY004	语言学	西南土司遗址文献的英译研究	西部项目	杨年芬	湖北民族学院
115	2018	18BWW017	外国文学	藏族诗歌《米拉日巴道歌》英译研究	一般项目	何正兵	山西师范大学
116	2018	18BWW021	外国文学	英语世界的中国神话研究	一般项目	刘曼	湖南工业大学
117	2018	18FWW004	外国文学	庞德中国文化原典创译研究	后期资助	彭水香	西南大学

(续表)

序号	立项年度	项目批准号	学科分类	项目名称	项目类别	项目负责人	工作单位
118	2018	18BZW068	中国文学	十九世纪《三国演义》的英译与传播研究	一般项目	王 燕	中国人民大学
119	2018	18BZX082	哲学	王阳明思想在西方的翻译、传播与影响研究	一般项目	曹雷雨	北京师范大学
120	2018	18BXW093	新闻学与传播学	《中国丛报》典籍译介和中国文化"走出去"译介模式研究	一般项目	李海军	湖南文理学院
121	2019	19BYY039	语言学	汉语国际教育视阈下17—19世纪英文载体汉语教育文献翻译研究	一般项目	于海阔	重庆师范大学
122	2019	19BYY097	语言学	二十世纪中国文化典籍英译史	一般项目	赵长江	西藏民族大学
123	2019	19BYY099	语言学	王阳明思想在英语世界的译介与阐释研究	一般项目	文 炳	浙江理工大学
124	2019	19BYY101	语言学	基于平行语料库的中国历代官制术语英译语义溯源与概念重构机制研究	一般项目	李秀英	大连理工大学
125	2019	19BYY129	语言学	《论语》英译误读及其对中华传统文化海外话语体系建构的启示研究	一般项目	李 钢	湖南文理学院
126	2019	19BYY130	语言学	《墨子》在英语世界的翻译、传播与影响研究	一般项目	王秀文	南京航空航天大学

附录Ⅲ 新时代典籍英译研究课题

(续表)

序号	立项年度	项目批准号	学科分类	项目名称	项目类别	项目负责人	工作单位
127	2019	19BYY131	语言学	《尚书》政治法律语言英译比较研究	一般项目	熊德米	西南政法大学
128	2019	19BYY132	语言学	理雅各《春秋》英译注疏话语研究	一般项目	胡美馨	浙江师范大学
129	2019	19CYY025	语言学	华兹生汉语古籍译介模式、传播与影响研究	青年项目	林嘉新	广东财经大学
130	2019	19CYY026	语言学	《三国演义》英译多维比较研究	青年项目	许多	南京师范大学
131	2019	19XYY013	语言学	文化自信视域下中国秦腔经典剧本英译研究	西部项目	尹丕安	西安理工大学
132	2019	19XYY015	语言学	英语数字化诗与中国古典诗歌象似性的英译研究	西部项目	赵光旭	南宁师范大学
133	2019	19BWW018	外国文学	在华英文期刊与中国文学的译介研究（1832—1941）	一般项目	易永谊	温州大学
134	2019	19BZW073	中国文学	《水浒传》在英语世界译介传播的历史流变与接受影响研究	一般项目	王运鸿	暨南大学
135	2019	19BZW087	中国文学	英语世界明清戏曲的译介与研究	一般项目	李安光	河南大学
136	2019	19BZW175	中国文学	《玛纳斯》艾什玛特唱本的英译及口传史诗翻译研究	一般项目	郑丹	大连民族大学
137	2019	19CZW013	中国文学	先秦名学典籍在英语世界的翻译、传播与影响研究	青年项目	聂韬	电子科技大学

（续表）

序号	立项年度	项目批准号	学科分类	项目名称	项目类别	项目负责人	工作单位
138	2019	19CZW029	中国文学	比较文学视野下李渔作品的英译研究	青年项目	魏琛琳	西安交通大学
139	2019	19BGJ008	国际问题研究	基于受众接受的中国文化典籍外译和传播与我国文化软实力提升研究	一般项目	季红琴	长沙理工大学

2. 教育部人文社科基金项目

序号	立项年度	学科分类	项目名称	项目类别	项目负责人	工作单位
1	2005	语言学	中医英译研究	规划基金项目	欧阳勤	福建中医学院
2	2006	语言学	《论语》英译历史研究	青年基金项目	王勇	潍坊学院
3	2006	语言学	英美的中国古代经典诗歌英译研究	规划基金项目	魏家海	武汉理工大学
4	2006	中国文学	译介学视角下的中国古典文学作品英译	规划基金项目	吴新云	中央财经大学
5	2007	中国文学	他者眼中的中国古代文论——英语世界《文心雕龙》研究	青年基金项目	刘颖	四川大学
6	2009	语言学	诸子散文在英语世界的译介与传播	规划基金项目	戴俊霞	安徽工业大学
7	2009	语言学	《楚辞》英译在西方	青年基金项目	蒋林	浙江师范大学
8	2009	中国文学	《西游记》的域外传播及其文化意义研究	青年基金项目	李萍	江苏技术师范学院
9	2009	中国文学	英语世界中《左传》的翻译与研究	青年基金项目	罗军凤	西安交通大学

附录Ⅲ 新时代典籍英译研究课题

（续表）

序号	立项年度	学科分类	项目名称	项目类别	项目负责人	工作单位
10	2009	交叉学科/综合研究	孔子西方形象之建构：《论语》英译阐释学研究	规划基金项目	金学勤	四川大学
11	2010	语言学	《蛮书》英语翻译及其研究	规划基金项目	卜绍先	大理学院
12	2010	语言学	《红楼梦》翻译的诗学新解——文学翻译研究的应用诗学视角	规划基金项目	王丹阳	南京师范大学
13	2010	语言学	京剧翻译与跨文化交流	规划基金项目	吕世生	南开大学
14	2010	语言学	殖民与后殖民语境《水浒传》英译文化词语比较研究	规划基金项目	孙建成	天津财经大学
15	2010	语言学	典籍翻译与经典重构——《道德经》英译研究	青年基金项目	董娜	北京语言大学
16	2010	语言学	杜甫诗歌在英语国家的译介与传播	青年基金项目	贾卉	华东理工大学
17	2010	语言学	中国文学对外译介模式的探索与重构：杨宪益对外翻译活动综合研究	青年基金项目	江帆	华中师范大学
18	2010	语言学	杨宪益翻译思想研究	青年基金项目	辛红娟	中南大学
19	2010	语言学	他乡有夫子：欧美的《孟子》译介与诠释研究	青年基金项目	韩振华	复旦大学
20	2010	宗教学	道教术语英译研究	规划基金项目	何立芳	乐山师范学院
21	2010	交叉学科/综合研究	东北少数民族文化典籍的英译与研究——以达斡尔族乌钦体史诗《少郎和岱夫》为例	规划基金项目	张志刚	大连民族学院
22	2010	交叉学科/综合研究	典籍英译译者的文体分析与文本的译者识别	规划基金项目	霍跃红	大连外国语学院

(续表)

序号	立项年度	学科分类	项目名称	项目类别	项目负责人	工作单位
23	2010	交叉学科/综合研究	《道德经》英译中误译误释问题研究	规划基金项目	章媛	合肥师范学院
24	2011	语言学	中国法律翻译发展史研究	规划基金项目	戴拥军	安徽工业大学
25	2011	语言学	中国古代航海文献翻译研究	规划基金项目	刘迎春	大连海事大学
26	2011	语言学	汉文化经典外译：理论与实践	规划基金项目	徐珺	对外经济贸易大学
27	2011	语言学	近代英美传教士英译汉语典籍活动研究	规划基金项目	何绍斌	上海海事大学
28	2011	语言学	文化翻译观下的理雅各《尚书》译本研究	规划基金项目	陆振慧	扬州大学
29	2011	语言学	历史文化视阈下的《论语》英译研究	青年基金项目	李钢	湖南文理学院
30	2011	语言学	意义游走的术语——《文心雕龙》所有英译本中单字术语和含术语双字的英译策略研究	青年基金项目	解学林	集宁师范学院
31	2011	语言学	基于《红楼梦》平行语料库的汉英隐性隐喻认知路径比较	青年基金项目	王敬媛	聊城大学
32	2011	语言学	英语世界的《孟子》研究	青年基金项目	杨颖育	四川师范大学
33	2011	外国文学	中英文化交流语境中的阿瑟·韦利（Arthur Waley）研究	青年基金项目	冀爱莲	福建师范大学
34	2011	外国文学	中学西传：中国古典诗歌的西译与传播（1912—1963）——以W.C.威廉斯为代表	青年基金项目	武新玉	上海师范大学
35	2011	交叉学科/综合研究	基于语料库的中医病机术语英译研究	规划基金项目	都立澜	北京中医药大学

附录Ⅲ　新时代典籍英译研究课题

(续表)

序号	立项年度	学科分类	项目名称	项目类别	项目负责人	工作单位
36	2012	语言学	史诗《玛纳斯》的翻译与传播研究	规划基金项目	梁真惠	昌吉学院
37	2012	语言学	在世俗与宗教之间走钢丝：传教士译介儒经研究	规划基金项目	岳　峰	福建师范大学
38	2012	语言学	中华典籍外译与东方智慧知性体系构建研究	规划基金项目	包通法	江南大学
39	2012	语言学	中国文化对外译介的"林语堂模式"研究	规划基金项目	冯智强	天津工业大学
40	2012	语言学	宇文所安的唐诗英译研究	规划基金项目	魏家海	武汉理工大学
41	2012	语言学	儒学典籍"四书"在欧洲的译介与研究	规划基金项目	华少庠	西南交通大学
42	2012	语言学	中国翻译思想史研究：周秦至民国的翻译思想谱系	青年基金项目	夏登山	北京交通大学
43	2012	语言学	旅行与赋形：美国李清照词英译研究	青年基金项目	季淑凤	淮北师范大学
44	2012	语言学	典籍英译的"异化"原则分析——以赛珍珠英译《水浒传》为例	青年基金项目	刘　蕾	天津大学
45	2012	语言学	活形态民族史诗《格萨尔》翻译与传播研究	青年基金项目	王治国	天津工业大学
46	2012	语言学	《黄帝内经·素问》的英译对比——基于语料库的研究	青年基金项目	董敏华	浙江中医药大学
47	2012	外国文学	阿瑟·韦利与中国典籍翻译	规划基金项目	陈　惠	湖南师范大学
48	2012	中国文学	英语世界清小说研究	青年基金项目	何　敏	电子科技大学
49	2012	中国文学	英译宋词中的中国女性形象研究	青年基金项目	黄　立	西南民族大学
50	2012	民族学与文化学	中国少数民族史诗英译与研究：以锡伯族史诗《西迁之歌》为例	青年基金项目	苏　畅	大连民族学院

(续表)

序号	立项年度	学科分类	项目名称	项目类别	项目负责人	工作单位
51	2012	交叉学科/综合研究	中国苗医药学英文翻译实践与英译术语体系的理论模型建立	规划基金项目	林 雅	贵阳中医学院
52	2012	交叉学科/综合研究	《易经》翻译研究	规划基金项目	杨 平	浙江外国语学院
53	2012	交叉学科/综合研究	理雅各"经文辩读"及其现代价值——以理雅各英译《论语》为中心	青年基金项目	邱业祥	河南大学
54	2012	交叉学科/综合研究	当代英语世界的《论语》诠释研究	青年基金项目	曹 威	黑龙江大学
55	2012	交叉学科/综合研究	中国古典文学选集的译介重构及跨国想象	青年基金项目	陈 橙	上海海洋大学
56	2012	交叉学科/综合研究	威廉·琼斯的东方文学译介与拟作及其影响研究	青年基金项目	于俊青	西北大学
57	2013	语言学	藏族格言诗英译研究	规划基金项目	李正栓	河北师范大学
58	2013	语言学	从三大元功能的角度看中国文言文英译的翻译策略选择	规划基金项目	李国庆	暨南大学
59	2013	语言学	跨文化视阈下的赛珍珠英译《水浒传》研究	规划基金项目	钟再强	南通大学
60	2013	语言学	基于语料库的《论语》英译研究——系统功能语言学和西方修辞学视角	规划基金项目	鞠玉梅	曲阜师范大学
61	2013	语言学	从文化自恋到文化自省：晚清（1840—1911）中国翻译界的心路历程	青年基金项目	苏 艳	华中师范大学
62	2013	语言学	理雅各中国典籍翻译话语研究	青年基金项目	丁大刚	上海师范大学

(续表)

序号	立项年度	学科分类	项目名称	项目类别	项目负责人	工作单位
63	2013	语言学	中医的英译及其语料库的建设	青年基金项目	刘春梅	天津外国语大学
64	2013	语言学	比较诗学视域下的《文心雕龙》英译研究	青年基金项目	李林波	西安外国语大学
65	2013	语言学	从西方中心到文化主体重建——基于平行语料库的《论语》核心概念词英译变迁之研究	青年基金项目	刘永利	湘潭大学
66	2013	中国文学	《文心雕龙》英译问题研究	青年基金项目	刘颖	四川大学
67	2013	交叉学科/综合研究	文献与学术：宋代典籍海外流传与英语世界宋史研究	青年基金项目	孙健	北京外国语大学
68	2013	交叉学科/综合研究	中国哲学典籍英译语境本体性研究	青年基金项目	白玉杰	河南大学
69	2014	语言学	乐府诗英译研究	规划基金项目	贾晓英	河北师范大学
70	2014	语言学	《黄帝内经》中英文语料库的创建与应用研究	规划基金项目	朱剑飞	河南中医学院
71	2014	语言学	安乐哲中国哲学典籍英译与中国文化走出去之策略研究	规划基金项目	谭晓丽	衡阳师范学院
72	2014	语言学	两套中医译名标准化方案：问题与对策	规划基金项目	李永安	陕西中医学院
73	2014	语言学	《道德经》在英美国家的译介与译评研究	青年基金项目	常青	鞍山师范学院
74	2014	语言学	《孙子兵法》国人英译本海外接受研究	青年基金项目	李宁	北京第二外国语学院
75	2014	语言学	二十世纪前期美国华裔汉学家翻译研究	青年基金项目	徐晓敏	陕西师范大学

(续表)

序号	立项年度	学科分类	项目名称	项目类别	项目负责人	工作单位
76	2014	语言学	仓央嘉措诗歌研究：译介、传播与比较	青年基金项目	荣立宇	天津师范大学
77	2014	语言学	中国古典诗歌英译中的译者认知操作研究	青年基金项目	肖开容	西南大学
78	2014	语言学	晚清至五四文学翻译中的民族形象构建研究	青年基金项目	何敏	中南林业科技大学
79	2014	语言学	唐代五绝及其韵体英译研究	规划基金项目	王永胜	渤海大学
80	2014	交叉学科/综合研究	海外苗族研究述评与译介	青年基金项目	何泠静	贵州大学
81	2015	语言学	中国典籍翻译"方向性"研究——以《文心雕龙》英译为例	规划基金项目	施佳胜	暨南大学
82	2015	语言学	《墨子》复译与中外译者话语权建构策略比较研究	规划基金项目	刘立胜	许昌学院
83	2015	语言学	"外来译者"罗慕士的典籍文学英译模式研究	青年基金项目	胡娟	景德镇学院
84	2015	语言学	中医典籍翻译中文化输出的理论研究	青年基金项目	张淼	南京中医药大学
85	2015	语言学	基于语料库的译文多维评估体系——以"四书"英译本为例	青年基金项目	徐欣	曲阜师范大学
86	2015	语言学	《诗经》多译本平行语料库的创建与应用研究	青年基金项目	吴晓龙	天津科技大学
87	2015	语言学	中医汉英平行语料库的构建与应用研究	青年基金项目	詹菊红	西安交通大学
88	2015	语言学	唐诗英译的影响与世界文学建构研究（1815—2014）	青年基金项目	王峰	长江大学
89	2015	语言学	《红楼梦》邦塞尔120回英译本研究	青年基金项目	朱薇	中南民族大学

附录Ⅲ 新时代典籍英译研究课题

(续表)

序号	立项年度	学科分类	项目名称	项目类别	项目负责人	工作单位
90	2015	交叉学科/综合研究	英语世界的《楚辞》研究	规划基金项目	郭晓春	赣南师范学院
91	2015	交叉学科/综合研究	中华文本"文化译"与"文学译"互构社会功用研究	规划基金项目	刘桂兰	湖北科技学院
92	2015	交叉学科/综合研究	中国戏曲跨文化传播之外宣翻译研究——以越剧为例	规划基金项目	凌来芳	浙江金融职业学院
93	2015	交叉学科/综合研究	近百年中国文献西译书目研究	规划基金项目	陈剑光	浙江越秀外国语学院
94	2015	交叉学科/综合研究	英语世界的《金瓶梅》译介与研究	青年基金项目	张义宏	陕西师范大学
95	2016	语言学	法家经典文献在英语世界的译介与传播研究	规划基金项目	戴拥军	安徽工业大学
96	2016	语言学	跨文化传播视域下的《孔子家语》英译研究	规划基金项目	伊咏	常州大学
97	2016	语言学	《文心雕龙》核心思想英译及其对外传播研究	规划基金项目	胡作友	合肥工业大学
98	2016	语言学	理雅各《诗经》英译注释话语特征及其对中国经典"走出去"的启示	规划基金项目	胡美馨	浙江师范大学
99	2016	语言学	中西互镜:庄子哲学英译与诠释研究(1983—2015)	青年基金项目	姜莉	北京师范大学
100	2016	语言学	二十世纪《西游记》外籍译者英译单行本研究	青年基金项目	欧阳东峰	广东工业大学
101	2016	语言学	理雅各英译《中国经典》话语实践与中国文化形象构建	青年基金项目	尹延安	浙江农林大学
102	2016	语言学	中医药文化"走出去"语境下的《黄帝内经》英语国家译介效果研究	青年基金项目	殷丽	中国药科大学

(续表)

序号	立项年度	学科分类	项目名称	项目类别	项目负责人	工作单位
103	2016	语言学	基于接受美学的中国两千年术语音译嬗变疏理	青年基金项目	石小梅	西安外国语大学
104	2016	外国文学	元明清戏曲在二十世纪英国的译介与接受	青年基金项目	丁惠	安徽农业大学
105	2016	中国文学	近代稀见英文期刊与中国古典文学外译研究	规划基金项目	曾文雄	广东财经大学
106	2016	中国文学	《墨子》现有英译文本中文化变异现象的研究	青年基金项目	聂韬	电子科技大学
107	2017	语言学	《论语》儒家思想英译及其跨文化意义研究	规划基金项目	张小曼	合肥工业大学
108	2017	语言学	近代国学典籍英译与中国形象的建构和传播	规划基金项目	朱伊革	上海师范大学
109	2017	语言学	传教士译者与华人译者的中华典籍英译比较研究	规划基金项目	苏蕊	西北大学
110	2017	语言学	生态翻译学视域下的《孙子兵法》英译研究	青年基金项目	张其海	滨州学院
111	2017	语言学	华兹生英译汉诗的世界文学特性研究	青年基金项目	林嘉新	广东外语外贸大学
112	2017	语言学	河西宝卷对外译介模式研究	青年基金项目	李亚棋	河西学院
113	2017	语言学	《传习录》英译研究：从诠释到传播	青年基金项目	刘孔喜	湖北民族学院
114	2017	语言学	先秦典籍英译竞争与国家形象建构研究	青年基金项目	徐斌	湖南农业大学
115	2017	语言学	中国古代科技典籍英译的诠释学研究	青年基金项目	刘性峰	南京工程学院
116	2017	语言学	系统功能视域下典籍复译的语际再实例化模型研究——以《道德经》英译为个案	青年基金项目	王汐	西安外国语大学
117	2017	语言学	《红楼梦》译者显化风格及其对中国文学"走出去"的启示研究	青年基金项目	侯羽	燕山大学

附录Ⅲ 新时代典籍英译研究课题

(续表)

序号	立项年度	学科分类	项目名称	项目类别	项目负责人	工作单位
118	2017	语言学	《春秋》笔法与《左传》英译研究	青年基金项目	薛凌	中南财经政法大学
119	2017	语言学	中外《坛经》英译比较研究	青年基金项目	周永涛	遵义师范学院
120	2017	中国文学	仓央嘉措诗歌的国际化阐释与国家文化形象建构	规划基金项目	巴微	西安工程大学
121	2017	中国文学	英语世界元杂剧的译介与研究	青年基金项目	李安光	河南大学
122	2017	中国文学	西方英译《离骚》研究	青年基金项目	冯俊	湖南大学
123	2017	中国文学	明末通俗出版物、传教士与西方早期中国形象之构建	青年基金项目	刘捷	华东理工大学
124	2017	中国文学	唐代小说在英语世界的传播与接受研究	青年基金项目	张莉莉	怀化学院
125	2017	交叉学科/综合研究	中医药典籍英译的历史变化与规范化发展研究	规划基金项目	赵霞	北京中医药大学
126	2017	交叉学科/综合研究	传播学视阈下中医典籍翻译研究	规划基金项目	程颜	黑龙江中医药大学
127	2017	交叉学科/综合研究	社会学视域下《关尹子》海内外传播的比较研究	青年基金项目	张丽娟	福建师范大学
128	2017	交叉学科/综合研究	中国古代汉传佛教文献英译研究	青年基金项目	常亮	河北民族师范学院
129	2017	交叉学科/综合研究	跨文化视域下辜鸿铭儒家文化传播研究	青年基金项目	唐慧丽	惠州学院
130	2017	交叉学科/综合研究	中医药文化走出去的"深度翻译"策略研究	青年基金项目	蒋辰雪	南京中医药大学

(续表)

序号	立项年度	学科分类	项目名称	项目类别	项目负责人	工作单位
131	2017	交叉学科/综合研究	中国上古意识形态在《尚书》文本中的构建及其域外传播	青年基金项目	陈丹丹	扬州大学
132	2018	语言学	基于语料库的唐诗经典中转喻翻译对比研究	规划基金项目	金胜昔	东北师范大学
133	2018	语言学	"大中华文库"在英国的传播、接受调研及外译机理创新研究	规划基金项目	张永中	湖北经济学院
134	2018	语言学	明清时期中医西译对中医国际传播的影响研究	规划基金项目	刘娅	湖北中医药大学
135	2018	语言学	《闲情偶寄》英译的翻译策略探究——基于文化语境视角的思考	规划基金项目	李国庆	暨南大学
136	2018	语言学	晚清译事奏谕与译务译识研究	规划基金项目	朱灵慧	中南财经政法大学
137	2018	语言学	英译《诗经》副文本的社会学阐释及接受影响研究	规划基金项目	滕雄	北京航空航天大学
138	2018	语言学	基于汉英平行语料库的《楚辞》英语译介研究	青年基金项目	张婷	湖北民族学院
139	2018	语言学	文化记忆下史学典籍英译重构新时代中国形象研究	青年基金项目	付添爵	华东交通大学
140	2018	语言学	古典文学《浮生六记》译介研究：从"译有所为"到"传受致效"	青年基金项目	梁林歆	华中科技大学
141	2018	语言学	我国西北地区濒危地方传统戏曲"走出去"译介模式研究	青年基金项目	于强福	西安理工大学
142	2018	语言学	"一带一路"视域中西安鼓乐文献对外译介研究	规划基金项目	孙瑜	长安大学
143	2018	中国文学	辞赋在英语世界的译介与研究	青年基金项目	钟达锋	南昌大学
144	2018	历史学	晚清时期走向世界国人群体"中学西传"活动研究	规划基金项目	元青	南开大学

(续表)

序号	立项年度	学科分类	项目名称	项目类别	项目负责人	工作单位
145	2018	交叉学科/综合研究	太极拳典籍翻译实践研究	青年基金项目	秦琴	河南理工大学
146	2018	交叉学科/综合研究	明清经典小说在英语世界的传播及启示研究	青年基金项目	黄剑	南昌大学
147	2018	交叉学科/综合研究	基于语料库的《黄帝内经·素问》隐喻英译对比研究	青年基金项目	陈战	山东中医药大学
148	2018	交叉学科/综合研究	跨文化交流视角下英语国家云冈石窟文献整理、翻译与研究	青年基金项目	刘鸿庆	山西大同大学
149	2018	交叉学科/综合研究	中国哲学典籍英译史研究	青年基金项目	和亚楠	郑州轻工业学院
150	2019	语言学	绘画美学视角下的中国古诗英译研究	规划基金项目	张保红	广东外语外贸大学
151	2019	语言学	广西壮瑶医药文化的整理与英译研究	规划基金项目	邹德芳	广西中医药大学
152	2019	语言学	晚清传教士汉诗英译与中国文化走出去译介研究	规划基金项目	李红绿	怀化学院
153	2019	语言学	汤显祖戏曲英译的叙事研究	规划基金项目	曹迎春	江西师范大学
154	2019	语言学	多模态视阈下中国诗画英译与传播研究	规划基金项目	焦鹏帅	西南民族大学
155	2019	语言学	蒙学经典《明心宝鉴》在西方的早期译介与传播研究（1500—1700）	青年基金项目	胡文婷	电子科技大学
156	2019	语言学	"四书"英译及其在英语世界的传播研究	青年基金项目	刘翚	南京航空航天大学

(续表)

序号	立项年度	学科分类	项目名称	项目类别	项目负责人	工作单位
157	2019	语言学	中国先秦教育思想英译与传播研究	青年基金项目	李宗政	山东理工大学
158	2019	中国文学	英语世界陶渊明接受资料整理研究	青年基金项目	吕辛福	青岛科技大学
159	2019	交叉学科/综合研究	《文心雕龙》在英语世界的译介与接受研究	青年基金项目	戴文静	江苏大学
160	2019	交叉学科/综合研究	佛教十三经汉英平行语料库建设与应用研究	青年基金项目	马杰森	绍兴文理学院
161	2019	交叉学科/综合研究	中国汉传佛教经籍西文译本书目编撰研究	青年基金项目	朱 峰	浙江海洋大学